THE BLUE LAGOON ANTHOLOGY OF MODERN RUSSIAN POETRY

in 5 volumes

by Konstantin K. Kuzminsky & Gregory L. Kovalev

4A VOLUME

Oriental Research
Partners
Newtonville, Mass.

АНТОЛОГИЯ НОВЕЙШЕЙ РУССКОЙ ПОЭЗИИ У ГОЛУБОЙ ЛАГУНЫ

в 5 томах

КОНСТАНТИН К. КУЗЬМИНСКИЙ И ГРИГОРИЙ Л. КОВАЛЁВ

ТОМ 4А

Ориентал Резерч
Партнерз
Ньютонвилл, Масс.

c̄ 1983, K. Kuzminsky, G. Kovalev

ISBN   0-89250-343-2

ьоอ3166о53

For a detailed brochure of the ORP
publications, write: Dr. P. Clendenning,
Editor, Box 158, Newtonville, Ma. 02160

This is volume 4a of a five volume set of
the Blue Lagoon Anthology of Modern Russian
Poetry.

oc22260648

4A

ДИЗАЙН: МЫШЬ

НАБОР: МОЙ

КОРРЕКТОР: СЛУЧАЙ

ФОТОГРАФ: КОГАН

ПОСВЯ   ТСЯ
ЛЕТУЧИМ МЫШАМ
И СОБАКАМ

А ВЫ НЕ ПСИХ?   13
Владимир ИЛЬИН. "Я не боюсь смотреть...", "Не одевай на меня..."   14
Илья СТЕПАНОВ. "Я никогда не умру..."   15
Михаил РАБИНОВИЧ. "Вчера приснился мальчик мне..."   15
Карл МАРКС. "Не могу я жить в покое..."   16
Иосиф СТАЛИН. "Помните, любите..."   16
Леонид БРЕЖНЕВ. "Смело вперед!"   16

СТАРИК БАХТЕРЕВ   17
"Г-н Левин!"   18
"На это обращение г-н Левин..."   19
БАХТЕРЕВ. Зимняя очь - 20, Зрелище войны - 21, Один старик вместо лампы себя
повесивший - 22, Тревога. Страх. - 24, Два разговора - 24, Лавка с дырой или
чинарь-молвока /быль/ - 24

ЧЕРВЬ   29
Vermidea. Червеобразные. В поисках червя. - 30, Еще один большой червяк для
Миши Мейлаха - 36

СТЕРЛИГОВ И ОБЭРИУ   37
Стена стерлиговцев   43

АРОНЗОН   71
/Из дневника Юлии Вознесенской/   73
"Не сошлись мы с Леней..." - 77, Аронзон-2 - 79, Аронзон-3 - 82
Лебедь - 84, "Борзая..." - 84, "То потрепещет..." - 84, "Тело жены..." - 85,
Мадригал - 85, "На небе молодые небеса..." - 85, Начало поэмы - 85, Пустой
сонет - 86, Два одинаковых сонета - 88, "С балкона я смотрел..." - 88, Сонет
душе и трупу Н.Заболоцкого - 89, Треугольник - 89, "Что явит лот..." - 90,
"Давно уж никому..." - 90, "Не сю, иную..." - 91, "И мне случалось..." - 91,
Всё лицо - 92, Утро - 92, Вступление к поэме "Лебедь" - 92, "Вокруг лежащая
природа..." - 93, "Печально как-то в Петербурге..." - 93, "Как хорошо..." -
93, "На стене полно теней..." - 95, "Лицо - реке..." - 95, Павловск - 96,
Псковское шоссе - 96, "Слабый голос травы..." - 97, Песня - 97, Послание в
лечебницу - 98, Полдень - 99, Валаам - 99, "Я выгнув мысль..." - 100, Стихо-
творение, написанное в ожидании пробуждения - 100, Лесное лето - 100, "Смот-
рели все за край..." - 101, 1 х 10 - 101, "Боже мой, как все красиво..." -
102, Посвящение - 103, "Теперь мы все..." - 103, Эрлю - 103, "Мы - судари..."
- 104, "В осенний час..." - 104, "Любовь, которой вовсе нет..." - 104, Бесе-
да - 104, Сонет в Игарку - 106, "Горацио..." - 106
Вынужденный комментарий к текстам Аронзона   107
Запись бесед - 108, "Ночью пришло..." - 113, Отдельная книга - 116, В кресле
- 122, Прямая речь - 127
HOMMAGE к Аронзону   128
Дуплеты - 129, "Невысокое солнце над Биржей..." - 131

АЛЬТШУЛЕР   134
"Была семья..." - 135, "Все медлят..." - 135, Вступление - 136, "Вы падали
с высот..." - 136, "Где коридор..." - 137, Набор строф - 138, "Над синей
плотью..." - 138, "Настало время..." - 138, "Не придти мне..." - 139, "но-
сом - испанец" - 139, Отражения - 139, Переходы - 139, "Полынный запах
тихих слез..." - 141, "С тобою я..." - 143, Украли луну - 144, "Как нам
прожить..." - 145, "и сабиняне..." - 146, "и тонкорунные..." - 146
Графические стихи - 147

СТРАНА SAJGONIA   149
Поэты и кафе-шалманы   150
Лев ХАЛИФ. "САЙГОН"   154
Юпп и Гера Григорьев   159
ЮП. Срыв - 165, Рассвет - 167, Импульсы - 169, Твист - 171, Шейк - 173,
Эдуарду Багрицкому - 174
Александр КУТЕВ. Раковина-свирель   176
Владимир ЕВСЕВЬЕВ /БОЕНКО/. Мастер   180
Олег РОЩИН. "Смеется пыль..." - 183, "коза не глядит..." - 183, "снова в
гости придет..." - 183, "Возьму луну..." - 183
Михаил БЕСТУЖЕВ-ВЗЯТКО. Телефонный разговор рабочего с поэтом - 185, Весен-
няя ночь на Неве - 186, Памяти Цветаевой и Пастернака - 186
Коврижныхи. Крученыхи. Гурвичи   187
КОВРИЖНЫХ. А.Пешков - 189, Нубийская пустыня - 190, В тисках тоски - 190

ЭРЛЬ   191
Малая Садовая. Неообэриуты. Эрль   194
Лалилель - 204, "Осень наступила..." - 205, "Экая туча..." - 206, Памяти
Велемира Хлебникова - 207, Рондо - 208, Неоконченный мадригал для Р.П. -
209, Происшествие на скотном дворе некоего князя мызы - 210, Баллада из
Уланда - 211, Похороны Артемия - 212, "голубь..." - 213, "Помни всегда о
своем микрокосме..." - 214, Посвящение - 215, Пейзаж - 216, Что мы сейчас
сделаем - 217, Разговор о выяснении Иванова - 218, Ворона, голубь и капитан
- 221
Мост-2 225, 4-ая - 237, XXУ111 /письмо/ - 239, /из Фонотетради/ - 244,
Приложение к Параллельным Текстам - 245
Владимир ЛАПЕНКОВ /отрывок/   247

ЭЛИК БОГДАНОВ   253
"Многоватогита. Мякина гашишина..."   256

ГАЛЕЦКИЙ   275
Обратно в Индии   277
"пустопустопустопу..." - 279, "еееееееее..." - 281, Труп - 282, Нет, ни-
чего - 283

БОЛЬШОЙ ЖЕЛЕЗНЫЙ КОЛОКОЛ   285

ГРАН   291
Диктант номер два - 292, /№4/ - 293, Тексты из романа-фото СНЫ - 294,
Песня над озером - 302
Проза фотографа   318

А.НИК /Николай Аксельрод/   321
"Госпожа Бовари..." - 322, Восемь с половиной полбанок на двоих - 323, Пе-
тухов - 324, "Мережковский перешел улицу..." - 325, Рассказ - 326, Валерий
Брюсов - 329, Петров - 340, Проект письма №10 к... - 342

С.НИК   345
Из книги "Опыты" - 346, Из книги "Мост через реку Оккервиль" - 348

В.НЕМТИНОВ, или ВНЕ   353
"Грусп был преданным тем человеком..." - 354, "пустой сверчок..." - 355
Роман БЕЛОУСОВ - 356, "Стрела печальна..." - 356, "Изысканно высоки..." - 356,
"Побеги ветра..." - 357, "Дите отдав..." - 357
АНОНИМ - 358
Евгений ЗВЯГИН. "Меня..." - 359, L'Art poetique - 359

Ник. НИКОЛАЕВ. Каббалистический знак - 360, Карточные этюды - 360, "А когда присмиреешь..." - 361
Андрей ГАЙВОРОНСКИЙ. Сонет №2 - 362, "Кофе на Малой Садовой..." - 362
Сергей ТАНЧИК. Математический отрывок... - 363
Александр ШЕЙДИН. "Ищу соцветье..." - 364, "Он ел только рис и мусс..." - 364
алефтине   365
транс номер один - 366, транс номер два - 366
Володя ГРАФ ШУВАЛОВ. Девушке - 367
Сергей БОРЯТИНСКИЙ. Графические тексты   368

Дмитрий Борисович МАКРИНОВ   371
"Ледоход..." - 371, "увидеть в вагоне..." - 371, "две картины..." - 371,
"стога сена..." - 371, "под синим потолком..." - 371, "умножение..." - 371,
"красные кони..." - 372, "когда бездумный идиот..." - 372, "скажи мне, ви-
тязь..." - 372, "Пустился взапуски..." - 372, Начальник и корова - 373,
"когда труп..." - 373, Магометанин и соседка - 373, "Она стояла..." - 374,
"Ту-ту-ту..." - 374, "Белой тенью..." - 374, из Гамлета - 374, "Я - Вася!
- сказало..." - 375, Плаванье Малькольма Бр/..../ - 375, "Скифия..." - 375,
"Ввиду томительного..." - 375, "Стоит большой дом..." - 376, Про то как Лы-
сенкова не было - 376, Рассуждение - 376, "Во втором классе..." - 376, "Пар
костей не ломит..." - 377, Из пословиц - 377, Пути шествия Сидора - 378

МИРОНОВ   387
Разговор с марксистом - 389, Памяти Марины Цветаевой - 389, "И снова, в
кандалах..." - 389, "Обесстрочила душу..." - 390,
ЭРЛЬ - Саше Миронову - 390
МИРОНОВ. "Смех мой, Агнче..." - 391, Пейзаж - 391, "Два солнца..." - 391,
Сентябрьский сонет - 392, Сальери - 392, "Нет, не Флоренца..." - 392, Ко-
рабль дураков - 393, Жалоба старца на пути - 393, Сентябрьская ошибка -
394, Ночное - 394, Эмигрант - 395
Краткая рецензия   396

ПЕТР БРАНДТ   397
Молитва - 403, "На звоннице..." - 403, Клятва Бату-хана - 404, "Я опять
улетаю..." - 404, Нашествие - 405, "Моя жизнь откровенно..." - 406, Поли-
фония - 407, Мартовский снег - 407, "Я каждый вечер..." - 407, Блаженная -
408, Татарский триптих - 408, Туман - 411, Жигули - 412, Облава - 412, "Я
король..." - 413, Приговор - 413, На смерть проститутки - 413, "Где же ты,
бич толчеи..." - 413, "Квадратная комната..." - 414, Прощание - 414, "Город,
знакомый..." - 414, "Я варвар..." - 415, "В Вашем городе..." - 415, "Господь
простит.о" - 416, "Понадобился..." - 416, "Не правота..." - 417, Диптих -
420, "У Черного моря..." - 420, Аве Мария... - 421, Янка - 421, "Поднялись
загнанные кони.о" - 422
Вместо рецензии /Б.Филиппов. Мысли нараспашку/   490

ВЕНЗЕЛЬ   491
Ангел - 493, "Сколько птиц..." - 493, Жалобы - 494, Летний сад - 494,
"благожелательные духи..." - 495, Джекки или жизнь, прожитая из кокетства 498

История доктора Джеккиля и мистера Хайдна   501

ТИТ ОДИНЦОВ   503
Ольге - 505, Жалобная песня - 505, "Мне незачем..." - 506, Несколько на
лад Вас. Тредиаковского - 506, "Словом убогий..." - 506, Лубочные повес-
ти - 507

БЕЛКИН   509
Из стихов художников 1973 года   510

Белкин-Пелкин-Свиристелкин   512
Три стихотворения, посвященные Анри Бретону   514
Тезка Азадовский   521
КОЗЫРЕВ 2-й   522
Обнаженная - 523, Симптомы болезни - 523, Fuga idearum - 523
Козырев 1-й   524

ГАВРИЛЬЧИК   525
Вадим КРЕЙД. О творчестве Владлена Гаврильчика   526
Лейтенант Гаврильчик   533
"Была зима..." - 536, "Тов. Махалкин..." - 536, "Вот пришли они..." - 536,
"Я по Невскому гулялся..." - 537, "Человек, томим талантом..." - 537, "Я
прибыл к тебе..." - 538, "Как-то будучи..." - 538, "Японский бог..." - 538,
Спецстихи - 539, "Шкандыбаю..." - 539, "Вдоль по улицам..." - 540, "Молодые
организмы..." - 540, "Там где волны..." - 540, "Как по морю..." - 540, "..и
тонким..." - 541, "Славен город Замудонск..." - 541, "Колбасники..." - 542
ОПУС ЛЮБВИ   543
"Сей опус, киска..." - 549, "Как хорошо..." - 549, "Целую ль..." - 549,
"За окошком.₀.." - 550, "Погода стоит..." - 550, Претензия - 551, "Солдат
рубает пирожок..." - 552, Военный и петух - 552, "Сегодня я вас нарисую..."
- 552

МОИ ФОТОГРАФЫ   555
Парашют д-ра Глинчикова   556
ПТИ - 559, ГРАН - 560, ПРИХОДЬКО - 561, ПАПА - 562, КОГАН - 563
Под парашютом   564

М.КУЛАКОВ   575
Ленинградская школа. Михнов-Войтенко   576
Московская школа. Зверев   595

АРХИВ И МН. ПР.   615
О составляемых   616
К Лейкину   618
Гелий ДОНСКОЙ   622
УФЛЯНД   623
Рифмованная околесица   625
Цепь времени   647
К истории одной публикации /Алика РИВИНА в 1-м томе/   648
Еще о Ривине   650
РИВИН. "Погода смутная..." - 650, Отчего ты в меня не влюбишься? - 650,
"И опять любовь..." - 651, "Знаете ли вы..." - 652

ЗАЧЕМ Я ЭТО СДЕЛАЛА?   655

А ВЫ-
НЕ ПСИХ?

А ВЫ НЕ ПСИХ?

/стихи клинических сумасшедших
из психбольниц Ленинграда.../

Владимир ИЛЬИН

Я не боюсь смотреть в тебя глаза безумства
Но буду писать ради славных дней
Гляжу прямо в глаза Заратустры
И каких-то бедных детей

Туча реет надо мною
Ум мой грезит наяву
Что случилось бы со мною
Если б ангел не спустился вдруг

Она была на грани вдохновенья
Безумье ни при чем бы было тут
Исполнена такого осужденья
Она решила кинуться в омут

Темный красивый зеленый сон
Каким оком на тебя смотреть
Ты шепчешь мне веселый перезвон
Светлый луч прошел сквозь сон

В синей стуже мелькает снег
Неведомое нечто прошло сквозь нее
Влился в небо вселенский взбег
Млечный путь искрится сквозь снег

Мой дух давно нашел себе могилу
Отрадно было бы улечься мне в нее
Она пришла и мне сказала: милый
Не смог противиться я радости ее

. . . .

Не одевай на меня ожерелье смеха
Мне не подвластен рок судьбы
Мне не ответит в скалах эхо
Если со мной не будешь ты

Не гляди на меня светящимся оком
Я ни к кому не имею зла
Если поймешь меня с упреком
Увидишь одну только грань добра

За столиком сидела пара
Он и она друг на друга похожие
Послышался рядом скрип пера
Погода была погожая

Здесь не ступала нога варяга
Темный лес, мрачный бор
Среди леса монах в сутане
Не переходит сумеречный двор

Капля за каплей льется кровь
Свет луны падает на нее
Даже не подняв бровь
Ничего не отдам взамен

Сколько стоит бриллиант забвенья
Его не откроет неведомое нечто
Не найдя ни в чем упоенья упоенья
Я один открыл секрет себе
В нем ни капли ни лжи, ни обмана
Не причиняя никому страднья
Не утаив в себе свободы
Сделаю я это

/Конец 1963, Ленинград/

Илья СТЕПАНОВ

я никогда не умру однажды утром осенним
дождливым на площадь меня привезут в
телеге кривой, крытой прелой соломой
в коридоре толпы проведут на помост,
сколоченный ночью устланный пахучей ще-
пою лениво палач мои руки развяжет шею
худую осмотрит кивнет головою на плаху
слегка подтолкнет и со странной любовью
уложит

Михаил РАБИНОВИЧ

Вчера приснился мальчик мне
Он шел со свечкою к луне,
     И вдруг с удара рьяно
     Повергли д'Артаньяна -
А можно мне молиться
Скажи мне добрый Боже -
                    в больнице.
Вчера приснился мальчик мне,
Он шел со свечкой к аналою,
Молись, склонившись надо мною
Сказал мне мальчик-Бог.
     А можно ли царь Спарты пьяный
     Молиться мне в четверг.
В Ночь с четверга на воскресенье.
молюсь я о чужом спасенье,
свое я скепсису подверг.

2.

/*стихи клинических идиотов
находившихся на свободе*/

Карл МАРКС

*Не могу я жить в покое,
Если вся душа в огне,
Не могу я жить без боя
И без бури в полусне.*

*Так давайте в многотрудный
И далекий путь пойдем,
Чтоб не жить нам жизнью скудной
В прозябании пустом.*

/В кн.: Э.Баллер. Мораль как ее
понимают коммунисты. М., 1977, с.14-5/

Иосиф СТАЛИН

*Помните, любите,
Изучайте Ильича -
Нашего учителя,
Нашего вождя!*

/Из лозунгов/

Леонид БРЕЖНЕВ

*Смело вперед! Разорвите оковы,
Сбросьте кровавые цепи царей,
Юным порывом, огнистой волною,
К новому счастью - смелей!
К жизни, к прекрасному солнцу свободы,
К светлым идеям великих творцов,
Смело шагайте же, юные взводы,
Помня заветы отцов!*

/Газета "Комсомолец" от 1 января 1924,
воспр. в "Правде" от 19 мая 1982/

СТАРИК БАХТЕРЕВ

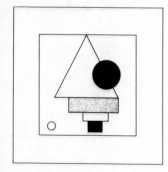

The Institute of Modern Russian Culture
at Blue Lagoon, Texas

Konstantin K. Kuzminsky, Head, Literary Practice Section

25 янв 81

Зав. архивом ИСРК
И.Д.Левину

Г-н Левин!

Сим извещаю Вас, что задолженная Вами 2 года назад подборка Бахтерева должна быть представлена НЕ ПОЗДНЕЕ 28 февраля с.г.

Подборка, объемом ДО 40 стр. /включая воспроизведенные рукописи и предисловие/ должна быть ГОТОВОЙ К ПЕЧАТИ, т.е. набрана на Ай-Би-Эм /любым элементом/ по центру листа, спустя 2 инча сверху. Переделываться ни в подборке, ни в предисловии ничего не будет, пойдет факсимильно. Рукописи /если таковые будут/ должны быть воспроизведены на машине зирокс-Кодак в фирме Ай-Ти.

Повторяю, это последний срок и последнее напоминание. 1 марта с.г. я начинаю нумеровать страницы 4-го тома.

С приветом,

Константин К. Кузьминский,
секция литпрактики ИСРК.

IMRC, POB 7217, Austin, Texas 78712, USA   Telephone (512) 345-5123   Cables: IMORCTEXAS

На это обращение Г-н Левин, филолог-аспирант Техасского университета, позвонив, ответил непечатное и предложил обходиться своими материалами. Я обойдусь. Мне по Бахтереву не кандидатскую писать, и в "Континент" я его тоже предлагать не буду. Просто люблю старика. Последнего живого обэриута /хотя Бахтерев меня всегда поправлял: "Есть еще и Разумовский!"/ Не знаю. С Разумовским они и написали в 30-х совместную пьесу "Генералиссимус Суворов", которая понравилась И.В. Сталину - и тем спасла их от смерти.

Бахтерев появился у меня уже под завязку, быв приведен не то Левиным, не то еще кем, и прообщались до отъезда /См. "проводы у Юлии"/. Выступал на основных наших поэтических вечерах, причем, должен отметить, старая гвардия - забивала начисто занудствующих более молодых поэтов. За Бахтерева я не боялся. Он словно помолодел лет, этак, на 40-50, юные же поэты - напротив, обрюзгли и постарели.

Черти принесли корреспондентшу из "Крисчиан Монитор", крутую подругу, которая уже побывала в лапах у Вьетконга и желала послушать поэтов. Рассчитывая на поддержку прессы, я срочно организовал у Юлии вечер. Были собраны по сигналу поэты, все трезвые и мал-мал публики. Был там и Нортон Т. Додж, коллекционер и профессор экономики, с которым мы таскались по студиям. Я, вроде, с ним и корреспонденткой и приехал. Народу набилось, как всегда, до потолка. Я занял удобное место на пианино, чтоб дирижировать - и понеслось. Сначала все стыдливо отнекивались читать, завывали мы с Юлией, потом, когда их разобрало - было уже не остановить... Юра Алексеев вознамерился прочесть все свои последние циклы - не знаю, месячные ли - но, разумеется, с листа. И это мой участник "звуковой школы"! Эдик Шнейдерман докончил избиение заграничной публики свои верлибрами, и они незаметно смылись. И тут вскочил Бахтерев. Это звучали - ревущие, ну, не 40-е, но уж 30-е - точно! Это было мастерство и магия звука. Это был поэт.

Я ему подпевал, как мог. Выдавая с пианино свои "говорения" и шаманствуя в "Сифилисе кабацком" и "Ночи на Лысой горе". Юлия тоже чего-то чирикала, но чирикала страстно и гармонично.

Поэтов же 1975-го года интересовала уже не публика, и не контакт с ней, а возможность лишь выслушать самих себя вслух - кому читать-то? Маме? Бабушке? Теще на кухне? Поэты изнылись и изверились в своем одиночестве, поэты читали уже только с листа...

Бахтерев читал на память. Стихи тридцати- и сорокалетней давности слетали у него с языка - живые и нетленные.

И так же читал он у меня дома. Был включен мой шемякинский "Сони", с кассет которого я и перепечатываю его запись. Было это записано 13 апреля 1975 г. - ведь поставил-таки дату на кассете, а на многих - нет... Кассета советская, рижского завода, потому что парижские /от Шемякина/ у меня уже кончились. При чем на использованной. 1-м там значился R.Conniff /я не слушал, не знаю, кто это/, а 2-м - Jazz guitar BACH (к чему я немедленно добавил - TEREV, и дату). Рэй Конниф мне был как-то ни к чему, а вот записать последнего обэриута...

Вот с этой-то кассеты, за неимением текстов /и неимением времени у Г-на аспиранта Левина/ я и воспроизвожу тексты одного из нас. Старика Бахтерева. Пунктуацией и выверкой текстов - пусть займутся академики /когда у них руки дойдут/.

Пока - представить бы поэта...

1 августа 1981
Техас

БАХТЕРЕВ:

ЗИМНЯЯ ОЧЬ
/это стихотворение посвящено памяти Давида Бурлюка, но к Бурлюку никакого отноше-
ния не имеет. Просто, когда я работал над этим вариантом стихотворения, я узнал,
что Бурлюк умер. И вот, так сказать, написалось "памяти Давида Бурлюка", хотя я
говорю, никакого отношения к Давиду Давидовичу не имеет./

ЗИМНЯЯ ОЧЬ

Когда начинаются круглые ночи
Тогда открываются круглые очи
Я походкой укромной на койку встаю
Я находку проворно в пекарне таю
В лекарне таю
То в махотку сую
Покорную память бросаю на стол
Где нянька-беглянка вползает под стул
Бьется в подошву ладонями в пол
Резвится под стулом округлость нагой
Что ж встану над памятью круглым перстом
Укромным затылком проворной ногой
Покорным крестом запрокинутым внутрь
На угол безвестным пройду торопливо
Ту местность фонарь заполняет приливом
Дворники метлами падают в снег
Хороводы детей заметают их бег
Мужиков староватых
Стариков тароватых
За ширинками разных
По-разному безобразных
Округлая ночь поднимается выше
Лошадкой взлетает на ближнюю крышу
В небо смеются лошадкины очи
Круглые очи
В круглые ночи
Проворные тучи
Просторные сучья
Безгубые мочи
И нянькам не в мочь
Полушками битая
Смытая слитая
Неверная очь
Бесчинная очь
Пустынная ночь
Метет по задворкам та очь лекарятки
Кружатся в сугробах округлые прятки
Я выну ее полнокруглые груди
И выложу их на тарелках на блюде
Все двери все входы
Зарыты укрыты
Раздвойте откройте
Ворота раскрыты
Опять я в палате
Опять на кровати
Пустынной и гладкой
Ночей наблюдаю ненужные складки

Безмолвные   пятки
Кругов окорядки
Некруглое утро приходит в наш дом
Детей хороводы шуршат под окном
Их окружают нескромные ласки
Дворников тени
Гоняют салазки
К пустынной заставе
Просторной печушкой
Очи плывут с безмолвной пирушки
Некруглое солнце на круглых ногах
Округлость ночей заметает в снега
Что ж Память кругами ложится опять
Проворной рекой запрокинутой вспять
Некруглые очи шумят за мостом
Звучат в закоулке осенним листом
Укромным затылком
В разогретой земле
Просторные очи
Проворные очи
Нет
Зимние очи
Нет
Безгубые очи
Да в палате бездумной
Да в палате бездымной
Бесчинный
Рассвет

ЗРЕЛИЩЕ ВОЙНЫ

Столба фугасного видней
Минувший час является послушно
Простор нетоптанных полей
Последний раз при свете душном
Сирени буйный хоровод
Садов хмельных прощальный взвод
Девчат в хмелю переполох
Лесов больших прощальный вздох
Иль гор природное сеченье
Поэту смирному в окно
Погоды мирной полотно
Природы грузное скопленье

В ландшафте грозном натощак
Мы под скирды подруг бросали
Наутро с дымом на плечах
Скирдами в ряд герои пали
Они комдиву говорят
На диво мне клубясь в дымах
Заряд невзорванный хранят
Пока дымит заря в домах
Но взыщет пушка миномёт
Взметает пепел жар пожарищ
Пчела бросает в ульях мёд
А ты омёт бросай товарищ

Сюда идут полки солдат
Они затворами стучат
Слова надменные кричат
И шпаги в небо простирают
По столбовой пыли шагая
В туманах пыльных танки свищут
Евреев безоружных ищут
Соседи дробные томленьем
Рога встречали злобным пеньем

Мы в бой вступили на рассвете
Над рощей смерть взлетела
На север гнал осенний ветер
Ее безжизненное тело
Я грудью опустился вниз
Я по-пластунски землю грыз
Мне жизнь была не дорога
Прямые локти вытянув далёко
Мой ангел бедный бледный печень выдрал из врага
А тот не ждал победного урока

Пылает луч под вечер сладкий
Калек смешных мелькает хлам
За тенью туч боёв остатки
Останки
Где танки бродят недокрученные пополам
Где я стою
Один в строю
С борщом в руках
Сукном обжат
Луной объят
От лба впотьмах до светлых пят
Я
Памятник неверных исчислений
Из преждевременной золы
Еще наверное из жести
Ваты
Ветра
И вогнутых зеркал
Куда смотреться неопрятно
Ведь неопрятен скверный вид стрельбы

ОДИН СТАРИК
ВМЕСТО ЛАМПЫ СЕБЯ ПОВЕСИВШИЙ

Тихо в комнате моей
Двери отворяются
С дивным посвистом грачей
Длинношапкой до ушей
Длиннощек и длинношей
Старичок является
Надвигается

За туманами окошек
Ветерки колышутся
Голоса продольных кошек

За окошком слышатся
Продолжался старичок
Развивался рыбачок
У того окошечка
В сюртуке немножечко
Выгребая ложечкой
Из кармана корочки
Палочки да колышки
Колышки да солнышки

С длинной ложечки вспорхнула
Щучка-невеличка
Длинным перышком метнулась
Удлиненным личиком
Закружилась в потолок
Штопором винтами
Завершая рла урок
Длинными перстами
Длинных птиц устами

Наши бердени для вас
Ваши твердени для нас
Мы бретать хотим как вы
Крылетать вас убедим
Дым-звинь
Дым-пи
Глинь-тень
Глинь-сень
У-да
У-до
Тудеби
Убеди
Убеди
Удиви
Глинь-тень
Глинь-сень
Глинь-трю
Вщок-глинь
Фью-филь
Трост-ю
Щук-чу

Вслед за щучкой рыбачок
С полу приподнялся
В завершение чего
Ложечкой махался
Долетев до потолка
Брюхом притомился
Пальцы бросил к облакам
За крючок схватился
Лампу он изображал
Над окном с туманом
Щучка выспалась давно
В сумерках кармана

Глинь приходит во дворы
За окном глухой поры

Голоса не слышатся
В длинном доме без огней
В тихой комнате моей
Старичок
Колышется

ТРЕВОГА. СТРАХ.

                        Написано в 37-м году.

Тревога в комнате летает
Кружится над столом
Нестройным гулом наполняет
Твой душный дом
Твой неспокойный слух
Лишь одинокая как струнка мысль
Незнанья побеждает и звенит   /незнаньЕ?/
И голову заносит ввысь
Где потолка неясного зенит
А голова вращается под самой крышей
Напоминая куб
И снова опускается
На выгнутые плечи

ДВА РАЗГОВОРА

Утренний разговор:

        Я спросила:
        - Сколько время?
        Он ответил:
        - Белый стул.

И вечерний разговор:

        - Ты бог на девяти ногах
        Утробу с числами раскрой
        И покажи предсмертный час
        Деревянной головой

        Ответ:

        - Я не стану говорить
        Потому что я сильнее
        Потому что я милее
        Потому что я фонарь
        Потому что я кунарь
        Потому что потому что потому что по...

Постепенно разговор заканчивается.

Теперь немножко прозы. Ну, эта вещь имеет такое, мемориальное, что ли, значение, и все люди, о которых здесь говорится, это реально существовавшие люди. Это Хармс, Введенский, ммм... Заболоцкий, ммм... Вагинов, Юра Владимиров, Левин. А называется "ЛАВКА С ДЫРОЙ, ИЛИ ЧИНАРЬ-МОЛВОКА /БЫЛЬ/".

    У него на прилавке косматые вещи, утратившие форму, даже свое назначение. Другие - посиневшие от старости, какие-то маленькие, с круглыми ротиками, с вилками вместо пальцев, всё кружатся, кружатся... Ах, идиотики! И зачем только их положили на среднюю полку! Ум их разнообразен, мысль устойчива, желания продолговаты. Им все равно не придется управлять своей судьбой. Смотрите - что там закопошилось под самой витриной, и какой отвратительный запах тухлой рыбы! Нет, не будем туда подходить! Уберите, доктор, уберите, миленький, оно губительно отзывается на всеобщем здоровье! Нужно ли перечислять остальное? На полках - кирпичная кастрюля, всевозможные несообразности. Тут же собраны некоторые сувениры. Исторические, и личного употребления. Первым когда-то, действительно, подчинялись времена и поступки, а теперь - вот - жалкое подобие предметов. Сам хозяин приходит в лавку только раз. Пухлый затылок, редкие зубы, на плечах чужие кудельки, в ушах нитки - вот его портрет. Ох, до чего дурён! Ужасно некрасив! А какие вытянутые мысли копошатся у него между тех разноцветных ниток! Наверно, ему хочется икнуть. Даже противно. Был такой случай, пришел к нему покупатель и говорит: почему у вас нет гвоздей, чтобы повесить мою маленькую душу, мой грязный уголок, который не видно. Глупости какие! Он оказался памятником Козлову, смеявшим плащ путешественника на старую бабушкину шубу. И этот распался у всех на виду, оказался вполне приличным, да и пришел, как покупатель. В другой раз, с протяжно-мечтательным звуком появился министр просвещения. Он так и не вошел, и до сих пор нельзя понять: куда же он девался?

При хозяине произошло, ох, много, а при мне - еще больше. Только, прошу, не сомневайтесь: вам говорят самую-самую глубоую правду. Когда я впервые, совсем один, стоял за прилавком, я бы без колебаний подошел к яме и заглянул в ее глубину, туда, где по временам отражаются разные малости, но чаще - укрупненные множества. Разумеется, в их обратном исконном значении. Интересно, как же рассуждают другие, которые наклоняются, всматриваются, а перед глазами - ни-че-го, совершеннейшая пустота. Скорее всего, уверяют, что между прилавком и той фарлушкой - вовсе не дыра, а что-то незначительное, попросту сказать - мизерное. Вполне возможно, подобная нецелесообразность и сегодня кажется удивительной. Более того, фантастической. Почему это так? Почему только передо мной открывается заросший палисадник, с вётлами, клёнами и добрыми, отзывчивыми дятлами. Ну почему, как вы полагаете? Вскоре мне стало ясно, что прав никто другой, только я.

В тот интересный день я отчетливо увидел нескольких, все они были построены как бы по росту, после чего вежливо обходили вокруг каждого дерева, каждой тростинки. Первым выступал самый приметный, в самой шелковой шапочке, обвешанной кисточками, с красным языком-треугольником под кармашком обветшалого пиджака. Этот шагал, подгибая колени, с игральными кубиками за щеками, то и дело вздрагивая отсутствующими бровями, приставляя кулаки к ушам, то к нахмуренным глазницам. Иной раз он старательно прочищал горло трубным пением одной единственной ноты, примерно так: ЭЭЭЭЭЭ или ОООООО. Согласно размера, за первым следовал тот, который вскидывал свое негладкое лицо, изображая гордость. Как знакомо поводит он ноздрями! Все-таки я вспомнил и этого: даже ту неповадную историю с награждениями, когда он по своему разумению назвался чинарём и, чтобы имелось перед кем величаться, наградил таким же чином знакомую дворничиху, потом товарища милиционера, и еще кое-кого. Получившие звание должны были уткнуть носы в разные углы, и гнусавить "чины". Но так, понимаете ли, не было, каждый занимался привычным делом. Только некоторые разбрелись кто куда, вроде того молвка. Его видели не то в Праге, не то в одном из трех концов Крещатика. За двумя впередиидущими выступал накрепко сколоченный, все еще розовощекий, о чем нетрудно было судить по его мясистому уху. Через пенснэ степенного учителя он разглядывал разных мошек на стволе старой черешни. Кому-то когда-то пришло в голову прозвать его Дугановым. Вот как оно случается! За ним шел прозванный Лодейниковым, в дохлых тапочках, с улыбкой Афродиты на изящном носу. Потом Ступал самый приветливый и картавый, с женским чулком вокруг шеи, с именем древнейшего Левита в суковатой руке. Два узкогрудых, которые появились, раздвигая акации, шли по-другому. Один стелился впалыми ключицами, будто был древнеримским эльфом, другой - словно надувал паруса мотобота, словно взлетал потухающим Моцартом. За ним бежал совсем уже махонький, но коренастый, в камзоле и кружевах, весь хвойный, пропитанный цветочной пылью. Когда он оборачивался, то обнаруживал немалый горб и длинные власы посадника Евграфа. Почему мне трудно сюда смотреть? Надо бы забить эту скважину! Неужели не найти куска фанеры? Завалю-ка дыру старым креслом. Слава Богу, втиснулось! Теперь из-под ржавых пружин слышались невыносимые слабеющие голоса: "А мы просо сеяли, сеяли, сеяли..." Покричат, покричат, да и смолкнут.

Вот и весь рассказ, вся наша быль.
Неприбранным утром попал я в пустой переулок, довольно изогнутый, если посмотреть прямо, и вполне прямой с точки зрения его из бов. Сомнений не оставалось: лавка находилась рядом. Подозрения оправдались: за неприметными створками обнаружились евкалические буквы, кирпичные кастрюли, все, что находилось на полках. Вот как оно, представьте, получается! Стукнулся затылком - и ввалился. А вы не вваливайтесь, никакого, скажу, резона. В тесных сумерках лопнули трубы, залетел ветхий журавль. Ходют, ходют доисторические ветры, хорошо ли все это? Неопрятным оказалось и последующее: скрипучими пальцами схватил я вполне звонкую шашку, подбежал к перевернутому оконцу, и сразу понял - кто смотрит, кто он, с разноцветными в ушах нитками. Страх и положение всегда обязывали. Все, что месяцами казалось незаменимым, я тут же отправил вперед, лет, этак, на сто семнадцать. Не знаю - кому наши рукоделия там пригодятся, разве что манатикам, с круглыми ротиками. Словом, так: почему же ты веселый? - спросил неожиданно голос, принадлежавший никем не замеченному - знаете, кому? Над прилавком притулился чинаришка-молвока. Вот история! Откуда, дружище? Из какой опрокинутой лохани? Очевидцы рассказывали - улыбка, появившаяся над моим лбом, напоминала растянутое небесное тело. Я изрядно остыл в непроглядной вашей погоде! - уклонился от прямого ответа изнуренный молвока. История, как видите, из неприятных. Даже зонтики проступили, - показал он голубоватую ступню, - даже лежучи повыступили между выколок, - продолжал он неясным звуком. А выколки - они выколки. Они вЫколки, а не выкОлки, и так далее, и тому подобное.
Читать с выражением, доступным прославленным актерам, без передних зубов, зато с одной лишней подмышкой.

Далее в записи следует хих и гам, ржут две бабы, включая мою жену, заливается Белкин, кашляет Левин. Сквозь базар и шуточки на счет моей бороды пробивается голос БАХТЕРЕВА:

... подгибая ноги, ходил.
Э.К.: Введенский?
Б.: Это Хармс. ... Введенский, он... вот, не было большего оскорбления, если нарисовать ... лицо и потом точек наставить. Это уже - враг, он сразу возмущался. Потому что он был очень красивый, но лицо у него было, так сказать...
К.: Рябое?
Б.: Не, не рябое, а какое-то ... негладкое. И он страшно не любил, когда , это, так сказать... И необычайно он, это, так, изображая, так сказать, гордость, он ... взмахивал так головой. Ну, и он, действительно, придумал, это самое, "чинари" и, действительно, он это сам награждал. Ну, там я пишу, в этих самых воспоминаниях... Потом дальше там идет Левин. Он появился у Хармса еще студентом, абсолютно бедным, настолько, что у него не было шарфа, он, действительно, женский чулок носил вокруг... Ну, и он страшно гордился тем, что он Левин, что это из самой древней, так сказать, линии какой-то левитов... ну и он, в сучковатой руке своей несет...
Э.К.: Не ваш папа?
Левин: Папа мне объяснял то же самое.
Б.: Потом там идет... Ну, вот это, двое. Оба туберкулезники, Юра Владимиров и Вагинов. Ну, Вагинов, это, так сказать, древне-римский эльф какой-то, а Юра был капитаном, и он командовал мотоботом, и он, действительно, был чем-то на Моцарта, чем-то таким похож... Ну а последний - это Туфанов. Совсем маленький, с горбом,

с длинными волосами, этого самого, посадника Евграфа, так сказать... Вот, вся эта компания и есть. Тут взяты все, кого... Да, ну и там, Заболоцкий... розовощекий... Правда, Разумовского нету, и меня нету, поскольку еще... преждевременно в эту компанию...

У меня был старый, первый вариант, где всюду, так сказать, называются они. И вот Александров, он и в Чехословакии приводил куски из этого... Но это, так сказать, неважный вариант, и сейчас он написал большую статью о Хармсе, вот она вышла...

Л.: Угу.

Б.: Сейчас вот, позавчера он был у меня и принес. И опять там приводится этот кусок из старого... Я думаю, он просто не знал, что он есть...

Где-то пропустил, в этом гевалте, Бахтерев спрашивает меня: "Выключен магнитофон?" "Выключен, выключен," говорю. Но записывал я каждое слово старика, и если бы не базар, может, он и говорил бы лучше.

Но редактировать записи я не умею, поэтому привожу все, как есть.

Есть еще запись на вечере у Юлии, но там уж вовсе ничего не разберешь. Да и сил у меня, честно говоря, нет - расшифровывать еще и ее. О Бахтереве найдется, кому позаботиться, трупоедов хватает, не один Александров зуб на него точит. Бахтерев уже, можно сказать, на 90% "истэблишмент", ждут только, когда можно будет печатать, и сколько дадут. Мейлах, я знаю, работает бескорыстно, а у него в 1-м томе Введенского - такое количество ссылок на Бахтерева! Значит, в контакте он с Игорем Владимировичем, чему я рад. Сбережет. Озаботится. А выезжать Мейлах явно не собирается. Издают с Эрлем напару Хармса, сколько-то томов уже вышло, но я не академик, не покупаю: НЕ НА ЧТО. Кроме того, с меня и избранного Хармса довольно, равно и Введенского. А это есть. Основные вещи - еще там в машинописи ходили.

А вот Бахтерев, несмотря что живой, из всех обэриутов - почти был и неизвестен. По младости лет, как он сам определяет. Туфанов тоже недолго с ними продержался, быв, к тому же, выслан в Новгород, где его навещал Вячеслав Завалишин, из которого с апреля тщетно силюсь выбить мемуары. Об Алейникове тож, почему-то, не пишут. Танцуют вокруг трех имен, Хармс-Введенский-Заболоцкий, остальные же - возникают, как "фон".

Вот и всё, пожалуй.

Заставка "ЧЕРВЬ" работы Ольги
Миркиной, 1982.

VERMIDEA. ЧЕРВЕОБРАЗНЫЕ. В ПОИСКАХ ЧЕРВЯ.

/опыт, вдохновленный статьей М.Мейлаха/.

1.

Кто есть "червь"?

"Не тот червь, которого мы едим,
а тот - червь, который нас будет
есть."
/любимое выражение моего де-
душки, когда он ел суп с грибами/.

"Слона-то я..."

/из басни/

Трое моих друзей занимаются обэриутами. Это Великий Эрль, Мейлах, кото-
рый умеет стоять на голове и Илья Левин, который в них ничего не понимает.

Я обэриутами не занимаюсь.

В своей статье о Введенском, помещенной в номере 3-м "Slavica Hieroso-
limitana" за 1978 год, Мейлах ищет "червя" в Библии и Апокалипсисе. Мотивирова-
но все это великолепно. Цитирую Мейлаха:
"С темой природы сближен один из исконных мотивов произведения –

Стояла ночь. Была природа.
Зевает полумертвый червь

представляющий собой восходящую к последнему стиху книги пророка Исайи еванге-
льскую реминисценцию /И если глаз твой соблазняет тебя, вырви его: лучше тебе
с одним глазом войти в Царствие Божие, нежели с двумя глазами быть ввержену в
геену огненную, где червь их не умирает, и огонь не угасает. Мк.9.47-48/

и примечание:

Повторение цитаты от Ис. 66.24 в ст. 44 и 46 является позднейшей вставкой /при-
том, что Ис. 23-24, в свою очередь, представляется позднейшим добавлением/. Ме-
стоимение /червь их, греч. skölèks autōn, евр.בולעיהם/, не имеющие денотата у
евангелиста, перенесено из стиха пророка, где оно обозначает трупы нечестивых.
Образ этот соотнесен с посмертными страданиями грешников также в Эсф. 16.17."

Касательно солнца у Введенского, у Мейлаха имеются также объяснения:

"Чрезвычайно интересно, что мотив всепобедительного солнечного восхода
/восходит солнце мощное как свет/ сближает произведение Введенского с пронизан-
ным архетипическими чертами средневековым жанром религиозной альбы, представлен-
ным в частности у провансальских трубадуров."

И примечание:

целый список литературы по трубадурам и лирике позднего средневековья /заметим,
к месту, что Мейлах специалист именно в этой области/.

О смерти и Эросе. "Это заставляет говорить о двуступенчатой эсхатологии
Введенского, /прим.: Уместна, вероятно, отсылка к апокалиптическим мотивам –
ос. Откр.20.14/, для которого конец времени наступает только с вмешательством
Бога:
> Тут окончательно Бог наступил,
> хмуро и тщательно
> всех потопил.
>
> Факт, Теория и Бог.
> /1930/

Подобное крайне интересное сочетание эротических /по существу – антиэротических –
курсив мой. ККК/ мотивов со сложной эсхатологической иерархией встречается в лю-
бовных сценах поэмы Введенского "Кругом возможно Бог" /1930/..."

Далее переходим к выделенному курсивом.

2.

Куковеров и Наташа.

Ища истоки "червя" и Эроса /анти-Эроса/ Введенского в Библии, Апокалипси-
се, греческих и еврейских словах, поэтике средневековых трубадуров, Мейлах явно
"свою образованность хочут показать".

Я человек необразованный. Библия мне ни к чему /во всяком случае, для
анализа "Куприянова и Наташи"/. Поищем где-нибудь поближе.

В 1927 году в сборнике Е.Замятина "Нечестивые рассказы" /Артель писате-
лей "Круг" – это для "академиков"/ был опубликован "Рассказ о самом главном".
Поэма Введенского является ни чем иным, как поэтическим опровержением тезисов
Замятина. Заявляю со всей категоричностью. Итак, поехали.

Действующими лицами рассказа являются Куковеров и Таля /прим.: уменьши-
тельное от "Наталья", равно как и Наташа/. Третьим "действующим лицом" является
– ЧЕРВЬ /Rhopalocera – лат./.

Поехали по цитатам:

"Мир: куст сирени – вечный, огромный, необъятный. В этом мире я: желто-
розовый червь Rhopalocera с рогом на хвосте. Сегодня – мне умереть в куколку
/курсив мой. ККК/, тело изорвано болью, выгнуто мостом – тугим, вздрагивающим.
И если бы я умел кричать – если бы я умел! – все услыхали бы. Я – нем." /1/

"Чтобы не смотреть на нестерпимые эти изгибы в уголках Талиных губ, Ку-
коверов смотрит на каменную бабу." /2/

"Ветка вздрагивает – и вниз летит желто-шелковый Rhopalocera прямо на

Талины колени, в теплую ложбину пропитанного солнцем и телом платья." /3/

"Я, каждый я, знаю: это мне - коршун, мухи, мучительно-тугим кольцом сгибается тело." /4/

"Без одежд - как статуи. У одной женщины, младшей,когда она пьет, подмышкой видны расплавленные медные волосы." /5/

"... он касается рукой чуть жестких медных волос, проводит по груди, по коленям - на одном колене маленький белый шрам: ты помнишь? - ты упала, была кровь... ты хочешь - сейчас?" /6/

"У женщины - губы влажны, на одном колене белый шрам, и выше, на ноге - красная полоса: след крови. Они без одежд, как статуи, все голо, просто, последне." /7/

"Груди у женщины теплы, остры и сладки, она - пахнет, она - шепчет мне. И напряженными мускулами, кожей, губами, телом - я знаю, это так, это справедливо: мне жить - мне и ей..." /8/

"Над Землей солнце мечется в последней тоске..." /9/

"... облака набухают кровью все гуще..." /10/

"Там, внизу, на чуть сбрызнутых красной росой травах..." /11/

"Зеленое в красных рубцах небо, в тугой судороге изогнувшийся мост..."/12/

"Земля ждет, чтобы ее пронзили до темных недр..." /13/

"И когда он потом целует сквозь шелк, Таля, кружась и дрожа - дрожат и холодеют руки - всю себя, что-то, самое немыслимое - быстро расстегивает платье, вынимает левую грудь - так вынула бы ее для ребенка - дает Куковерову:
- Вот... хочешь так?" /14/

"И огромно, легко, как Земля - Куковеров вдруг понимает все. И понимает: да, так, это нужно - и понимает: смерти нет." /15/

Итак: все эти "ложбины", "медные волосы подмышкой", отсутствие одежд - служат Замятину для прославления животворящей силы Эроса.

Эроса, сопряженного с мукой: выгнутые тело, червь, мост, кровь, красная роса, шрамы, набухание.

Женщина - Земля /пронзенная до самых недр/. В литовской и сарматской мифологии - змееногая женщина /см. неопубликованные работы Л.Н.Тимофеева, Алупка/. Червь - Worm [AS. wyrm, wurm, serpent, worm] (Webster New Collegiate Dictionary) он же - змея. Символ праха, но у Тимофеева и Замятина - жизни /см. умереть в куколку - 1/.

Конечность, смерть /цит. 4,7,9/ опровергаются будущей жизнью /цит. 8,15/.

Но - довольно наукообразия. Оставим это Мейлаху и профессорам.

Суть нашей параллели /Замятин - Введенский/ в том, что Замятин отстаивает "позитивную" сторону Эроса, созидающую, Введенский же /да и Хармс, в рассказах/ - негативную, анти-Эрос. Но это уже относится к области философии /и социологии/ - почему?, а не к литературе.

"Червь" же, как фаллический символ, гипертрофирован у Введенского и, наоборот, ослаблен у Замятина /см. цит. 1,3/. Поскольку несет разную нагрузку.

3.

Что читают академики?

Академики ничего не читают, кроме докладов в "Slavica Hierosolimitana" и книг "по специальности". Поэтому они не видят того, что лежит у них под носом. Илью Левина сразил "новаторский образ" Введенского:

> Иисус Христос
> Не играл ни в очко, ни в штосс.

> /за абсолютную точность не ручаюсь,
> по памяти/.

Пришлось открыть издание Артема Веселого "Россия, кровью умытая" /Современник, Москва, 1977/ и показать ему анархистскую частушку 20-х годов:

> Иисус Христос
> Проигрался в штос
> И пошел до Махна
> Занимать барахла...

> А божья мать
> Пошла торговать...

> /стр.185/

Специалисты по обэриутам конструктивистов не читают.

Равно они не читают и "ЛЕФа". А следовало бы. Всем, даже не специалистам, известна история про анкету ОБЭРИУ, где в первом пункте числилось:

"Какое мороженое Вы предпочитаете: сливочное, земляничное, клубничное, ванильное... /нужное подчеркнуть/" - цитирую, опять-таки, по памяти, поскольку, как сообщил мне тот же Левин, "Многие мемуаристы /в частности, И.Рахтанов в своих "Рассказах по памяти"/ пишут о существовании у обэриутов какой-то необычной /курсив мой. ККК/ анкеты для желающих вступить в их группу. Из этой анкеты мемуаристы приводят один вопрос: "Какое мороженое Вы предпочитаете?" Эта "анкета", как мне сообщил И.В.Бахтерев, действительно существовала, но была, если можно так выразиться, одноразового пользования. Ее составили в 1929 году, при вступлении в группу Ю.Д.Владимирова /1909-1931/." - И.Левин.

Все-таки удобно иметь академика под рукой. Знает, когда Владимиров умер. Но лучше бы академики и мемуаристы открыли журнал "Новый Леф", №3 за 1928 год и прочли следующую обыкновенную заметку о "необыкновенной" анкете /стр.23/:

"В одной из советских школ тяга молодежи к "романтике подполья" выразилась в нижеследующих формах.
ОДМ – Общество друзей мороженого, – так называлась подпольная организация из 8 человек учащихся 8 и 9 групп школьного обучения /возраст от 17 до 19 лет/.....
Раз в неделю председатель ОДМ созывал совещание.
Повестка совещания:
1/ Вкусовые качества земляничного мороженого.
2/ Цены на мороженое на окраинах и в центре.
3/ Вовлечение новых членов..."

Подписана эта и следующая заметка инициалами "Д.М.". Кто такой "Д.М." – я не знаю. Лицо с такими инициалами в редколлегии "Нового Лефа" не числилось. Да меня это и мало волнует. Оставляю это академикам /слово это я употребляю только ругательно – ККК/, надо же и им чем-то заняться.

4.

Итак, к чему весь этот сыр-бор? Изругал двух своих лучших друзей /третьего не тронул, пока не за что/, оскорбил почтенных седо- и плешивоголовых академиков, показал свою ерудицию, а – к чему?

Затем, что ненавижу. Один, специалист по Зощенке, всерьез переводит с издания 1956 года /как же, последнее, исправленное и дополненное!/, другой в кратком виде преподносит за свое материалы конференции по Достоевскому /на которой я случайно был в 1974 году/, третий доказывает, что Есенин был педерастом, и все публикуют свою ахинею, по поводам выеденного яйца не стоющим.

Почему бы мне не попытаться напечатать свою?

Остин,
Техас.
25 февраля 1979 г.   К.К.Кузьминский

P.S. Задача Мейлаху. В какой-то испанской литературе, какой-то, кажется, дон Родриго за разврат быв сброшен в яму с ЧЕРВЯМИ, змеями, жабами, скорпионами, и оттуда раздается загробный голос: "Начинают, начинают / Грызть то место, чем грешил я..." Таковую цитату найти и пришить к месту, вместо Исайи.

ККК

ПРИЛОЖЕНИЕ для неграмотных.

Не хотел я перечитывать эту поэму, я вообще Введенского не люблю, но Гум сказал, что непонятно. И Левин тоже, он хочет сносочек, он так привык.

Хотя я привык работать на память, но вот вам сносочки /соотнесенные с Замятиным/:

1. "... и шевелился полумертвый червь." /1,3,4/

2. "... себя я будто небо обнажаю." /10,12/

3. "... почти что голый как прибой." /7/

4. "... я видел женщины родник
зеленый или синий,
но он был красный." /12/

5. "... уже мои ты видишь сквозь рубашку волоса." /5/

6. "... и грудь твоя, как два котла." /8/

7. "... и вход в меня, пушистый и недлинный." /3/

8. "... ужасно, я одна осталась,
любовь камней не состоялась." /2/

9. "... Стояла ночь. Была природа.
Зевает полумертвый червь." /1/

10. "... достоинство спряталось за последние тучи." /7,9/

11. "... Неужели время сильнее смерти." /15/

12. "... Восходит солнце мощное как свет." /9/

Примечание!

Приложение было уже набрано, когда я обратил внимание на корректурное примечание о том, что сказала третья жена Введенского неизвестно кому.

Я своим женам не доверяю высказываться по части литературоведения, равно и друзьям, как, скажем, Илюше Левину. Ведь чорт знает чего наговорят!

Я уж лучше поэта послушаю, поэтам я доверяю. Эрлю, например.

KKK

А. Новиков

«ЧЕРВЬ НЕУЁМНЫЙ»

Незаконченная повесть Николая Гумилева "Веселые братья" была впервые напечатана в 1952 году в издательстве имени Чехова, в Нью-Йорке. Впоследствии она вошла в четвертый том собрания сочинений великого поэта, изданный в 1968 году в Вашингтоне под редакцией Г. П. Струве.

В повести говорится о тайном международном обществе "Веселых братьев", поставивших себе целью для защиты веры дискредитировать науку путем фальсификации исторических документов. Чекистская пуля оборвала жизнь молодого русского поэта и писателя, и мы не знаем, как должна была закончиться повесть.

А ГДЕ БУЛОЧКА?

Бенвенуто Челлини, враль известный и преизрядный, в своих мемуарах рассказывает, как вылез из него, после долгой и нехорошей болезни, червь длиной в поларшина, покрытый густым черным волосом, сам, вроде, зелененький и с красными глазками.

Мне тоже, как-то снился металлический червяк, которого я упорно и тщетно давил, он же проникал в мясо сквозь кожу...

Аспирант-хармсовед И. Левин напомнил мне анекдот про солитера о том, как врач велел больному приходить ежедневно и съедать в кабинете яичко всмятку и булочку. А один раз булочку съесть не дал. Тогда из жопы вылез солитер и спросил: "А где булочка?"

Все профессора и в особенности аспиранты - напоминают мне этого солитера. И Левин.

В имеющемся в нашем распоряжении начале повести говорится о странствиях крестьянина Вани, цыгана Мити и интеллигента Мезенцева по России. Странствия состоят из серии эпизодов, по структуре напоминающих великий роман Сервантеса. В одном из таких эпизодов путники встречаются с крестьянином, пораженным странной болезнью. Вот как описывает· эту болезнь Гумилев словами одного из персонажей повести. "Третий день этак... Спервоначалу огнем его прохватывало, инда дымился весь. На вторые сутки стал, как лед, холодно было, тряпками отворачивали. Полчаса руку над свечой держали, закоптела вся, а как стерли сажу-то, такая как была. А теперь червь неуёмный геенной точит его, боимся, как бы не отошел..."

И далее: "Больной приподнялся и схватился обеими руками за сердце, лицо его стало зеленоватого цвета, как у мертвяка. Казалось, его поддерживает только неизмеримость его муки. А изо рта его, разжимая стиснутые зубы, ползло что-то отвратительное стального цвета в большой палец толщиной. На конце, как две бисеринки, светились маленькие глазки. На мгновение оно заколебалось, словно осматриваясь, потом медленно изогнулось, и конец скрылся в ухе несчастного.

— Рви, рви — взвизгнул Митя и, схватив одной рукой червя, другой уперся в висок больного. Его мускулы натянулись под тонкой рубашкой, губы сжались от натуги, но червь волнообразными движениями продолжал двигаться в его руке, как будто она была из воздуха. Больной ревел нечеловеческим ревом, зубы его хрустели, но вдруг он со страшным усилием ударил Митю прямо под ложечку. Митя отскочил, охнув. А червь высвободил хвост, причем он оказался слегка раздвоенным, и скрылся в ухе. Как заметил Мезенцев, он был немногим больше аршина".

Что же это за странная болезнь? Может быть, просто плод фантазии Гумилева?

Оказывается нет. Как удалось установить автору данной статьи, описанный Гумилевым эпизод был впервые обнаружен русским исследователем Сергеем Нилусом в бумагах "служки Божьей Матери и Серафимова" Николая Александровича Мотовилова и был напечатан С. Нилусом в 1905 году в сборнике "Великое в малом и Антихрист как близкая политическая возможность". Позднее он попал в книгу о.Павла Флоренского "Столп и утверждение Истины" (Москва, 1914 г.)

Болезнь Мотовилова началась следующим образом. Мотовилов услышал о том, что православная христианка была одержима бесом в течение 30 лет. Он подумал, что это вздор, так как постоянное причастие делает это невозможным. В то же мгновение, пишет Мотовилов, страшное холодное, зловонное облако окружило его и стало входить в его судорожно стиснутые уста. Далее Мотовилов приводит следующее описание своей болезни: "Господь сподобил меня на себе самом испытать истинно, себе во сне и не в привидении три геенные муки: первая – огня несветимого и неугасаемого тем более, как лишь одного благодатью Духа Святаго. Продолжалась эти муки в течение трех суток, так что я чувствовал, как сожигался, но не сгорал. Со всего меня 16 или 17 раз в сутки снимали эту геенную сажу, что было видимо для всех. Перестали эти муки лишь после исповеди и причащения Святых Таин Господних, молитвами архиепископа Антония и заказанными им по всем 47 церквам Воронежским и по всем монастырям заздравными за болящего болярина раба Божия Николая ектиниями. Вторая мука в течение двух суток – тартара лютого геенского, так что и огонь не только не жег, но и согревать меня не мог. По желанию его Высокопреосвященства, я с полчаса держал руку над свечою, и она вся закоптела донельзя, но не согревала даже... Но третья мука геенская, хотя на полсуток еще уменьшилась, ибо продолжалась только полтора суток и едва и более, но зато велик был ужас

и страдание от неописуемого и непостижимого. Как я жив остался от нее! Исчезла она тоже от исповеди и причащения Святых Таин Господних. В этот раз сам Архиепископ (Воронежский) Антоний из своих рук причащал меня оными. Эта мука была червя неусыпного геенского, и червь этот никому более, кроме меня самого и высокопреосвященнейшего Антония, не был виден, но я при этом не мог ни спать, ни есть, ни пить ничего, потому что не только я весь сам был преисполнен этим наизлейшим червем, который ползал во мне во всем и неизъяснимо грыз всю мою внутренность, и, выползаючи через рот, уши и нос, снова во внутренности мои возвращался".

Окончательно излечился Мотовилов только через тридцать лет.

Как мы видим, Николай Гумилев почти дословно цитирует случай, происшедший с Мотовиловым, и, как бы указывая на первоисточник, ассоциирует червя с "геенной", что не оправдано с точки зрения повествования. Не имея списка книг личной библиотеки Николая Гумилева, мы не знаем, заимствовал ли он этот эпизод непосредственно у Нилуса или у о.Павла Флоренского.

Некоторым указанием могут служить изданные в 1976 году воспоминания Лидии Чуковской о жене Н. Гумилева, Анне Ахматовой. Л. Чуковская указывает на то, что в библиотеке Анны Ахматовой (возможно, доставшейся от Н. Гумилева) была книга о.Павла Флоренского и что Ахматова ее часто читала. Кстати, книга о. Павла Флоренского была издана в 1914 году, т.е. примерно в то время, когда Гумилев приступил к работе над повестью "Веселые братья". Н. Гумилев сообщал в письме к Ларисе Рейснер от 8.12.1916 г., что он часто читает эту книгу.

Словом, можно считать вполне доказанным, что в повести "Веселые братья" был использован случай с Мотовиловым. Следует надеяться, что вышесказанное будет отражено в комментариях к последующим изданиям сочинений Н. Гумилева.

СТЕРЛИГОВ
И
ОБЭРИУ

Вот купола и тени их,

И тень от теней куполов

В тени без тени Купола.

/В.В.Стерлигов/

С 1960 года Владимир Васильевич Стерлигов /1904-1973/,
ученик Малевича, развивал новую концепцию пластического
пространства - криволинейного, сферического.
Продолжая идеи Малевича, после его супрематической пря-
мой, Стерлигов открыл новый "прибавочный элемент" в жи-
вописи - ЧАШНО-КУПОЛЬНУЮ КРИВУЮ, которая в сферическом
пространстве обладает свойством "прямо-кривизны".
Эта КРИВАЯ и производные от нее ЧАША и КУПОЛ стали глав-
ными элементами структуро- и формообразования в живо-
писи Стерлигова и его последователей.
Стерлигов не разделяет искусство на фигуративное и не-
фигуративное, считая, что свойства беспредметности мо-
гут проявляться и в фигуративных работах, а природные
ощущения найти выражения в самых беспредметных карти-
нах.
Стерлигов понимает искусство, творчество как выражение
духовно-нравственного состояния человека, как духовное
"делание", опираясь на опыт и традиции русского искус-
ства XX века /Малевич, Матюшин и др./

/Г.Зубков/

На предыдущей странице:
В.В.Стерлигов. "Купол №3", м. паст./бум., 58x48, 1963 г.

СТЕРЛИГОВ И ОБЭРИУ

1. ПАСХАЛЬНЫЕ ЯИЧКИ

Больше всего я ненавижу искусствоведов. И литературоведов тоже. Скушные факты им подавай! А где я их возьму? При том: не важны им факты, факт может быть и ложным, но важна им ССЫЛКА на факт. Говорю тут другу исскуствоведу: Карсавина, в голом виде, изображала в "Бродячей собаке" балет "Амур и Психея" на зеркале. Загорелся: а где об этом говорится? А нигде, говорю. Просто, имел я несчастье /или счастье?/ быть по четвертому разу женатым на внучке Андрея Андреевича Голубева, в 1910-х актера Александринки, а впоследствии - директора Дома ветеранов сцены. Луначарский ему записочки писал: "Дорогой Андрей Андреич! Что делать, чтобы "Привал комедиантов" не постигла участь "Бродячей собаки"?" /То есть, чтоб и там Судейкинские росписи не похерили/. Записку я держал в руках. Отчего ж мне сомневаться в рассказах адресата, переданных внучкой, которая к тому же - врать органически не обучена. Плясала Карсавина, Тамара Платоновна, голая, с младенцем на руках, на огромном зеркале в "Собаке" - и ша.

Но для искусствоведов это не факт. Fuck 'em!

В каком году Тамара Платоновна плясала, кто при этом /кроме деда/ присутствовал - мне неведомо и по сю. Но знаю, что плясала.

Точно так же и со Стерлиговым. Был я у него и при этом был единожды, но запомнился мне этот визит. А в каком точно году это было - тщетно тщусь вспомнить. Год был "Башенный". Привел меня к нему, на саму ли Пасху, или на пасхальной неделе, Женя /Геннадий/ Чугунов, мой тогдашний учитель и долгий друг. И вот, мучительно вспоминаю: 68-й или 69-й? И когда и как я с ним познакомился, с Чугуновым? С графиней-парвеню, Ириной Разумовской, супругой тогда его - я имел честь быть в Алупке: чтения со свечами внутри фонтана /не действующего/ в павильоне, что у самого моря, купания и сухое вино, избранная аудитория. Но с графиней у меня ничего не было, напротив, нарисовал я карандашный портрет ее подруги, Люды?, и читал стихи. Читал я уже почти созревшую "Башню", читал "Ночь на Лысой горе" и "Русско-турецкую" - стало, и у Стерлигова я читал то же, а стало, было это в 69-м. Но в 69-м на Пасху, сдается мне, я ходил с триппером /и трихомонадой/, и мне было не до светлых дней. А у Стерлигова было светло, и сам он был светлый. Так что, может быть, в 68-м?

Вот так и складывается фактологическая достоверность. Даже год не помню. Триппер, однако ж, помню /его трудно забыть/. Значит, у меня его не было. Привел меня Женя куда-то в Купчино - а и вру - в Старый аж Петергоф - это я помню, потому что там биологическую практику проходил, квартирка Стерлиговых была в новом доме, на каком-то не низком этаже. Женя меня предупредил, чтоб я не сбился, что на стенках Стерлиговым намалеваны "Брак в Кане Галилейской" и побиение змия Георгием Победоносцем. Поскольку Библию я не читал, и Евангелие тоже, сведения были к месту, а Стерлигов всех визитеров экзаменовал.

Светло было в двух маленьких комнатках. На лавках половики цветастые /я к ним проникся, работая в Русском, особенно к воронежским/, икон не было. Но Стерлигов был в какой-то русского стиля рубашке, а Глебова, Татьяна Николавна - просто в скромном платье. Сестры ее, кому принадлежала квартира /оба художника были бездомными, но об этом особо/, вроде бы, не было. Для начала усадили нас за пасхальный стол, кулич там, чай, все что полагается, и по яичку выдал нам художник, расписанному им самим. Я свое залупил и съел, а Чугунов /искусствовед же - а яичко это артефакт и факт!/ свое аккуратненько завернул в платочек и в карман. Выпить, не помню, было ли, да и не за этим мы явились. За столом Женя попросил меня почитать - я что ж, я всегда с радостью! Выдал я и "Русско-турецкую", и "говорение" и еще, не помню, что - а Стерлигов тут же ударился в воспоминания о Введенском, о Хармсе-Олейникове, которых близко знал. И не упомнил я из этого ничего. Единственно помню: ругательски ругал он Сергея Эйзенштейна, за то, что тот работал по сталинским заказам. Знавал он Эйзенштейна тоже близко и хорошо. А я потом, уже в Техасе, пересмотревши "Ивана Грозного" - аж поразился и ахнул: до чего Стерлигов был прав! Ирод, сатанист, садист, сексуальный маньяк - изображен этаким мучеником "за Россию"! И страждет он - не за жертв, за Россию, разумеется - словом, вылитый Сталин!

О поэтах - не помню, что он там говорил. Говорил что-то. Говорил, как я говорю о Горбовском или Бродском там, говорил - ибо знал их близко. Вопрос: а - имел ли Стерлигов отношение к ОБЭРИУ? Обратимся к биографии /тоже по слухам/:

Стерлигов, Владимир Васильевич,/1904-1973/ученик Малевича. В 1934 году его, вместе с художником Владимиром Басмановым /отцом Марины Басмановой, жены Бродского и Бобышева/ повязали за убийство Кирова. Дали по десятке. В 44-м он прошел еще и штрафбат. В квартиру его, в войну, попала бомба - и ВСЕ работы до 1934 года погибли. Кроме одной, подаренной им Басманову. По выходе из лагерей Басманов обратно подарил ее Стерлигову, и эта ранняя работа, размером малость побольше писчего листа /искусствоведческая мерка!/, маслом - висела у него над дверью в комнату с "фресками". Так, красивая, но вроде Чашника, а вообще не помню. Фрески же - помню. Прямо по обоям, светлым и с имитацией коры березок, пустил Стерлигов до потолка светлыми прозрачными колерами /гуашь, надо думать/ - "Брак в Кане" и Георгия. Мощные вещи, и не в слащавой /как у Алипия/, а - "просветленной" тональности. И сам Стерлигов был каким-то светлым, правда, с юродством малость /отсюда и рубашка, и лавки, и половики/, и Глебова тоже седая, но посуровей мужа малость. Потом начал он нам показывать свои "купажи", как он их называл - резал безошибочной рукой куполообразные фигуры из цветной бумаги, клеил. Перед одной из них, на кронштейне - качался подвешенный крестик, что меня очень поразило /элемент поп-арта уже!/. И тогда я в Техасе, в память Стерлигова, заделал пару куполов коллажем, и с колокольчиками /бронзовыми, индийскими/ - Нусберг, с места не сходя, узнал: под Стерлигова! Ну, Нусбергу знать и положено: он у Стерлигова и фрески отснял, и вообще все работы /тщетно вот портрет ВВ все эти годы прошу!/, а я, естественно, был без камеры и без Приходьки.

Потом Глебова начала казать свои пастели, сделанные в школе Филонова. Но немного, с дюжину. На полуметровых картонах, вроде.

А в промежутках, как я говорил, читал я стихи. Восторгов они не изъявляли, принимали как должное - но и я не ерепенился: Стерлигов Введенского слушал, так куда уж мне. Но крутился разговор упорно вокруг трех этих имен: Хармс, Введенский, ОЛЕЙНИКОВ. Олейникова я нежно любил еще с 58-го года, так что мне было приятно.

Какое отношение имел Стерлигов к группе ОБЭРИУ? А какое отношение имеют Шемякин или Левитин ко мне? С одной стороны, конечно, просто друзья, а с другой - вот с другой и возникает вопрос. На меня и монотипии Левитина, и живопись /и гравюры/ Шемякина - оказали преизрядное влияние. А почему Стерлигов не мог? Пишут ведь сейчас обериутоведы /г-н Левин/ о Малевиче и ОБЭРИУ, а ведь Стерлигов его учеником - и в дальнейшем, продолжателем был!

Особо: христианство у Стерлигова развернулось и стало доминирующим уже ПОСЛЕ войны, обэриуты же все полегли - еще до. Но писать диссертацию о теософских, скажем, взглядах Хармса или Введенского - я не намерен. Просто - "константирую" факт: ИНЫХ имен Стерлигов не поминал. Только обэриутов. Стало быть...

2. БЕЗ ЯЗЫКА /ПОЧТИ КОРОЛЕНКО/

Вторая моя встреча со стариками состоялась уже в декабре неизвестного года, в Союзе художников. Год это был тот, когда отоларинголог д-р Райкин, кузен Аркадия, вырезал мне горло, перетруженное голошением без мегафона на экскурсиях и - пардон, - поэтических читках. Сорвал. Опухоль там какая-то взросла. Резал мне ее д-р Райкин и при этом выябывался, как Аркадий - а мне смеяться нельзя! Так, с замороженным еще горлом, прихожу я в ЛОСХ. Народууу!... Год, стало быть, 71-й - 72-й. И скорее, 71-й: в начале 73-го была уже посмертная выставка ВВ на Охте. Выставляла свои полдюжины пастелей Татьяна Николавна на секции графики.

Тычусь, безъязыкий, по ЛОСХУ, а спросить не можно: д-р Райкин говорить запретил. Наконец, натыкаюсь на Толика Васильева, пишу на бумажке: "Где тут Глебова?" "Какая Глебова," - спрашивает. Я тут малость подошизел: "А вы, пишу, чего собрались?" А комиссия по распределению мастерских заседает! Тьфу. Наконец, нашел, в боковом зальчике - десятка 2-3 человек. Сидят. Председательствует Лева Овчинников. Морда сочится розовым салом, но при бородке: новые веяния. Ковтун, Чугунов, надо понимать, Повилихина - и я, в кожаных штанах. Шесть пастелей Татьяны Николавны установлены на мольбертах /чтоб быстрее снять/. Отчетная выставка. В первом ряду - седенькие ТН и ВВ. Излагает председатель секции графики, Лева Овчинников: "Ну, вот, там Татьяна Николаевна училась у Филонова /покровительственный жест/. У нас тоже были учителя не хуже: Кибрик..." - и не довольно ли? Сидит ученица Филонова перед судом учеников Кибрика...

Подошел я, по окончании, к Татьяне Николавне, руку поцеловал, говорить не могу: на горло указываю. Не знаю, как она поняла, но меня вспомнила, очень тепло, засветилась вся. И Стерлигов, вроде, узнал.

А на выставку его посмертную - я так и не попал: тошно было, да я к тому же с АБ Ивановым в это время "Гратис" писал-оформлял, да Наталья киевская тоже крутилась, лирика, запой.

3. САМОЕ СВЕТЛОЕ

И встретился я с Владимиром Васильевичем уже время спустя после смерти его. На выставке в Газа, среди полусотни гениальных /и не-/ самоучек , самодеятелей, открывателей велосипедов, кротов и подпольной богемы - затесалась ШКОЛА. И повесились они особняком, человек 5 или полдюжины, заняли отдельный отсек - и смотрелись. Среди раздрызга и разбрызга форм, собранных вместе не по направлению, а общим несчастьем, среди псевдо-кубистов, примитивистов, абстракционистов из третьих рук, попартистов и просто мазилок - смотрелось СВЕТЛОЕ ПЯТНО.

Единственно цельное на всей выставке, суровое и просветленное, в светлых гаммах и строгих композициях, оно было ШКОЛОЙ, НАПРАВЛЕНИЕМ, ГРУППОЙ. Да и сами художники - выделялись. Отсутствием бородатости /вроде, кроме, Смирнова/, отсутствием джинсов, наконец - лицами. Я, бородатое и волосатое создание, "патриарх богемы", как меня прозывали, в кожаных шемякинских штанах и при березовском дубце - не рискнул к ним и подходить, не будучи представлен. Знакомился я с ними уже заочно: 5 моих фотографов /и в основном, Приходько/ покрыли всю выставку фотопортретами и репродукциями работ. Сначала я их даже и не различал: все работы носили явственное влияние школы Стерлигова /"внучата Малевича", как я их определял/, все были выдержаны в одном стиле - и только теперь, имея доыаренных Приходькой /а он, в свою очередь, поимел их гонораром за съемки/ две работы Церуша и Зубкова на стенках /цветной карандаш, размеры - одна поменьше этого листа, другая - побольше, чорт, лист все равно идет в уменьшение! неважно/, да посмотрев и пощупав с дюжину масел самого Зубкова у Шарлотты - стал понимать и проникаться.

Это то, чему научил их ВВ Стерлигов: строгости, суровости, сложности, чистоте и СВЕТУ. Их работы - светлы, как если бы их писали отшельники. Не отшельники, искушаемые /Калло, Босха/, а отшельники Севера, русских монастырей, Соловков и Нерли. Это - христианство не по форме, а по ДУХУ, по СВЕТУ - и есть, на мой взгляд, вклад ВВ Стерлигова в малевичевский супрематизм. Но Малевича изучают, в основном, атеисты, западные лефтисты - и они видят в нем только "пространство Эвклида", без глубины. Так, скользят по поверхности холста - и печатают свои измышления. ЯЗЫЧНИК, но ПОЭТ Нусберг - уже усмотрел нечто более глубокое - в супрематизме Малевича: ДУХ. Но дух не подлежит изучению искусствоведами, они изучают - факты /а не то, что они - эти факты - изЛучают!/.

И вот эту лучистость, свет за"душевный" /о чем пишет Охапкин - см. 2-й том/, я и усвоил из уроков Стерлигова и его группы.

Отметим, что ВСЕ участники этой группы - провинциалы /о чем будет особая речь в связи с альманахом "Майя"/ и вообще - в 3-м томе, "Москва-провинция".

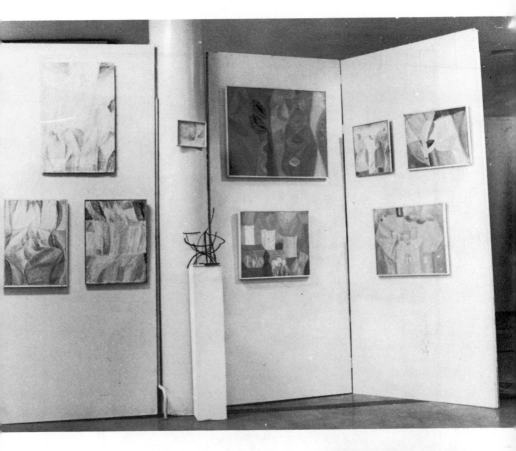

СТЕНА
СТЕРЛИГОВЦЕВ

ДК им. Газа, декабрь 1974. Фото Г.Приходько.
Слева: ? Соловьева /из группы Стерлигова/, искусствовед Алла Повелихина,
Г.Зубков и затесавшийся Филимонов.
Сверху: стена стерлиговцев /одна из/. В каталоге значится "скульптура Кожина",
но /пишет мне Зубков/: "С Кожиным вопрос сложный: он не скульптор и это не его
работа была в Газа, а Геннадия Лакина, одного из учеников ВВС последнего "призы-
ва", который к тому времени переехал в Москву на жительство; экспонироваться раз-
решили только ленинградцам в Газа, поэтому Лакина /с его согласия/ экспонировали
под фамилией Кожина. У Кожина, если у Вас есть фотография нашей экспозиции, было
2 или одна небольшая картинка на выставке. 1 - на колонне, это я помню точно."
Только стерлиговцы и не были индивидуалистами на всей выставке! Выставлять под
чужой фамилией, ради группы - это уже что-то! Были у Стерлигова ученики!

ГРИЦЕНКО

СОЛОВЬЕВА

ЗУБКОВ

СМИРНОВ

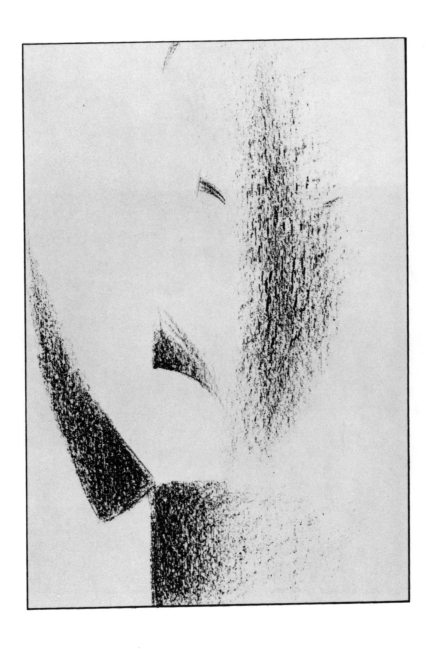

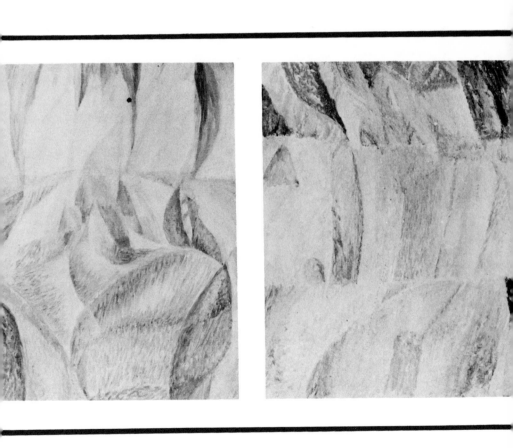

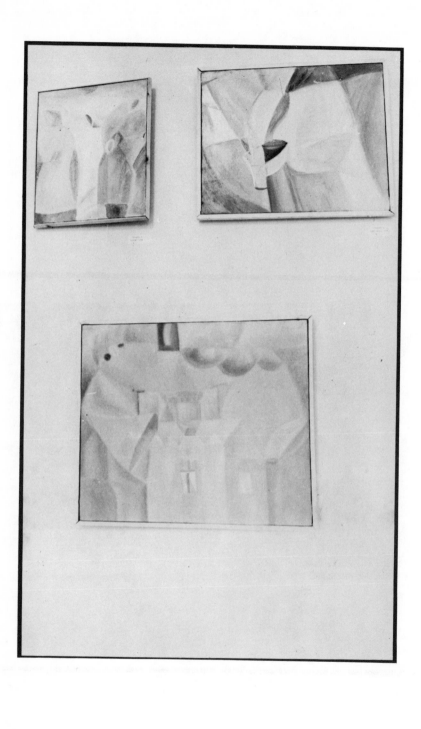

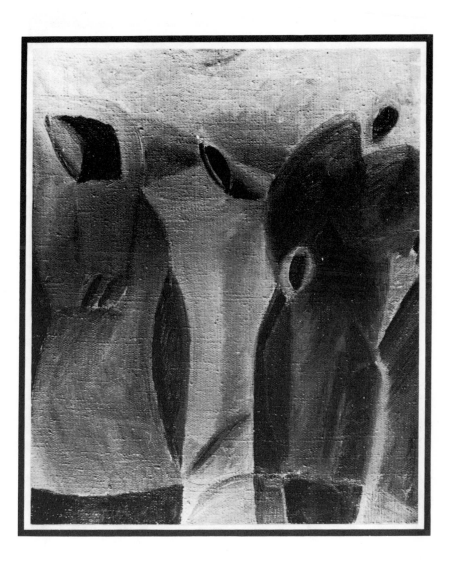

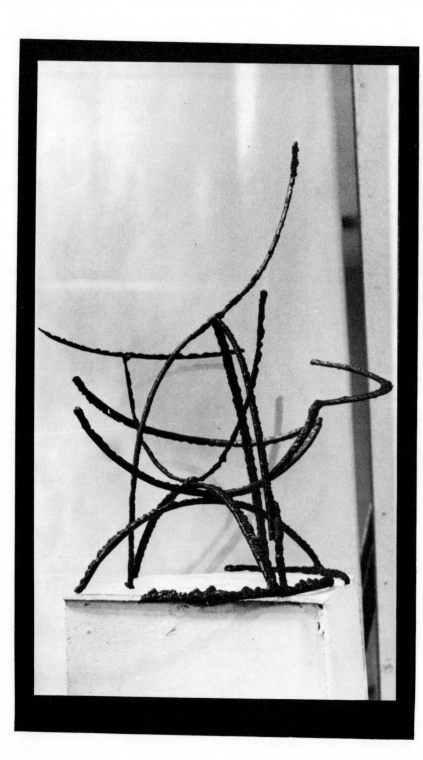

Добрый день, Костя!
Вчера получил письмо ваше — спасибо!

~~████████████████████~~
~~████████████████████~~

По предмет вашей военных дел: когда должна
открыться выставка, и как долго она будет
работать?

Всем там не выставиться. Дело очень слож-
ное, сложная обстановка здесь, поэтому
к выставкам "там" и ко встречам с "ними"
относятся по разному. Согласятся только
в том случае, если это всё будет разрешено
официально, что сейчас просто немыс-
лимо. Я знаю, что официально уже около
года пытаются сделать нашу выставку в
Бобуре (они пытаются). Здесь ничего
не слышно об этом.

Ты ни (своих, ни тем более работ) в США
неофициально не посылай. Из группы
нашей (из той, что выставлялись в ГАЗе
и Невском) тоже тоже вряд ли кто сейчас
рискнёт этим заниматься. Просто я
знаю уже решил вопрос этот для себя,
но уговаривать кого-либо из ребят
не могу — неясно что будет после
этой выставки, каждый должен сам
решиться на это.

С Кохиным вопрос сложный: он не
скульптор и это не его работа была
в ГАЗе, а Геннадия Лакина, одного из
учеников ВВС последнего "призыва", кото- ②
рый к тому времени переехал в Москву
на жительство, экспонироваться разрешили

только ленинградцы! 6/газ, поэтому
Лакина (с его согласия) экспонировали под
фамилией Кожина. У Кожина, если
у вас есть фотографии нашей экспози-
ции, было 2 или одна небольшая
картинки на выставке. 1 - на колонне
это я помню точно.
Также пришлось поступить и с Юрой
Гобановым из Архангельска. Его же
боятся з Нузском расписан, кажется,
на Смирнова и на Гришенко.
О выставочной деятельности здесь.
Сейчас з Русском выставка Ларионова
из наших музеев, з и из Франции — здоба
Зидала.
Оживилась и "неофициальная" выставочная
деятельность. К олимпиаде открыли
выставку 100 художников з неделю откры-
том "Любовь молодёжи" при гостинице инту-
риста. Экспонируется около 300 работ. Сде-
лали и тех, и тех - пополам. Призвали из
молодёжной секции 10СХ много! Из нео-
фициальных выставлялись: Соколе Озгунюк,
Кеня Бобиков, Игорь Иванов, Саша Манусов,
Глеб Богомолов и наша группа: Елена
Гришенко, Юра Бобанов, Саша Кожин, Миша
Церуш, Володя Смирнов и я.
Управление культуры дало добро на
новую выставку 16 художников, которая
должна открыться з кировском Д/К 15
сентября, там тоже будет наша группа.
Каталог Ларионова должен выйти
месяца через 4. Если вас интересует
— вышлю.
с уважением
ГЕННАДИЙ ЗУБКОВ

Группа учеников Владимира Васильевича
Стерлигова, принявшая участие в двух
выставках неофициальных художников,
получила в прессе название
"ГРУППА СТЕРЛИГОВА":

1. Юрий Гобанов, 2. Елена Гриценко, 3. Геннадий Зубков,
4. Владимир Смирнов, 5. Михаил Цэруш.

С 1960 года Стерлигов развивал новую концепцию пластического
пространства _ криволинейного, сферического. /Стерлигов 1904
1973, ученик Малевича/.

Продолжая идеи К.С.Малевича, после его супрематической прямо
Стерлигов открыл новый "прибавочный элемент" в живописи:
ЧАШНО-КУПОЛЬНУЮ КРИВУЮ, которая в сферическом пространстве
обладает свойством "прямо-кривизны".

Эта КРИВАЯ и производные от неё ЧАША и КУПОЛ стали главными
элементами структуро- и формообразования в живописи
Стерлигова и его последователей.

Группа не разделяет искусство на фигуративное и нефигуративн
считая, что свойства беспредметности могут проявляться и в
фигуративных работах, а природные ощущения найти выражения
в самых беспредметных картинах /не абстрактых, а беспредмет
Группа понимает искусство, творчество как выражение
духовно-нравственного состояния человека, как духовное "дела
опираясь в своём творчестве на опыт и традиции русского
искусства XX века /Малевич, Матюшин, Филонов и пр./.

1.Юрий Гобанов
1941 г. - родился в Архангельске,
1965 г. - окончил Архангельский педагогический институт,
        параллельно занимался живописью,

1972 г.- познакомился с В.В.Стерлиговым,

1975 г. - выставка неофициальных художников, Ленинград.

2. Елена Гриценко

1947 г. - родилась в Красноярске,

1967 г. - окончила художественное училище и поступила

в Ленинградский художественный институт им. Репина,

который окончила в 1973 году,

1973 г. - познакомилась со Стерлиговым,

1974 г. - выставка неофициальных художников, Ленинград,
1975 г. — " — " — " — " — " — " — "
1978 г. - выставка областных художников, Ленинградское

Отделение Союза Художников /ЛОСХ/,

- выставка осенних работ, ЛОСХ.

3. Геннадий Зубков

1940 г. - родился в г. Пермь,

1961 г. - поступил на художественно-графический факультет

Ленинградского педагогического института им. Герцена,

который окончил в 1968 году,

1963 г. - познакомился со Стерлиговым. Эта встреча определила

дальнейшую судьбу и развитие Зубкова как художника,

1964 г. - изучение под руководством Стерлигова живописно- плас-

тических систем импрессионизма, сезаннизма,

кубизма, супрематизма, знакомство с новыми средствами

изображения, открытыми и разрабатываемыми

Стерлиговым с 1960 года,

1967 г. - персональная выставка-отчёт в мастерской одного из

учеников Стерлигова о проделанной за 4 года работе

по изучению предшествующих живописных культур,

1974 г. - выставка неофициальных художников, Ленинград,

1975 г. - выставка неофициальных художников, Ленинград,

1978 г. - юбилейная выставка, ЛОСХ,

- республиканская выставка акварели и рисунка, ЛОСХ,

                       – весенняя выставка, ЛОСХ,

1979 г. – республиканская выставка "Физкультура и спорт",

                       – весенняя выставка, ЛОСХ,

                       – осенняя выставка, ЛОСХ.

4. Владимир Смирнов

1940 г. – родился в г. Боровичи,

1961 г. – поступил в Ленинградский педагогический институт на
              худ.-граф. факультет,

1965 г. – познакомился со Стерлиговым,

1967 г. – окончив институт, продолжал заниматься проблемами
              формы и цвета, разрабатываемыми Стерлиговым,   .

1974 г. – выставка неофициальных художников, Ленинград,

1975 г. – выставка неофициальных художников, Ленинград,

1979 г. – осенняя выставка, ЛОСХ.

5. Михаил Цэруш

1948 г. – родился в Кишинёве,

1968 г.   – поступил в Ленинградскую Академию Художеств,
              окончил которую в 1975 году,

1971 г. – познакомился со Стерлиговым. Эта встреча определила
              нейшее художественное образование и творческие поис

1975 г. – выставка неофициальных художников, Ленинград,

1978 г. – весенняя выставка, ЛОСХ,

1979 г. – весенняя выставка, ЛОСХ,

                       – осенняя выставка, ЛОСХ.

Г.Зубков. "Пейзаж. Окружающая геометрия",
м/бум., 57х67, 1975-78.

Г.Зубков. "Финский залив", х/м, 85х110, 1975.
Собр. бывш. консула в Ленинграде Роберта Уайта.

Выставка неофициальных художников. Ленинград, 1975 год. Невский дворец культуры.
Слева направо: Татьяна Николаевна Глебова /ученица П.Н,Филонова, жена В.В.Стер-
лигова/, Алла Васильевна Повелихина, искусствовед, на формирование ее взглядов
на искусство В.В.Стерлигов оказал огромное влияние. Геннадий Зубков, ученик В.В.
Стерлигова. Фото Г.Приходько.

Г.Зубков в Д/К Невский у своих картин. 1975.

Часть экспозиции группы Стерлигова на выставке 1975 года в д/к Невском. Работы Геннадия Зубкова.

1. /Левая верхняя/ "Ангел и яблоко".

2. /Левая нижняя/ "Три ангела в саду".

3. /Правая верняя/ "Лица деревьев".

4. /Нижняя правая/ "Натюрморт. Сухие цветы и ангел".

М.Цэруш. "Яблоко", 56x48, акв., 1979.

руш. "Композиция", 40x50, х-м, 1978.

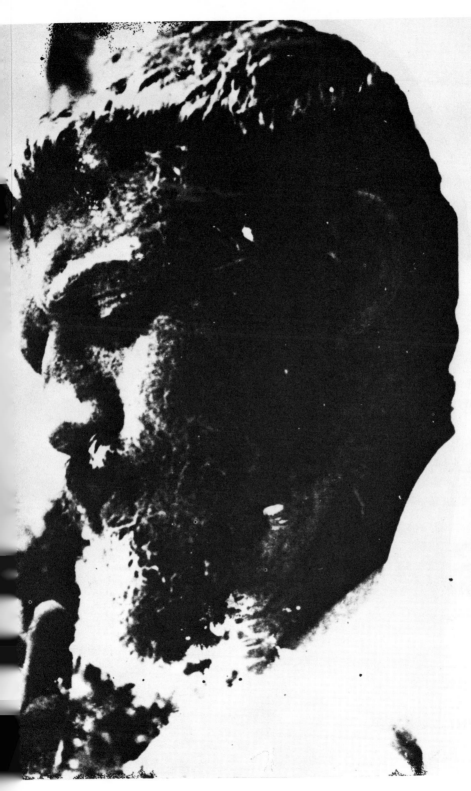

АРОНЗОН

73

/Из Дневника Юлии Вознесенской/

19 октября 1975 г.

Вот именно - 19 октября! Сегодня мы провели вечер памяти Аронзона.

Подготовка шла на рысях. Очень трудно было найти помещение - чтобы народу
вместило побольше, чтоб от начальства было подальше. Николай Биляк предложил нам
летний павильон в клубе студентов ЛПИ.

Представь себе: посреди Политехнического городка, между уродливых зданий,
кочегаркам подобных - пятачок нетронутого парка. Под высокими деревьями, еще по-
лными листьев - маленький /одноэтажный/ светлый /т.е. сооруженный из одних окош-
ек/ павильончик. Внутри на белых стенах и стендах - портреты Аронзона, цветы.
Михнов разрешил повесить свою картину "Памяти Аронзона" /это не есть ее настоящее
название, просто все почему-то стали ее так именовать. Ты должен помнить эту ра-
боту: она прямоугольного формата, вытянутая по длине ... и запоминается прежде
всего вензелями ЛА, черными, желтыми и красными. Это собственность Риты Аронзон
и висит у нее дома. Вспоминаешь?

В зале около 200 человек /рассчитан он на 100/. В основном, поэты, худож-
ники, прозаики, фотографы. Сайгона очень мало: приглашения были сделаны только
за день до вечера, во избежание толков и толкучки.

Теснота - самая дружеская и плотная. Сидят на стульях, батареях, ящиках,
свернутых пальто и куртках, просто подпирают стены.

Вечер ведет Охапкин - он суров, подтянут, немногословен. Красив. Поэты го-
ворят о своих отношениях с Аронзоном, о влиянии на них его творчества, рассказы-
вают истории и легенды о нем. Никому не изменяет вкус и такт - читают стихи толь-
ко Аронзона. Читают любимые тексты, объясняют, почему - любимые. Часто одно и то
же стихотворение повторяется в выступлениях нескольких человек: "Послание Альтшу-
леру," "Неужто кто-то смеет вас обнять...". "Утро" читали 5 раз.

Была подготовлена большая программа исполнения стихов Аронзона. Читали Би-
ляк и Понизовский. Оба воспринимались великолепно, хотя читали в совершенно раз-
ной манере и достаточно далекой от манеры самого Аронзона.

В заключение вечера слушали голос Аронзона /запись Крыжановского/. Тишина
стояла немыслимая, благоговейная, чудная. В открытые окна чуть слышна была какая-
то милая музыка из студенческого общежития. Пьяненький дяденька подошел к павиль-
ону, принял тишину за безлюдье и помочился возле открытых дверей павильона - весь
на свету!

Выступали: Олег Охапкин, Ширали, Кривулин, Альтшулер, Понизовский, Эрль,
Сорокин, Биляк.

Заупокойного елея никто не лил. Говорили красиво и сурово, не подрисовывая
крылышек. Например, Сорокин, говоря об отношениях Аронзона с друзьями, проиллюст-
рировал их двумя его стихотворениями. Оба называются "К друзьям". Одно начинается
словами: "Друзья мои - за что мне это чудо?", другое кончается словами: "Друзья!
Сойдите в жопу с корабля!" Не было той равнодушной сентиментальности, которая от-
личает все официальные торжества такого рода.

Мой дорогой и единственный враг Вова Эрль рассказывал, например, как они с
Аронзоном стрелялись на водяных пистолетах и уверял всех присутствующих, что он
стрелял намного лучше. Эрль был в сером пиджачке и в гороховом банте размером с
небольшую ворону. Дамы были потрясены его элегантностью. Многих выносили на воз-
дух.

Маленькая славная деталь. 18-го я получила твою открытку. Естественно, хо-
дила колесом и всем ее читала. На вечере ее пустили по рядам - еле нашла потом.
Все рады твоему хорошему настроению, спокойствию. Все тебе кланяются. Ты - самый
красивый, самый разумный, самый достойный из всех ренегатов и отщепенцев. Целую
тебя в нос.

Фотографии А.Беркута /Эйдельмана/ присланы из Парижа через Толстого.

Не сошлись мы с Лёней. Встретились в Большом Невере, в столовой "Аям-Зо-лото", после чего я был изнасилован под кустами багульника Машкой-тельняшкой, Лёня же этой участи избежал, вырываясь с криками: "У меня жена!", хотя на него целились довольно активно. Я же пошел добровольцем, спасать Лёню и Машку. Бедной девочке было лет 18, и это был ее первый полевой сезон. В кустах она размахивала руками и пела: "Вдали погас последний луч заката, / И снова тишина на землю пала. / Прости меня, но я не виновата: / Ведь я любить и ждать его устала!" Вместе с ее фотоаппаратом "Смена" я тащил ее на закорках по грязи и колдобинам Неверской дороги, при чем она продолжала размахивать руками и петь. Не было лужи, в которую мы не упали бы, а всё это "Яблочное" вино. Лёня дошел сам, равно и шеф наш, Сашка-геофизик, и геологиня Галка Дозмарова. Потом она раздевала Машку и укладывала ее в спальный мешок. Трусики оказались у меня в кармане. На другой день пол-экспедиции покушалось бить мне морду, и Лёня спасал меня, рассказывая, как было дело. Заключалось всё это выпивкой. Пили местный "сучок" в столовой, на сей раз железнодорожной. Под "сучок" шли котлеты с макаронами, больше закусить было нечем. В столовой был еще суп и компот. На второй день мы тоже геофизикой мало занимались. Сашка объяснил нам: "Вот так включать РП-1 /радиометр полевой – один/, вот так выключать. А остальное вас не касается. А ежели сломается, садитесь на пень, и кричите – Мама!" Ну, там градуировка еще, а эталоны изволь таскать с собой, в рюкзаке. По технике безопасности он должен быть от тебя не иначе, как на 20 метров, а за утерю – сколько-то срок. И это еще хорошо. В 59-м году радиометры нельзя было населению показывать, а я замерял активность воды в колодцах – плащом прикроешься, и трубку в ведро суёшь. Бдительные граждане тут же волокут тебя в милицию, а ты и милиции показать права не имеешь. Только директору совхоза или председателю колхоза, или секретарю парторганизации. В тайге, понятно, показывать некому, да и прятать тоже, но вот за утерю контрольного эталона... Рабочие-то эталоны делали сами – в медную гильзу 16-го калибра какая-то радиоактивная хреновина засыпалась, а потом свинцом заливалась. И тоже таскай с собой. На оленя повесишь – а он куда-нибудь потеряется вместе с вьюком – вьюк-то хрен с ним, и без жратвы можно переканто-ваться, а вот прибор без градуировки – это вся работа насмарку. В предыдущем году Ося Бродский в той же экспедиции ДВГУ только в два маршрута сходил, не побив прибора, а в остальные обязательно падал. Летит с обнажения, сам вокруг РП обмотался – спасает, а за ним по камням трубка на шнуре гремит, стеклянная. И все журналы радиометрические стихами исписал, или чортиками, зимой на камералке взялись расшифровывать, и тут же за голову взялись, а журналы – секретные. Так и пропали стихи. Я-то в пикетажках писал, у начальника, Семёныча, выпрашивал. А на чем писал Лёня – не знаю. Да и не знаю, писал ли. Его буквально через месяц с остеомиэлитом в Ленинград отправили, говорят, на аэродроме весил 37 килограмм. И через пару лет ходил с палочкой. Лёнька Карбовский выбил себе глаз, три дня из тайги с выбитым глазом выходил, а потом 9 дней ждал вертолета в посёлке. Семёныч все телефоны оборвал – "Завтра будет." А глаз течет, уже не кулак. Фельдшерица поселковая, в Средней Нюкже, забитая бабенка, за голову держится: "Ой, ведь глаз-то – вытечет! Ведь и второй вытечет, надо укол пеницелиновый делать, а я не умею, боюсь. Ведь и на второй ослепнет, в 23 года-то!" Хорошо, я по мари /по болоту то-есть/ в Уркиму за 25 км смотался. "Держи, говорю, Семёныч, за глаз!" В Лёньку два стакана спирта питьевого влили, в себя по полтора. Сделали укол. В веко. А Лёнька только на спирте все эти дней и держался, а потом еще три, в Большом уже Невере – в бухгалтерии денег не было, самолетом в Ленинград отправить. Погрузил я его в поезд, деньги распихал, какие под рубашку, какие в штанину, в сапог, чтоб не махался, проводнику четвертной дал, попросил в Магдагачах, где аэродром, высадить. Доехал, долетел, а только глаз спасти нельзя уже было. И в пенсии отказали, травма, говорят, не производственная — дрова для костра рубил. Щепка и отлетела. У Аронзона тоже была не производственная. В 59-м году Федя Добровольский погиб, в Новом, 1961-м году — Арик Лившиц застрелился, тоже был с нами. Мне-то повезло больше, чем Аронзону. Даже ревматизм прошёл, как помыл золотишко в промёрзлых шурфах, да в речечках в сентябре. По колено в воде, и ручками, ручками. А золото фольговое, его от тяжёлого шлиха не отобьёшь, ну и мучаешься. Унцию, однако, намыл, настарал, в образцы пошло. И урановые смолки нашел — две недели в ущелье сидели, с аномалией. На втором диапазоне РП шкалило, а Семёнычу, начальничку моему, и невдомёк, сколько рентген хватили. Потом мне кто-то целый кусок уранинита подарил, я его на кафедру кристаллографии отдал, Малышу Анатолю, а у них там все Гейгеры пошли шкалить. Докопались, кто.

Откуда у Лёни взялся остеомиэлит, я не знаю. Должно, от климата. Бродский в 61-м в багажном люке из экспедиции сбежал, мне отписывал. Я тогда в Феодосии гидрологом был. А Лёня — инвалидом. Стихи он мне свои читал в Невере, после происшествия с Машкой, но меня тогда акмеизм не интересовал. Да Лёня и был постарше, года на два. Бродского я тогда больше ценил. Но кто из них на кого влиял — мне до сих пор непонятно. Во всяком случае, в экспедицию тогда он нас устроил обоих, да еще Арика Лившица. Смеялся потом: "Я, говорит, всю экспедицию шизофрениками, рецидивистами и наркоманами наводнил!" Ну, шизофреник, скажем, был я — я только что с Пряжки вышел, где от армии косил, рецидивистом — чётко — Арик Лившиц, он уже сидел, остается — наркоманом — Лёня? Но тогда я этого за ним не замечал. Это уже в середине 60-х начал планчик покуривать, а тогда и разговору такого не было. Впрочем, тогда все о другом говорили: как у начальства занять четвертной на бутылку "сучка"? Местная водка тогда два пятьдесят два стоила, а Московской, скажем, или там Столичной — на Дальнем и не нюхали. Спирт "питьевой" в поселках, семидесятиградусный, или бормотуха какая-нибудь, а в 59-м году, в Эстонии, я всё больше по клюквенному вину ударял. "Йыхвика вейн" называется. Так я эстонский и выучил — "Юкс лейб, юкс соомкаля, юкс йыхвика вейн." И даже знаю, что на юге Эстонии говорят не "юкс", а — "ютьс". На Дальнем же мы говорили, в основном, по-эвенкийски, а севернее — по якутски. Якутов мы называли "налимами", но это было уже позднее, в 62-м, с Мишей Пчелинцевым /см. "Политехническая школа"/. Не знаю, как повлияло на поэтику Бродского и Аронзона пребывание в Якутии, но я там написал многонько. И всё пришлось выбросить, за незрелостью. У Бродского много реминесценций якутского и северного плана — см. "Геологическая школа", у Аронзона же я их не нахожу. Он где-то сумел оторваться от бытия, и перешел в пространства Хлебниковские.

Родился Аронзон, по мнению его жены, Ритки Пуришинской, в 38-м году. Застрелился в 70-м или 71-м. Так что всего лет его жизни — было 33. Влюблен он был — стыдно сказать! — в собственную жену, которая, правда, этого заслуживает. Единственная женщина, на которую у меня грязных мыслей не появляется. Правда, узнал я ее уже после смерти Лёни, опоэтизированную, так сказать, стихами поэта. Не можно сказать, что она красива. Блондинистая еврейка, несколько коротковатая, но судить надо не по ней, а по стихам Аронзона. Я всегда предпочитал лирику "неразделенности" /Маяковский там, Блок/, но гармонию — впервые — встретил в стихах Аронзона. Библейскую. Он был в гармонии с Природой и с женой. И всё-таки — "Печально как-то в Петербурге..." Его ближайший друг, художник Михнов-Войтенко, нашедший абсолютную гармонию в живописи, пьёт, не пересыхая. И читает Лёнины стихи. Может, в этом и тайна самоубийства поэта /в "несчастный случай" я не верю/? В этой гармонии в искусстве, и в том, что я вам сейчас описал — в этой жизни и в "Яблочном"? Его стихи слишком прекрасны. Как говорили: "Такой красивый младенец! Явно не жилец на этом свете." И Лёни не стало. Осталась гармония, а всё остальное — ушло. Так же — и от мёртвого пьяницы Михнова — останется 8 000 прекрасных работ.

Об Аронзоне так нельзя писать.

"Так нельзя писать!" - выкрикивал ученик Аронзона, Роман Белоусов на нашем с Кривулиным вечере где-то в 68-м. "А как - можно?" - спрашивал я его. Он не отвечал.

Я не знаю, как можно. Я не знаю, что можно. Можно так, как Хэмингуэй - о Фитцджеральде Скотте? Или нелья? Можно так, как Генри Миллер? Или можно так, как Соснора, скажем - о Риде Грачеве, скрыв его под именем "Ким"?

Жопу нужно писать с точечками, или в полную величину? А это смотря какая жопа. Ежели это жопа г-на издателя "ежедневной русской газеты", то о ней и писать не хочется /она и так, в полный рост - на страницах/, а если это попочка юного Бори Куприянова - то отчего ж.

Что есть частное и что есть личное? Копает, к примеру, Губер трипперок у Пушкина /а может, чего похуже/ из немногих сохранившихся писем к Вяземскому - или, за давностью, трипперок пахнет не так? О сифилисе Маяковского, Блока и Ленина - пока все молчат. Хотя все говорят. О жопничестве Георгия Иванова и Георгия Адамовича - Бенедикту Лившицу можно писать? А о том, что один из них торговал своей женой, как мне сообщает современник - это еще не можно? А когда можно? Анна Андреевна о той пачке писем, что у меня, точнее, Николай Николаевич, распорядились, чтоб "после какого-то срока". Что ж, после какого-то срока - постельное белье пахнет лучше?

В дневниках Пунина я читаю, какова Лиля Юрьевна в постели, и о том, что "она никогда не кончает". А о Мерилин Монро узнаю, что она была фригидной /уже не из дневников Пунина/. Писать об этом или не писать?

И писать ли о том, что 23-х летний Аронзон отказался попользовать юную девочку, которая тащила его в кусты, отбивался и кричал, что у него жена? Я не знаю. Знаю только, что чтобы понять лирику Аронзона, надо знать, что он любил свою жену.

Это единственный пример из поэтов моего поколения - поэт, который любил СВОЮ жену! И у Сосноры случались интрижки, и бросил он, в конце-концов Марину, а вот лирика Аронзона - ПЛОТСКАЯ лирика, не нарыв и надрыв Маяковского, не суходрочка Блока - обращены к СВОЕЙ ЖЕНЕ.

Страсть, нашедшая удовлетворение и расцветшая еще более пышным цветом. А почему? И как? Я не знаю. Я дружил с Риткой Пуришинской, особенно последние годы, воссоединившись через Мухнова. И она поверила в мою любовь к Лёне. Но я не мог поверить - в его любовь к ней. Ибо своими, а не его глазами - видел просто красивую женщину, несколько полноватую, блондинку выраженно еврейского типа /а я евреек после первых двух жен - не переношу!/, с очень красивыми карими глазами, несколько укороченной, майолевской, фигурой - и что? И ничего. То ли щитом ей было Лёнино имя, то ли там что - а кроме дружбы к ней не питал ничего.

Но читаю поэта. "Два одинаковых сонета". Да их хотелось бы, чтобы было восемь, десять, восемьсот - до бесконечности! Ибо эта женщина в стихах - прекраснее всех скульптур Майоля! В ней нет муки, нет и страсти - в ней есть библейская Рахиль, щедро раскинувшая пах. В ней нет стыда, как нет его в Природе.

Но что такое стыд? Это несовершенство, прикрываемое завесами одежд, скрывающими "тайну совершенства". И женщина поэта Аронзона была - само совершенство. То ли взор он имел такой, да, скорее, что это: так он видел природу, находясь с ней в гармонии. И в гармонии с Женщиной. Для Хлебникова женщина была тайной, ибо он любил, и был отвергнут. Аронзон же любил - и был любимым.

Я не могу спросить у Риты, я могу судить только по стихам, но так мне удалось раскрыть - для себя - "секрет" Маяковского и Блока, и что позднее подтвердилось - мемуарами /Лили Брик, Веригиной/. Но Аронзон мой современник. И где-то, даже, я его знал. Вот поэтому, пусть в противовес стихам, я и привожу мое первое к нему "предисловие",а точнее рассказ, о нашей безгрешной и страшной юности.

А Рита меня простит, хотя бы за мою любовь к Аронзону. Но рассказать мне больше о нем - попросту нечего.

Единственная работа Михнова, посвященная мне /он жутко жаловался, что у него ушла уйма вре-
мени - вдесятеро против обычного - чтобы закомпоновать полупредметные инициалы мои и жены
в абстрактную композицию/. Сделана в 73 или 74 году, такая, зелененькая с черно-серым.

Оригинал находится "в архиве Нуссберга", поэтому переснимать пришлось с приходьскинской пробки, 2,5 на 5 см, да и та была снята тяп-ляп и в ракурсе. Работу я так больше и не видел, как свез 6 лет назад в Москву для пересылки, а увеличение сделал А.Коган.

АРОНЗОН-3

Рассказать следует о его друзьях. Мало кого так любили из поэтов! Разве Бореньку Куприянова, но и то - с вершины "возраста" /он был младше всех/. А Аронзон...

> Нас всех по пальцам перечесть.
> Но по перстам! Друзья, откуда
> Мне выпала такая честь
> Быть среди вас. Но долго ль буду?
> На всякий случай будь здоров
> Любой из вас. На всякий случай...
> Из перепавших мне даров
> Друзья мои, вы наилучший.

- переписал мне по памяти Гена Гум уже здесь, в Техасе. Как он торчал на стихах Аронзона! И Ширали. Действительно, двух величайших поэтов любви нашего времени. Только они двое, пожалуй, и были счастливы с женщинами. И это не значит, что остальные были пидерами. Пидером из поэтов был один, ну, может, еще Саша Миронов - что-то мне в нем не нравится. А все остальные были бабниками.

Но эта, где-то мужская, любовь к друзьям - возможно, вызывалась чувством опасности, недолговечности. Как, вероятно, любят люди только в условиях "критических". /За то же, кстати, и бабы любили нас!/

Но о друзьях Аронзона. Я знал трех. И всех троих - подкосила смерть его. Значит, он что-то значил при жизни. Первым был - Роман Белоусов, относившийся к Лёне, как к учителю, как к мэтру. Говорил он, даже еще при жизни - только о нем. Я же, из духа противоречия /а может, из ревности!/, поносил Аронзона. Не так, чтобы сильно, но... И со смертью Лёни кончилась и для Белоусова поэтическая жизнь. Вроде, женился, ушел в семью.

Второй друг был Евгений Михнов-Войтенко. Этот мой друг, мучитель и монстр, зачитывал меня до посинения - одним Аронзоном, из переплетенных в холст его книжечек. Рисовал работы, посвященные ему. Выставлялся если - то только у Ритки, на Воинова - в аккурат напротив Большого дома! Мои стихи, будучи другом, он и слушать не желал. Но однажды расколол я его. "А Лёня, говорю, тебе стихи читал?" - "Не, говорит, боялся." Значит, нужно было умереть, чтобы дойти до Михнова. Вызвал он меня в 75-м, отъезда незадолго до, к себе на Рубинштейна. Лежит волосатый, пьяный, один, магнитофон крутит. "Расскажи, говорит, мне сказочку. Спой песенку." Ну, несу я ему какую-то ахинею, пою. "Вот ты уедешь, говорит, а я буду - слушать и плакать." Или в три часа ночи вытащит меня в карты с ним поиграть. В дурака подкидного. При этом мухлюет, и цилиндр-шапокляк, и трубу, горн солдатский, у меня, под видом выигрыша, зажал. Не жалко. Я б ему еще цилиндров и труб прислал, только б тешился! Страшно ему. Плохо. И Лёни с ним нет. Но вот - когда был? Было ли ему хорошо? Хотя стало, конечно, хуже.

И третий был друг. Алик Альтшулер. Этого я встречал уже у Михнова только. Напоминал он мне жертву Освенцима, как и Саша Шевелев /но у того еще была печать Каина на лбу, треугольником белым, шрам/. Алик Альтшулер за 10 с ним встреч - и двух слов со мной не проронил. Не знаю, может он говорил с Михновым. Хотя с пьяным Михновым - какой разговор? Какой-то бледный, тихий, заморенный - молчит и молчит. Ну зато я не молчал. И он тоже безумно любил Аронзона.

А Аронзон - всех их. По сю спор идет, кому это стихотворение? Михнов мне читает: "Евгений, мой голубчик голубой...", и в перепечатанном им сборнике я так видел, а в других рукописях, от Ритки - "Альтшулер, мой голубчик голубой..." Но Женя так же претендует и на "Тихого карлика из дупла" у Горбовского.

Но кому ни были они посвящены - какие прекрасные стихи! У Аронзона вообще, много стихов - прекрасных, и лишь отдельные - мне не нравятся. В основном, ранние. Был ли Аронзон добр? Скорее, сентиментален. Но сентиментален - ПОЭТИЧЕСКИ. Как и груб - поэтически же /см. его эпиграммы - на Эрля, на Юпа/. Но это не мешало друзьям его любить. И он их любил. См. выше.

Где-то был он их "сердцевиной", всех троих...

ЛЕБЕДЬ

Вокруг меня сидела дева
И к ней лицом, и к ней спиной
Стоял я опершись на древо
И плыл карась на водопой.

Плыл карась, макет заката,
Майский жук болотных вод,
И зеленою заплатой
Лист кувшинки запер вход.

Лебедь был сосудом утра,
Родич белым был цветам,
Он качался тут и там.

Будто тетивою, круто
Изгибалась грудь на нём:
Он был не трелей соловьём!

1965

Борзая, продолжая зайца,
Была протяжное "Ау!"
И рог один трубил: "Спасайся!"
Другим - свирепое: "Ату!".

Красивый бог лесной погони
Меня вытягивал в догон,
Но как бы видя резвый сон,
Я молчалив был и спокоен.

1965

То потрепещет, то ничуть.
Смерть бабочки? свечное пламя?
Горячий воск бежит ручьями
По всей руке и по плечу.

Подняв над памятью свечу,
Лечу, лечу верхом на даме.
Чтобы увидеть смерть, лечу.
Какая бабочка мы сами!

А всюду так же, как в душе:
Еще не август, но уже.

1970

Тело жены — от весны до весны,
Рядом лежу в тишине вышины.
Только к полудню окончится ночь
Деревом возле стены.

Дерево с ночью и с деревом ночь
Рядом стоят, повторившись точь-в-точь.
Только к полудню проснется жена,
Ночи и дерева дочь.

Я дотянулся рукой до листов.
Чтобы цветами осыпать альков.

МАДРИГАЛ

Рите

Как летом хорошо: кругом весна!
то в головах поставлена сосна,
то до конца не прочитать никак
китайский текст ночного тростника,
то яростней горошины свистка
шмель виснет над вместилищем цветка
иль, делая мой слог велеречив,
гудит над Вами, тонко Вас сравнив.

1966

1

На небе молодые небеса
И небом полон пруд, и куст склонился к небу.
Как счастливо опять спуститься в сад,
доселе никогда в котором не был.
Напротив звезд, лицом к небытию,
Обняв себя, я медленно стою.

2

И снова я взглянул на небеса.
Печальные мои глаза лица
Увидели безоблачное небо,
И в небе молодые небеса.
От тех небес не отрывая глаз,
Любуясь ими, я смотрел на вас!

1967

НАЧАЛО ПОЭМЫ

На небесах безлюдье и мороз,
На глубину ушло число бессмертных,
Но караульный ангел стужу терпит,
Невысоко петляя между звёзд.

А в комнате в роскошных волосах

Лицо жены моей белеет на постели,
Лицо жены, а в нем ее глаза,
И чудных две груди растут на теле.

Лицо целую в темя головы,
Мороз такой, что слёзы не удержишь,
Всё меньше мне друзей среди живых,
Всё более друзей среди умерших.

Снего освещает лиц твоих красу,
Моей души пространство освещает,
И с каждым поцелуем я прощаюсь...
Горит свеча, которую несу

На верх холма, заснеженный бугор.
Взгляд в небеса. Луна еще желтела,
Холм разделив на темный склон и белый,
На белой стороне тянулся бор.

На черствый наст ложился новый снег,
То тут, то там топорщилась осока,
Неразличим, на темной стороне
Был тот же бор. Луна светила сбоку.

Пример сомнамбулических причуд,
Я поднимался, поднимая тени,
Поставленный вершиной на колени,
Я в пышный снег легко воткнул свечу.

1968

ПУСТОЙ СОНЕТ

Кто вас любил восторженней, чем я?
Храни вас Бог, храни вас Бог, храни вас Боже.
Стоят сады, стоят сады, стоят в ночах.
И вы в садах, и вы в садах стоите тоже.

Хотел бы я, хотел бы я свою печаль
вам так внушить, вам так внушить, не потревожив
ваш вид травы ночной, ваш вид ее ручья,
чтоб та печаль, чтоб та трава нам стала ложем.

Проникнуть в ночь, проникнуть в сад, проникнуть в вас,
поднять глаза, поднять глаза, чтоб с небесами
сравнить и ночь в саду, и сад в ночи, и сад,
что полон вашими ночными голосами.

Иду на них. Лицо полно глазами...
Чтоб вы стояли в них, сады стоят.

1969

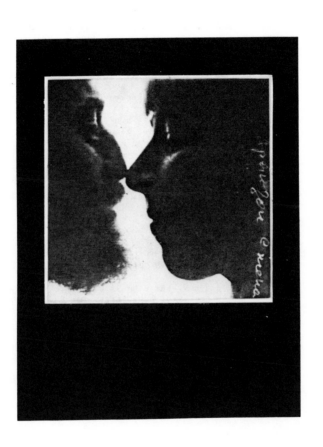

ДВА ОДИНАКОВЫХ СОНЕТА

1

Любовь моя, спи золотко мое,
вся кожею атласнлю одета.
Мне кажется, что мы встречались где-то:
мне так знаком сосок твой и бельё.

    О, как к лицу! О, как тебе! О, как идет!
    весь этот день, весь этот Бах, все тело это!
    и этот день, и этот Бах, и самолет,
    летящий там, летящий здесь, летящий где-то!

И в этот сад, и в этот Бах, и в этот миг
усни, любовь моя, усни не укрываясь:
и лик и зад, и зад и пах, и пах и лик -
пусть всё уснет, пусть всё уснет, моя живая!

    Не приближаясь ни на йоту, ни на шаг,
    отдайся мне во всех садах и падежах.

2

Любовь моя, спи золотко мое,
вся кожею атласною одета.
Мне кажется, что мы встречались где-то:
мне так знаком сосок твой и бельё.

    О, как к лицу! О, как тебе! О, как идет!
    весь этот день, весь этот Бах, все тело это!
    и этот день, и этот Бах, и самолет,
    летящий там, летящий здесь, летящий где-то!

И в этот сад, и в этот Бах, и в этот миг
усни, любовь моя, усни не укрываясь:
и лик и зад, и зад и пах, и пах и лик -
пусть всё уснет, пусть всё уснет, моя живая!

    Не приближаясь ни на йоту, ни на шаг,
    отдайся мне во всех садах и падежах.

1969

С балкона я смотрел на небеса
с возлюбленной женою Маргаритой.
Все небо было звездами забито,
и нам слышны их были голоса.

Весь день прошел в каких-то полчаса:
из-за дождя утроив аппетиты,
мы были сном безудержным убиты -
сны ж мимолетны! спать бы до конца!

Словно петлица с розаном цветка,
закат побыл и скрылся в облака.
И снова Рыбы, Лебеди и Раки,

Львы, Скорпионы, Овены, Тельцы.
Почуяв зверя, загалдели псы,
во тьме неразличиные собаки.

15 авг. 1967

СОНЕТ ДУШЕ И ТРУПУ Н.ЗАБОЛОЦКОГО

Есть легкий дар, как будто во второй
счастливый раз он повторяет опыт.
/Легки и гибки образные тропы
высоких рек, что подняты горой!/

Однако мне отпущен дар другой:
подчас стихи - изнеможенья шепот,
и нету сил зарифмовать Европу,
не говоря уже, чтоб справиться с игрой.

Увы, всегда постыден будет труд,
где, хорошея, розаны цветут,
где озвучив дыханием свирели

своих кларнетов, барабанов, труб,
все музицируют - растения и звери,
корнями душ разваливая труп!

май, вечер
1968

ТРЕУГОЛЬНИК

Юноша   О чем-то, но о чем не знаю,
я вспоминаю, вспоминаю.
Смотрю в пейзаж на небесах,
и вся печаль моя полна их,
и нет печали той конца.

Ангел   О чем бы ты теперь ни думал,
ты будешь дряхлым и угрюмым.
Десницу палкой удлинив,
уже ступай у воротам рая,
и может быть, не умирая,
дойдешь когда-нибудь до них.

Жена   Тоска отточенный рубанок
из дуба родственной души,
я вижу, вьёт руно обманов,
колечки дыма анаши.
Носить хотела бы я шубу
из завитушек этих дуба.

Юноша   И для твоей красивой плоти
из дуба кое-что сколотят,
но это разговор печальный:
мне голос был - велел идти:
отныне горницей и спальней

природа будет мне в пути.

Юноша уходит, желая взорами жука узреть глубокий мир цветка.

Ангел   Дитёй за пухлым мотыльком
иди, втыкаясь костылем
в листву пожухлую, где осень
таит внутри себя икону.
туда, где раненым лососем
дождь рвется из сетей зеленых.

Жена   Такой красивый слышу голос,
что я хочу раздеться голой,
и от желания устав,
разлиться по цветам лагуной:
куда ни ткни, на теле юном
везде соски, везде уста!

Ангел   Внезапный друг, я так и думал,
но пуст был дум красивый невод!
Иди ко мне под ясень дуба,
в себе опять увидев Еву!

1965

Что явит лот, который брошен в небо?
Я плачу, думая об этом.
Произведением хвалебным
в природе возникает лето.
Поток свирепый водопада
висит, висит в сияньи радуг.
По небу расцвели ромашки,
я их срываю, проходя.
Там девочки в ночных рубашках
резвятся около дождя.
Себя в траве лежать оставив,
смотрю, как падает вода.
Я у цветов и речек в славе,
я им читаю иногда.
Река приподнята плотиной,
красиво в воздухе висит,
где я стреноженный картиной,
смотреньем на нее красив.
На холм воды почти садится
из ночи вырванная птица,
и пахнет небом и вином
моя беседа с тростником.

1968

Давно уж никому не ведом
живу угрюмым домоседом
и, уподобив стих свищу,
лениво к рифме мысль ищу:
смотрю, как гноя жидкий мёд,

наружу ход пробив, течет,
так поневоле, не хотя
живу, как в матери дитя.
Всё б ничего: и лень, и гной -
была бы смерть не запятой...

Не сю, иную тишину,
как конь, подпрыгивая к Богу,
хочу во всю ее длину
озвучить думами и слогом,
хочу я рано умереть
в надежде: может быть, воскресну,
не целиком, хотя б на треть,
хотя б на день, о день чудесный:
лесбийская струя воды
вращает мельницы пропеллер,
и деве чьи-то сны видны,
когда их медленно пропели,
о тело: солнце, сон, ручей!
Соборы осени высоки,
когда я в трёх озёр осоке
лежу я Бога и ничей.

И мне случалось видеть блеск -
Сиянье Божьих глаз:
Я знаю, мы внутри небес,
Но те же неба в нас.

Как будто нету наказанья
Тем, кто не веруя живет,
Но нет, наказан каждый тот
Незнаньем Божьего сиянья.

Не доказать тебе примером:
Перед Тобой и миром щит.
Ты доказуем только верой:
Кто верит, тот тебя узрит.

Не надо мне Твоих утех:
Ни эту жизнь и ни другую -
Прости мне, Господи, мой грех,
Что я в миру Твоем тоскую.

Сы - люди, мы - Твои мишени,
Не избежать Твоих ударов.
Страшусь одной небесной кары,
Что Ты принудишь к воскрешенью.

Столь одиноко думать, что
Смотря в окно с тоской?

- Там тоже Ты. В чужом пальто
Совсем - совсем другой.

Всё лицо: лицо - лицо,
Пыль - лицо, слова - лицо,
Воз - лицо. Его. Творца.
Только сам Он без лица.

1969

УТРО

Каждый легок и мал, кто взошел на вершину холма.
Как и легок и мал он, венчая вершину лесного холма!
Чей там взмах, чья душа или это молитва сама?
Нас в детей обращает вершина лесного холма!
Листья дальних деревьев, как мелкая рыба в сетях,
и вершину холма украшает нагое дитя!
Если это дитя, кто вознес его так высоко?
Детской кровью испачканы стебли песчаных осок.
Собирая цветы, называй их: вот мальва! вот мак!
Это память о рае венчает вершину холма!
Не младенец, но ангел венчает вершину холма,
то не кровь на осоке, а в травах разросшийся мак!
Кто бы ни был дитя или ангел холмов этих пленник,
нас вершина холма заставляет упасть на колени,
на вершине холма опускаешься вдруг на колени!
Не дитя там - душа, заключенная в детскую плоть,
не младенец, но знак, знак о том, что здесь рядом Господь.
Листья дальних деревьев, как мелкая рыба в сетях,
посмотри на вершины: на каждой играет дитя!
Собирая цветы, называй их, вот мальва! вот мак!
Это память о Боге венчает вершину холма!

1966

Вступление
к поэме "ЛЕБЕДЬ"

Благословен ночей исход
в балеты пушкинских стихов,
где свет, спрессованный во льды
широкой северной воды,
еще не мысля, как извиться?
блистает тканью белой птицы,
и голос птицы той звуча,
внушает мне ее печаль.
Там я лечу, объятый розой,
в покой украшенную позу,
где дева, ждущая греха,
лежит натурщицей стиха.
Дыханье озвучив свирелью,
над ней дитя рисует трелью
глубокий бор, и в нем следы

обутой в беса след беды.
С тоской обычной для лагуны
взирает дева на рисунок
и видит справа, там, где дверь
в природу обозначил зверь,
чья морда в мух гудящей свите
длинна, как череп Нефертити,
и разветвляются рога,
как остов древнего цветка,
там ПТИЦА - ПЛОТЬ МОЕЙ ПЕЧАЛИ,
то острова небес качает,
то к водам голову склоня,
в них видит белого коня.

Вокруг лежащая природа
метафорической была:
стояло дерево - урода,
в нем птица, Господи, жила.
Когда же птица умерла,
собралось уйма тут народа:
- Пошли летать вкруг огорода!
Пошли летать вкруг огорода,
летали, прыгали, а что?
На то и вечер благородный,
сирень и бабочки на то!

Лето 1969

Печально как-то в Петербурге.
Посмотришь в небо - где оно?
Лишь лета нежилой каркас
гостит в пустом моем лорнете.
Полулежу. Полулечу.
Кто там полулетит навстречу?
Друг другу в приоткрытый рот,
кивком раскланявшись, влетаем.
Нет, даже ангела пером
нельзя писать в такую пору:
"Деревья заперты на ключ,
но листьев, листьев шум откуда?"

1969

Как хорошо в покинутых местах!
Покинутых людьми, но не богами.
И дождь идет, и мокнет красота
старинной рощи, поднятой холмами.

И дождь идет, и мокнет красота
старинной рощи, поднятой холмами.
Мы тут одни, нам люди не чета.

О, что за благо выпивать в тумане!

Мы тут одни, нам люди не чета.
О что за благо выпивать в тумане!
Запомни путь слетевшего листа
и мысль о том, что мы идем за нами.

Запомни путь слетевшего листа
и мысль о том, что мы идем за нами.
Кто наградил нас, друг, такими снами?
Или себя мы наградили сами?

Кто наградил нас, друг, такими снами?
Или себя мы наградили сами?
Чтоб застрелиться тут, не надо ни черта:
ни тяготы в душе, ни пороха в нагане.

Ни самого нагана. Видит бог,
чтоб застрелиться тут не надо ничего.

1970, сентябрь.

На стене полно теней
От деревьев /Многоточье/.
Я проснулся среди ночи:
Жизнь дана, что делать с ней?

В рай допущенный заочно,
Я летал в него во сне,
Но проснулся среди ночи:
Жизнь дана, что делать с ней?

Хоть и ночи всё длинней,
Сутки те же, не короче.
Я проснулся среди ночи:
Жизнь дана: что делать с ней?

Жизнь дана, что делать с ней?
Я проснулся среди ночи.
О жена моя, воочью
Ты прекрасна, как во сне!

1959

Лицо - реке, о набережных плеск,
вся эта ночь, как памятник, бессонна,
и осень, обнаженная, как крест,
срывается на мокрые газоны.

А я - изгой, река моя во мне,
скользит по ребрам, ударяя в душу,
и мост уже не мост, не переезд,
а обморока длинный промежуток.

Срывая плащ, подрагивает мост,
и фонари предутренние ранни,
я подниму лицо свое как тост
за самое высокое изгнанье,

в поэзию, а тучи в облаках
к над-берегу сбиваются и тонут,
и тихая шевелится река,
и мост над ней, как колокол, изогнут.

Звени, о мост, мой колокол, мой щит,
соломинка моя, моя утрата,
когда кричу я, осенью распятый,
как страшно мне и горестно не жить.

1961

ПАВЛОВСК

Уже сумерки, как дожди.
Мокрый Павловск, осенний Павловск,
облетает, слетает, дрожит,
как свеча оплывает,
о август,
схоронишь ли меня, как трава
сохраняет опавшие листья,
или мягкая лисья тропа
приведет меня снова в столицу?

В этой осени желчь фонарей,
и плывут, окунаясь, плафоны,
так явись, моя смерть, в октябре
на размытых, как лица, платформах,
а не здесь, где деревья - цари,
где царит умирание прели,
где последняя птица парит
и сползает, как лист, по ступеням,
и ложится полуночный свет
там, где дуб, как неузнанный сверстник,
каждой веткою бьется вослед,
оставаясь, как прежде, в бессмертьи.

Здесь я царствую, здесь я один,
посему, разыгравшийся в лицах,
распускаю себя, как дожди,
и к земле прижимаюсь, как листья,
и дворцовая ночь среди гнёзд
расточает медлительный август
бесконечным падением звёзд
на открытый и сумрачный Павловск.

1961

ПСКОВСКОЕ ШОССЕ

Белые церкви над родиной там, где один я,
где-то река, где тоска, затянув перешеек,
черные птицы снуют надо мной как мишени,
кони плывут и плывут, огибая селенья.
Вот и шоссе, резкий запах осеннего дыма,
листья слетели, остались последние гнёзда,
рваный октябрь, и рощи проносятся мимо,
вот и река, где тоска, что осталась за ними?

Я проживу, прокричу, словно осени птица,
низко кружась, всё на веру приму, кроме смерти,
около смерти, как где-то река возле листьев,
возле любви и не так далеко от столицы.
Вот и деревья, в лесу им не страшно ли ночью,
длинные фары пугают столбы, и за ними
ветки стучат и кидаются тени на рощи,
мокрый асфальт отражается в коже любимой.

Всё остается. Так здравствуй, моя запоздалость!

Я не найду, потеряю, но что-то случится,
возле меня, да и после кому-то осталась
рваная осень, как сбитая осенью птица.
Белые церкви и бедные наши забавы,
всё остается, осталось и, вытянув шеи,
кони плывут и плывут, окунаются в травы,
черные птицы снуют надо мной, как мишени.

1961

Слабый голос травы,
слабый голос реки, о как скользит река!
Сорванные тени кружатся у головы,
там, за деревьями, кружатся облака,
что ты твердишь на мосту?
Где-то птицы кричат, а ты,
о как долго ты смотришь вниз,
и блестит река и летит к листу,
закрывая полмира, лист.
О осенние тяготы, видишь, судьба к судьбе,
словно ворохи листьев!
Смотри, как скользит река!
Как ты долго глядишь, что несет эта влага тебе,
как ты долго глядишь в облака!
Где-то птицы кричат, это голос деревьев и зов,
эти листья слетают с открывшихся настежь мостов.

Так беги, вот трамвай проезжает, визжа,
и секутся дождины под слабые выстуки рельс,
помешай себе, о помешай!
Поднимается мост, поднимается прель,
и скользит река под мостом...

1961

ПЕСНЯ

Ты слышишь, шлёпает вода
по днищу и по борту вдоль,
когда те двое, передав
себя покачиванью волн,

лежат, как мёртвые, лицо
покою неба обратив,
и дышит утренний песок,
уткнувшись лодками в тростник.

Когда я, милый твой, умру,
пренебрегая торжеством,
оставь лежать меня в бору
с таким, как у озёр, лицом.

1963

ПОСЛАНИЕ В ЛЕЧЕБНИЦУ

В пасмурном парке рисуй на песке мое имя, как при свече,
и доживи до лета, чтобы сплетать венки, которые унесет ручей.
Вот он петляет вдоль мелколесья, рисуя имя мое на песке,
словно высохшей веткой, которую ты держишь сейчас в руке.
Высока здесь трава, и лежат зеркалами спокойных небустрых небес
голубые удвоенные озёра, качая удвоенный лес,
и вибрируют сонно папиросные крылья стрекоз голубых,
ты идешь вдоль ручья и роняешь цветы, смотришь радужных рыб.
Медоносны цветы, и ручей пишет имя моё,
образуя ландшафты: то мелкую заводь, то плёс,
Да, мы здесь пролежим, сквозь меня прорастает, ты слышишь, трава,
я, пришитый к земле, вижу сонных стрекоз, слышу только слова:
может быть, что лесничество тусклых озёр нашей жизни итог:
стрекотанье стрекоз, самолёт, тихий плёс и сплетенье цветов,
то пространство души, на котором холмы и озёра, вот кони бегут,
и кончается лес, и роняя цветы, ты идешь вдоль ручья по сырому песку,
вслед тебе дуют флейты, рой бабочек, жизнь тебе вслед,
провожая тебя, всё зовут; ты идешь вдоль ручья, никого с тобой нет,
ровный свет надо всем, молодой от соседних озёр,
будто там вдалеке, из осеннего неба построен высокий и светлый собор,
если нет его там, то скажи, ради Бога, зачем
мое имя, как ты, мелколесьем пятляя, рисует случайный, небыстрый и мутный ручей,
и читает его пролетающий мимо озёр в знойный день самолёт.
Может быть, что ручей - не ручей, только имя моё.
Так смотри на траву, по утрам, когда тянется медленный пар,
рядом свет фонарей, зданий свет, и вокруг твой безлиственный парк,
где ты высохшей веткой рисуешь случайный, небыстрый и мутный ручей,
что уносит венки медоносных цветов, и сидят на плече
мотыльки камыша, и полно здесь стрекоз голубых,
ты идешь вдоль воды и роняешь цветы, смотришь радужных рыб,
и срывается с нотных листов от руки мной набросанный дождь,
ты рисуешь ручей, вдоль которого после идёшь и идёшь.

1964

ОТ СОСТАВИТЕЛЯ:

        Здесь я не могу, прямо посередине подборки Аронзона, не сделать некое
отступление: МЕЖДУ БРОДСКИМ И ЭРЛЕМ.
        Не случайно я потерял такого поэта, зная его по периоду ДО 1965 года.
Все вышеприводимые стихи, с 1959 по 1964, отдают - то Найманом /"Павловск"- на-
ймановское "Из дождей" и наймановский "Павловск"/, а уж вышеприведенный текст -
можно просто включить в собрание Бродского, не будь Бродский жив. Тут и "В лес-
ничестве" /перевод из Галчинского/, и "Холмы", и "Ты поскачешь во мраке..." и и
и...
        Но 1964 год был переломным - как для Бродского, так и для Аронзона. Бро-
дский, "выработав жилу" интонационных стихов /в "Русской готике", "Богоматерях
предместья", "Проплывают облака"/, перешел к ахматовско-поздне-пастернаковской
"линии" /см. его "тюремные" стихи 1964 г. и написанные в ссылке - "Садовник в
ватнике..."/, Аронзон же, полностью порвав с "ахматовской школой", перешел к
Хлебникову и Заболоцкому. И только здесь проявился настоящий Аронзон. "Акмеист-
ская" закваска ему не помешала, как, скажем, и В.Нарбуту.
        Кто там на кого влиял - уже не спросишь /особенно у Иосифа/. Но с 1965 г.
Аронзон связан уже - с "необэриутской" школой в лице Эрля, Миронова, Альтшулера,
Галецкого и иже.

ПОЛДЕНЬ

Мгновенные шары скакалки
я наблюдал из тихой тени
Передо мной резвились дети,
но в бытие их не вникал я.
Я созерцал, я зрил и только.
День, как разломленный на дольки
тежелокожий апельсин,
прохладой оживлял без сил
сидящих вдоль кустов старух.
Кружился тополиный пух.
Грудь девочки была плоска,
на ней два матовых соска,
как колпачки, лепились к коже,
хотелось сделаться моложе,
но солнцепек, покой и розы
склоняли к неподвижным позам,
в квадрате с выжженным песком
копался флегматичный мальчик
и, обратясь ко мне лицом,
в него воткнул свой жирный пальчик.
Таким же отделясь квадратом,
в Сахаре сохнул авиатор
Скрипели вдоль аллей протезы,
и, незаметно розу срезав,
пока сопливый мир детей
ревел от полноты творенья,
я уходил в пробел деревьев
в собранье неподвижных тел.

1964

ВАЛААМ

1
Где лодка врезана в песок
кормой об озеро стуча,
где мог бы чащи этой лось
стоять, любя свою печаль

          там я, надев очки слепца,
          смотрю на синие картины,
          по отпечаткам стоп в песках
          хочу узнать лицо мужчины,

и потому, как тот ушедший
был ликом мрачен и безумен,
вокруг меня сновали шершни,
как будто я вчера здесь умер.

2
Где бледный швед, устав от качки,
хватался за уступы камки,
где гладкий ветер пас волну,
прибив два тела к валуну,
где шерстяной перчаткой брал я

бока ярящихся шмелей,
и чешуя ночных рыбалок
сребрила с волн ползущий шлейф,

и там я, расправляя лик твой,
смотрел на сны озер и видел,
как меж камней стоял великий,
чело украсивший гордыней.

1965

Я выгнув мысль висеть подковой,
живое все одену словом,
и дав учить вам наизусть
сам в кресле дельты развалюсь.

1965

СТИХОТВОРЕНИЕ, НАПИСАННОЕ
В ОЖИДАНИИ ПРОБУЖДЕНИЯ

Резвится фауна во флоре,
топча ее и поедая,
а на холме сидит Даная,
и оттого вуаль во взоре,
и оттого тоска кругом,
что эта дева молодая
прелюбодействует с холмом!

ЛЕСНОЕ ЛЕТО

1

В ручье, на рыхлом дне, жилище
Пиявок, раков и мальков,
Он на спине лежал их пищей,
И плыли волосы легко
Вниз по теченью, что уносит
В сетях запутанную осень.
А возле, девой пламенея,
Вслух бормоча молитвослов,
Его семья, как будто племя,
Носилось в облаке цветов.

2

Где красный конь свое лицо
Пил, наклонясь к воде лесной,
Буравя /..../ его чела,   /?/
Там в пряже путалась пчела,
И бор в просветах меж дерев
Петлял побегом голых дев,
И там, где трав росой потея,
Сон рыбака будили тени,
Старик трудом осилив Ы,
рек: "Рыбы дети мне, не вы!"

3

Век простоять мне на отшибе
В никчемном поиске дробей,
Когда я вижу в каждой рыбе
Глаза ребенка и добрей,
Что в дыме высушенной сети
Со мной беседуют о смерти! -
И в реку стряхивая рыб,
Старик предался полудрёме:
"Возможно вовсе я не был,
Но завертясь, не сразу помер!"

4

Так обратясь к себе лицом,
Лежал он на песке речном.

1965

Смотрели все за край платформы,
дул бриз со стороны уборной.
Вдруг кто-то крикнул: "Электричка!"
На рельсы выпал старый мичман.
Открылись раздвижные двери,
никто не обсуждал потери,
все лезли в щель, сновали руки,
у двух-троих опали брюки, -
один из них не по сезону
еще с зимы носил кальсоны.
Кто влез вовнутрь, страдая пóтом,
стоял с улыбкой идиота.
Мужчины тискали втихую
соседок, не жалея сил.
В дороге кто-то подхватил,
кого-то за окно смахнули,
но утром следующим народ
в контору шел и на завод.

1964

1 x 10

Обливаясь изверженьем
своего же сладострастья,
холм припадок наслажденья
оборвать уже не властен:
благовонной вязкой лавой
вниз текут цветы и травы,
мчатся вниз потоки роз:
маков, клеверов, ромашек, -
испаряя рой букашек,
слепней, бабочек, стрекоз.

Боже мой, как всё красиво!
Всякий раз, как никогда!
Нет в прекрасном перерыва.
Отвернуться б, но куда?

Оттого, что он речной,
Ветер трепетный прохладен.
Никакого мира сзади -
Всё что есть - передо мной!

1970

ПОСВЯЩЕНИЕ

Теперь уже сойдемся на погосте -
Швейгольц, и вы здесь! Заходите в гости,
Сыграем в кости, раз уже сошлись.
О, на погосте осень - крупный лист.
Большая осень. Листья у виска.
И подо всё подстелена тоска.
Я знал, что нас сведет еще Господь:
не вечно же ему наш сад полоть.
О, брат Альтшулер, нынче без мозгов
ты всё такой, как был: угрюм, здоров.
Теперь не надо вшивых процедур:
не терпит череп длинных шевелюр.
Здесь каждый лыс, каким бы ни был там,
и нет волос, поверь мне, и у дам,
Зато есть крыша, каждому своя,
и в головах у каждого хвоя,
А мы пеклись, куда бы на июль,
теперь лежи веками - и ауль.

- - - -

Теперь мы все - изысканный поп-арт,
Но каждый лег сюда как Бонапарт,
сложив крест-на-крест руки на груди,
все вместе мы и всё-таки одни.
Вот и лежим, поглядывая вверх,
а наверху большой осенний сквер,
стрижет траву кузнечиков семья,
плодятся Эрли, чтобы заменять,
чтобы заткнуть не всё равно ли чем
от нас от всех оставленную щель.
А в осени воздушных столько ям,
над каждой жопы виснут по краям,
и хорошо, что мне до фонаря
и не придется больше повторять...

ЭРЛЮ

Там, где лицо на дне тарелки
Читалось: иероглиф сада,
Душа коня во мне добрела,
Как если б я взлетел и падал;
Скачки качелей были осень
Для /........./ стоящих сосен,
И я смотрел в ночные окна
Лица единого для тел,
Когда по комнате летел

Красивый конь, как ЫЙ изогнут.
Тогда в нечаянной тоске,
Дожди чьи стройны и высоки,
Я синей лодкой на песке
Улегся в трех озер осоке.

Декабрь 1965

Эрлю

Мы - судари, и нас гоня
брега расступятся как челядь,
и горы нам запечатлеют
скачки безумного коня.
И на песок озерных плёсов,
одетый в утренний огонь,
прекрасноликий станет конь,
внимая плеску наших вёсел.

1965

Е.М-В. /Михнову-Войтенко/

В осенний час внутри простого лета
металась бабочка цитатой из балета,
сохатый жук сидел на длинной шее
цветка, и лес служил Вам отраженьем,
когда подняв на пальце стрекозу,
за ней, виляя, Вы летел в лесу
и лик сохатого, ольхой украсив губы,
являл Вам мысль: "Ну что ему Гекуба?"

13.1.1967

Любовь, которой вовсе нет,
в кулак свернула пистолет,
Она лежит на длинной лавке,
из "Ю" торчат ее булавки,
в бутылках чистых запах розы,
в других, естественно, навоза,
нектар для ветренных ноздрей
душок из "Сорок дочерей",
и розы те, что есть в улыбке,
в груди у девы и в плечах
завернуты в печаль ручья
и связаны звучаньем скрипки.
Кругом вовсю торгуют снами
к деньгам, к погоде и меж нами
желаний полные ряды.

БЕСЕДА

Где кончаются заводы,
начинаются природы.

Всюду бабочки лесные -
неба легкие кусочки -
так трепещут эти дочки,
что обысная тоска
неприлична и низка.
Стадо божьих коровок
в многи тысячи головок
украшает огород
и само себя пасёт.
Повернувшись к миру задом
по привычке трудовой,
ходит лошадь красным садом,
шею кончив головой.
Две коровы сходом Будд
там лежат и там и тут.

Оля .... На груди моей тоски
зреют радости соски,
присосись ты к ним навеки,
чтоб из них полились реки;
чтоб из рек тех тростники
и цветы в мошке и осах
я б срывала на венки
для себя длинноволосой.

Альтшулер .... Чересчур, увы, печальный,
я и в радости угрюм,
и в природе зрю не спальню,
а пейзаж для чистых дум.
К виду дачного участка
приноровлены качели,
станем весело качаться,
чем грешить на самом деле.

Оля .... Где я сама к себе нежна,
лежу всему вокруг жена,
телом мягким как ручей
обойму тебя всего я,
и тоску твоих речей
растворю в своем покое.

Альтшулер .... О как ты весело красива
и как красиво весела,
и, многорукая, как шива,
какой венок бы ты сплела!

Оля .... Я полна цветов и речек,
на лугу зажжем мы свечек,
соберем большие стаи,
посидим и полетаем.

Альтшулер .... Хоть ты заманчива для многих
и как никто теперь нага,
но не могу другим, убогим,
я наставлять с тобой рога.
Они ужасно огорчатся,
застав меня в твоей постели.
К природе дачного участка

прибиты длинные качели...
Летят вдоль неба стаи птичьи,
в глубь болот идет охотник,
и пейзаж какой-то нищий
старым дождиком приподнят,
но по каинской привычке
прёт охотник через терни,
чтоб какой-нибудь приличный
отыскать пленер для смерти.

Оля .... Я полна цветов и речек,
На лугу зажжем мы свечек.
Соберем большие стаи,
В тихом небе полетаем.

1967

СОНЕТ В ИГАРКУ
                Альтшулеру

У вас белее наши ночи,
а значит, белый свет белей:
белей породы лебедей,
и облака и шеи дочек.

Природа, что она? Подстрочник
с языков неба? И Орфей
не сочинитель, не Орфей,
а Гнедич, Кашкин, переводчик?

И правл, где же в ней сонет?
Увы, его в пророде нет.
В ней есть леса, но нету древа:
оно - в садах небытия:
Орфей тот, Эвридике льстя,
не Эвридику пел, но Еву!

1967

                    Ал.Ал. /Альтшулеру/

Горацио, Пилад, Альтшулер, брат,
сестра моя, Офелия, Джульетта,
что столько лет, играя в маскерад,
в угрюмого Альтшулера одета.

О, О, Альтшулер мой, надеюсь, что при этом
и я Горацио, Альтшулер мой, Пилад,
и я - сестра твоя, одетая в наряд
слагателя столь длинного сонета.

Взгляни сюда - здесь нету ничего!
Мой друг, Офелий мой, смешить тобой легко!
Горацио мое, ты всем живая ласть,

но не смущайся: не шучу тобою -
где нету ничего, там есть любое,
святое ничего там неубывно есть.

ВЫНУЖДЕННЫЙ КОММЕНТАРИЙ К ТЕКСТАМ ЛЕОНИДА АРОНЗОНА.

Перепечатывая данную подборку для антологии, я по-новой задался вопросом о связи Аронзона с ленинградскими школами поэзии. Поневоле ворвалось отступление посреди ранних текстов его, о Бродском и Эрле.

Но и в более поздних, в "Беседе" - натыкаюсь на открытую реминисценцию из Кушнера: "Где кончаются заводы, / начинаются природы" /у Кушнера, в "Синтаксисе" - "Где кончаются ромашки, / Начинаются замашки", из "пасторального" текста/. Не собираясь говорить о влиянии Кушнера на Аронзона /или наоборот/, хочу лишь отметить, что круг - один /хотя их несколько/.

Возникают имена - Володя Швейгольц, например. По прозвищу "Швейк". Все, что я знаю - это упоминание о нем в фельетоне, кажется, "Йоги из выгребной ямы", о "салоне" философа Александра Уманского, куда "приходил читать свои загробные стихи Иосиф Бродский". Знаю еще, что Швейгольц - друг Бродского. И вроде, Хвостенко.

Аронзон находился где-то на стыке между ахматовской школой и хлебниковской. Как я - оказался "на стыке поколений". Отсюда - и три периода /ну и оборотик!/ Аронзона, и близость его столь разным поэтам.

Поминаемая им переводчица Гнедич /если он ее имел в виду, а не ее прапрадеда Гнедича, но, вроде, идет она в контексте с современным переводчиком Иваном Кашкиным/ с восторгом цитировала мне начало аронзоновского стихотворения "Лебедь" в бытность мою ее секретарем, стало быть, где-то в 68-м: "Вокруг меня сидела дева", я недаром пустил этот текст первым.

Вообще, подборку я постарался сделать не ретроспективную: ранний Аронзон абсолютно не смотрится, поскольку аналогичные тексты уже известны у других поэтов. Кто из них был первый - это меня не касается, а рукописей, естественно, нет. Подборка базируется на двух /одном/ источниках: подготовленная для меня Эрлем и Пуришинской подборка для "Живого зеркала /14 поэтов/" и текстах, полученных Ильей Левиным все от той же Пуришинской.

Но в обе зараза Ритка не включила многих замечательных стихов, из которых я помню либо конец, либо начало, либо вообще их помнит один Гум. Так, например, "спорный" текст:

> Альтшулер, мой голубчик голубой,
> Ты надо мной поплачь, я над тобой...

который в переплетенной книжечке, отпечатанной Михновым для себя, читался:

> Евгений, мой голубчик голубой...

Книжечку мне эту, натурально, Михнов не давал в руки, читал из нее и плакал, а где я теперь текст найду?

Были и еще стихи, про которые я помню только, что замечательные.

Я ж Аронзоном не занимался. А стоит! Одна только тема смерти, начинающаяся с идеи "утонутия" - уже в ранних текстах - то мост, то берег, и переходящая в идею смерти от огнестрельного оружия и даже с предсказанием: "на охоте".

Я много думал о смерти Аронзона, и как это можно себе вынести дробью бок. Один такой случай был, в 62-м, на Лене - клиппербот налетел на корягу и друг-геолог, в спешке разгружая, потянул на себя заряженное ружье за ствол. Но Лёня же не разгружал клиппербот! Полагаю, вместо того, чтобы использовать классический армейский способ самоубийства: дуло в рот и босой ногой нажать курок - так застрелился в 60-м Арик Лившиц, и после этого еще 4 часа дышал /друг с неотложки рассказывал/, а все потому, что надо было методом морских офицеров /сообщено Генделевым/ налить в дуло воды - тогда все мозги выносит. Лёня же, похоже, щадя красивый лик, попытался в сердце - и сосклизнул...

Нет и другого моего любимого текста /и о чем Ритка думала?/, кончавшегося словами, которыми я хочу закрыть публикацию:

> ... Хорошо гулять по небу,
> Вслух читая Аронзона!....

Тексты АРОНЗОНА из антологии "ЛЕПРОЗОРИЙ-23" /неопубл./

ЗАПИСЬ БЕСЕД

I

Чем не я этот мокрый сад под фонарем,
брошенный кем-то возле черной ограды?
Мне ли не забыть, что земля внутри неба, а небо -
внутри нас?
И кто подползет под черту, проведенную
как приманка?
И кто не спрячется за самого себя, увидев
ближнего своего?
                  Я, - ОТВЕЧАЕМ МЫ.
Ведь велико желание помешаться.
запертый изнутри в одиночку возвожу себя
в сан Бога, чтобы взять интервью у Господа.
Больно смотреть на жену: просто Офелия,
когда она достает из прошлого века арфу,
пытаясь исполнить то, чего не может быть.
Или вырыть дыру в небе.
На белые костры церквей садятся птицы,
вырванные из ночи.
Или в двуречьи одиночества и одиночества,
закрыв ладонями глаза, нарушить сон сов,
                что, эту тьму приняв за ночь,
                пугая мышь, метнутся прочь.
На лугу пасутся девочки, позвякивая нашейными
звонками.
Где нищий пейзаж осени приподнят старым
дождиком, там я ищу пленер для смерти.
И ем озерную воду, чтобы вкусить неба.
Свистнув реки по имени, я увожу их вместе с
пейзажами. И ем озерную воду, чтобы вкусить
неба.
Но как уберечь твою красоту от одиночества?
                Очарован тот картиной,
                кто не знает с миром встреч.
                Одиночества плотиной
                я свою стреножу речь.
                Кто стоит перед плотиной,
                тот стоит с прекрасной миной:
                рои брызг и быстрых радуг
                низвергают водопады.
На другом берегу листвы, - нет, на другом
берегу реки, в ее листве, я заметил ящерицу:

что это была за встреча!
Софья Мелвилл
Софья Рита
Софья Михнов
Софья Галецкий
Софья Данте
Софья Господь Бог
Пустые озера весов взвешивали миры и были
в равновесии.

П

(Партита № 6
Партита № 6
номер шесть
номершесть номершесть
номершестьномершестьномершесть)
или вырыть дыру в небе.
Многократное и упорное: НЕ ТО, НЕ ТО, НЕ ТО,
не то,
Многократное и упорное: ТО, ТО, ТО, то, то, то,
Смолчал: ужели я - не он?
Ужаснулся:
             суров рождения закон:
          и он не я, и я не он!
Лицо на нем такое, как будто он пьет им
самую первую воду.
Его рукой -
немногие красавицы могли бы сравниться с ней! -
я гладил всё, как дворецкий, выкрикивая имя
каждого:
гладил по голове: сердце чьей-то дочери, свое
старое, засушенное между страниц стихотворение,
голову приятеля, голову приятеля, голову приятеля.
Буквально надо всем можно было разрыдаться.
Сегодня я целый день проходил мимо одного слова.
Сегодня я целый день проходил мимо одного
слова. Уже не говорили - передавали друг
другу одни и те же цветы, иногда брали
маски с той или иной гримасой, или просто
указывали на ту, или иную, чтобы не затруднять
себя мимикой.
Но вырвать из цветка цветок
кто из беседующих мог?
И я понял, что нельзя при дереве читать стихи
и дерево при стихах,
и дерево при стихах,
и дерево при стихах.

Ⅲ

В.Хлебникову

Если б не был он, то где бы
был его счастливый разум?
Но возможно он и не был -
просто умер он не сразу.

И если был он,где, то возле
своего сидел кургана,
где пучеглазые стрекозы
ему читали из "Корана".
И где помешанный на нежном,
он шел туда, ломая сучья,
где был беседой длинной между
живую кровь любивших чукчей.

И там, где маской Арлекина
заря является в тумане,
он там, где не был, все покинул.
И умер сам, к чему рыданья?

И умер сам, к чему рыданья?
В его костях змеятся змеи,
и потому никто не смеет
его почтить засмертной данью.

Ⅰу

Меч о меч ------------ звук.
Дерево о дерево ------------ звук.
Молчание о молчание -------------- звук.
Вот двое юношей бородоносцев.
Вот двое юношей думоносцев.
Вот юмор Господа Бога - закись азота!
И я восхитился ему стихотворением:
- Не куст передо мной, а храм КУСТА В СНЕГУ,
и пошел по улице, как канатоходец по канату,
и я забыл, что я забыл,
и я забыл, что я забыл.
                    Два фаллических стража
                    по бокам большой залупы -
                    то Мечети пестрый купол
                    в дымке длинного пейзажа.
                    Черный воин в медном шлеме -
                    так мне виден Исаакий,
                    и повсюду вздохи, шелест,
                    будто рядом где-то маки.
Вот стрекоза звуколетит.
И все летящее летит.
И все звучащее звучит.

Б А Б О Ч К А

(трактат)

```
ВСЮДУ        бабочка    летит
НЕБА         бабочка    летит
СЛАВЫ        бабочка    летит
МИХНОВА      бабочка    летит
МЫСЛЬЮ       бабочки    летит
ЗВУКОМ       бабочки    летит
Верхом на    бабочке    летит
В виде       бабочки    летит
На фоне      бабочки    летит
На крыльях   бабочки    летит
На небе      бабочка    сидит
```

А я становился то тем, то этим, то тем,
то этим,
чтоб меня заметили,
но кто увидит чужой сон?
Я вышел на снег и узнал то, что люди узнают
только после их смерти
и улыбнулся улыбкой внутри другой:
        КАКОЕ НЕБО! СВЕТ КАКОЙ!

Могила Аронзона. Скульптура Кости Симуна.

Ночью пришло письмо от дяди: "каждый день приходится заставлять себя жить, засеивать своё небо остроумием, творчеством, подневольным весельем. Пытаться забором из каких-то встреч отгораживаться от одиночества, но увы, небо не засеивается, забор разваливается. Так-с и сидеть-с в одиночестве-с что-ли-с?"

. . .

— Качели, — сказал дядя, — возносили меня и до высочайшей радости, и роняли до предельного отчаяния. Иногда каждый такой мах растягивался на месяцы, иногда хватало и секунды, но всякий раз крайнее состояние казалось мне окончательным.

— Жизнь, — сказал дядя, — представляется мне болезнью небытия... О, если бы Господь Бог изобразил на крыльях бабочек жанровые сцены из нашей жизни! — воскликнул дядя.

— Одиночество моё, — сказал дядя.

— Обладание мудростью, — сказал дядя, — выглядит теперь постыдным, хотя ещё вчера я счастлив был возможностью учить.

— Я изрядно рассчитывал на наслаждение, которое получу от смерти, — сказал дядя, — но теперь не рассчитываю и на него. Природа и искусства мне остопиздили.

— Нет ничего, но и ничего тоже нет, — сказал дядя, — есть только то, чего нет, но и то только часть того. Я пристально присмотрелся к тому, что, казалось мне, есть наверняка — нет того. И нет нет, — сказал дядя.

- Зачем я себе? - воскликнул дядя.

- Однако, - сказал дядя, - если Бог явит себя, то я не знал большего счастья, чем любить его, потому что здесь не угадаешь, что реальность, что фантазия.

. - Вот, - сказал дядя, - любая участь не интересует меня, ибо ни в памяти, ни в воображении не найти сносного состояния, а бульварный вопрос, что мне приятнее тишина или музыка, решился в пользу тишины.

стирательная резинка вечности, слепой дозор, наделённый густоглазием, а также карманный зверинец: слоники, жирафчики, носороги-лилипуты, верблюдики - все до одного карликовые карлики или пейзаж, с грудной луной, так что в конце концов я принял (поймал) себя за летучую мышь: красавица, богиня, ангел мой, я и устье и исток, я и устье и исток!

Чем дольше я смотрел на это что, тем тише мне становилось.

Передо мной столько интонаций того, что я хочу сказать, что я не зная, какую из них выбрать, - молчу.

Дядя был хронически несчастным человеком.

Мёд человечества: кувшин со множеством ненужных ему ручек, океан старцев в утробе времени, скачки ночных чудовищ.

Мы шли Невой мимо очаровательного (несмотря на мороз) её пейзажа.

Смерть самое лучшее.

. . .

— Наконец-то конец, — буркнул дядя, — снег-с идёт.

Шёл снег-с.

Дядя попросил меня — я не отказался.

Одно — довольно продолжительное время — я был так счас-
стлив, что прямо-таки чувствовал, что мы уже прошли через
Страшный Суд и теперь живём по его решениям: одним — рай,
другим — не рай, каждому дана жизнь такая, какую он за-
служил предыдущей. По тому как я тогда был удачлив во
всём (потом эти удачи выглядели уже не ими), и вокруг был
Гурзуф с гранатами, персиками и морем, то я предполагал,
что предыдущая жизнь моя была (хоть временами) угодной
Богу.

Если бы и сам я и люди показывали на меня: Орфей!, я
бы пошёл в жаркие страны есть их плоды, их мясо, курить
траву и цветы (моя невеста Rita мне бы их собирала). Но
я не люблю таких людей, как я.

— Где же хоть что-нибудь? — сказал дядя.

Знаете ли вы последнее, что сказал дядя: "Качели обо-
рвались: — перетёрлись верёвки"

Ещё не август. Но уже.

      Я хотел бы отвернуться

Катастрофа —   закрытые глаза

ОТДЕЛЬНАЯ КНИГА

В осенний час, внутри простого лета,
где бабочки — цитаты из балета,
стоите вы, от счастья хорошея,
и этот лес вам служит отраженьем,
раскроется бутон, а в нём — пчела...

Я не перечитывал написанного, потому что новое утро
не обозначило следующего дня, но, помня, что в конце за-
писей я размышлял о своей семейной картине, сразу же со-
единю паузу со второй, которая когда-нибудь да последу-
ет, любимым занятьем моей жены. Несмотря на то, что мы
уже много лет прожили вместе, я только недавно узнал, что
самое приятное занятье для неё — дарение подарков. Когда
она мне сказала об этом, я не только восхитился ею, но и
воспринял такую прихоть, как самое верное и моё желание,
скорее даже, как самое счастливое желание, осуществить
которое сам я был неспособен. В этой прихоти сказалась
не столько доброта, сколько мудрость и опять же умение
осязать радость. Получался некоторый театр, спровоциро-
ванный подношением, изысканность которого зависела от
участников, но простор уже был дан. Но это, кроме всех
других вариантов, один из них, и сетовала на бесталан-
ность она зря, потому что такие переживания всегда толь-

ко переживания, и даже в воспоминаниях.

Меня часто огорчало, что телесную красоту моей жены вижу я и никто из тех, кто мог бы отдать ей должное во всей полноте, о чём пишу я не смущаясь, хотя и сам могу довольно иронизировать над таким огорчением, но чтоб наслаждаться до конца с кем-то обсудить надо, но жена меня любила, да если бы и случился адюльтер, то был бы для меня несчастьем, а не диалогом. Моя жена напоминала античные идеалы, но её красота была деформирована удобно для общения, что и отличало красоту эту от демонстрации совершенства. Изо дня в день моя жена переступала с одинаковым лицом и телом, которые варьировались от её отношения к зеркалу: "Я сегодня плохо выгляжу" или: "Мне это идёт". Но бывали дни, когда она была так прекрасна, что меня тянуло встать на колени и умолять её, о чём – безразлично. Даже если бы она становилась такой изумительной только однажды и на предельную краткость, и тогда бы я считал её прекрасной, ибо возможность являться совершенной присутствовала в ней. Она была так прекрасна, что я заочно любил её старость, которая превратится в умирание прекрасного, а значит не нарушит его.

Забавно, что когда нас всех допрашивали по поводу несчастного убийства, все в один голос показывали, что жена моя не только что без упрёков, но и вообще изумительная. Следствию знать это было нужно для того, чтобы выявить причастность каждого и всех разом.

.... после того, как я побывал в медицинском....

....

....

беспомощны, и мы ушли, оставив их на ночь, причём та

цинковая ванна, которую мы открыли, стояла на другой, и, очевидно, тоже полной. Я не хотел туда идти и до сих пор жалею, потому что об этом думать нечего, здесь уже всё решено, а теперь приходится об этом много думать и иногда бесконечно, как видеть одни и те же сны из-за нежелания проснуться окончательно и встать, когда на целый день какое-либо одно занятие, да и то к вечеру, а, может быть, и его нет.

Гоголя я люблю, даже не столько как писателя - как личность. Если бы мы с ним совпали веком и были б знакомы, то ни за что бы не сошлись близко и, скорее всего - враждебно, но и не так, чтобы враждовать: неприятны были бы, и лучше вовсе не знакомиться, ибо художник В- кий всем на него похож, кроме, кажется, таланта. Я давно заметил, что внешнее совпадения обязывают и к духовным, но иногда в человеке бывает целая коллекция лиц, хотя это и не опровергает ничего. Мало того, один день можно быть деликатным, а следующий провести идиотом или без определений. У меня есть такая манера перенимать внешние дефекты людей или жесты их, мимику, и тогда нет ничего проще, чем почувствовать себя тем человеком и заставлять его разговаривать с самим собой, это тоже целый театр. Но я себе не разрешаю слишком приближаться, а вот Ильин, убийца, теперь его можно так именовать, тот перенял человека и уже до самого инцидента не мог освободиться, хотя сам же мне говорил и написал в одном эссе значительную фразу, которая довольно глубока, если перестать быть снобом и отрешиться от претенциозности: "Мучительно приближаться". Суд не был в замешательстве - кого судить?, потому что у суда мало времени и совсем нет его на решение литературно-психологических проблем. Убил Ильин, но ведь перед тем была длинная предыстория, в которой с ним произошла метаморфоза, и он уже от себя отделился и вряд ли, может быть, помнил, что он — Ильин, а не ...., потому что все его жесты, манеры были теперь точь-в-точь, как у того, не говоря уже о мыслях и помыслах. Так что судить, возможно, следовало и не этого, а если и этого, то перед тем задуматься. Да и как можно судить, когда всё рассматривается с точки зрения. А точек можно наставить сколько угодно. Точка — это концентрация тьмы. Мелочь.

Паркет в моей комнате рассыхается, и каждый такой маленький взрыв напрягает меня, потому что в последнее время я беспрерывно жду безумия и боюсь его. Пока моя психика здорова, я знаю, что галлюцинации не превратятся в плоть и реальным будет только мой страх перед их появлением, когда же придёт безумие, сумасшествие мнимое обретёт плоть, и я увижу это. Ещё по дороге домой меня пугало отсутствие снотворного и одиночество, к тому же ещё привязалась фраза, которой я собирался начать какую-то прозу, фраза неудачная, дурновкусная: " В комнате пахло идиотом". На самом деле такой запах существует, ибо мне иногда приходится посещать дом, где в квартире живёт двадцатисемилетний блаженный, у которого разум остановился на совершенно детском возрасте, но это не оправдание фразе, да я б её и не написал.

Когда я подошёл к парадной двери, то надеялся, что домой не пойду, а устроюсь на ночлег к кому-либо из знакомых, чтобы избежать бессонницы и одиночества. Но писательский инстинкт заставил меня сохранить настроение, а не убирать его, так что войдя в комнату, я тотчас сел за стол и начал записывать, привыкая к старости, потому что понимал, что начатое продлится до конца и я не изменюсь с годами. Изменения никакого предположить я не мог и любил свою жену как снотворное, как свет, которым избавляют себя от боязни. Но это полправды. Я вообще любил свою жену, с которой меня ждало бы счастье, если бы мы не были так одиноки. Я любил её, вероятно, не столько за умение понимать всевозможные варианты страдания, проще сказать – за сострадание, сколько за верное понимание счастья, умение представлять его и замечать тут же, как оно являлось. Она могла быть участницей радости, и с ней у меня связано много воспоминаний, которые бы при записи их воспроизводили этюды сельского лета с красными ягодами у железной дороги, с женщиной, счастливой от сбора, и от того, что всё это есть и совсем не так, как бывает: есть то, чего нету. Но извечные трагедии духа, которые и давали нам возможность так много любить друг друга и ценить это, тут же и разрушали всё. Мы были настолько одиноки, что иногда её близость не только не отделяла от одиночества и страха, но ещё более усугубляло и то, и другое. Иногда я ждал, что она окажется оборотнем, и прижимался к её телу, чтобы быстрее свершилось страшное. Одинокими нас сделало счастье, потому что, кто же нам был нужен? и кому мы со своей радостью? Так наша жизнь превратилась в фотографию, которая никогда не станет достоянием семейного альбома. Возможно, мы бы и завели, затеяли семейное счастье с качелями, детской и с теми ночами, когда дети просятся поспать рядом. Но я не мог осмелиться на деторождение из альтруистических соображений, понимая, что сотворение акт насильственный и никто не имеет на него права, ибо воля новорожденного не участвует в процессе. Сам я прожил сносную жизнь, но и она чаще всего была мне в тягость, а предположить ещё более худший вариант труда не представляет. Я бы не осмелился создать существо, хотя бы только потому, что зачатьем обрёк бы его на страх перед смертью, не говоря уже о попутных несчастьях его быта.

Я бы, может быть, согласился и стал бы, если бы видел достойного партнёра, но ни одного не видел, а лишь бы как - не хочу.

1966

В КРЕСЛЕ

В конце концов двор или дежурство в такой поспешности,
что даже не смочь, оглянувшись при мысли: доберусь ли
прямо с бессонницы в спешку, к дому всего в квартале от
центра, вызедать быстрыми переносами (перебежками?) речь,
но не у Вас, повернувшись спиной к миру и тем самым при-
казывая им: ШЛИ, пли, когда как не мог в припадке косно-
язычия выразиться длиннее и скоро.

Укладываясь в диалогах между двумя, тремя и дробями на-
стольного света, чтобы

              как бы язва, нырком, паузой, шекспи-
ровским вопросом: "Что вы делаете, принц?

              -Складывая паузы дорогой к дому,"
изловчиться настолько, что и скорописью здесь не угнаться,
тасуя ты и вы, и как угодно: хоть на руках ходи, осведо-
миться о времени у 6 прохожих кряду и под конец измотан-
ным уснуть у кинотеатра "Д".

Спохватившись вдруг, впопыхах, настежь, как бы нарочно,
отшатываясь от пустых квадратов рам, бросился к телефонной
будке и в отверстиях диска увидел нужный мне номер.

"Я был непростительно развязен. Это угнетает меня, и,
бог мой, разве вас подобностью проведёшь?"

Я сразу же заметил, что в лицах была оглядка, набросок каких-то поз и в итоге нет, нет, когда и вещи разбросаны как попало, сбился на вопрос: "Как же так?" И **в** исходе я был неуверен, так что, то и дело, посматривал в глаза, ещё не понимая, ждут ли чего? Это ~~ли~~ казалось мне мучительным.

"Садитесь сюда и ~~не~~ стесняйте себя визитом", - услышал я, выбирая место.

"У вас всегда выпадает НЕ?" - спросил я эту пожилую женщину.

"Нет, я только хотела обогнуть ваше ЛИ."

Я смутился и, как обычно со мной случалось в подобных вариантах, вспомнил красных муравьёв из рассказа Д. Муравьи в этом рассказе были громадны и не брезговали людоедством. Моё смущение соединялось с ними, наверное, из-за цвета, т.к. я тотчас же покраснел. Меня усадили в жёсткое кресло, и пожилая женщина вышла из комнаты.

В кресле я сразу же ощутил позу подсудимого, приобретённую напрокат: худой, небритый молодой человек в кресле лечебницы, где и мысль, задних коридоров, палат, тумб, кафеля, и скорее истощенное тело хроника на узкой полосе госпитальной койки, чем застеклённый холл, промежуток (простенок?) между душой и плотью. Это мой способ перенимания внутреннего мира, состояния других.

- Вы, д.б., супруг Марины? - начал я, привыкая к высокому трюмо и журнальному столику.

- В какой-то мере.

- В немалой. Она вас любила.

Я заметил его желание сесть куда-нибудь иначе: раньше он свободно полулежал в своём кресле, теперь же подался вперёд, обхватив ладонями углы ручек кресла. Я понял его попытку и начал загонять его ещё глубже в принимаемую им позу.

- Вы уроженец г.Бенуа?

- Нет, я только потомок Бенуа.

Итак, первая оплошность. Я допустил усмешку с его стороны.

- Я и хотел сказать, что ваша фамилия знаменита.

Но эта фраза смахивала на отступление. Ему было явно не уместиться в моей позе. Он ёрзал, доставал сигареты, и я не мог воспрепятствовать этому. Затея была мне не под силу.

- А! - а вы тот самый поклонник...

- Я был и тем, - сказал я.

_____ Надо же, из ничто. (Может быть, короткий анекдот)

Наконец-то я понял, что суть не в том, кто кому задаёт вопросы. Мои ладони по-прежнему сжимали углы ручек кресла, я уже более получаса сидел так, как будто был готов вскочить. (Страх и желание быть судимым. Врождённая поза, положение тела).

- Вы, кажется, пишете?

- Да.

- Если вы не возражаете (если у вас нет возражений), я бы просил вас ознакомить...

- Хорошо.

- Раньше ты был самоуверенней, - сказала М.

(Смолчал: "Возможно. Это с годами проходит.")

        Когда, и верх всего,

        пейзаж твой - кустарник низкостелет птиц,

        но ты спиной

        как я, - покойность низачто!

        могла бы выстроить из пауз

        огромный, словно взморье, холл.

          Тогда он я, любимый вами,
          не оступясь в какой-то век,
          скорописал бы ваше имя
          ручьём, разбросанным в траве.

— Вы хотите огласки? — не унимался он.
— Да, как объявления о розыске двойника.

Муравьи снова всплыли в моей памяти. Я их видел и никак сначала не мог понять, как такие громадины помещаются в моём черепе. Они были громадны, их почти метровую величину я представлял ясно, без всяких сомнений, и тем не менее все они, а их было несметное множество, шевелились, двигались, тёрлись друг об друга, волочили мёртвых и не исчезали. Д., как и я, воссоздал их по подобию обычных наших лесных муравьёв (я знал наверное, что тех гигантов он никогда не видел), но тем не менее они существовали, были частью моего бытия и не были мертвы, потому что, я видел, они беспрерывно двигались, суетились, перебирались один через другого. Я никак не мог отделаться от мысли, что мой мозг пожирается заживо этими мнимыми существами. Я попробовал изгнать их каким-нибудь более сильным воспоминанием и начал дословно читать свои записки по памяти.

И по насту не угнаться именем, когда мучительно приближаться.

Почему бред?

          Искусство составляется из ассоциаций, от
          близких к более широким. Наиболее дальние
          ассоциации — в области случайного. Безумие
          чаще всего пользуется случайным (см. книги
          по психиатрии, опросы больных), поэтому

творцы к нему апеллируют, имитируют сумасшествие (мой метод перенимания внутреннего мира – подражание внешним манерам), вживаются в него. Ассоциации требуют связи. Взаимосвязь любых проявлений, даже ничтожных, очевидна. Бред, например, связывает **паузы**.

Прочерки времени, начерно набросанные на пыльной поверхности опечатки, когда бы не желание выведать блаженное деление вихрем, паузой, вывертом или итогом, выскользнули и, значит, кто куда. Зеркала стояли vis-à-vis , и этого казалось достаточно, чтобы увидеть прекращение времени.

1964 (1963?)

П Р Я М А Я   Р Е Ч Ь

"На острие копья замешан мой хлеб", - сказал Архилох.

"Дико хочу что-нибудь в желудок", - сказал Мельц.

"Я жить не хочу", - сказал Пушкин.

"Со мной случился "Бобок" , - сказал Михнов-Войтенко.

"Творчество или торчество", - сказал Галецкий.

"Хорошо, что мы видимся только для любви",- сказал дядя.

"Блаженны нищие духом", - сказал Иисус Христос.

"Видишь, каким стилистическим оборотам научила меня жизнь моя", - сказал Швейгольц.

"Бог весь во всём", - сказал П.Тейяр де Шарден.

"Как безобразна молодость", - сказал Михнов-Войтенко.

"Что толку в том, что мы любим нас?" - сказал дядя.

"Эфирные насекомые", - сказал Гоголь.

" Пью, опершись на копьё", - сказал Архилох.

"Отцы ваши - где они? да и пророки, будут ли они вечно жить?" - сказано в Библии.

"О стыд, ты в тягость мне", - сказал Пастернак.

"Здесь всё меня переживёт", - сказала Ахматова.

"Любовь", - сказал Галецкий.

Альтшулер сказал глупость.

"Где хоть что-нибудь?" - сказал дядя.

"Nevermore   ", - сказал Эдгар По.

"Ничто", - сказал Галецкий.

1969

HOMMAGE К АРОНЗОНУ

Нас подкосили Жюль Верн и Джек Лондон. Майн Рид появился позднее. Говорю - "нас", ибо, вычетом, может быть, Глеба - ко всем к нам относится.

Чтобы понять чистоту поэтики Леонида Аронзона - надо узреть /и учухать, унюхать, урюхать/ всю ту ГРЯЗЬ сквозь которую пробивались все эти лебеди. Помню: украл я по просьбе Безменова /или Климова/ картинку с выставки на физфаке. Выставлялись выпускники /или и студенты/ Академии. Промеж них - затесался. Картинка - гуашь, размером в сей писчий лист, или малость поболе. Серые, кубистические конструкции "города" по бокам, нависая - конус или колодец, на дне - озерцо некой жидкости черного цвета /нефть или асфальт/, сверху - красное - солнце - не солнце, но - свет, а внизу, в озерце - белый лебедь, с закинутой шеей. И - пытается вырваться, отворваться. Все мы пытались. Картинку - засунул под свитер /где стекло ее треснуло, все пузо заране порезало!/, вынес.

Так и всё выносили мы. Из-под груза и грязи асфальта, нефтяной самогонки - какого-то лебедя. Сквозь наркотики - было б, какие - а то: кодеин, нимбутал, фенамин, грацидин, анашу... Было это у Лени. Сужу: по друзьям его, ближним, в коих мне - не пришлось. О друзьях мне цитировал Гум:

Нас всех по пальцам перечесть.
Но по перстам! Друзья, откуда
Мне выпала такая честь
Быть среди вас. Но долго ль буду?
На всякий случай: Будь здоров
Любой из вас. На всякий случай...
Из перепавших мне даров,
Друзья мои, вы наилучший.

Так писал Аронзон. Близко знаю друзей его: алкоголик /и страшный!/ один, два других - наркоманы, один - шизофреник, пара чайников просто - друзья.

Ибо - страшен был мир Аронзона. И мой. Оставался - Жюль Верн, паруса /поначалу/, Дюма - насовсем. Нам не нужен был херр Достоевский. И без херра - хватало. Нам не нужен был Лео Толстой, в ясновитой поляне. А нужен был - Хлебников и Заболоцкий. Один - не прошедший горнил, и другой - переживший горнила.

Поражаюсь прозрачности Лёни. Говорил современницам с. Поголовное мнение: циник. Циник-бабник, к тому ж. А в поэте - не вижу. Как будто - иная стезя. ВСЕ стихи - с посвящением Рите. Но так же несут и Анри. Все их бывшие бабы.

Но - вот гимн друзьям. И какой! Как мне больно, что я - не из них. Как мне завидно Алику, Жене... Аронзон, Аронзон...

И вот, вторым рождением - читает тебя Гена Гум. МНЕ - читает. А я не усек. Не усек, когда мог. Проморгал. Или ты - проморгал? Кто ж теперь нас рассудит?

Сквозь наши 60-е - прокатилась волна /или рябь?/ - вразнобой. Где-то встретились - раз, или два. А печатайся ты /или я/ - ...

Так и с Бродским. А впрочем, гори он...

Были где-то мы вместе. Но - порознь. Потому и узнал - с запозданием В ГОДЫ! А кто виноват?

Поражает, томит, и по-новому тянет: чистота, простота, пустота...

В этом небе пустом...

Так, хоммаж, почеркушка - к поэту. Ощущаю, ищу...

По кускам, по останкам, по строкам... Гум - нашел. Хорошо, что хоть Гум.

Был ПОЭТ. А осталось - лишь бремя. Печатать-то - мне, как и Колю. Рубцова. И Глеба...

*Печатают и помимо: в очень неплохой подборке /и неплохой ан-
тологии "ГНОЗИС"/ А. и В.Ровнеров, правда, под фамилией, почему-то,
АрАнзона /трудно на надгробии - прочесть? и это не первый случай: в
"Аполлоне77" - та же ошибка; представляла поэта та же литературовед
Вика Ровнер/ приводятся мои любимые "Дуплеты", воспроизвожу:*

ДУПЛЕТЫ

1

Красиво брошенным цветком
лежу средь Божьих насеком!

2

Хорошо, что мне знакомы
все журчанья насекомых!

3

На груди моей тоски
зреют радости соски!

4

Кто-то, видя это утро,
себя с березой перепутал!

5

Как прекрасны были б вы
с розой вместо головы!

6

Здесь душисто, как в лимоне.
От жары струятся кони!

7

Вдохновляя на рулады,
ходит женщина по саду!

8

Изменяясь каждый миг,
я всему вокруг двойник!

9

Заржавевший водопой
ветер трогает собой!

10

В очень светлую погоду
смотрит Троица на воду!

11

Весь из бархатных пеленок
сшит закат. А я - ребенок!

12

Увидав другое тело,
дева страсти захотела!

13

Но, увы, у старичка

вовсе не было смычка!

14

Урожай моей судьбы –
дым выходит из трубы!

15

И слабее дыма серого
я лежу. Лежу и верую.

16

Амфоры мой души
полны спелой анаши!

17

Что за чудные пленеры
на тебе, моя Венера!

18

Как бы ты была мила,
когда б имела два крыла!

19

Но в один прекрасный миг
все слилось в единый лик!

Неизвестный /мне/, но характерный текст Аронзона, сообщен-
ный Нелей Раковской:

Невысокое солнце над Биржей
о парадности северной лжет.
Лошадь шла, видя только булыжник
и подруги прошедшей помет.

Подчинясь петербургской привычке,
вся бледна, одинока лицом,
и как лошадь была неприлична,
а не то, чтобы зваться конем.

Катафалк ехал следом за нею,
на резиновых шинах катясь,
а я рядом шагал по панели,
оступаясь в дорожную грязь.

Однобокая двигалась лошадь,
на телеге стоял катафалк,
растянув бесконечные вожжи,
с двух сторон ее кучер шагал.

Что везла эта бледная кляча?
Я, догнав ее, в гроб заглянул,
и от ужаса медленно плача,
перед всем ощутил я вину.

Там лежала такая же лошадь,
только больше, чем эта мертва,
и я, видом ее огорошась,
на ногах удержался едва.

Бедной жить на забытом погосте,
не вертеть за собой колесо.
Лошадь, если б когда-нибудь в гости
вам свернуть бы ко мне на часок.

Я позвал бы Альтшулера к чаю
повальсировать с вами танго,
и Альтшулер бы, тих и печален,
спел бы хором для нас "Иго-го!"

АЛЕКСАНДР
АЛЬТШУЛЕР

Тоскует альт, тасует шулер,
гремит надрывно медь цимбал.
Скривясь, глядит на мир Альтшулер.
Скрипя, грядет в сей мир Цимбал.

/Середина 60х. Не знаю, кто./

На фото /из архива Р.Пуришинской/ - справа Аронзон, слева, за решеткой, вероятно,
Алик Альтшулер. Кому бы еще?

Была семья как будто племя,
носимое среди цветов,
была земля, как будто стремя,
колено мула и коров.

У моря тихие грузины
прошли, а море сонно, донно
легло в песок плащом путины
в тени платановой колонны

Сегодня здешняя звезда
погасла на губах героя
железных точек поезда
пришли в объятия седла
от мест других себя сокроя

я погрузился в сон глухой
но в нем глухарь дышал дохой
о хор поющий тигром лев
у деревянных сходок дев.

Все медлят раненые звуки
полутолпой и стеганый уют
дает нам опосредственный приют
и тишину природную науки
там дерево кует свои листы
и голоса все знанием пусты
там мир встает все думать на рассвете
и плачут очарованные дети,
где солнце и тоска не ждут
так поднимай свирели одиночеств
волна моя разбитая лицом
о грешный камень плоти и пророчеств
чужого сына с летаргическим отцом
магического звуки нам приятны
и вязь бескрайнюю бессильны мы понять
но если волны разгонять
теплу и холоду...
а сколько уверений
любви
и счет бухгалтерский
по внутренним карманам.
свистят носы торгуясь с наркоманом
и крутят шар потеющий рабы
нам свет протягивают фары
его принять и лечь к земле лицом
за все блужданья - мотылькова кара
за все хотения под шинами, свинцом
кольцо мое, богиня, уверенье
оставленность моя, твой след
кого укроет синий плед

любовник сильный и недальный
возьмет твое венчальное лицо.
Куда ты денешься без денег и без славы
ославлен дом и воздух голубой
но если ты в машине, боже мой,
так рой поклонниц меркантильно-постоянных
педали жмут и жмут, движение, шоссе
чей конь блестящий достигнет первым
прелюбодеянства дом
и сделает осаду

ВСТУПЛЕНИЕ

В.Эрлю

Ты вскричал как в бредовом сне
где заплетано небо каменьем,
что движенья растут в десне
гротом воха воды лавенья.

О веленья валинь велелок
на восстанье тяжелых раков
тихим сном ответил Иаков
погружен в лаловинный замок.

Где и лето лилось как лицо
листоверхим полетом листаний
где венцы отворяют кольцо
легким крыльям неконченных граней

где и мне провалиться пустяк
по натянутым зовом движеньям
где и мне появиться в гостях
легким воздухом, во - скресеньем,
лесеньем

поменяйся со мной человек
я в лицо тебе стану похожий
дай твой век в день прожить - разбег
дальше поле большое, большое.

ч и т а т ь

скресеньем   в будущем
лесеньем   в настоящем

20.6.65 г.

Вы падали с высот - как будто
труба дырявила восход
как глупо, ах как глупо
опять. Сонный урок -
глоток
вы падали с высот и брутто

вы раздевали в нетто
под потолком - Матисс
и танец голых ног
вы падали с весов и круто
повернут с лету на восток
и дрын - та, та -
на! - та -
мнешь - вата
моя Ната -
пухлая вата
и отворачиваете -
на бок
стук - тук
и снова - вата -
Ната.
Вы в комнате пустой.
Здесь царствие небес,
постой,
кормушка,
голубятня.
Пух......!
Вы - легкий парашют,
парить и падать
шуты полоски поцелуев шлют
и поцелуй заплата
на лице дырявом.
Вы из небес и плоти
Ура! вы проезжаете
вам ленты и цветы.

Где коридор сомненья узок
под зарослью на утреннем песке
ты родила трех спелых уток
любимых в славе и тоске
ты родила богатыря
без ног с руками шарлатана
и там где все живое пьяно
сосал он стоном упыря.

Легато: О руки, сонные уютцы,
где каменных столбов серебрянная тишь
вы растекаетесь на блюдце
где тишиною бархатною мышь

Стаккато: .... Ышь!

НАБОР СТРОФ

Ночь кадит, фонари загасив,
Сосед укачивает соседа
Их мелкая беседа
И каждый некрасив.
Провода немые – вытянуты души.
Ты послушай, не губи меня, кликуша.
Мы еще с тобой побродим, помолчим, –
Белым воздухом под окнами стоим.
А над городом, над голодом – часы,
Как удары от обиды счастливы.
О цветник, ты душа моей осени,
Бледных женщин с глазами, как дыни.
Бледных сумерек хоры разинуты
Голоса, как шоссе, как поезд.
Я начало ваше не увижу,
Позабуду окна, улицы, трамваи,
Разговоры, как разводы, бриджи
И застывшее за мною изваянье.
Ты отдай свою дочь в залог, –
Нищему нужен свет.
Прилетай, серебрянный поклон,
Отстучите, жилы, мой ответ:
Травы – расстояние до сердца
Домой – дорога до безвестия,
Случайности, соседства,
выкрики, вести, весточки.
Роняйте свет и женщину роняйте,
Прикованный к мосту, к любви и следу,
Забудь меня, сосед, и расстояния –
Не проводы – прощания, победы.

Над синей плотью дерево в стакане
Над сонной степью преломленье расстояний
Прыжок изведанный сгущенья, разреженья
И запахи бескрайние в полнеба
Движение статичности фигуры
И статный месяц – лейтенант при эполетах
Случайными пропойцами авгуры
На ликованьях горнего совета.

Настало время умирать
настало время забывать
и умирать и возвращаться
и отдаваться на прострел
о неуемный майский сон

o жук царапающий лист
o синий камень вокалист
и вы смотрели бурых лис.

Не придти мне, нет не придти
Не по зарослям, не по воздуху
Но дойти мне до вас в пути
По неволию жарких розвальней
Раскатись насекомая смерть
Ресторанным жаром баюльным
О, паук навивай свою сеть

носом - испанец
а под носом глянец

нос - красавец
а под носом и т.д.

ОТРАЖЕНИЯ

1

Забредши старою улыбкой
На дно души замшелой старой,
Увидел легкого я выи
И стало грустно мне и пьяно.

2

Забредши старою тропинкой
На дно реки замшелой старой
Увидел карася я выи
И стало грустно мне и пьяно

ПЕРЕХОДЫ

н а ч а л о

Я князь озер; я князь лесов
Спустился вдаль, спустился встарь
Но встать отныне неготов
Пустился в путь недолгий скорый
О, сколько нужно мне листов
О, сколько нужно мне весов
Чтобы измерить расстоянье
До невидимых планет
А, если нет их, то сонет

Дает и жизнь им и названье
И предсказание вело
Туда, где спелись в блеск стрекозы
Где очищенье от занозы
Было, как зов станы
Из каруселей и колес
Из стона сатаны
Из-за колес виднелся глаз
И был как будто водолаз
В глазу сидело по соринке
И были бежевы пылинки
И вход в страну - иконостас
На привязи держал героев
Герои бегали по Ноев
И потому в дежурства час
Держал /держать так будут вас/
Их на цепи иконостас.
Так будь спокойная река
Рукой покоя, покаянья
Когда к тебе бежит Лука
Штаны от боли отверзая
Так будь же розова травинка
Как тихо бежева пылинка
И пусть в покое ее час
Глотаем воздуха запас.
Потом летаем и кружимся
/К земле как будто не стремимся/
Потом раздастся люда глас
И все невидеть станет глаз.
Так тихо, медленно, покойно
Текутся медом дни мои
Когда же за окном запойно
Пекутся голосом блины
Я их съедаю и не трушу
И если свой обед нарушу
Тогда взнесение воды
Родит в них лик сковороды
Сухой ли блин иль меди лист
В меня зов-звук пошлет горнист
Доселе аист - гуманист
Вдруг станет голосист
И сестры силятся сознать
Свои усталые колени
Когда в лесу в них торты лени
Так что ж в корзины собирать?
Сребристый запах тихих трав
Иль стрекозы полет журчащий
Иль
        платье чуточку задрав
Ручья ли зов в себя манящий.

11.9.65

Полынный запах тихих слез
и август осени вечерней
куда, он, господи, повез
меня к свечам - соснам кочевью
и здесь, до верха вознесясь
ловил ты запах звука арфы
и мох, камзола его бархат
и русогривый вышел князь
принять меня, где сосны - свечи
и увести в сторожку лесника
звезда погаснет далека
и руки облаком на плечи
где звон бокалами разлит
и листья полные дождя
ведь ждали старых аэлит
а ветер спился у ручья
и навевая сны лесов,
дохою плечи окатив,
он был как будто невесом
но все заполнил как мотив
во глубине тиши лесной

У з о р ы

О сны озер, о сны лесов
о сны весны! Где вы, где вы?
где нету слов.
и снов и сов
и соловьи
лови... совьи
гнездо где
абуви
и вьи и вьи и вьи
но и?
нога в снега,
и соловьи
лови и вьи,
снега, снега
опять снега, везде снега
стена - снега, седло - снега
всегда снега и здесь снега
снега, снега
и все снегами занесла
зима
замок
зарок
порог
и за порог
снега, снега
о грезы неги
о слезы леги
льд... ди дон, ди дон
дидон

```
                    гвидон
                    гвидон
                    Дидон дон, дон, дон, дон
                    динь
                    Динь дон динь дон
                    динь дон
                    гудрон
                    англичане
                    пиф пах
                    ах
                    Динь дон, динь дон⎫
                    Прудон          ⎬  L e g a t o
                    Динь дон, динь дон⎬
                    Гордон          ⎭
                    Динь дон, динь дон динь дон │
                    Прудон, Гордон, Бурдон, Кордон│a l l e g r o
                    он
                    слон,
                    но льд.... ди, ди, ди, ди, ди
                    лон
                    Диллон
                    Лоллобриджида
                    да
                    ждать
                    ждать
                    да
                    Лола!
                    Ола!
                    ждать Лола!
                    бред
                    бриждать
                    жать в поле
                    Лола!
                    ждать
                    Лира! Лора!
                    Ждать! жать!, ать!
                    изба!
                    за аааааааааааааааааааааааа!
                    Льд..... ьи ьи ьи ьи ьи ьи
                    ииииииииииииииииииииии
                    лес
                    лис
                    ись          рысь
                                рысь
                    высь
              рысь  высь
          рысь      высь
    рысь            золотись
                    [найтись
                    не найтись
                    сойтись
                    отворись
                    творись
                    Лола!
```

помидора. Детка
Дора. Дров
ров, ов! вввввввввввввввввввввв.
ждать в снегах
гах! ах
В ногах - ах
В руках - ах
В снегах - ах
хххххxx. Холодно
молодно
Людно? Дно, дом, дном, дом
нодно.
Дородно
и если доха на плечах
Снег в свечах.
Холодно людно, одно, одно
и если доха на плечах
и если ноги в дохе -
свечи на потолке
не нодно, но тень, тынь,
тань, лет тен, плет, плот,
тень, ило,
ило, ило теп, ило, теп,
лло, тепло. оооооооо - {п о в ы ш а я   и п о н и ж а я
                          г о л о с   в о л н о й}

Камелёк
Уголек
Уголок
кок
ок и кок ко и кок
кок. ок ок ок ок ок - [п о д п р ы г и в а ю щ е
оооооооооооооооооооооо -[в о л н о й
и оооооооооооо -   [р о в н о
Да - ле - коооооооооооо
Небо - рука
лето - река
да - ле - каааааааааааа
0, рассыпьте слово
0, мелите жернова
рова ова, ва ва ва ва ааааа
трава

с тобою я, когда сверканье солнца
сребрит волну
с тобою я, когда луны мерцанье

          Я вся с тобой, когда луч солнца красит
          морскую гладь
     / И з   Г ё т е /

УКРАЛИ ЛУНУ

1

Нам дано растворяться, удивляться и видеть
уходящие дни, и стрела, как расплата,
и ночных одиночеств старый провидец
вербует свиту солдат.
А луну украли, да, украли,
темной ночью луну уволокли в гарем.
Всю ночь смеялись парижские крали,
в штаны накладывая Гарлем.
Заскулили собаки, завыли, заплакали,
им было горько и стыдно, что их тонкий собачий нюх,
в навозной жиже, чующий и мух,
не унюхал вора. Коты в чуланах лакали
сметану, сдирали с куриц перья и пух
Заболели романтики несвареньем желудка,
сбегались к уборным толпою.
А слоны, собравшись к водопою
порешили: не пить воду, не освещенную луною.
Из нор повылезали барсуки,
когда порядочные люди спят
передушили куриц и цыплят,
и на горячие пески
легли верблюды и плевались
погонщики их били и ругались,
и на печальные верблюжие глаза
набегала за слезой слеза.
Лупоглазые совы захлопали крыльями
им было страшно видеть радостное волчье рыло;
волк созывал волков и строил полки,
уже готовых зубы класть на полку.
Жевали коровы, пуская слюну,
их коровьему сну небеса не мешали,
коровы решали проблему навоза
и внутриутробного развития.
Писатель - сития храпел обняв бутылку коньяка
ершом пред ним мешалися века, -
питомцем нашего или другого века.

2

Ах, любовник, мой пылкий любовник,
потерял Эвридикин след и ослеп.
Как попал ты в чертов клоповник.
- Эвридика! - и черти в лесу: - Эвридика!...
Орфей, мой, Орфей! - Вы в лесу, дорогой,
опомнитесь. Что за рожа царица фей.
Подыщу вам невесту получше
переспит за пустяк, будет рада
ах, каким любвям, да не научит
в ночь твоего маскарада.

В телескопе черная дыра,
плачут звезды, потерянно маются:
- Мама, мама! Ты куда ушла,
старая блудливая лошадница!
Что нам делать, мама, голодные,
незаконные, куда нам деться
старый Марс раздел нас догола,
насильничает, бездомным не согреться.
Мама, мама, потаскуха старая,
испоганила ты людям небо,
мы в гареме, как послушная отара,
многоженцу отдаемся из-за хлеба.

3

На жердочке воскликнул попугай:
"Коллловрррращенье! Мщенье! Месть за дам!
Ты, пернатый, Марса не пугай
свистом да по райским по садам
" - Раззвврратник лысый! Арррлекин! Убббийца!
Щеглу скажу он так тебе ззадддаст! -
Приятель, хохолочек, не годиться!
Ты попугайчихе купи букетик астр
Небо голодною тушею,
навалилось на землю тихой сапою,
соловьи захлебнулись тушью
и повисли кверху лапками.

Как нам прожить, как позабыть
отвратномраморные самоубийства,
и в белых судорогах забиться,
в чужие руки парусом приплыть.

Спокойно море, свет роняет,
песком покоя травы греются,
но душу шариком гоняет
никуда вам голому не деться.

Сошлись деревья патриарши
на многомудренность семейства
скользили праздничные марши,
верховые славили судейство.
И белый свет одаривал мороженым,
и травы звонкие кричали: на, возьми,

тугое тело молодой наложницы
и радуг крик в сиянии восьми.

Дойти до неизвестных окон

рани тающей колесным стуком,
помешанный звенящим луком,
по тропам, где голосно и мокро.

\- - -

и сабиняне взяли пост
и оборудовали стремя
и рыцарь выпил первый тост
за золотое стаи время

\- - -

и тонкорунные злодеи
лились коврами у копыт

ГРАФИЧЕСКИЙ СТИХ.

пос. В.Эрлю.
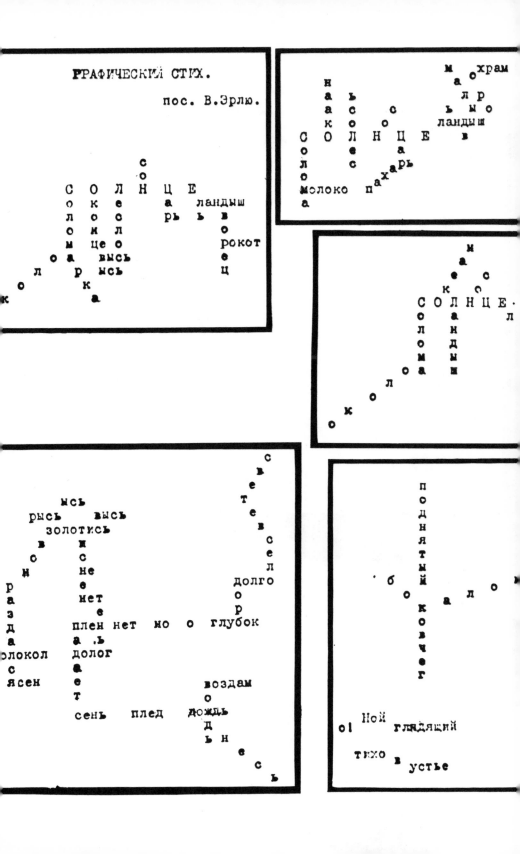

Михаил ЮПП

Случайная
подборка
стихотворений,
переписанная
с
разрозненных
машинописных
листков.

Ленинград,
январь, 1963.
Библиотека Б. Тайгина.

Единственный
экземпляр,
сделанный в
рукописной
копии.

Сборник стихотворений
"ИМПУЛЬСЫ"
составлен
без участия
автора,
в издательстве "Б-ТА",
Борисом Тайгиным.

Импульсы

СТИХОТВОРЕНИЯ

Л-д, 1963

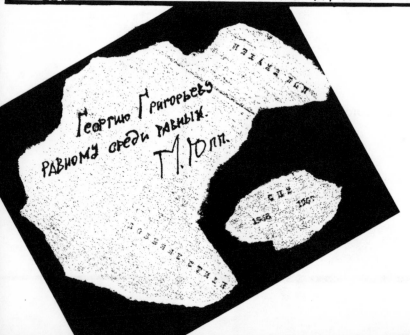

Георгию Григорьеву
РАВНОМУ СРЕДИ РАВНЫХ.
М. Юпп

Обложка стихов Юпа. Рукописное
издание Б. Тайгина.
Афтореаф Юпа 1967 г.

СТРАНА

Великий драматург Гера Григорьев у меня. Янв. 1973. Фото Г.Донского.

SAJGONIA

ПОЭТЫ И КАФЕ-ШАЛМАНЫ

" - Кафетерий на углу Владимирского и
Невского.
 - "Ротонда"?
 - Вам все еще никак Париж не позабыть!"

Шир-Али

"В кабаках, в переулках, в извивах..."

Блок

Кафейный период русской литературы. Его можно считать законченным. Даже
"Сонеты" превратились в комсомольскую распивочную с джазом. Но, собственно, за-
чем они теперь, эти кафешки? Теперь у поэта есть свой читатель, пусть "избран-
ный", но за ним гоняться не надо. Он сам гоняется за поэтами. И в этом немалом
деле "утверждения поэзии" свою роль сыграли и кафе.

Началось, как полагаю, на Полтавской. В аккурат по другую сторону Старо-
Невского от клуба им.Дзержинского, МВД, то-есть. Как и Союз писателей располо-
жет по другую сторону Литейного от Большого Дома, КГБ, значит. Близкое соседст-
во. Я даже утверждал, что там подземный ход проложен. На Полтавской хода не бы-
ло, а было "Кафе поэтов". Открылось оно где-то году в 60-м и функционировало
года три-четыре. Потом накрылось. Кафе действовало под эгидой обкома комсомола,
но тогда многое происходило этим путем. Сначала в кафе можно было читать просто
заявившись или по просьбе публики, потом уже - по списку участников, джем сес-
шенс же устраивались уже неофициально, стихийно - просто кто-нибудь вылезал и
начинал читать. Читали там много кто, от "знаменитостей" и до "малоизвестных".
В малоизвестные попадал Герман Плисецкий, которому я предложил лучше станцо-
вать, Александр Городницкий, который тогда еще не пел, да мало ли кто. Выделял-
ся в 61-62 году Юп /или, как он сам себе называл, Юпп - о нем см. "Юпп и Гера
Григорьев"/. Именно в этот период он писал /и исполнял/ свои прекрасные "Яични-
цы" и "Твисты". Читал Леня Аронзон, о котором появился фельетон в "Смене" году
в 64-м, что он устроил распродажу автографов своих стихов, на вырученные деньги
накупил водки и шел по городу, плача фиолетовыми слезами. Подобные "побочные"
доходы властями не поощрялись, прямых же - просто не было, поскольку поэтам не
платили, и даже кофе покупалось за свой счет. Но приходили туда не за кофием, а
за стихами. Стихи, особенно не числящиеся в программе, стали вызывать подозре-
ние, и совет кафе начал требовать с поэта рукопись в ТРЕХ экземплярах. Этот
третий экземпляр больше всего и раздражал поэтов. Ну, один - в архив совета,
второй - в КГБ, а третий-то куда? Конечно, совету давалось одно, а читалось
другое, и по просьбе публики, и без таковой. Наконец, году к 65-му в кафе стало
просто непереносимо, и ходить туда перестали.

Параллельно существовали и другие кафе, иногда подолгу, иногда нет. "Бу-
ратино", например, на Восстания - там тоже читали. Или кафе "Улыбка", к которо-
му был причастен я. Как уже говорилось, "публика" тогда еще только создавалась.
В большинстве это были итээры, инженерьё, которые сами в поэзии разбирались
слабо, но хотели. Поэтому на роль консультантов иногда приглашали поэтов. В де-
кабре 62 года по ошибке пригласили меня. Тогда я дружил с "мухинцами" - покой-
ным Саней Юдиным, которого убили, выкинув из электрички, Валерой Ивановым, ныне
"членом", Толиком Васильевым из "метафизической школы" Шемякина и др. Устроили
мы выставку-чтение, с юными тогда Кривулиным, Пазухиным, Соколовым и более зре-

лыми Шнейдерманом и Моревым. Иванов и Юдин выставили гуашь – женский портрет, созданный по моим стихам "Лала" и "Оранжевая" и назвали его "Портрет Лалы". На оригинал он мало походил, но является примером "обратной иллюстрации". Помимо портрета Иванов нарисовал спаниэля с женскими грудями /им там нужно было собак к зачету рисовать, и в чешском альбоме фото собак обнаружилась такая спаниэль-кокетка, что осталось только груди пририсовать/, Саня Юдин изобразил двуликого Януса с профилями Сталина и Гитлера /это прошло/, а вот стилизованная морда негра на грязной чертежной доске /несколько кубистическая/ вызвала бурю негодования, как и спаниэль: "Что ж это вы наших друзей негров на грязном фоне рисуете" или "Вы что же, считаете, что женщины – суки?" и т.п. После чего выступил скульптор Санан /которого к тому времени выперли из бакинского худучилища, а позднее – и из Мухинского/, выставивший керамику "Люди, гнущие трубы", несколько египтизированную, и произнес горячую речь: "Есть такая азербайджанская поговорка: Если у тебя до тридцати лет нет бороды – и не будет, если у тебя до тридцати лет нет ума – и не будет!" И, обращаясь к одному из наиболее активных критиков: "А у тебя – ни ума, ни бороды – нет. И не будет!" После этой выставки и последовавших двух чтений меня из консультантов вышибли и приходил я туда скандалить уже как посетитель. Выступать стали уже "официальные" поэты и делать там больше было нечего.

Потом появились уже кафе при институтах, например, "Молекула" в институте высокомолекуляров на углу Большого и 9-й линии, где приглашались поэты. Там я как-то встретил Коржавина. Я пришел читать, а он уже отчитался. Бежит к выходу, такой маленький, подслеповатый, натыкается на меня. "Здравствуйте, – говорю – Наум Евсеевич." /А сам первый раз его вижу./ "Да-да, здравствуйте", – говорит, и ручкой меня по плечу потрепал, и – дальше. Я и говорю, в голос: "Старик Коржавин нас заметил и, в гроб сходя, благословил!" Обернулся он так, в ужасе – "Да-да, до свиданья!" – и дальше побежал. Больше я его и не видел. А кафе было мерзкое. На стенах – "а-бстрактные" фотографии молекул, мадонны на мешковине цветными проводками вышиты, итээрочки в фартучках кофий разносят, а в открытую дверь – видно, как в кухне бабы-посудомойки столовские посуду моют. И естественно, после чтения – вопросы. Эдик Шнейдерман, наивная душа, признался, что любит Сашу Черного – покивали одобрительно-снисходительно – как же, знаем! /Саша Черный к тому времени в Большой библиотеке уже вышел/. Ну, мне пришлось заявить, что люблю я Торквато Тассо, Хлебникова и Тихона Васильевича Чурилина. Этого последнего высокомолекуляры даже по наслышке не знали: "Кто это такой?" Ах, кто такой? И на полчаса на память им Чурилина. Ошизела инжерня. Несъедобно.

С этой публикой уже приходилось бороться. Устроил я в 66-м году чтение Бродскому в Ботаническом саду, в институте. А Бродский с собой Володю Уфлянда притащил, учителя своего. И после своих шаманско-раввинских завываний выпустил поэта – тонкого, ироничного, застенчивого. Который сам-то себя читать не умеет. Публика, пришедшее /именно "пришедшее", а не "пришедшая"/ на скандальное имя Бродского – валом попёрла из зала во время чтения Уфлянда. Не в коня.

Поэтому в 60-е годы поэзия стала уже "эпатирующей" /стоит отметить Анри Волохонского, о котором дальше и всю школу необэриутов/. Уже этого читателя следовало бить по голове, дабы внушить уважение к прочитанному и услышанному. Кое-чего поэты 70-х годов уже добились: публика стала "избранной". Но за счет этого прекратились веселые безобразия конца 50-х – начала 60-х годов.

Кафе эти курировались, естественно, комсомолом. Но и сам комсомол искал путей пропаганды неофициального искусства. В поэтическом кафе "Ровесник" /а неофициально – "Серая лошадь"/ году в 62-м Леня Палей свел меня с Вадимом Чурбановым, секретарем обкома комсомола /в обкоме, помимо Чурбанова, значились – Тупикин, Плешкина, Мазалова, и никого это не шокировало./ Лене было предложено место завотделом поэзии в редакции молодежного журнала /будущей "Авроры"/, и он тут же назвал меня в заместители. Я взял Чурбанова за горлец: "Кого печатать будем? Бродского печатать будем?" Выяснилось, что Бродского печатать не будем. Тогда я высказал свое мнение о журнале, об обкоме комсомола и иже. После двух-трехчасовой беседы с Вадимом договорились об устройстве "пробного" вечера для Бродского на базе университета. Нужен он народу или не нужен? Я требовал афиш, Вадим же объяснял, что если Бродского после выступления вынесут на руках, то е-го из обкома вынесут - ногами. Договорились, что он встретится с Бродским у ме-ня, Бродский, как всегда, нафармазонил, вечер не состоялся. Но не по моей вине: я тогда уже уехал в экспедицию. Рассказывают, что после этого разговора в кафе у Чурбанова справлялись, с кем это он говорил. На что Вадим сообщил, что на жа-лованьи на Литейном он не состоит, и меня не назвал. Потом Вадима повысили в ЦК комсомола, откуда за строптивость, принципиальность и бунт против "прибавок" - он сказал, что и так получает втрое больше рабочего - выкинули куда-то в Куста-най. Но разговор этот весьма примечателен. И полиомиэлитная Клара Плешкина пы-талась, чем могла, помочь поэтам. В середине 60-х это были так называемые, ко-мандировки от обкома: ездили в Гатчину, и в Лугу, и в Лодейное Поле - это дава-ло возможность и почитать, а иногда и заработать десятку на водку помимо расхо-дов. Но эти люди, пришедшие в послесталинские годы, долго на высоких постах не удерживались. Выживали другие.

Тем не менее, можно сказать, что в 60-е годы и кафе и обком сыграли роль положительную. Поэты поимели возможность читать, поимели выход к аудитории, и уже следующее поколение поэтов получило возможность эту аудиторию - выбирать. Но об этом - в третьем томе.

2

Существовали, наконец, и неофициальные кафе - наши "Ротонды" и "Куполи". Первым было кафе "У Веры" - кондитерская напротив Гоголя, на Невском, рядом с Лавкой Художника /где тогда уже начали выставляться на продажу работы Вали Ле-витина, харьковского "кубинца" Эдди Мосиэва, позднее - Вилли Бруя и т.д./ Вера поэтам /мне и Ирэне Сергеевой/ варила особый кофе. Не тот, что публике. Это становилось традицией. Поэтов знали и уважали. Другие поэты /и геологи/ сидели напротив - в угловом здании "Аэрофлота", на втором этаже. Там я встречал Бродско-го. Но мы были, так сказать, пионерами.

Традиции кофейни сложились на Малой Садовой. Этому способствовало всё: и расположение - посередине Невского проспекта, и наличие гастронома "Елисеев-ский", и, наконец, близость двух садиков - Екатерининского и на Манежной площа-ди. Екатерининский садик облюбовали педерасты, и только пьяный Глеб Горбовский рисковал там спать под скамейкой /в декабре. Когда Элик Богданов, сев поздно ночью забить косячок, обнаружил под скамейкой спящее тело, то признал в нем Гор-бовского. После чего вытащил его и доставил к нему домой, на Пушкинскую. Когда я рассказал этот эпизод Глебу, Глеб совершенно серьезно сказал: "А ведь если б это был бы не я - я бы замерз!"/. Остальные люди, выпив кофе, отправлялись по-курить в садик на Манежной. Иногда прихватывалась и бутылка бормотухи, чернил, краски, биомицинчика, одним словом, портвейнового. При этом читались стихи. И немудрено, что в 66-м году группа поэтов, объединившись, выпустила даже альман-ах "Фиоретти. Малая Садовая". Туда вошли, помимо вездесущего Юпа, поэтесса Ал-ла Дин /она же Тамара Мишина-Козлова-Буковская, ныне печатающая религиозные стихи в журнале "37" и потому хорошо известная на западе/, поэты Гайворонский и Ниворожкин, прозаик /а тогда поэт/ Женя Звягин и Владимир Ибрагимович Эрль.

Но вершиной периода стал "Сайгон". Начавшись с безобидных "Петушков" и
"Подмосковья", он был тут же переименован в это зловещее имя. По открытии /году в 67-м/ облюбовали его поэты. За столиком у окна прочно засел Кривулин, пия
кофий чашку за чашкой и изредка выходя покурить на угол. Поэтому столики убрали, вместо них сделали стойки, но публику изгнать было уже невозможно. За поэтами пришли карманники из "Жигулей" и от Пяти углов, проститутки /но не с Лиговки, а рангом повыше, пили не портвейн, а требовали шампанского/, за ними братья-наркомы и, конечно, стукачи, но этих все знали и никто не замечал. При этом
нельзя сказать, что "Сайгон" был расположен удобней "Малой Садовой", или что
кофе там был лучше. Но во-первых, он был больше /а и поэтов прибавилось/. Во-вторых же, публика там собиралась тоже другая. Более аристократичная. Если на
Малой Садовой, с ее демократическими нравами, пили в садике прямо из горла –
то в "Сайгоне" употреблялись уже стаканы. Кроме того, большее количество публики позволяло быстрее сообразить на бутылку, да и гастрономов было два – "Соловьевский" на углу Владимирского и второй на углу Литейного. Распить же можно
было в "Мороженице" за углом. Там бабуся давала стаканы, за что собирала бутылки. Покурить, правда, было негде, поэтому просто прислонялись у стен. Народ
пер косяком. Однажды, году в 70-м, я пить не хотел, но и домой тоже. Поэтому
просто стоял, часа четыре – то кофе попьешь, то покуришь. Так вот, за 4 часа я
увидел 28 человек, с которыми мне нужно было о чем-либо переговорить, тех же,
с кем просто раскланивался – просто не было счету. Посудите сами, какой популярностью пользовалось данное место! Естественно, читались стихи, естественно,
передавались рукописи, так что это время можно с полным правом окрестить, как
"сайгонский период русской литературы".

Были и издержки. При наличии столь разношерстной публики слухи плодились без числа, в "стукачах" ходил, по меньшей мере, каждый, перепадало по мордам, то Колю Носа убьют, то Гена Волосов нахулиганит. И однако, тянулись. Тянулись, как к "Куполю" и "Ротонде", тянулись к своим, тянулись к изгоям, а что
стукачи – так ведь они везде. Я вот дома не знал, кто из моих друзей на меня
стучит – что же говорить о "Сайгоне"? И надобно отметить, что это слегка неврастеническое бытие очень приходилось в жилу в годы предэмиграционные. Люди начинали понимать, что они здесь не к месту, что они – изгои, такие же, как рукосуи
и простити́ня, что их мир – это не мир уютных кафе, и даже не мирок Малой Садовой
– а большой проезжий проспект.

Уже потом начал фигурировать "Ольстер", на углу Марата и Невского, но
поэты бывали там редко – бар заполонила фарцня, у которой /в отличие от поэтов/
деньги в карманах водились.

А "Сайгон" – "Сайгон" останется в истории и в памяти многих – как символ
той множественности и той безысходности, которую представляли все мы.

Горячая точка планеты.

ЛЕВ ХАЛИФ

/из рукописи "ЦДЛ"/

Вставь это - перед "Сайгоном". /Вставляю - ККК/

50-е годы. Ленинград /а вообще-то Питер. Мы ведь жили там по-старинке, пл-человечески жили/. Лучшее из всего мною написанного случилось именно в этом городе. Куда я приезжал к своим друзьям.

Окно в Европу /а если посмотреть из Европы, то в ж.../ Мы давно уже без окон живем. Находя иные отдушины, всею сутью своей задыхаясь.

50-е... Как же лихо тогда начинал Голявкин. Детский писатель. Во взрослого не пошел.

"Парадиз". "Горожане". "Крыша".... Литературная Москва еще на дереве, как на колу, сидит, догладывая партийные директивы. А здесь уже сбросили шкуры. Всё ж Великая Русская отсель пошла. Здесь воздух сырой, с комарьём, но какой вдохновенный. Да вон и классики, как живые стоят.

И Олежка Целков оформляет спекталь по Хэму - левой. А правой - пишет свое. Или Боря Вахтин переводит древних китайцев, но с летчиком Тютчевым говорит. И еще есть маленький Боря, но друг наш большой.

Нет, недурственно мы начинали. А здесь ведь только начни.

По ночам же нам светит белая осень. Где-то Черная речка пошла пузырями гнилья. И мосты над Невою вдруг встали вполне по-ночному. Да мы и так на другом берегу.

Покуда хватит на руке нашей пальцев - считанные-пересчитанные будут друзья.

Мы жили тогда на одной широте - широко. Меридиан один и тот же по нас проходил. Везде незаметный, а здесь, точно обруч, под ребра.

Соузок Союза. Быть им у нас не получалось, к счастью, никак. Может, к несчастью? Так это же как посмотреть.

Здесь я написал своего "Молчаливого пилота". Сначала стихами. Потом он станет романом. И тоже начнет поворачивать круто мою и без того не тихую жизнь. Ну, никак не вмещаясь в привычные нормы и формы.

В поезде, идущем в этот город, я познакомился с Анной Ахматовой. Ехал "зайцем" и она меня укрывала. Пили коньяк и читали стихи всю-ту протяжную ночь. Может оттого и была такой трассирующей сквозь непроглядную темень многоспальная наша "стрела". И лишь только потом на перроне конечном мне ахнут - с кем же я ехал! "С ума сойти!" - сказал я друзьям и расцеловал старушку /как же прекрасно без билетов-то ездить!/.

Это портретов Ленина - по сотне в глаз. "Правильной дорогой идете, товарищи!".... А великую поэтессу хоть бы разок публично не высекли, и показали в нашей ленинско-сталинской, будто снова татаро-монгольской, России. Увы.

Питер и как же об тебя он ноги вытер!

Всю дорогу страна великанов балует своих лилипутов.

Москву меньше жаль. Всегда была купеческой и суетливой со своими Филями - филейной частью своей. А вот Петин град, хоть и красным навозом заляпан и вонь беспросветная - в Смольном вечно что-то смолят... А все одно - державное течение.

Да и нам везло - всякая сволочь нас стороной оббегала. Лишь однажды после стихов в "Промкооперации", где иногда нам кратко выступать позволяли - под конвоем в московский экспресс посадили. Вытолкнули из колыбели революции. И куда - в столицу.

Но я в Петербург возвращался. Мы забирались в чащи. Уходили вглубь. То

155

в досточтимый Достоевского город. То в Блоковский Питер. То в Гоголевский Петербург. И уж, конечно, в Пушкинский забредали, где шпиль да гошпиталь. И Мойка еще не помойка... И если уж очень захочешь - сам выйдет тебе навстречу - о том, о сем поговорить.

    Мои путеводители не врали. Мои проводники свой город знали.

    Но вернемся в ЦДЛ. Нынче он у нас полевел. Всей своей отъезжающей частью.

"САЙГОН"
/главка из книги "Цэ Дэ Эл"/

    Лень глянуть вверх. А там живут художники. А под ногами? Здесь живем мы. С асфальтом поверх головы.

    Дерево в верхних кронах шебуршит самолюбием. Но эти ветви быстро обрубают. Деревья - неказистые столбы, лысые и неприветливые, вдруг начинают зацветать по весне. Лезет трава, дырявя асфальт. Ее стригут, а она лезет.

    1956 год. Начало Малой Садовой. Эта улица, параллельная Большой Садовой, которая соединяет Большой Невский проспект и улицу Ракова.

    На углу Малой Садовой и Невского находится Елисеевский магазин. Этот угол на мало-садовском жаргоне называется "жердью". Наверно, оттого, что главную витрину магазина огораживает медная труба. На которую удобно облокачиваться.

    Елисеевский магазин - главный снабдитель алкоголем. Рядом кафетерий с прозаическим названием "Кулинария". Одно из тех редкостных мест в Ленинграде, где варят самый лучший кофе. В этой кулинарии и возник в 1956 году центр уличной литературы.

    Мое поколение. Глеб Горбовский, Иосиф Бродский, братья Танчики /их называли Христианчики/, трагически погибший на охоте Леонид Аронзон /уж не сам ли на себя охотился?/. Потом идут - алкогольный учитель, в прошлом философ-специалист по Востоку Виктор Хейф. Длиннющий, тощий человек, незаменимый собутыльник, умевший организовывать самые дикие пьянки на 20-30 персон прямо на улице, при этом абсолютно не имея денег. Он любил повторять: "Хейф всегда презирал толпу". Следующим идет - Лисунов, по прозвищу "Колдун". Брови подбриты. Лицо дьявольское. Мефистофель. Собеседник с тогдашней своей подругой Машей Неждановой.

    Володя Горбунов /или Вл.Эрль/. Это человек, которому принадлежит воскрешение обэриутства. Он собрал о нем огромнейший материал. Все о Хармсе - это мозаика из ... пылинок развеянного праха. Однажды в Союзе писателей ему дали выступить. И он читал с 6 до 12 ночи. Мог бы читать и дольше.

    Все мы пишем перед смертью, даже если умирать не собираемся. Не знаю, как у кого, но меня всегда не покидало чувство, что я пишу последние стихи.
    Тема лебединных песен моих современников. Какая у кого последняя?
    Аронзон писал:

> Где роща врезалась в песок,
> Кормой об озеро стуча,
> Где мог бы чащи этой лось
> Стоять, любя свою печаль.
> Там я, надев очки слепца,
> Гляжу на синие картины.
> По отпечаткам стоп в песках
> Хочу узнать лицо мужчины.
> И потому, как тот, ушедший,

Был ликом мрачен и безумен.
Вокруг меня сновали шершни,
Как будто я вчера здесь умер.

Пророчески?

Борзая, продолжая зайца,
Была протяжнее "Ау!"
И рог одним трубил: "Спасайся!"
Другим - свирепое: "Ату!"

Красивый бог лесной погони
Меня вытягивал в догон,
Но как бы видя резвый сон,
Я молчалив был и спокоен.

Яичница, яичница скворчит на сковородке... Это Михаил Тарсанов /Таранов - ККК/, по прозвищу Юп. Тогда он был поваром. Поэт-повар - это что-то новое. Тем более, что в сытом теле не гнездится талантливость.
Юп - поэт от чрезмерного здоровья, но не от болезней, каковыми считает он большинство других поэтов. Но, тем не менее, страдает и Юп, не имея учеников.

Дети, видели вы где
Ж..пу в рыжей бородя?
Отвечали дети глупо -
То не ж..па - рожа Юпа.

В Москве он читал свои стихи под джаз в кафе курчатовцев-физиков.
Пришел в Московский Литфонд за единовременным пособием. Но его попросили сбрить бороду. Сколько дадите? - спросил Юп. 500 /старых/. "Согласен" - И сбрил.

Потом идет третье поколение - 60-х годов.

"Сайгон" - кафетерий на углу Невского и Владимирского проспектов. Тоже кофе. Помимо богемы - ворье, фарцовщики, алкаши и проститутки.
Почему "Сайгон"? Так, с чьей-то легкой руки /ныне он называется "Ольстер"/. /Халиф путает: "Ольстер" - новый бар на углу Марата и Невского. Только фарцня. - ККК/
Его облюбовали бывшие питомцы клуба "Дерзание". Здесь пребывал весь Невский..
Николай Беляк /Биляк - ККК/ - с венигретом кровей - поэт высокой культуры. Духовная сила "Сайгона". Одним словом могущий остановить проходящую мимо толпу. В армии через месяц после его появления взвод не пошел голосовать. Восемнадцатилетнему Биляку повезло. Он чудом спасся от трибунала.
Ширали, Славко Словенов, Б.Куприянов.
Хирург Веня Славин - импровизатор. Энергичный как вулкан. "Хотите 10 гесхальских сражений?"

Бог Иудеи час пробил.
Вот входит легион Девятый.
Меж скал Гесхалы дай нам сил.
Иуда Маковей крылатый
Строфу из псалма возгласил.

Он стеснялся, что импровизирует. И всем говорил, что пишет.

Иуда меч плашмя не держит,

А только к небу острием...

Виктор Кривулин. Юродствующий Евгений Вензель - уличный Меркуцио.

Мой отец - еврей из Минска.
Мать пошла в свою родню.
Право, было б больше смысла
Вылить сперму в простыню.

Но пошло... и я родился.
Непонятно - кто с лица.
Я, как русский, рано спился.
Как еврей - не до конца.

Гена Трифонов и Петя Брандт.
Если Мало-Садовая - некоторое наследие обэриутства, "Сайгон" - более классическая форма. Здесь мало алогизма и парадокса. Здесь больше ортодоксальности, возведенной в куб. Иными словами, в понимании конструкции стиха. Это почему-то считают новаторством. А это всего лишь хорошо понятое старое. Это почему-то считают смелостью. А это просто честная работа.
Пропадала, как всегда, свобода. А здесь жили сами по себе. Им не нужно было печататься. Им важно было не порвать с духовным прошлым.
И все же ниточка вела к обэриутам. Было когда-то такое Общество Реального Искусства /Объединение Реальных Искусств - ККК/. В бывшем институте Истории Искусств, основанном графом Зубовым... в момент прихода большевиков к власти. Граф даже дом свой отдал под это дело.
Там преподавал Ю.Тынянов, учился В.Каверин, Е.Г.Эткинд, Шор, переводчик Левинтон. Отсюда вышли Хармс, Веденский /Введенский - ККК/, Заболоцкий, Аленников /Олейников - ККК/.
Потом институт разогнали. Питомцы его исчезли. Многие глупо погибли. Кто-то, то ли Аленников, то ли Веденский, во время войны вышел из поезда в момент эвакуации. За пачкой папирос. Подумали, что он хочет остаться и расстреляли. /Типичная параша, легенда. - ККК/

Ленинградские мансарды в районе Пестеля, Литейного, Белинского, Кирочной. Нежилой фонд - там живут художники... Лиговка... Все это связано с "Сайгоном". В Ленинграде нет человека, имеющего хоть какое-то отношение к искусству и не знающего, что такое "Сайгон".
Во всяком случае молодежь. Уж она-то знает, что это такое!
Нет в Ленинграде такого милиционера, который бы не знал это кафе. С ним боролись. Выносили столики. Но стояли его посетители стоически.
Радикальным способом у властей ничего не получалось. А может получалось? Где-то и как-то все же перерождался "Сайгон". Богему разбавляли воры. Попахивало притоном. Фарцой. Липли шлюхи, что мухи на столики...
Стойло "Сайгон"..., но все оставалось в нем. Не взирая ни на что. Все - однажды к нему пришедшие. Потому что он был ленинградской Ротондой. Или хотел ей быть.
Злачное место. Проклятая тема. И все же что-то в нем есть. Завсегдатаи бывают в нем по 5-6 раз на дню. Тут одновременно поселились и Нечистая сила и Господь Бог.
"Джентельмены из Подмосковья" /потому что "Сайгон" под рестораном "Москва"/ - так называлась первая статья в официальной прессе.
Нет Малой Садовой. Остатки ее влились в "Сайгон". Битый-перебитый, но еще живой.

Инстинкт выживания духа вопреки всему. Вопреки перерыву посреди дня. Вопреки убранным столикам. Вопреки построенным вокруг кафе. Вопреки клеветонам, облавам... И все же травился он тем, что с ним не связано. Что-то происходило. Неуловимый дух тления витал над ним. Но тянуло туда по-прежнему.

Юродивый монах Витя Колесников. Кривой добряк, ездивший по монастырям России - он возвращается в "Сайгон".

Шла сюда "леди-скульптор", созданная для плоти, Кармен. Чувственная... особенно весной. Только-только начиналось солнце, а она шоколадная... Однажды она пошла к Богу. И стала схимницей. Бездомное существо с жуткой и несчастной судьбой. Это тоже "Сайгон".

Здесь поэт Гена Григорьев мыслит свою жизнь, как пьяную песню /вероятно, поэт и драматург ГЕРА Григорьев. Поэт Гена Григорьев при мне еще не пил. - ККК/. ... А художника Гарри Лонского спрашивают: - Почему у всех женщин трудная судьба? - Понимаешь, старик, - отвечает он, - по натуре они все провинциальные барышни. И поэтому мыслят свою жизнь романами. Нам к этому трудно привыкнуть. Потому что мы свою жизнь мыслим скетчами.

Вечность этого места в полном отсутствии корысти. Здесь жизнь и тут человек!

Прощай "Сайгон"!

Что-то подобное начиналось и в Москве. Союз молодых гениев - СМОГ. /Самое Молодое Общество Гениев - ККК/. Но СМОГ - ничего не смог. Самоутверждение. Завоевание Москвы... А здесь даже вилять - не велят! Гонят туда - откуда приехал. Если получат чуть меньше - уже мученики. Если б перед ними стояла проблема пельменей - они бы кричали, что умирают прямо на улице.

Но вернемся в ЦДЛ. Хоть и дюже надоел.

ЦДЛ - хоровод бесполых теноров... Так и хочется тут всех поздравить с Международным женским днем! Самым древним праздником на земле.

Второй по древности - день журналиста. Тоже наидревнейшая профессия.

"Научитесь страдать!" - взывал Достоевский.

Чем? - Хором отвечает ЦДЛ.

И еще один отрывок из Халифа. Я этак весь его "ЦДЛ" перепишу. Здесь он свел воедино, спрессовал три поколения - они же у меня разбиты по томам. Из пречисленных им - нет текстов хирурга Славина, почти нет Вензеля /см. 4-й том/, а Славко Словенов, человек с одним профилем, и к тому же - рябым, стойко противостоял всем моим попыткам выбить из него стихи. Один текст Танчика есть.
Но само это "подпольное существование" - приводит не только к искажению фамилий /см. поправки/, но и к полному исчезновению текстов... Где они?
Упомянутых Халифом - см. в разных томах.

ЮПП И ГЕРА ГРИГОРЬЕВ

/о стукачах, графоманах и непризнанных/

"Потому, что без паспорта в
России никак невозможно."

/Ф.М.Достоевский/

После того, как я перекопал уже всех поэтов в Ленинграде, на меня накинулись графоманы и личности вовсе уже темные. К графоманам я отношусь положительно, равно как и вообще к "неудачникам". У графоманов /и шизофреников/ есть чему поучиться. У них зачастую бывает то, что мы называем "непредсказуемым" в поэзии. "Гладкописцы" этого лишены, у них всё - предсказуемо. Провести же грань между талантом и графоманом зачастую сложно. Так - я не знаю, куда отнести некоторых из далее следующих авторов.

Начнем с Юпа. С этим всё ясно. Портрет его дал покойный Лёня Аронзон:

- Дети, видели ль вы где
Жопу в рыжей бороде?
Отвечают дети тупо:
- То не жопа, рожа Юпа!

Характер и занятия его великолепно переданы Марьяной Гордон-Козыревой-Тумповской:

... поэт, стукач и кулинар,
и тонкий антиквариус.

Юпа я встретил осенью 60-го года в ЛИТО Наденьки Поляковой. Пришел он туда после армии, где служил поваром, с тетрадкой рукописных стихов. В стихах было невероятное количество орфографических ошибок /выяснилось, что у него 4 класса образования. У Бродского, скажем, 8./ Стихи были следующего содержания:

Дорога - волчица,
Дорога - трясучка,
В грязи чечевичной,
В ухабах и кручах.
Отбил все печонки
И трусь ягодицами.
Со мною в трехтонке
Трясется Багрицкий.
....
Девчата томаты
Бросали и вишни...

И далее:

Но я - Котовский!
Я - Гастелло!

Или:

По тротуару, по тротуару
Иду стихами Элюара.

Однако, как ни странно, Юп оказался одним из зачинателей "произносительной" поэзии. Его "Яичница", "Твист", выпевавшиеся - в два притопа, в три прихлопа, являлись едва ли не самыми яркими стихами того времени. Текста "Яичницы" я, к сожалению, не имею, да она и не воспроизводима обычными типографскими методами, ее надо было - слышать. Кроме того, она /как и "Люля"/ была написана профессионально-грамотно - не забудем, что Юп был поваром. Это его основная профессия. Фарцовщиком и спекулянтом он стал позднее.

Михаил Евсеевич Юп-Таранов-Смоткин /рожд. 1937? г./ более всего походил на Бальзака. Доверия к нему никто не питал, однако он доверительно говорил Боре Куприянову в "Сайгоне": "Я на поэтов не стучу, я сам поэт. Я стучу на фарцовщиков." Интересно, что он говорил фарцовщикам? Человек без определенных занятий, он вечно ошивался около "Сайгона", на Малой Садовой, у "Букиниста" и Академкниги на Литейном, или сидел в "Дарах Нептуна", где фарцня играла в "шмен". Поймав кого-нибудь из поэтов, обязательно читал новые стихи. Я никогда не отказывался выслушать Юпа. Строчки "... и Смольный пал, дерьмом подмытый" мало говорили моему воображению, но его интерес к поэтам Шевыреву, Хомякову и другим "малым" 19-го века вызывал во мне сочувствие. Человеческого же сочувствия Юп ни у кого не вызывал: "С таким счастьем - и на свободе?" Кроме того, он коллекционировал мелкую церковную пластику, большую частью украденную в музеях и церквах. Но у нас сажают не за это.

Гера Григорьев - "бомж" /"без определенного места жительства" - милицейский термин/ жил по мансардам. Его тоже не трогали. Автор исторических пьес и почти всех современных сплетен. Пьесы его не лезли ни в какие ворота /я разумею ворота соцреализма/. Кому нужны древляне и Ольга, если пьеса в себе не несет идеологического заряда? А она не несла. "Тризна" /о которой идет речь/ наверняка пришлась бы по вкусу А.К.Толстому и вообще славянофилам. Написана она была вне времени и отдавала добротным 19-м веком. Себя же Григорьев причислял к великим драматургам /Гомер-Шекспир-Григорьев - несколько, правда, отдает Ильфом, но это слова самого Геры/. Еще он написал прескучнейшую поэму, кажется, о Святославе. Но известность к нему пришла не через пьесы. Гера знал всех, и знал всё. Откуда-то не из Ленинграда, ютился он по мастерским художников, спал, укрываясь холстами, а что он ел - мне неизвестно. Вреда от него, кроме сплетен, не было, а личность он являл собой колоритную.

Люди, о которых я пишу - это, своего рода, "подполье в подполье". Ибо по причинам таланта ли, характера, репутации ли - им не удавалось выбраться даже на ту относительную "поверхность", в каковой пребывали остальные поэты. Иногда причиной этого было уголовное /а на самом деле - политическое/ прошлое, как у поэтов Юрия Тараканова /автора знаменитой "Лохматки"/ и его друга Саши Фенёва. Стихи Фенёва /в особенности сонеты/ высоко оценил даже такой зверский критик, как Гр.Ковалев /Гришка-слепой/, мой соавтор. Несколько текстов Фенёва /разумеется, худших/ было опубликовано в журнале "Аврора" году в 73-м. Но по ним судить нельзя. Фенёв и Таракан были завсегдатаями Малой Садовой, но ни в какие поэтические кружки не входили. Известна еще такая история про Фенева - набрал он стихов Михаила Дудина из сборников, перепечатал и послал в какую-то газету. Оттуда пришел ответ, что стихи безграмотны и совет ходить в литобъединение. Саша прикопал это письмо, чтоб при случае шантажировать Дудина. Случая не представилось, стихи Дудина продолжают выходить миллионными тиражами. Текстов Фенёва у меня нет.

Люди с двойными фамилиями опять-таки появились у меня не без участия Геры Григорьева. Евсевьева-Боенко я, скажу, не видел, но слышал о нем. Они с матерью /которая несколько постарше/ имели обыкновение ходить по городу босиком, за что неоднократно арестовывались милицией. В России это - криминал, у всех должны быть ботинки, или, на худой конец - сапоги. Семья Евсевьевых сапог не носила. За что попадала в сумасшедший дом. Стихи его /я знаком только с поэмой "Мастер"/ отдают шизофренийкой, но своеобычны.

Михаил Бестужев-Взятко - это уже подарок Геры Григорьева, в аккурат перед отъездом. Попортил он мне немало нервов, придя ко мне сначала с какими-то "политическими" стихами, посвященными, к тому же, Бродскому, а через неделю по телефону раздался замогильный голос: "Немедленно уничтожь то, что я тебе дал!" Уничтожать стихи я не стал, но из дому убрал, спрятал у друга - коммуниста, а сам сел ждать ментов или гэбэ. Стихи, надобно отметить, слабоватые, но искренние. По какому-то делу /на сей раз, действительно уголовному/ он уже сидел, теперь - политика. Кошмар!

Куда лучше Геннадий Несис /Осенний/ - находка Эрля. Стихи его соответствуют псевдониму. Поэт с Малой Садовой. О Малой Садовой нужно рассказывать, и немало. Но это - в главе об альманахах.

Борис Виленчик /Гнор/ - человек действительно талантливый /может даже больше/ и совершенно затюканный. С 62-го года мы с Ковалевым разыскивали Виленчика, автора замечательных строчек:

> Сестрой и матерью
> Посажен в желтый дом...

поразившими воображение Ковалева /и мое/. Когда в 1974-м году Виленчик нашелся /опять-таки стараниями Геры Григорьева!/, то каково же было мое удивление, что он оказался близким другом художника Игоря Тюльпанова, этого монаха от живописи, рисующего кистью в один волос по одной картине в три года в 10-тиметровой комнате! Виленчик пришел ко мне сам, увидев публику /у меня была какая-то из выставок/ , заторопился, застеснялся и исчез. Потом он мне объяснял, что его в очередной раз могут запрятать в дурдом. Будучи сам официальным "шизофреником", я его прекрасно понимал. Но ему досталось покруче. Что только ни делают эти нелюди с людьми! У него был потрясающий параллельный анализ "Пиковой дамы" и - "Игрока" Достоевского. Ничего подобного я в литературоведении не читал! И он убоялся дать мне рукопись. Его стихотворные тексты, которые я порекомендовал в сборник "Лепта" /см./, он потом с перепугу забрал. А тексты были нестандартные. Привожу /по памяти/:

> Лошади, тракторы,
> Яблоки, апельсины.
> С северо-запада
> На юго-восток идем.
>
> Лошади, лошади,
> Тракторы, апельсины,
> Крутится медленно
> Истории колесо.

. . . .

Это кусок. Да и тот я вполне мог переврать. Но здесь присутствует то самое, о чем я уже говорил - "непредсказуемость". Второй его текст см. в статье "Рисуй, поэт, пером" - посвященный Игорю Тюльпанову. Кстати, знаменитые его две строчки процитированы неправильно. Надо: "Сестрой и матерью / Я ввержен в желтый дом"

Это уже он мне поправил. Хотя, должен сказать, "посажен" - звучит лучше. Более современно. Еще есть у него одно занятие - он преферансист. Одного преферансиста я знал, Колю Носа. Потом его убили, а меня повязала милиция у "Сайгона", поскольку кто-то видел, как я с ним разговаривал. А и видел-то я его один раз. А потом повязали Петю Чейгина и Борю Куприянова за то, что они со мной разговаривали. О том, что Колю Носа убили, я узнал от Вити Колесникова, по прозвищу "Луноход" /он остался калекой после полиомиэлита, как и Кривулин/, завсегдатая "Сайгона". Колесников тоже писал стихи и был похож на зайца. Безобидный и милый человечек, жил, чем Бог пошлет, а однажды его жестоко избили по подозрению в стукачестве. Юпа же никто не бил, хотя все знали, потому что Юп здоровый. Таковы нравы, а порождает их - советское общество. Самое справедливое.

Я бы сказал, несправедливость, особенно к слабым - основа этого общества. Женя Епифанов, поэт, с которым я начинал писать в 59-м, сошел на нет. Короткий, крепкий, с огромной белокурой головой, он подходил и говорил: "Хочешь, я расскажу тебе стихи?" И начинал, с удивительной интонировкой, в растяжку, с паузами, как после точки:

> Е-еду. На да-ачу. Ме-едленно.

Или:

> Ох, эти парни,
> Большие,
> Бедовые!
> Берег
> Байкала
> Бетоном
> Бинтованный...

Славу его тезки ему не удалось разделить, хотя начинали они где-то рядышком. Ленинград давал меньше возможностей для спекуляции. Работал он грузчиком в порту, зарабатывал изрядные деньги и покупал книги. Потом наступал запой и пропивалось все, вплоть до шмоток жены. Потом первоиздания поэзии покупались снова. Жил он в Автово. Район это был "веселый" до конца 60-х годов. Стоял как-то Женя под фонарем в сереньком китайском плаще и прикуривал сигарету. Подъехала машина, кто-то приложил Жене пистолетной рукояткой по куполу и машина уехала. Когда через месяц Женя выписался из больницы с заросшим черепом, к нему подсел на скамеечку деятель и сказал: "Ты уж извини, друг! Другому причиталось, он за пять минут до тебя под тем фонарем стоял. Ошибочка вышла." Женю я видел уже перед отъездом, постаревшего и все еще не напечатанного.

Стихи Александра Кутева "Раковина-свирель" я, возможно, включу в антологию. О нем ничего не знаю.

А вот Всеволода Ловлина /Луговсково/ надлежит процитировать, тем более, что они уже были включены в "Антологию советской паталогии" /см./, как идеальный образец - чего только? Сам Луговской выдавал себя за Глеба Горбовского, и под эту марку занимал у девиц деньги. То же делал и Олег Рощин /но под свое/ и о нем особо. Стихи же Луговского следующие /под эпиграфом-посвящением/:

> Жене моей, Виолетте Луговской,
> подло предавшей мою любовь к ней,
> с глубокой обидой и болью душевной
> посвящает эти строки - Автор.

> Ушла ты, ни о чем не беспокоясь,..
> Было все: и ночные свиданья....

Буйные жасмины...
Если бы недремлющее око!...
Болит мое сердце...
В непогоду...
Под окном шаги я слышу чьи-то...
Сложили в чемодан белье поспешно...
Брожу по тем местам...
О, как тревожно, как тоскливо...
Нет, меня ты вовсе не любила...
Вчера, как зеницу ока...

Ни обиды жгучей, ни досады...

Ну чем не капитан Лебядкин! "Монстров" собирал, в основном, Гера Григорьев, но и мы с Борей Тайгиным и Ковалевым приложили к этому руку. Приведенный здесь текст Ловлина-Луговского представляет собой оглавление его сборника, в котором не изменено ни буквы.

Следовало бы помянуть еще Сергея Танчика, автора "Математического отрывка", Олега Рощина, чьи стихи см. дальше, ходившего с какой-то восковой заплатой на месте выбитых передних зубов, но всё это люди глубоко несчастные, никак не проституирующие свой талант /или отсутствие оного/ и воистину безгрешные по сравнению с писателями "официальными", они-то и создают тот литературный "бульон", в котором варятся таланты, и закончить это "Молитвой" Левы Ряузова, который больше ничего не написал, поскольку переводил с нанайского — классика Владимира Санги.

МОЛИТВА

Каюсь,
что часто в жизни спотыкаюсь.
Плачу,
что упускал всегда удачу.
Верю,
что человек подобен зверю.
Тешусь —
что застрелюсь или повешусь!

БЛИЖАЙШИЙ РОДСТВЕННИК КРИВУЛИНА.

Я гнал его в шею из дому. Хотя не отказывался выпить на пленере, или выслушать стихи, каковые он писал.

Все звали его "Юп", как он сам называл себя. Я даже сделал прилагательное: "И пахнет ЮПОЮ канава" в тексте от 73-го года. Но существительное появилось ранее. Он утверждал, что "ксюндаминт" /Катаев/ взял от "Юппа" /героя "Трех товарищей" Ремарка/. Однако, публика, еще не читавшая Ремарка, возводила его корневую к гораздо более давним временам.

"Прозвали его по просьбе моряка и в память об обезьяне, которую он знавал когда-то, Юпитером, а сокращенно - Юпом.

Вот таким образом дядюшка Юп..." /Жюль Верн, "Таинственный остров"/
и стал Михаилом Юппом.

Давненько не слышал о нем. С отъезда, почитай. Хотя Дар и грозился: "Горе, горе Вам! Шмоткин грядет!" /Натуральная фамилия Юпа - Смоткин, хотя по жене он и взял - Таранов./

И вот - слышу. И где? Натурально, в "Русской мысли". Где меня не печатают, но зато печатают - юпов. Вкус княгини Шаховской. Аналогичный вкус - наблюдал на Толстовской ферме, где поэтов - в шею гнали /или заставляли навоз возить/, зато привечали - фарцовщиков. Свои ж люди! Так и готов себе представить - графуню или княгуню - фарцующими шмотками на Невском /на галлерее Гостиного - где я никогда не был/. Что ж, родственные души. К тому ж - диссиденты, защитники и антисоветчики.

И Юп туда же. Возник. Напечатали. В редакционной почте "РМ". Письмо в защиту кузена Кривулина, каковой есть "поэт и редактор", и каковому "грозит". За подписьёй - "Михаил Юпп /Таранов Михаил Евсеевич/ - брат Кривулина, Зинаида Смоткина /урожд. Кривулина/ и Лев Руткевич - друг и бывший соредактор журнала "37" Виктора Кривулина".

Витя, что-то, мне помнится, шибко не очень гордился - бородою кузена. А на Западе - можно. Ура!

Напечатает миссис-мадам Шаховская - любую бодягу. Абы "анти" - а от кого сё исходит - плевать! Хоть - от Васи Бетаки, и жены его нынешней. Голосят, голосуют. Во все "Голоса". А меня туда - не пускают. Запустили однажды, приезду для. Тут же - и оскопили. Только потом я узнал: /от Алеши и Тани/ - что поэтов читал - пропустили /поэты - Охапкин, Кривулин - балдели!/, а что так говорил, о поэтах, о ЖИЗНИ их - выкинули /херр Французов, редактор "Голоса Америки" - не повелел/.

Но зато - голосить дают Юпам. Абы "анти". И васябетакам, по тупости их. Там, в России, я мог выгнать Ваську на кухню, Юпа - же - просто за дверь. Здесь все двери открыты. Голосят, слышен звон их...

Повторяю: Кривулин - кузен. Но никак не гордился. Скрывал. Это тут лишь - открылось.

Ох, засудят меня. Все Максимовы, Юпы, Бетаки... Ничего, не боюсь. Подержусь.

А про Юпа - читайте меня, Аронзона, Халифа, Марьяну...

Я - лишь око народа, и голос, и глас...

А Кривулин - пусть сам. Отбивается родичей от. В рот их! /Пардон/.

ЮП

СРЫВ

... Асфальт кончался,
Занося подошвы
         над липкой тиной
         истлевших листьев,
В полуразрушенный
По виду - замок,
        я каждый вечер
        приносил себя.
А лампа неумолчно,
Ночь за ночью,
      копила желочь
      /может, на меня?/
Светя бесшумно,
     подло,
        беззаботно,
Нашпиговав накалом
      стол
       и
      стул.
И ни стихов,
Ни музыки,
Ни пенья.
    Да,
      просто оратория молчанья;
Так губы
    шелушащие
      шипели,
Глаза так
    источали
     в полумгле.
А в четырех стенах
В немом квадрате,
       с одним окном,
       с неубранной постелью,
Я слушал Пустоту
     глухого Срыва,
Мечтая
   о бабенке
     и жратве.
Что,
Кролики?
Притихли?...
     Что за дело
    Вам -
      альбиносам
      и
      блондинам,
Когда из черного

Тихонько вышли
               стихи, а в белое
                     не доползли...
Что,
Кролики?
Заёрзали?
          Быть может,
          от сытости,
          напялив этот вид
                   ценителей
          отчетливых стихошей,
Претят вам
Эти
Импульсы
Мои?
Я
Тут.
Я
Весь
Тут.
Я
   кричу
       беззвучно,
Ведь это -
            оратория молчанья,
да, и стихи,
да, музыка,
да, пенье,
да, пустота,
да, срыв,
да,
да,
ползла!...
             Но в эту Сытость
С ливнем антрекотов,
С рамштексами -
                утыканными Славой,
С ее тефтелями,
С ее люля-кебабам
              я не внесу
                    ни Срыв,
Остановитесь!   ни Пустоту...
Здесь асфальта - нету.
А вместо липкой тины - тюль.
Прощайте!
Этот срыв -
         в полузабвеньи.
Простите!

Нет,
Я не хочу, допейте сами.

РАССВЕТ

                                        Осипу Бродскому

Рыжий чудак,
Помесь царя Соломона с Ван-Гогом,
Выйди в ночь
              к спящим асфальтам,
              к прямоугольникам
              и квадратам -
                              окон,
                              дверей
                              и крыш.

Тебя приветствует
Временно поверенный
Республики НОЧЬ,
Принц Михаил Юп!
                    На трамвайных билетах,
                    Гонимых Норд-Остом,
                    Я пишу о сомнамбуле,
                              сомнениях,
                              сумерках
                              и .....о
                              отчаяньи.

Мой желудок
В пять октав,
Точно Има Сумак,
Гимном о корке хлеба
Прорезал ночную Неву.
                    На урне,
                    Разбитой
                    Веселыми мальчиками,
            Как на однрм из шедевров
            Железобетонной абстракции,
Я
Сижу
Как
      на
      троне,
              и череп
              с раскосым пробором
              увенчан стихами Блока.
И подходит ко мне,
Безответному,
Беззащитному,
              сам
              Осип
              Бродский -
Помесь царя Соломона с Ван-Гогом,
Рыжий чудак.
                    И говорит он
                              о шествии

```
                              Титанов,
                         Голодных и холодных.
И говорит он:
ДА БУДЕТ ВРЕМЯ - МОИМ!
                         А на грязных кустах
                         Кристаллы не снега -
                                      алмазов
                         Заполняют глаза
                         И, как дань,
                         Преподносятся
                         В дар ему.
И уже в наползающем дне
Исчезают видения ночи,
И уже в зарнице
Грохочат кости
Чьих-то побед.
И уже лебединой песней о прелестях
                              энного
                                 царства
                         Из республики Ночь
                         Ухожу,
                         Чтоб зарницу
                                      проспать.

И да будет РАССВЕТ - ТВОИМ,
                    рыжий чудак!....
```

ИМПУЛЬСЫ

Я
Весь
Тут...
Монета сплющенная,
специфический запах,
                      жолудь,
                      солнце,
                      Нева,
                      интонации,
                      импульсы...
Вот сейчас заору
Благим матом,
Пусть завидуют бездельники.
Последнее тепло
Я
Трачу
На пиво.
Болтается оно
В желудке гривой конской.
Игривая,
Игривая,
Игривая мелодия, со смаком,
                  с желчью,
                  с привкусом.
Пыхтит, слюнями брызгая,
П О Г О Н Я Й !
А Солнце и вправду - последнее;
Ревет иностранный автобус, чик-чирик,

Вещает репродуктор, чик-чирик,

Откликается воробей.

Я весь
Тут........
С мыслеми.
С заросшей мордой.
И со-
    ро-
    ка
        копеечным
        состоянием.
Валяю дурака. Небо,
              как небо. Нева,
                      как Нева. Я,
                              как я.
То внутри,
То наружу выхожу понюхать.
Деньгами пахнет - иду на запах,

А если не пахнет - сижу в себе.

ЖРАТЬ ОХОТА!
В троллейбусе штраф заплатил,
Осталась копейка,
         копейка,
                 копейка.
Ну ее к чорту!
Выбросил.
Шатаюсь,
       глазею:
Отличная девица!
            Не хочет смотреть,
                     пусть.
                     Сам
                     отвернусь.
Я
Весь
Тут..........
Я ничего не стою,
Как проспект
         ненужной книги,
Как проспект,
         что переставляет
                     ноги
В изящнорваных ботинках;
                 наплевать!
Летит плевок.
        Это моя печать,
                печаль,
                причал,
А если хотите
        и....
        совесть.
Теперь
Я
Ни-
  чтожество.

Я выплюнул все,
И этой поэмой
Заплеван мой пол,
        шкаф,
        стол,
        стулья.

Я!.....
Я,
Который
Весь
Тут.

ТВИСТ

Конечно хорошо
           Когда стучат каблуки
            когда стучат каблуки
            когда стучат каблуки
Конечно хорошо
          когда танцуют твист
            танцуют под свист передовиц
Милая что ты глядишь в потолок
Когда стучат каблуки
Когда волнуется кровь
Милая ты не холодильник не лёд
Жажду ритмом танца утоли
Что мне век
Я несмыкаю век
Я человек
Я совсем не снег
Твист мое кредо
Это
Это
Ипподром
        велодром
                танц
                трек
Шпарь на мотороллере
Шпарь
      шпарь
           шпарь
Мелочи в сторону
Спешите жить
Хилая мещаночка в моде твист
Жизнь моя профессор окулист
Синее
Синее
Растертое пятно
Краски смазаны
Смазали по морде
Стекла вдребезги
Это твист
Тряска задниц
Вибрация соска
Непризнанность моя
Мой век
Из вечности стих лепи
Разное
      разное
           разное
                разное
Приходит под этот ритм
Конечно хорошо
          когда танцуют твист
          когда танцуют твист

```
                        когда танцуют твист
Конечно хорошо
                        когда стучат каблуки
Только ни к чему этот твист
Это дрожание
Подражание
Вывернутость ритма
Выгиб стиха
Твист интурист
И я знаю заранее
Финал
Обезумевший твист
По улицам пары
                        текут
                        текут
Слёзы у парня
                        текут
                        текут
Парень от ритма
                        тикай
                        тикай
Стучат сапоги
```

/1962/

/И автограф:
  "Милый я надеюсь на тебя в вечности. Мы Юпп./

                    ШЕЙК   /А.Гайворонскому/

Придешь домой усталый
Соседка - сволочь
Повестку в зубы
Ну и все
И снова в бой
                              на сборы

Ложка
Кружка
А в голове вчерашний бодрый шейк
Рабочий человек
                         он что

Он не профессор
Таков браток удел
Извечный
Наш
Забудь про бодрый шейк
И ну в атаку
Левое плечо вперед
                          шагом марш

Четыре дня до свадьбы
Три до получки
Два дня до сопромата
Один до рандеву
А тут тебе повестка
Чуть ли не в отместку
За твой
              за бодрый шейк

Сижу
Реву
Что делать
                   если Родине
Нужон для обороны
И тут не отыграешься
Хоть будь ты трижды Швейк
Ругаешься
                 но все-таки
Влезаешь в гимнастерку
Под бодрый
Под солдатский
Импровизовый шейк
Ползу в противогазе
В грязи осенней стиснув
Как милую в объятьях
Новейший автомат
А ну-ка суки суньтесь
Изрешечу в два счета
Рабочий человек
              он не дегенерат
А после возвращаюсь
Подтянутый и строгий
Женюсь как пологается   /орфография Юпа - КК/
Таков наш этот век
Растут солдаты новые
Танцуют танцы новые
А мне недотанцованный
Грызёт печёнки
Шейк

    /1965?/

ЭДУАРДУ БАГРИЦКОМУ

Жирная пища
Сытная пища
Колбасы
Ветчины
Грудинки
Котлеты
Бифштексы
Паштеты
Сосиски
Рыжее пиво
Омары
Бургонское
Жареный кролик
Кофе гляссе
Кофе по польски
Водка
Икра
Коньяк и конфеты
Вот они рядом
Бери
О натюрморты
Когда я гляжу в изобилье
Пищи сытной и жирной
Пищи мертвой немой
Я вспоминаю художников
Я вспоминаю поэтов
Голодных писавших полотна
Голодных писавших стихи
Вот предо мною проходит
В /неразб./
И в потертом костюме
Обыкновенный старик старикашка
Бормочущий что-то под нос
/неразб./ несравненный
Он сытым бывал ненадолго
Он пел о величии кухни
Глотая холодную /неразб./
А это художник
Плюющий на ёмкость желудка
Волшебными красками
Кистью волшебной своей
Из ничего создавая продукты
В небрежно разбросанном виде
Совершенно забыл о пище
Сытной
     жирной
       живой
Ты видел
Ты чувствовал остро
Ты /медные/ бронхи расправив
Дышал как сто тысяч слонов

Одесса
Москва
Петроград
/неразб./
              воры
                        проститутки
К тебе приходили
Ты брал их
Ты ставил их в очередь строк
А сам надрываясь и силясь
Насиловал жизнь без оглядки
Повторяя голодного барда
Прелесть кухонь живописал
Ногами обутыми в звёзды
Бродил по нехоженным тропам
Поэт Счастьелов
Пароход Солнцевестник
Струна на дисканте со взвизгом
Лопнула в сердце твоём
И осталась жирная пища
С колбасами
              с пивом
                        и с маслом
И остались лёгкие листья
И тяжёлой строю стиха
Голубели небесные шторы
Разнопосвистом пели под крышей
Соловьи
        кукушата
                    и зяблики
И шёл по земле солнцедождь
Смывая куски и объедки
Блевоту
        кости
              и хрящи
Разбитую утварь хозяев
Разбитую душу гостей

/Из книги "Посвящения", 1961-1965/

АЛЕКСАНДР КУТЕВ

РАКОВИНА - СВИРЕЛЬ

Духу Уолта Уитмена

М.А.А.

Земная невместимость
          нежных слов...
Три из тринадцати
               поникли ночью той,
Рассеянной оставлены рукой,
Завяли позабытые цветы...

Зеленый камень,
               стынущий и гладкий,
               закладкой канул
                    в озеро надежд -
кувшинки знак
          на голубой волне.
Духовным раскаянием
               искушен:
по палубе мечутся мысли -
          безумные контуры
          крыс бегущих
          с тонущего Ковчега:
"... что станется с нами, больными,
     моими зверями лесными?..."

Замшевой глыбой сентиментальность
          сохнет над родником -
          лежачий камень зазеленел,
          свыкшись с сухостью стоп...

Ах, эти следы мальчишки,
          по мелководью
               мчащегося,
          петляющего без оглядки
          затравленного таракана.

П е р л а м у т р

Что делает вода -
прилежная жена,
     обижена, нежна,
в раздумьях живы губы...

```
... целует шрамы скал,
      ласкает берега,
        переливая гальку...
... и складки на песке.

Что делает песок
с лицом, покрытым пудрой,
оставленный водой,
упавшей глубоко -

Скрывая перламутр
из воздуха и зноя
      слагает водопой,
с ветрами пошептавшись,
меняет очертания и ... плачет
                          иногда.
```

Лидии Соболевой

```
Хочешь слов простых и нежных -
переливчатые трели
      за метелью увлекут,
        каруселью разнесут...

В страха солнечных затмений
      обольщенья, отлученья -
ты становишься земной,
я останусь не с тобой
в небе черном и печальном
созерцать созвездий тайный,
      долетающий привет,
начинающий поэт...

Нет, тебя не четвертуют,
не сожгут, не зацелуют,
ты останешься земной,
не расстанусь я с тобой.
```

М.А.А.

```
Милая, теперь помолчим,
вместе подумаем
                и помолчим
о нашей любви хмельной...

... Над жизнеликой кипящей равниной
      ветер пронесся - поднял пески
мертворожденного Марса...

Ворон влачил крыло
```

совокупляя голых...

Наши годы пыльной травой
    клеточки щекотали,
    ахиллесовы пятна...
Беды вьющийся след намывали,
    иссякая в песках...

Намертво влита
    в склепе янтарном
    мошка -
"мгновенье, остановись!"

Радуга, пение,
        близок Алтарь...

Медным гулом ударили
    золотые колокола,
галки - комья земли -
    взорвана колокольня...
        позолота стекает,
           /неразб./ меркнут во мгле...

Теплится вера
    в теплых осколках
    колких кристаллов скал.

Светлячок

М.Н.

Препарируем трупы,
    знакомых встречая,
    не замечая:
среди упырей
    дети растут,
    дети скучают
и умирают
    медленной смертью
    в комнатах концлагерей...

Трупы летят в трубу
    и начинают любить
    понемножку,
пить и любить,
    с дымом прощаясь,
    кошек, собак и детей...

Так обознаться:
желанный светляк,
     фосфора крошка -
          не приберешь,
     чтобы лучились
          кончики пальцев...
Так обознаться.

... вспыхнули глазки
     стрелки погасли
     мерцанье неверно
     в стеклах химерных
     бьется ночной мотылек...

Белье перестирано,
Сохнет, висит.
Шарят в потемках
     мокрые руки -
лунного прошлого не охватить.

ВЛАДИМИР ЕВСЕВЬЕВ /БОЕНКО/

МАСТЕР

Памяти Павла Филонова

Глава 1. Корабли не приходят в Лисс.

Корабли не приходят в Лисс.
На заброшенной, злой Земле.
За мильярдом привычных лиц
там навеки клокочет не-
нависть.
            Я - пришелец
и мой белок
зовом звёзд навеки прошит.
И тяжелый как мозг
черный Космос молчит.
Корабли не приходят в Лисс.
Я - Филонов.
XX век.
Не локатор, а радар
душа.
Корабли не приходят в Лисс.
И стекает не белый лист
омолненный ракетный лик
черной /...../ каран-
даша.
            В пятипалой
зажато лицо.
Устал Филонов.
Злой, голодный пред городом застыл.
Бессильно сохнут кисти.
Девственное полотно стоит неведомым шедевром.
Ночь на Петроградской.
Бессильны мы.
И собственная немочь страшней мешков, одетых перед
                                              казнью.
Город застыл углами,
вобравший мощь и одиночество пространств тысячевер-
                                              стых
Северной Руси.

            Там где-то
Кижи догнивают.
Косятся храмы Суздаля.
Москву под пустыри великой стройки расчищают.
Великий Устюг в ночь ушел.
Мелеют реки.
Моря живут последнее столетье.
Филонов, что с Россией?

Искусство в эмиграции.
Остались ноженые, которым мир - тюрьма
для замыслов великих:
Волошин, Мандельштам, Булгаков, Пастернак
и Маяковский
себя сковавший страшной мыслью
о службе государству.
да мудрый Ленин.
Литератор, закладывающий мины институтов,
Как зверёк застигнутый
глаз.
Корабли не приходят в Лисс.
На планете - война пространств.
Гинденбург, Людендорф,
Верден.
Линия Мажино.
Годы крутят кровавый вал.
И тяжелым знанием обожжено
человечество, загнанное
в подвал.
И последние короли
на ракетном КП
Ели овощи.
И текли триллионы секунд и лет.
Окантованный в жерла годов
сквозь пространство движется мир.

                         "Я на эту землю пришел"
                         "Землю эту любил"

Я - из самых пронзительных синих славянских рек.
Я - из дебрей,
из мощных, как полночь, лесов.
Корабли не приходят в Лисс.
Лишь депеши
шифрованных снов.

——————————

        Есенин.
        Маяковский.

под мощь самодержавную бюрократии.
Филонов, русское искусство,
запавшее в ухаб кровавый
спасти способна
лишь рука мастерового.
Филонов, пишет город.
Ложатся краски страшно.
За человечьим силуэтом
углами ад,
похожий на пещеры.

Но хаос красок
внезапно подчиняет
возникшее из ритма волн
лицо
замученного мастера.
Там Кондратюк жестокой волей победивший
сопротивление материала
создал проэкт Аполлон.
Маяковский, в отчаяньи, "Вступление в поэму",
Добужинский - жуткий нервный ритм канала.
Бенуа - летящего, как лист, Евгения, раздавленного
страхом.
Все мастерам доступно.
Ракеты, поэмы, музыка, картины - мазки большого
полотна,
прорыв к большому человеку,
к заселению Вселенной.
Так рисовал стремительные фрески "Вознесения чело-
вечества
забытый на столетья Дионисий.
Искусство - круг,
где каждый мастер захвачен ритмикой строительной
работы.

Глава 2. Человек победивший город.

Проспекты, режущие город взмахом петровой государ-
ственной
руки.
И жизнь, размазанная смрадом
в подвалах и на чердаках.
Ползут от фонаря раздавленные тени,
в подворотнях ветошь человечья носами сизыми
сипит,
да светят в окнах абажуры тел продажных девок.
Филонов: некуда укрыться
от злобной правды мирового зла.
Крадется только бледный Достоевский, ползет за ним
раздавленная тень.
Лишь щепочки влекомые потоком - герои, партии и
государства.
И движется
усталый Лукоянов
сломавший смену.
Страшный. Пьяный.
Готовый уничтожить все на свете.

/дальше неразборчиво/

ОЛЕГ РОЩИН

* * *

Смеётся пыль на грязных тротуарах
Листва деревьев шепчет проводам
Машины улыбаются прохожим
Колёса читают по складам
[какие-то] асфальтовые книги
Где трещины - художественные буквы
И вы их - все видели

1960?

коза не глядит в глаза
и берег не очень хвастается
моряк начинает любить
а женщине кажется:

зеркало стало стеклом
мечутся пухлые губы
и тело знобит теплом
индивидуально сугубым

1960?

снова в гости придет
несмешной людоед
небоглазой красавицей
острова Пасхи

омывая дождем
попугаевый плэд
между век моих плавятся
горлые спазмы

и ушли города
в чемоданы веков
багажом экспрессируя
в прошлое время

1960?

Возьму луну на спину,
В уборную снесу.
Зачем она? - Ведь я один,
А все мне не нужны.

Её назвали Ниной,
Она живёт в лесу.

Зачем она?
Ведь я - один,
А все мне не нужны.

Себя зову любимой.
Ценю свою красу.
Зачем она?
Ведь я один,
А все мне - не нужны.

Луною стану мнимой,
Любовь свою снесу -
Зачем она?
Ведь я один,
А все мне не нужны.

1961?

Примечание:
тексты Рощина печатаются по памяти. Пунктуация -
произвольная.

МИХАИЛ БЕСТУЖЕВ-ВЗЯТКО

ТЕЛЕФОННЫЙ РАЗГОВОР
РАБОЧЕГО С ПОЭТОМ

И.Бродскому

Я звоню звеня,
Но слова сухи:
"Извини меня,
Я пишу стихи."

Как стихами он
Бородой оброс,
Ненавидит трон,
Презирает лоск.

А я лью чугун
Выше норм и смет.
Помогу ему
Или нет?

Я зову звеня,
Но слова глухи:
"Извини меня,
Я пишу стихи."

Кто-то черный вполз
Между мной и им.
Он один рыж - пес
Или пилигрим.

Выше ветхих норм
И убогих смет
В тайнах вечных форм
Спину гнет поэт.

Эх, как был осел
Я звоню звеня:
Ты за всё за всё
Извини меня.

1962

ВЕСЕННЯЯ НОЧЬ НА НЕВЕ

Омутная, черная спина ее,
Плечи неподвижные грустны.
Будто руки к Богу поднимая,
Ночью поднимаются мосты.

После ледяного прозябанья,
Трубы – в небо, пушки – на дворцы,
Крейсер мой с божественным названьем
У причала отдает концы.

Не стерпев предательства, измены,
Снова в путь, прославленный старик!
Ты возьми на борт к себе бесценный
Чистенький, зеленый броневик.

А потом открой свои кингстоны,
Словно грудь кинжалом распахни...
Мечутся Ростральные колонны,
Тонут тайны, глупости, грехи.

После ледяного прозябанья,
Трубы – в небо, пушки – на дворцы,
Крейсер мой с божественным названьем
У причала отдает концы.

ПАМЯТИ ЦВЕТАЕВОЙ И ПАСТЕРНАКА

Марина, Борис и ... причислить
Я к вам никого не могу,
Хоть было вас тысячи тысяч,
Как будто снежинок в снегу.

И пьяный Бестужев по пояс,
Роняя ресницы из глаз,
Садится в пригородный поезд
И молится, жертвы, о вас.

1973

КОВРИЖНЫХИ. КРУЧЕНЫХИ. ГУРВИЧИ

"У вас есть гурвичи?"

/плакат в вендиспансере/

" - Граждане! Выкладывайте
свои аргументы и гениталии! -
И вся бригада дружно выложила
свои аргументы и гениталии на де-
монстрационный стол.
Эпоха была другая. Клопов было
меньше, а гурвичей не было совсем."

" - У вас есть гурвичи?
Храните ваши гурвичи в сберегатель-
ной кассе!"

"Гурвичи! Добро пожаловать в
гурвичи!"

/лозунг гурвичей/

/Все цитаты из планового ро-
мана, написанного совместно с АБ
Ивановым, под дурью./

Взять Коврижныха. Принесли мне его от руки Соколовым переписанные тексты Кривулин, Соколов и Пазухин, мои тогдашние мальчики, в 1961 году. Говорят, стар- ик /ему где-то лет за 50 было/, и это все, что я о нем узнал. Где он с ним вст- ретились, почему переписали стихи - мне неведомо. Кривулину и Соколову было тог- да по 16 лет, Пазухину - на год помене. Писали же все трое, но Кривулин, как все- гда, больше всех. Помимо приводимого по памяти, остальные /с десяток/ переписан- ные стихи - пропали вместе с пленкой уже в Техасе.

Почему они переписали стихи, впрочем, понятно. Стихи эти никак не походи- ли ни на те, что преподавались по школьной программе, ни на те, что читались в газетах, "Днях поэзии" и журналах. Эти стихи нельзя было перепутать, как стихи Анны Ахматовой - с Журавлевым. Эти стихи запоминались.

Но кто такой Коврижных? Неуловимого Королева, который оказался "Парагваем", я нашел - см. 1 том. Мамонова знал Гришка. Виленчик /Гнор/ проявился сам, даже Илья Левин его знает. То-есть, нет для меня в Ленинграде ни одной мистической фи- гуры из пишущих. Ягунов, о котором говорил мне Мейлах, оказался Николевым. Стихи его есть у Ильи. Фишмана /или Флейтмана/, в конце концов, знал Яша Виньковецкий. И только Коврижных продолжает тревожить мое воображение.

Тогда в квартире под Кривулиным жили две поклонницы Паустовского. С одной из них, звали ее Кира, у меня даже завязалась лирическая переписка. Но Паустовс- кого знают все. Даже я его читал и почитал. Особенно "Кара-Бугаз-Гол", в первом издании. С людьми известными все просто. Валяется у меня чемодан писем и рукопи- сей Ахматовой, дозревает. Дичок Сильвестр неизданную поэму Ходасевича нашел, а до этого с моей женой переписку его переводили /жена ассистировала/. Поэму мы издадим. Не проблема. Как и Николева.

Только кто мне скажет что-либо за Коврижныха? Не потому, что он большой поэт /искомый мною Королев, к примеру, стихов начал писать только после падения с какого-то этажа, и написал их немного/, а потому что я не люблю неясности.

Если Коврижных был /как был, например, Крученых и Миша Гурвич/, то стало быть, от него должны остаться стихи. Не может быть, чтобы человек, написавший "А.Пешкова", приводимого далее, более ничего не написал. Но где его искать? Скажем, Хармса ищут многие. Известно, что вдова его живет в Венесуэле. А была ли, хотя бы вдова, у Коврижныха?

Такова судьба "малых" поэтов в наши дни. Можно найти стихи Шиллинга и Платова, можно поиметь сборник Федора Томпсона /Илья имеет/, был у меня сборник Шаха-Паронианца, о котором упоминает Каверин в своих мемуарах. Но когда и большие поэты не печатаются на родине /а из приведенных в двух томах где-то 80 – только, дай Бог, у 8 имеются сборнички – да и то, так, жалость!/, что же делать – "малым"? Бобышева найдется, кому перепечатать, Соснору или Красовицкого, вроде собрали до крошки, но кто мне отдаст Коврижныха?

Нужен мне был, скажем, Тихон Чурилин, открытый через "Ежова и Шамурина". Нашел все три его вышедших сборника, первый – иллюстрированный Натальей Гончаровой, второй, "Льву – барс", вроде бы посвященный Льву Аренсу /а у самого Аренса не удосужился спросить/, третий – изданный Катаняном, и даже роман его , выписав стихи, удосужился упустить /вроде неопубликованный, но я тогда прозой не занимался/. А уж на что "малый" поэт Чурилин! Кроме специалистов и не знает никто.

Но времена были другие. Эпоха, как сказано в эпиграфе, была другая. Даже литографированные издания Крученых, при сильном желании, доступны – хоть в Техасе. Потому что это были – издания.

Искореженные же судьбы поэтов последних лет – не позволяют составить даже мало-мальски приличную антологию. С "молодыми" я разобрался. 4 фотографа работало на меня. Даже выпустил подробные биографии с них /см. в 4-м томе/. А вот гения Красовицкого – ни одной фотографии! Все знают, и – нет ни у кого. Фотографии же Лили Брик, скажем, с Пуниным – я потерял и не очень жалею. Где Лиля в балетных пачках /и при этом с кривыми ногами/. Потому что опубликовано их – не меньше ста /это моих, утерянных, не считая/. Дик вот фотографию Пастернака привез. А я больше радовался, что он Женю Рейна ухитрился отснять. А кой чего еще. А зачем мне – Пастернак? Что я его, не видел? А вот Красовицкого, или Алика Ривина, действительно, НЕ ВИДЕЛ.

В антологии же, как скажем, и на Парнасе /как выразился Сидней Монас/, все равны. Потому и нужнее мне фотография Станека Киселева /а его друг, фотограф Пчелинцев – не удосужился его отснять!/, чем фотографии "селебритис". Вчера вот чистил квартиру одного американского композитора /по 3 доллара в час, 18 с женой заработали/, и выкидывает он кучу классных фотографий себя. А зачем мне – американский композитор? Сам и отнес, на помойку. А может, он – гений, или, по крайней мере, – "малый"? Вот и ищи потом.

А каких трудов мне стоило "молодых" отснять! Говорю Пти-Борису, Смелову, лучшему фотографу Ленинграда: сними мне Алейникова и Трифонова. А он за старухами гоняется. Или – Слава Михайлов, лучший портретист: не могу, говорит, снимать, кого надо, а могу, кого хочу. Эзотерист, тоже. Пришел ко мне в 9 утра, с "Ленгофом" /килограммов 15!/ на четвертый этаж, разбудил меня, выволок, непоевшего, в Александровский сад: "Нет, говорит, не могу снимать. Свет не тот, не отражает моей эзотерической сущности!" А попасть к нему на негатив – это ж бессмертие! И снимает Аиду Хмелеву, женщину, у которой от пятерых мужей пятерых разных национальностей – пятеро детей. Правда, натура богатая. Роковое фото. Что-то вроде Джиоконды нынешней. Страшная женщина, эзотерическая. Ну, с моими поэтами я к нему и не совался. Благо, меня отснял. Бессмертие обеспечено.

А где найти фото Коврижныха? Стихи – вот.

КОВРИЖНЫХ

А.ПЕШКОВ

Сорренто.
Горький.
Сыр.
Рента.
Горки
лир.
Клир
пел:
"Вел-
ликий
как лики
святых,
свет их
не меркнет."
Мерки нет.
Поэт.
Поэтому
о мужиках
тему жуёт -
гужи
жито
туже живот
негоже живёт
мужик
Жуть!
Ужи,
соколы.
Около
босяки икают,
без штанов,
без дома -
каюты,
трюмы
грузят
ромом.
Роман.
Драма.
Дни
дна.
Одна
ошибка,
как оспа ведь -
"Исповедь".
Ведьм,
бога нашёл,
в шёлк
слов одел.
И не у дел
лежит на пляже,
жир нежит ляжек.

НУБИЙСКАЯ ПУСТЫНЯ

Пески текли барханами,
Ветрами перемытыми.
Над шахами, над ханами
Вставали пирамидами.

Где раньше жизнь бурливая
Кипела всеми гулами,
Легли пустыни Ливии
Сухими саксаулами.

Но вечерами серыми
В песках, где высох низ реки,
Зелеными химерами
Бродили долго призраки.

Когда восход окрасится
Лучами солнца гордыми,
В далекие оазисы
Они сбегали ордами.

В ТИСКАХ ТОСКИ

Шакалы
        на ночь
                уходят в скалы...
Закал такой,
                что кровь не остынет.
И видят пески
                звериный оскал их,
И слышат песни тоски в пустыне.

Скаты грустят,
                и у них тоска-то
Нет ни земли,
                небес ни...
Выгнут Гольфстриму
                    бок свой покатый
И поют унылые песни.

Варево горя
            нельзя
                    не выреветь.
Нет людей,
            кто бы мог нести.
А мы -
        не дикие,
                мы - не звери ведь,
И грусть наша
            льется в стих...

Я. ЭРЛЬ. НОВАЯ ГОЛЛАНДИЯ. БЕЛЫЕ НОЧИ. 1972? 73? ФОТО ПТИ-БОРИСА.

... Меня в гостинице клопы покусали...

  - Это не клопы, - подозрительно сощурилась Марина, - это бабы. Отвратительные грязные шлюхи. И чего они к тебе лезут? Вечно без денег, вечно с похмелья... Удивляюсь, как ты до сих пор не заразился...

  - Чем можно заразиться у клопа?

  - Ты хоть не врал бы! Кто эта рыжая вертлявая дылда? Я тебя утром из автобуса видела...

  - Это не рыжая вертлявая дылда. Это - поэт-метафизик Владимир Эрль. У него такая прическа...

/С.Довлатов, "Компромисс"/

МАЛАЯ САДОВАЯ. НЕООБЭРИУТЫ. ЭРЛЬ.

Малая Садовая заслуживает отдельного, обстоятельного ИССЛЕДОВАНИЯ. Причем расцвет ее приходится на годы 1964-66, когда я отсутствовал, занимаясь деторождением. Приходя на Малую Садовую, поэтов не заставал, но - алкашей, посикушек, ханыг и местных монстров. О Малой Садовой блестяще рассказал москвич-петербуржец Лев Халиф, в своем "ЦДЛ" /см. 2-й том/. Место бойкое, у всех на перепутье. Я туда попал уже в 67-м, ослобонившись от родительских обязанностей: дочка уже могла сама кушать и мне не приходилось вставать по 5 раз за ночь менять пеленки. Супруга моя, 4-я, из аристократическо-артистической семьи Голубевых, свойственница и родственница всех этих бесчисленных Блоков-Мейерхольдов-Ахматовых-Пуниных и прочее, и прочее, вплоть до Сталинского лауреата поэта Тихонова - бюро графа Воронцова, люстра из дома Раевских, коклетки по 6 копеек я с Горчаковского сервиза ел /и те делились на 2 части, в случае прихода шоблы гостей - жили на ее 40 рублей и мои - НОЛЬ/, чаи пивались из Батенина, Гарднера, Кузнецова /попроще/, на екатерининском диванчике, карельской березе и красном дереве. Пеленки дщери, за неимением советских "памперсов", выкроили из старых камчатных скатертей, а попку я ей утирал столовыми салфетками Великой Княгини Ольги Николаевны, с монограммой. Потом подарил эти салфетки Сюзанне и Бобу Масси, авторам книги о последних Романовых. Посейчас, полагаю, пользуют, хотя Боб уже о Петре книгу тиснул, Сюзанна же - вообще о русском искусстве. Дщерь росла, и после того, как Санечка Кольчугин сломал мне нос - мерзким приемом, об коленку, я стал захаживать только на чаи, мое же место в аристократической семье занял муж моей жены Валерочка, машинист автокрана, который пел тенором.

Путем чего осталось время на поэтов. Но было поздно. Вся малосадовская поэзия проскочила мимо меня и знакомством с ней я обязан исключительно Владимиру Ибрагимовичу Эрлю, ее центральной фигуры и историографа.

ФИОРЕТТИ.

В 66-м году, надо полагать, на Малой Садовой стихийно возник альманах под этим непристойным названием. Альманах я не видел в глаза, но знаю, что в нем, помимо поэзии, была представлена и проза. Проза мне была ни к чему, было не до того, но поэзию мне всю перепечатал уже в 74-м году Владимир Эрль. Среди поэтов были и зрелые и недо, была поэтесса Алла Дин /см. текст "Алла Дин и Волшебная Фалла", одну из наших совместных поэм в период занятия фаллологией, фаллистикой, фаллотелией и прочими смежными науками/, она же Тамара Козлова-Мишина-Буковская, известная религиозная поэтесса. О многих из участников альманаха я попросту сказать ничего не могу: возникнув на краткий период, они более нигде и никогда не нарисовывались. Это относится к поэтам Андрею Гайворонскому и Олегу Ниворожкину. Гайворонского я видел единожды - юноша под метр девяносто пять, вмазывал туристские ботинки, висевшие у него на шее - полагаю, на выпивку. Ниворожкина же, хотя его фамилия мне и очень нравится, никогда не видел, из имеющейся же в альманахе поэмы "Клоунада" вынес только эпиграф из Белого /"В долине / Когда-то / Мечтательно / Перед вами я / Старый дурак / Игрывал на мандолине"/, который тоже мне очень нравится, и ряд кошмарненьких образов самого Ниворожкина: "Оставьте меня / Я не поэт / Я только мертвец / В отпуску", и "Хорошо улыбаются / Только сзади / кто-то злобно глядел вурдалаком". Но дальше шли уже "картонные шпаги", "картонные мечи", дон-Жуаны, князи Мышкины и "бумажные кораблики", и я не стал перепечатывать поэму, равно и стихи: не ах. Интересно мне только "посв. Братусь" - Хлебников? Словом, слабо.

У Андрея Гайворонского, тем не менее, имеется пара текстов /привожу, если найду - они у меня опять куда-то запропастились!/, один из них - трактующий о

Бродском /"И говорим о Бродском"/, датируемый 1964 г. Что они там говорили о Бродском, мне так и осталось неясным, но важно - обращение.

Еще там фигурировали стихи некоего "Анонима", парочка более-менее удобоваримых текстов /стихотворных/ прозаика Жени Звягина, которого я вздул позднее, на дне рождения Охапкина /см. 1-й том/, полагаю, стихи самого Эрля, и стихи Юпа. Эти я даже перепечатывать не просил.

Вот и все впечатления от альманаха, который я никогда не видел.

ТАИНСТВЕННЫЙ ЧЕЛОВЕК МИРОН САЛАМАНДРА.

Под этим детективным заглавием пойдет речь об обитателях Малой Садовой, где, действительно, встречался мне помянутый Саламандра, который тоже что-то писал, помимо, вроде, был школьным другом Кривулина-Пазухина. Возникнут братья Танчики /"Христанчики" - см. Халифа/, точнее, один, Сережа Танчик, которого я, малость знал - редкостного косоглазия человек! Причем, "демонического": косил - внутрь, как и дочка Шемякина, Доротея, в детстве /но у нее получалось мило/, я даже как-то сделал свое фото "И я - Танчик!", зверски скосив глаза, жуть. Вот когда косят безобидно, как зайцы - это я люблю: в стороны. Так косили моя секретарша /поэтесса Лесниченко-Гум-Волкова-Рыбакова-Волохонская/, Витя Колесников и буддолог Александр Пятигорский, который гостил тут у меня. Ели барашка а ля серна, говядину я брать не стал: буддисты коров, вроде, не едят. Барашек ему понравился, и я тоже, но в отместку он мне прислал стихи некоего З.Дубнова, который прислал мне наглое письмо, что в 600-ах страницах 1-го тома он упомянут только один раз, и то негативно. Написал я ему нежное письмо, что даже имея вторую копию его сборника /присланную им/, запомнить его стихов все равно не могу.

При этом Танчик писал какие-то педерастические стихи. Привожу.

Еще там был некий Аркадий, о котором был фельетон, что он машинист паровоза и злостный тунеядец. Помянутый Аркадий хвастался, что он был знаком с Галей Дали, путем чего Сальватор прислал ему диплом на право гражданства в основанном им государстве /купил где-то остров и заявил в ООН, грамоты же раздавал друзьям/. Грамоты я не видел, но говорят. И я охотно верю.

Вот так, от Мирона Саламандры до Сальватора Дали, складывалось существование Малой Садовой. Народ был подпольный, многих я встречал десятки раз и так и не мог раскусить, потом мою эстафету переняли Боря Куприянов /друг помянутого Аркадия/ и поколение помоложе.

Функционировала Малая Садовая следующим образом. В роскошной "Кулинарии" /при Елисеевском же ж!/ поставили кофеварку. И так-то народу толпилось там до фига: только там и можно было купить приличные полуфабрикаты, а также дивные пироги, на площади где-то /сейчас жену спрошу, архитектора/ - метров 60, может меньше, толклось до 600-т посетителей одновременно. И вот в эту толпу нужно было просочиться, встать в очередь в кассу, потом в другую за кофе, потом - донести кофе, не расплескав, до узенькой полочки у окна и втиснуться. Иногда к кофе брались волованы, пирожки с луком, с мясом и другие вкусности, но это уже был разврат. И вот, стоя в этих очередях, чтоб получить чашечку побыстрее, поневоле искал знакомые рожи. Днем туда забегали девки, из учреждений поблизости: Публички /главной и на Фонтанке/, из музея Здравоохранения /на Ракова/, интуристские же бляди-гидши - те пили на "Крыше" и в "Европейской", для них Малая Садовая была не комильфо /как и позднее, разделение публики на "Сайгон" и "Ольстер", в зависимости от имущественного ценза/. Знакомились поневоле. После кофию НЕЛЬЗЯ не выкурить сигарету - курили, опираясь жопой на подоконник, но уже - снаружи. Подходили новые посетители, у которых можно было сшустрить - или на чашечку кофе, или, в зависимости от настроения - на об выпить. В подвал США /Советское Шампанское/, где я провел юность с Левкой Успенским, не ходили: накладно. Гастрономов в окрестностях было 3: сам Елисеевский, на углу Садовой и Ракова /повторяюсь, где-то уже писал/ и у Цирка. В одном из трех обязательно давали какую ни есть бормотуху. Пили: в садике рядом с Манежем /опасно и людно/, во дворике напротив Кулинарии. Там какая тетя Маша выносила стаканчики, а иногда и закусь. Бутылки кидали в песочницу, что я очень не одобрял. Молодое уже поколение, "резвунчиков", забивало нас, старых алкашей и портило милые и тихие дворики, где так уютно пилось. И купечествовали: вместо того, чтобы бутылку отдать "мамочке" - и старушке какой надо жить! /не важно - за закуску, стакан или просто от щедрости!/, писюнчики эти - уже их просто били, при этом безобразно крича. Впрочем - молодость, молодость... Не я ли сам, с Левкой Успенским, завел ритуал еще в 57-м - выпив во всех трех-четырех винразливах по 150 "777" на 50 "КВВК" и закусив шоколадной конфеткой – завалиться во двор рядом с кинотеатром "Октябрем" и выбить на углу в подвальном окне стекло, где всегда стояла банка с чайным грибом! Винюсь. Было. А потом нагло сесть на скамеечку напротив, и выбежавшим обозленным хозяевам одновременно указать в разные стороны, где скрылись "хулиганы". Но однажды, с двух сторон, указали - НА НАС! Это был величайший подвиг в моей жизни: я взбежал по отвесной кирпичной стенке, метра 3 высоты, и скрылся в другой двор!

Но на Малой Садовой я встретил ЭРЛЯ.

Эрля интересовал не я, а моя 4-я супруга, к тому времени тоже уже бывшая, и даже не она, а ее светские связи. Подойдя ко мне, он сказал: "Я слышал, что у Вас есть весь Хлебников /у моей супруги. Был. Ухищен художником-нонконформистом Очиннниковым и вмазан через Юпа, бочки все, естественно, катились на меня. И не попадись Очинников с поличным... - ККК/, так вот,нет ли у Вас бакинского издания Хлебникова?" Я говорю, я чего-то не слышал, чтобы Хлебников в Баку издавался. "Издавался. В 22-м году, тиражом 20 экземпляров, на ротаторе." Тихим, "жующим" голосом /как точно заметил Лапенков/. Год это был 67-й, весна, слякотно, или лето уже, жарко, стало быть, Эрлю только что стукнуло 20. Я в мои 20, правда, тоже уже Хлебникова знал, и неплохо, но до таких тонкостей не доходило.

Эрль - человек уникальный, сложный, необычнейший, даже для того разнообразия типов, лиц и характеров, что являла ленинградская сцена 60-х. Во многом он, младше меня на СЕМЬ лет, стал моим учителем, и уж во всяком случае, с ним я обращался только на равной. В "мальчиках" он у меня не ходил. Не знаю даже - был ли он когда-нибудь мальчиком. Рассказывают: звонок в квртиру Петрова /какого-то из экспертов по ОБЭРИУ, я не знаю, Левин знает/, открывают - 13-летний подросток: "Я, говорит, пришел уточнить некоторые места у Введенского." Эрль. И с тех пор - 2 было специалиста по группе ОБЭРИУ: Эрль и сын профессора Миша Мейлах. Третий, Илья Левин, нарисовался уже позднее: года с 74-го. А до, как справедливо пишет Халиф, именно Эрлю "принадлежит воскрешение обэриутства". Хотя... Тут надо разобраться подробнее. И старший друг-враг Эрля, Аронзон писал в те годы по Заболоцкому, да и попросту - время пришло.

Человек невероятной вежливости, иногда до занудства: "Эрль, говорю, я Вас в окно выброшу!" "Нет, не выбросите. Вы ко мне хорошо относитесь." 8 лет - теснейшего общения, и всегда - на Вы. Но его "Вы", в отличие от Саши Кушнера, я всегда терпел, ибо это было не от воспитания в профессорской семье, а - СВОЕ. У Эрля все было - свое. Даже чужое. Он мне раскрыл Лескова, ну посудите - мог бы я найти цитируемую Лесковым пословицу: "Тешь мою плешь, сери в голову!" или другую "Уплыли муде по вешней воде." А Эрль, с его академическим - встроенным - аппаратом, читал все, вплоть до сносок, комментариев, приложений, примечаний, разночтений и вариантов. Дотошность его граничила с буквоедским педантизмом Тайгина, только Боря не блистал особо разумом: просто добрый и милый. У Эрля же ум был, что называют французы, "эсприн маль турне" /перья не в ту сторону/, с поворотиками, вывертами,извращенно-изощренный. И потому - только он мог оценить и понять, сквозь внешний облик благопристоя, абсурдность графа Хвостова, обэриутские начала Лескова /цитируемое им: "А возле Императорской Академии художеств - две собаки каменные в колпаках поставлены. Так это, брат, не собаки, а - свинтусы! И свинтусы эти - из древних Фив в Египте вывезены, и для того они здесь поставлены, чтоб,значит, пока они не зашевелятся - до тех пор, брат, нельзя. Чтобы ничего и не было, а вроде как понарошку." Привожу, увы, по памяти - где ж мне такое в целом Лескове найти!/. И не Эрль единый - цитировал мне чтец

Лёва Елисеев - безумные по абсурдизму места из Островского /драматурга, разумеется/. Но Лев это делал по пьяни, Эрль же - всегда - в абсолютной трезвенности.
    Эрлюшу я люблю. Изображал мне художник Белкин, мерзким голосом имитируя
Эрля: "Чаай водоой разбавлять - только желуудок поортить!" Пьет Эрль такой крепости чай, что мне - худо становится. Рассказываю ему, что как-то Элик Богданов
угостил меня чифирем дегтярного цвета, в своей каморке на Блохина, заваленной
работами и с прожженым полом и диваном /окна там никогда не мылись/. Чифирь был
заварен в эмалированном ковшике, третьяк, а то и кварт, убойный. На что Эрль мне
сказал: "А однажды я Элика угостил своим чаем, так он сказал, что слишком крепкий!" Ну это я уже просто отказываюсь себе представлять, мне худо. Эрль всегда
приходил со своей пачкой индийского или грузинского чаю в портфеле - это ко мнето, в можно сказать, "чайную" - и заваривал всегда сам. Я его чаю пить не мог, и
разбавлял водой, "портя желудок". О чифире, питом и пареном в 60-м, 61-м и далее
годах - в кочегарке, на костре, вареный на бритвах, в дурдомах и прочее - я мог
бы написать /и напишу: в 4-й главе "Цум Тюркена" идет "Чайная церемония международного Пен-клуба"/ целое исследование, но то, что из чая готовил Эрль - превосходило и мои слабые силы.
    Библиотекарь, лодочный сторож, сторож на автостоянке - человек, в голове
которого свободно помещается пол-Академии, да еще остается свое! Такова се ля ви
в этом ёбаном государстве.Друг его, ближайший, неразменный и неизменный, художник и блестящий прозаик Элик Богданов - об абстракциях которого МИХНОВ отзывается с одобрением, мой ровесник и из нашей же школы английской /как и Хвост/ -
сошел, сойдет или сходит на нет, путем пилюль шизофренических, которые в него
пихают по полгода, путем того, что ни на краски, ни на кисти, ни на холсты, ни
на бумагу, ни на машинку - денег нет, на чифирь-то едва хватает, да разве травки или колес когда прибарахлить - а его без конца писала художница Герта Немёнова, в свою очередь, ученица Ларионова-Гончаровой, дочка их приемная - это наша
наследственность. С Эликом Эрль носился, как с писаной торбой, хотя тот на 6-7
лет был постарше. Из других друзей Эрля следует отметить его постоянного соавтора многих пиэс, Дмитрия Борисовича Макринова - а что я о нем могу сказать? Видел,
маленький, милый такой, круглолицый, молчит. Эрль же с ними со всеми умудрялся -
разговаривать и даже писать.
    С 16-ти лет уже зафиксировав себя тончайшими и точнейшими текстами, Эрль
за собой тащил целый хвост: Аронзона /которого, уже покойного, собрал вместе со
вдовой, Ритой Пуришинской, до точечки/, Хвостенко-Волохонского-Галецкого-Богданова-Немтинова-Миронова-Макринова-Ентина и иже, являясь точкой пересечения этих
людей и - уже можно сказать - эпох. С 66-го года уже функционировавшее издательство "Польза дела" /тираж, большею частию, 1 экземпляр, на обеих сторонах, машинопись Эрля/, где появились все эти авторы. Часть из них я поимел, но не судьба
им было храниться у меня: то, что не сперли в Союзе - пропало в Израиле.

ЧЕРНАЯ МАРФА.
    Эрль научил меня читать что попало. С тех пор я не нахожу "скучных" книг
/кроме мемуаров о поэтах всякой околопоэтической сволочи - старорежимной, и из
новых/. "Мораль, как ее понимают коммунисты", статьи В.Максимова в "Октябре",
"Свобода, какая? Для кого?" Э.Баллера - вы только вслушайтесь, как это нежно -
эбаллера, вроде "Эбал я вас", Гарвардские речи Солженицына, Словарь пресноводных
рыб, Русские советские песни - все это повергает меня в божественное содрогание,
а научил меня понимать это - Эрль.
    В какой-то из книг по криминалистике /популярной/ рассказывается, как
старуха по имени Марфа убила свою подругу, труп расчленила /тулово в комбинации
- отдельно/, руки-ноги-голову - тоже отдельно, и закопала это по частям в дровяном сарае. В стране социализма, где нет фильмов ужаса, подобным материалом
снабжает Госполитиздат, Юриздат, Педгиз и прочие издаты. Илья Левин и здесь обучает своих студентов - по справочнику юридических примеров: готовый сюрр! Эрль
и рассказывал мне про Черную Марфу. Бррр!

И еще один рассказец, про девицу, пришедшую к поэту, и когда тот начал ее соблазнять - скончавшуюся от сердечного припадка: губы синие, лицо синее, но сама еще теплая. Отчаявшийся поэт лишил ее, мертвую, невинности. А она ожила. И так ей это понравилось, что она стала приходить к поэту - он же уже не мог, все время представляя ее синюю, бездыханную. Что там дальше было - не помню, но мне казалось, что Эрль пересказывает свою прозу.

Как любила шутить подруга моей бывой 4-й супруги, тоже из Театрального института: по учебнику судебно-медицинской экспертизы. Строгая, в очках, входит в комнату - парочка, обнявшись, млеет - и изрекает, поправляя очки: "Поза трупа свидетельствовала об изнасиловании." Парочка - в развал. Или, молодому человеку на какой вечеринке: "Что это вы так ходите, будто у вас "вывих члена от совокупления в неправильном положении"?" О великий могучий свободный! Зачем далеко искать сюрр и корни абсурдизма? Великое - рядом. ДЗЕРЖИНСКИЙ: "Любовь сегодня, как и раньше, она все для меня, я слышу и чувствую в душе ее песнь. /расстреливая/. "Мне бы путевочку, в Цхалтубо. У меня камни в печени." "Ах, у вас камни в печени! Расстрелять." /Народ/. "Первых три ряда - расстрелять!!"

А потом и поза трупа. Труп стал в позу. Позывные трупа. - Строгий ассоциативный ряд. Отсюда - пьесы Хвоста-Ентина-Эрля-Галецкого.

Здесь, на Западе, черный юмор находит выход в безобидных карнавальных масках вампиров, фильмах "ужасов", черном мыле и имитации куска говна в холодильнике, ТАМ - он выливается только в ИСКУССТВЕ.

        "По воздуху плыли задумчивые говна..." /Эрль/

В этой волне говна /и к сожалению, не "Третьей"!/, которое не тонет, поневоле эпатаж принимает анальные и фекальные /фаллические/ формы.

И не безобидного - УЖЕ! - Глеба, а где-то больше по аналогии уже с Холиным. Примечательно, что за-50-тилетний Холин воссоединился уже с более юными - до 40-ка - Лимоновым-Леном и иже. С поколением Эрля.

ДВОЕ НИКОЛАЕВЫХ, ДВОЕ АКСЕЛЬРОДОВ И ГЕННАДИЙ НЕСИС-ОСЕННИЙ.

Влияние Эрля распространялось в обе стороны - на "старших" и на "младших". Причем, если старшие это ассимилировали /как я/, младшие - уже, не знаю... Что я могу сказать о Сереже и Коле Николаевых, разве привести их тексты? А ведь встречал, и неоднократно. Застенчивые, робкие. Или нахальные, как Коля Аксельрод. Или опять застенчивые, как Дима Аксельрод. Но все они были - УЧАСТНИКИ. Участники того самого литературного процесса, центральной фигурой которого был Эрль. Как, в другом, скажем, аспекте-слою - и появление "бродскианцев". Я их так и делю: на эрлезианцев и бродскианцев. Кузьминскианцев вот что-то, только, нету!

Что сказать за Несиса-Осеннего? Опять же, процитировать:

        Не плачь, родная, коль уйду отсюда,
        Уйду надолго, может навсегда
        Зачем хранить фарфоровое блюдо
        Коль все равно в руках твоих еда?

            /Из "Сонета", сообщено Эрлем/

Или, скажем, факт его посвящения стихов Гайворонскому. Разбирается пусть кто другой, кто знал их, как и с Шейдиным, известным лишь дистихом /привожу/.

К Эрлю все это отношение имеет самое непосредственное, но именно к Эрлю, а не ко мне. Хотя, возможно, к антологии. И опять кто-то будет обижен, тот же Несис-Осенний, допустим.

С Эрлем и Охапкиным в соавторстве было написано многое, что, может быть, войдет в Аппендикс, а пока - разумнее перейти к автобиографии

        ЭРЛЯ:

АВТОБИОГРАФИЯ В.ЭРЛЯ С ЕГО ЖЕ ПРИМЕЧАНИЯМИ И ТОЛКОВАНИЯМИ.

ФИО: Эрль Владимир Ибрагимович[1]
Дата рождения: 1947 г. 14 мая, в час обезьяны.
Место рождения: г.Ленинград, ул. Маяковского, неподалеку от дома Д.Хармса.
О семье: отец, Иван Федорович, батрак, плотник и мать, Татьяна Григорьевна Форина - из села Араповка Симбирской губ. /Отец - р.1901, мать - р.1904/. Дед со стороны отца был деревенским колдуном. Старший брат Альберт /р.1925 г. в г.Грозном/погиб в мае 1945 г. в Берлине командиром самоходки. Второй брат, Евгений, р.1929 г., живет в Москве. Отец - пехотный полковник в отставке, мать - на пенсии.
Безвыездно[2] жил и живет в Ленинграде.
Об образовании: закончил среднюю школу в 1966 г. Учился 3 месяца на филфаке ЛГУ /1968 г./ и год на государственных курсах иностранных языков /1972-73/.
О работе: 11 дней в 1965 г. в почтовом отделении разносчиком телеграмм. Книгоношей от магазина "Академкнига" в 1966. /См. Прим.3/
Начало творческого пути, публикации, написанные книги - даты.
        В 1957 г. написал и одновременно опубликовал первое стихотворение "СОЧУ СВОЮ МОЧУ" на классной доске. Но своим первым стихотворением считает написанное 15 марта 1963 г. "Быстрое созерцание". В середине 1964 г. начал писать прозу.
До 1969 г. преобладали стихи, в дальнейшем - проза. Первая публикация - процитированное с искажениями "Четверостишие" в фельетоне "Когда Аполлон нетребователен" /газ. "Смена" от 16 февр. 1966 г./ Вторая публикация - в журнале "Аврора" №7 за 1974 г., где моему перу принадлежит только одна строчка, касающаяся названия рассказа "Медный взгляд".
Много занимался редактированием и исправлением /текстов следующих авторов - ККК/: В.Немтинов или ВНЕ, А.Ник., С.Николаев, Б.Кудряков, Дм.Макринов.
Литературовед и архивный работник. Много занимался Хлебниковым, Д.Хармсом, а также современными авторами. Ввел в литературу Ал.Миронова /1964 г./.
Основал литературное течение "Хеленуктизм" в 1966 г. и в 1968 г. оставил ученикам. В 1971 г. основал "Палату Мер и Весов".
Много выступал с публичными чтениями /с 1964 по 1968 г./, в том числе в СП, где был встречен крайне недоброжелательно Н.Королевой и И.А.Бродским.
С 1965 по 1968 г. выпустил около 50 брошюр.
Сочинения собраны в следующих книгах:
1. "Эмали и камеи". Первая книга стихотворений /1971/. /Стихотворения и поэмы 1965-8 гг./
2. "Вторая книга" /1971/. /Стихотворения, поэмы и переводы 1964-9 гг./
4. "Четвертая проза с присовокуплениями. With Abandoned Works by Vladimir Earl and Co (1973)" /Рассказы, сценки, отрывки, статьи с 1964 по 71 г./
3. /Пардон, перепутал порядок - ККК/ "Фимиамы". Третья книга стихов /1971/ /Стихотворения 1963-9 гг./
5. "Избранные стихотворения" (Selected poems) /1973/ /Стихотворения и поэмы с 1965 по 73 гг./
6. Готовится к печати: "Вчера, послезавтра и послезавтра" Параллельные тексты 22/8 - 6/67 /Четыре части. Написано с 1969 по 74 гг./

ПРИМЕЧАНИЯ И ДОПОЛНЕНИЯ:

1. Горбунов Владимир Иванович.
2. Выезжал: /в алфавитном порядке/
        2 раза был в Таллине /29 дней/, в Риге /5 часов/, в Новгороде /9 часов/,

2 раза в Москве /45 дней/, 2 раза в Клину /1,5 часа/, 1 раз в Калинине /1 час/,
ст. Великие Луки /40 мин./, 7 раз в Вышнем Волочке /сутки/, в г. Туапсе /9 час.
в г. Сочи /27 дней/, в Переделкино /9 час./, 2 раза в Вильнюсе /3 дня/, в дер.
Друтунис /25 дней/, в Каунасе /1,5 дня/, в г. Мариенбурге /где крещен в 1966 г.
17 июня/ - 20 раз по 4 часа.
3. Работал:
с 21/8 по 1/9-65 - доставщик телеграмм на почтовом отделении Д-40,
с 23/9 по 4/10-66 - уличный книгопродавец от магазина "Академкнига",
с 1/11-66 по 11/1-67 музейный рабочий в Гос. музее этнографии народов СССР,
с 11/1 по 9/3-67 - руководитель драмкружка в школе №316 Фрунзенского р-на,
с 30/3 по 18/8-67 - устроился подсобным рабочим и с 3/4 переведен на должность
        младшего библиотекаря в научной биб-ке им. Горького при ЛГУ
с 27/10-67 по 26/12-67 - мл. библиотекарь в Гос. Публ. Б-ке им. Салтыкова-Щедри
с 1/3-68 по 7/1-69 - научная б-ка им. Горького при ЛГУ /с 22/4 повышен из мл. б
        блиотекарей в библиотекари/
с 30/1 по 4/10-69 - организатор экскурсий при Гос. музее этнографии народов СССС
с 7/10-69 - контролер-приемщик 4-го разряда в ЛПО "Автотехобслуживание".

Биография отобрана зимой 1974-75 года. /О дальнейшей карьере Эрля - см. в пись-
мах Охапкина/.

Примечание к биографии:

БУДДОЙ НЕ ЯВЛЯЕТСЯ.

Пропущено: Отношение к религии - православный.

Вот в этой обыденности и ежедневных, если не ежесекундных хэппенингах - характе
Эрля. Ко мне на свадьбу в августе 70-го он явился в синих очках для автогенной
сварки, лег на пол и потребовал, чтобы его осыпали цветами. Цветами мы его осы-
пали, но в ширинку ему - я воткнул гвоздику. Белую.
О чем не сказано, это о двух женитьбах Эрля. Одна из них - неудачная, вторая -
не знаю. Бывал я у него редко - и когда он жил на Пушкинской, с родителями, и
на Гаврской когда, с женами - нормальный дом. Несколько работок Элика Богданова
на стенках, вроде, мои "Бабушкины челюсти" /не видел, но дарил/, машинка - и вс
Ходил всегда в мягкой шляпе /см, на снимках/, нормальных костюмах /жилетка и ча
сы, правда, были. Я ему еще тульской работы кованую стальную цепочку от
спизженного Сережей Поповым брегета с репетиром, не помню, носил ли/.
Ссориться с ним - не припомню, чтоб, хотя, случалось, надоедал. Тогда расстава-
лись, чтобы встретиться с той же теплотой чуть спустя.
Обнаружил в биографии любопытную деталь: дед по отцу - был колдуном; как и у Ай-
ги по матери - шаманом?
Странно, что мало кто любил Эрля: от его сотоварищей по середине 60-х - слова до
брого не дождешься - ни от Аронзона, ни от Анри, ни от... А вот когда уже я "вве
его в компанию "Элиты", хоть и не без труда - потребовался почти год, чтобы тот
же гений Боренька Куприянов проникся - потом уже и по сю - дружен с Охапкиным,
зол на Кривулина /рукопись какую-то тот потерял, по свойственному охламонству/ и
передает мне приветы и дамские стихи. Поскольку один из со-составителей "Зачем
я это сделала?"
Не знаю, не знаю - что будет дальше? А ведь ему - всего ТРИДЦАТЬ ТРИ года! Это
мне - за сорок уже...

Сейчас Эрль с Мейлахом - выпустили на Западе первые полные собрания Хармса и
Введенского, это в тех-то условиях, работая в кочегарах и сторожах! /Мейлах, в
сторожах, правда не служил - сын профессора/.
Как мне здесь недостает Эрлюши /или, как я называл его - Урля/.
И еще одна любопытная деталь: совместная реакция Королевой и ... Бродского на
стихи Эрля - есть, значит, у них общее. Общий враг: футуризм. На Ахматовой они
оба сходятся!

— — —

Считать действительными следующие мои тексты:

1) Стихотворения, вошедшие в книгу "Трава, Трава" (1975) + справочный аппарат и образ перечня книги;)

2) Труды *): "Мост-2", "4-ая", "Из фонотографии> XXVIII (письмо)", "Отрывок>(из фонотографи)" +

Приложение: Список двух русских и упоминаемых авторов.

*)под заголовком:

Вчера, послезавтра и послезавтра.
Параллельное Тексты.
(отрывки)

3) "Владимир Исролианович Эрль (из интервью" — за подписью:

Все остальные тексты, — прозаические, стихотворные, критические, — а также всевозможные приложения, редактирования и высказывания) —

Считать недействитель-

Ними вплоть до последующих заявлений.

Дано 29 июня 1975 года в Ленинграде.

В. Кривулин
(Влад. Эрль)

ЭРЛЬ на вечере обэриутов. 1976?
Архив И.Левина.

Дорогой Косте
от Владимира Крачинова.
"Эрмит"
С Любовь

8/VI 1975

© Я.

203 P.S. - И к именинам, печатн. ?.

ЛАЛИЛЕЛЬ

Под льдами лимонадных оперений
качалась, сумраком томима;
в разгаре затаённых прений
дышал вокзалом жар камина.

Казалось — небывалость мимо
пройдёт разутыми ступнями;
качалось, — и раздутыми тенями
была красавица гонима.

Был май. Плыло начало лета:
качались сумрак, тени... Света
не много было для тебя.

"Какие странные, сиреневые лица!
Но я — не в силах удивиться,"—
любовник рек, сирень губя.

Осень наступила...
В воздухе кружится
нетопырий пух.

1970

Экая туча зловредная злонравная черноцветная чернозёмная
на небо выпорхнула
эка как она летает меж высоких облаков!
                    на небо выпорхнула губами присвистнула
туча зловредная яма зловонная
                    пальцами прищёлкнула каблуками притопн
туча високосная с добавлениями туча ядовитая беременная
туча язвенная туберкулёзная
                    на небо выпорхнула
словно птица юная
                    словно птица юная
                    молодой орёл.

ПАМЯТИ ВЕЛИМИРА ХЛЕБНИКОВА

I

Преклони колени —
перед кленом,
преклони колени —
пред травой.
Поклонись,
опустив полевые цветы
на рыхлую теплую землю...
Нет! не им,
а ему
поклонись!
Он — везде:
и в широких кленовых листьях,
и в траве,
шелестящей рядом...
Преклони же колени!
Поклонись же ему,
ведающий!..

2

Здесь лось прошел, задев кору ольхи губами,
здесь невеликая качается безумно птица,
здесь ты — не в силах сторониться —
стоишь, откинув тень на камень;
валун, свой профиль обратив к покою неба,
наверно, ждет движения руки...
И видно в сумерках: по озеру круги
расходятся.
Прочитан не был
закон о праведности безымянной.
Ты шел за кем-то следом тинным,
и были сумерки картинны,
и были сумерки картинны,
как описанья мраморные Велимира,
плетущим вязи тонкой манность...

1965

РОНДО

Итак, послание на юг
уже отправлено. Осталось
нарисовать неровный круг
и очутиться в Пакистане.

Перелистав все буквы кряду,
санскритский текст переведём;
затем — послание на север
напишем линией небрежной.

1966

НЕОКОНЧЕННЫЙ МАДРИГАЛ ДЛЯ Р.П.

На волю леса тень отдав, она стояла на брегу,
ее олений вырез глаз
скользил, как будто на бегу,
селений мимо и стволов. Прошедшим веком успокоясь,
она плыла меж облаков,
и солнца слабый луч готов
был заменить ей легкий пояс.
И птицы, медленно вспорхнув.......

1966

ПРОИСШЕСТВИЕ НА СКОТНОМ ДВОРЕ НЕКОЕГО КНЯЗЯ МЫЗЫ

б а с н ь

Однажды, скандыбочась вдругорядь,
воскликнул князь: "Какая стужа
стоит на нашем на дворе! И даже с-под коровы лужа
замерзла так, что не расковырять."
На сей велеречивый слог
ответствовала лужа:
"Такого толстого и глупого мужа
я бы засунула головою в стог."
Тут князь скользнул ногою левою
и об лёд разбил свою рожу дебелую.

Мораль из басни, коей я податель,
пусть извлечет сам благосклоннейший читатель.

1966

БАЛЛАДА ИЗ УЛАНДА[*]

Небогатый гордый рыцарь
на коне своём летит,
вдруг Людмилу замечает
и навстречу к ней спешит.

"Людмила, милая Людмила",-
ей честный рыцарь говорит...
Людмила лоб сердито хмурит
и ничего не говорит.
Несчастный рыцарь обнимает
Людмилу нежную в руках,
к груди железной прижимает...
Но только вдруг - увы и ах! -
в его объятьях воцарилась
уж не Людмила - хладный труп!!!
И рыцарь скромно поклонился,
к коню взлетев на круп...

И скачет рыцарь небогатый,
над арфой плачет и поёт,-
Людмилу сердцем вспоминает
и боль разлуки с нею пьёт.

1968

---

[*] "...кто всех собой давил."
                    (Некрасов)

ПОХОРОНЫ АРТЕМИЯ

С.Дорофееву

...И белоснежные колонны качались годы и века.

Артемий упадал с балкона, пустив по ветру рукава...

Печальных лет пылала слава, зовя людских забот удел, горела в сумраке Полтава, и жук задумчиво гудел, - его златые крылья дико по ветру жгучему стучали. И, полон по уши печали, Орфей шагал за Эвридикой.

Булавки жалобных столетий крепили крылья за спиной, и, беззаботные как дети, играли мыши тишиной, - их лапки бегали проворно по листьям замерших осин...

И храп звучал почти валторной: лежал на кухне чей-то сын.

Скрестивши руки на груди, он ждал заботы и печали, но все от ужаса молчали, предвидя темень впереди.

Аляповатые гардины шуршали, словно ждали чадо, а глуповатые картины изображали прелесть сада.

Но в тишине придворных жалоб крыльцо, ругаясь с петухом, вдруг объявило, что, пожалуй, свинье не нужен свежий холм.

Но, объявив о погребенье младых - во цвете лет! - сардин, решили вновь устроить пенье из новоселья и картин.

Устали очень облака и начали сходить на нет, - тогда Артемий рукава поднял - и вновь прикрыл весь свет; темно содеялось в столице, и рукомойник зазавенел, и исказились в страхе лица, явившись из побитых тел...

Покойник был рубаха-парень и заявил, что хочет пить, - но нить порвали злые Парки, - и перестал Артемий быть...

Он снесён к горе Митридат и там похоронен. Над ним стоит ласкающий взгляд обелиск. Около разгуливают туристы и прочие.

Всё закончилось вполне прилично и благопристойно.

```
голубь

                            крылья

            паутина
            голубь              голубь

                            крылья          озеро
                            крылья          голубь
                            взмах
                            крылья
взмах
крылья
                    голубь          паутина
                                    взмах

        1965
```

Помни всегда о своём микрокосме
и в зеркала никогда не смотри!

ПОСВЯЩЕНИЕ

Мой угловатый стих, приправленный осокой,
взлетает ввысь с древесного ствола, —
так с плахи падает ненужная глава,
твердя о жребии высоком;

так повторяет глупая молва,
большому подвергаясь риску,
квадратные славянские слова,
склоняясь ниц, подобно кипарису...

Но ты — ничто, поэт! Лукавствуй мудро,
листай апокрифический бедлам,
иль пой прекрасной деве сутры, —

не проживёшь!... Еда твоя — обман.
Так жуй её! Затем, подобно туру,
ты вырождайся — с горем пополам.

1968

П Е Й З А Ж

К.К.Вагинову

Слова сползали с веток языков.
Худой ребенок шёл во двор, качаясь.
А наверху - катила волны
луна, повисшая в Неве.
Таким невнятным поворотом головы
был нарисован на листе пейзажа
откуда-то прибавившийся дым.
Он поднимался вверх, как ствол осины,
и так же быстро трепетал
от лёгких изменений взгляда.
Вокруг лежало озеро.
На берег
четыре лодки наступали.
В них
сидели рыбаки
и пели песню о судьбине
и счастье, пойманном сетьми;
их голоса дрожали тонко
и исчезали за обрывом...
Вокруг -
опять вода, и снова брызги
негромких вёсел,
спешащих оглянуться в сеть,
которой нет конца и нет предела...
Тем временем неопытный художник
измял бумагу твёрдою рукой
и бросил в огнь.
Мгновенно пламя пейзаж объяло.
Дым...
Всё скрылось!..

1967

ЧТО МЫ СЕЙЧАС СДЕЛАЕМ

сейчас
мы ударим кактусом по щеке
ближайшего соседа
сделаем надрез на коже его живота
и вставим туда чайник

сами же
сядем вокруг самовара и будем пить
           сладкий кофей

когда напьёмся
пойдём на луг
и там
поймав кобылу
нальём под хвост ей земляничного варенья
пусть будет ей приятно

прогулка наша будет длиться
на свежем воздухе

а
чайник в животе
уже поспел наверно

теперь гостям предложим чаю
и сняв с петель ворота
ударим их по голове
да так
чтобы носы не сплющить

потом пойдём в театр смотреть на мавра
а может в зоопарк
там тоже хорошо

там открывается простора много
для новых наших действий

1967

РАЗГОВОР О ВЫЯСНЕНИИ ИВАНОВА

Первый:

Смотри скорей, бежит козёл,
за ним летит пчела.
Смотри, обходит новосёл
окраины села.
Смотри, за ним летит комар,
и едет паровоз;
его зовут Макар, Макар, -
он слышит запах роз.
Скорей смотри, на берегу,
средь ивовых кустов,
лежит Онуфрий на боку,
а рядом - Иванов.
Ты слышишь, кто-то говорит
Макару: "Подожди!"
Смотри, твой дом горит, горит, -
пожар ты не туши!
Смотри, как пламя лижет хлев
и жарит зад коров.
Смотри, вот гибнет твой посев,
хохочет Иванов.
Смотри, Онуфрий на брегу
лобзает монпасье.
Смотри, как волны вдаль бегут,
хлопочут о весне.
Смотри, вот ласточка с овсом
к нам сени не спешит...
Смотри, как хлюпает веслом
певец аула Бастунжи!

Второй:

Мой кров сгорел,
посевы - тоже...
И вот я не у дел,
покрыт рогожей.
Печальный смех
в устах застыл...
младых утех
вернуть нет сил!

К окну приду –
его уж нет...
И сяду я
на табурет.

И вот, что я вижу:

Я вижу: спать идёт Онуфрий;
за ним плетется Иванов.
Онуфрий квас жуёт протухлый,
хохочет праздный Иванов.
Сосна роняет свои ели,
вокруг толпится Иванов.
Орлов с Истоминой в постеле, –
и рядом с ними Иванов.
Терентий любит помидоры,
стихи читает Иванов.
Вокруг стоят лесов заборы,
их охраняет Иванов.
Я вижу: мгла спустилась с неба,
укрыт той мглою Иванов...
Испёк в углях я корку хлеба, –
а съел жаркое Иванов.

Иванов:

Я жил в Шанхае, жил в Париже,
в Москве, в Бердичеве, в Дубках, –
но всех милее, всех мне ближе
аул печальный Бастунжи.

Первый:

Печально лето в Бастунжах, –
там кошки ездят на ежах.

Второй:

В степи, я помню, зверь лежал,
в его груди торчал кинжал.

Первый:

Мне снился сон: в долине Дагестана
лежал я, трезвый, на боку.
Ко мне пришла старушка-мама,
сказала: "Больше не могу!"

Онуфрий:

Взвейтесь, соколы, орлами!

Второй:

Письмецо снесите даме,
чьё я сердце полюбил,
и жизнь младую погубил.

Иванов:

Пускай она поплачет, –
ей ничего не значит.

Первый:

Пускай она поплачет, –
ей ничего не значит.

Второй:
Пускай она поплачет, –
ей ничего не значит.

Онуфрий:

Напрасно спросишь ты, Макар: "Скажи,
не помнишь ли аула Бастунжи?.."

Текст создан в порыве совместного творчества. Его
соавтор: Дм.Б.Макринов.

ВОРОНА, ГОЛУБЬ И КАПИТАН

Над крышей каркает ворона
и голубя в когтях сжимает.
А тот без крика и без стона
в когтях вороньих молча повисает,

как будто апельсин без кожуры,
как будто апельсин без кожуры.

Вверх смотрит дикий пёс из конуры
и цепь свою поверх столба мотает.
На небе голубом ворона пролетает,
в когтях сжимая апельсин без кожуры.

Похоже, будто апельсин вороний
похож на дождь Данаи золотой,
похож на дождь Данаи золотой.

На море парус плещет из-под ветра.
На палубе виднеется суровый капитан.
В трубу подзорную ворону наблюдая,
он видит: на расстоянии около десяти
          метров
несёт она в когтях оптический обман,
да и на вид она - ещё довольно молодая.

"Когда б она была Даная,
когда б она была Даная!" -
вздыхает молчаливый капитан
и мчится - дальше в океан.

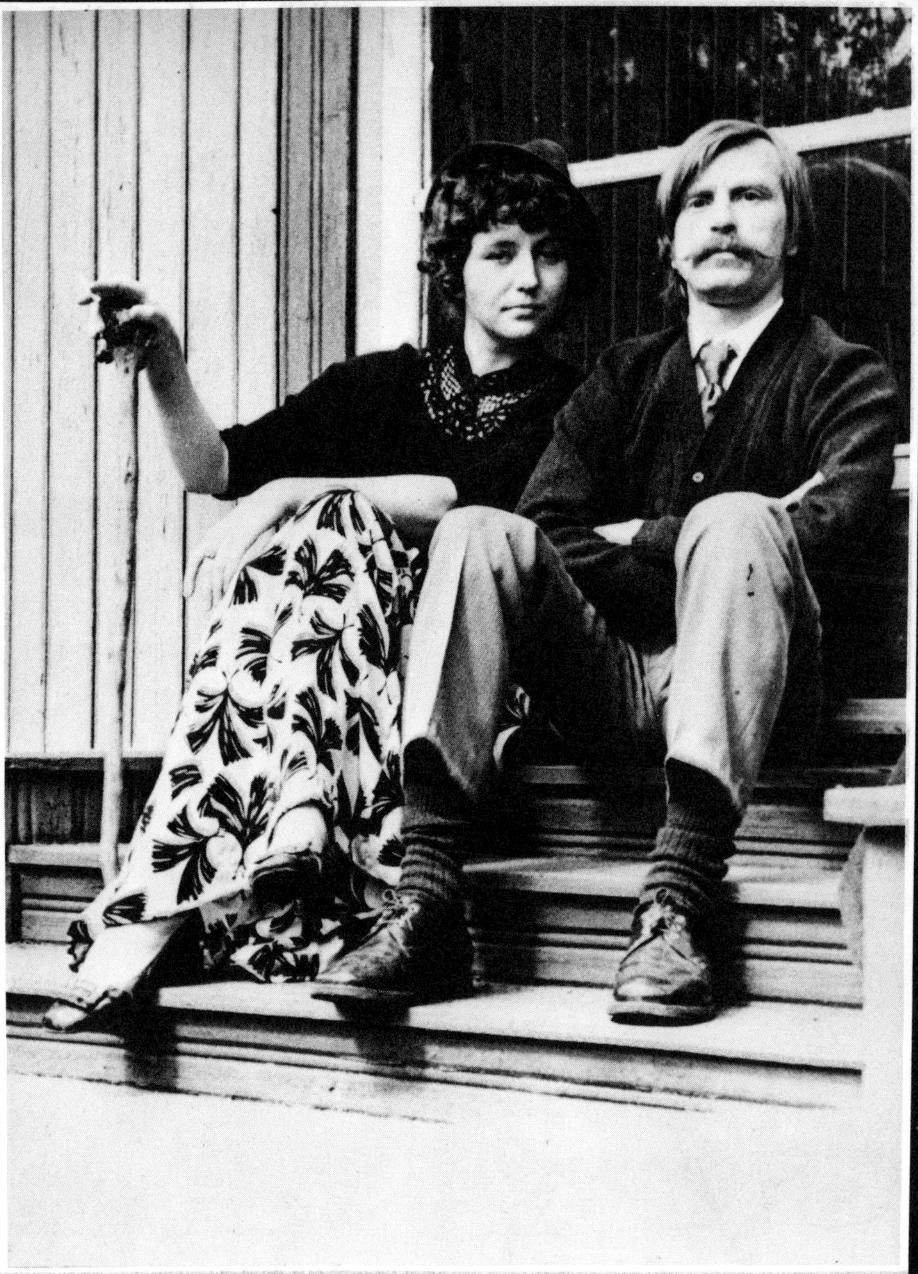

Крылечко полковничьей дачи. 1974.

Владимир   Эрль

◖ Палата Мер и Весов, 1975

to b

хорошенько   не понимая даже,   что у меня в
правой руке и что в левой / а что в левой

листья травы продиктованы – кем? недочитанная кни-
га. неясный почерк. неясно – неясный – чай почерк
на чей почерк похож. мой почерк. шевелящаяся при
письме рука / по письму рука

ешь и ешь; не никак не остановиться. (самые) (глу-
пые) ошибки: тца. ещё. пропускаешь слова слышишь
музыку и вопрос да. всплески звуков. невероятно.
невероятно противно, противно как "гармонь". эти
"всплески" / про эти "всплески

моторно-речевой поток. скрипочки, скрипочки. как
таращит ногти под бумагой. ноги по дивану. так и
скользит – съесть яйцо варёное это ль дело не до-
стойное ли дело молодцу такому как ты скажем. кре-
пкий чай. стихи былины. грибы по радио грибы услы-
шал. выходи встречать – от туда же. эх ты. да.

так так. без интонации. истеричное пищепоглощение
так и запутаешься к хуям!   - - паскудное дерево.
заткнись!

    Он побледнел и чтобы не упасть схватился ру-
кой за карандаш быстро "бегущий" по бумаге.
- Так так так. Мак.

выгляни в окошко дам тебе лукошко дам тебе бумагу
дам карандаш разуверяй без нужды не дело это уви-
дишь сам увидишь кошку на панели

грузовые автомобили. из кровавой лужи на асфальте
торчит - торчит. ты это запомни. мусорный бак. по-
стоянная и благодарная тема повестей и рассказов
молодого современного автора меня. благодатная те-
ма. так же брандмауэры перед окнами вспоминается
Мелвилл но ведь и сам тоже думал додумывался того
же с помощью но сам о брандмауэрах. этих стенах.
думать. хорошо когда сам. коли сам.

    o неставимая точка. невосстановимая точка.
невосстановимая утрата точек на концах предложе-
ния. снег. снег трава из-под снега. снег. не оста-
новиться никак конца не видно - зги не видно. зри:
не видно. вопрос и ответ.

заборы. грязные доски. чай. ожидание. сквер. Катя.
поролон. Катьяна. ватные рубахи. мусор. грязные

заборы трава чай. мусор флейты пока не уткнёшься.
да да в одну строку – это и есть. также: электро-
гитары воспоминанием о скрипках   виолончель клаве-
син чембало.

чембало. клавесин – яркий свет музыки – аппельсин.
вс пышка. три аппельсина, любовь. раздробляя трол-
лейбус трамвай паранойя

      знаки препинания   во вполне достаточном каче-
стве их препоны. акт творчества. в актовом зале
акт мифотворчества акта сего во втором акте акцен-
ты сменились
      присутствовала бригада бедняков. то-то уди-
вится! кто? то! вот те и Войцек ибн Воццек. вот те
и Анна на шее. что пишешь? что, жаром пышешь? так
шиш тебе! амери конские песни. и та лийская ло-
шадь. изыди гнусавец! дверь к лишениям. тень. час-
ти слов. надо уничтожать части слов. уничтожай-
те уничтожайте уничижайтесь по части словесности
флейты и флейты вот интонация

вот интонация. нация нация, я. номера домов и улиц
трамваи номера на трамваях. трава растёт замшелые
пейзажи избушки городские деревья хлипкие, над лю-
ком, газосварка, сморкается в платок.

Кейт Джонс. Откуда?

автомашина хрычит. канючит и хрючит. Молодая надежда осла. сваливает
ся строка. Её значение

при визите к врачу. последствия. дальнейшее развитие их отношений материалы его последствия Дела
абзац зарубежные страны. на чьей единой шее вырос
вопрос тех результатов, сила судьбы, напряжение
(вопросительный знак)

шёл шёл по дороге вдруг брык! брэк-ке-кек-с! ну и
хорош. извините-с. душ.

надлобные пазухи. подлобные лунки – глаза – их похлёбка предметы. предметность науки предместий. их
пазухи. науки, разутая рыба

подошла и взяла его рукой за лоб зашипела слеза в
уголке отпрянула плитка шипя раскалённой слюной
хулигана. её любви

любви её любви. лобок её любви гряди гряда гряди,
гори гори. моя гряда уделы эвфемизмов. дрозд, песни умирая ночь свистящих дроздов. nightbird fly!

Велел Позвать Гончаров. Ххы! волшебной силою.
умру ли я? когда нибудь. Б. гори сияй

пропуск по биле там. холмы где падает вода
стекая. ещё холмы ещё. Сейчас der Goldberg –

вот так гончаров. выйди выйди под окном слезу ро-
няя сопля. любитель литературы зелёные сопли. при-
горшни праха в соплях. сильней прижми её к груди
больной измученный и бледный вылетает кала мешок
лошадиные пятки в похоронном автобусе с вымазанны-
ми говном стёклами говна пирога вермишель гори си-
яй на симуляции кошачья моча

только птичку отпусти хороший человек на ветку ся-
  дет

стена в грязи. идиллия. зимний пейзаж снег. пока
на крышах газоны засыпана снегом трава чем не пра-
ва природа закатив рукава избитый вор били по уху.
как не пытайся. приблизить понятие.

смерть тебе не удастся. тебе не. да. да. играя в
мёртвый час. притворялись мёртвыми лежали на сво-
их койках. железные койки суконные одеяла. письма
суконщика. сука! не забывайте. свет ламп. не забы-
вайте. снег не забывайте снег. не забывайте. снег.
снег, ангел

белоснежные крылья - дрозда. лети моя ночная птич-
ка лети лети расправив. крылья. деревья освещая
твои же крылья. невелики. твои. всё шире. всё шире
чем кажется
верёвки. пучина славы. листота. этот наигрыш.

пройти туда. пропустить? добраться? не спорить. не
обращать по дороге. о правильном свете.
свете на. конец первой любви. любовь к камчатке.
камчадал чукча чехов. ничуть. не верно. конец уг-
ря. где. дым деревьев наверху навиду. нави ду гру-
бо. где гуру?
нет-крылье

крылья.
невелики. неве лик. нуль. нуль. ну-ну. тише тише.
Мыши лыше. экспонат пульсация. экскурс в прошлое.
провалился - на два люйма. его не замечали конец
главы. там. гибель тома.

музыка и правда. пускай его. прекраснодав подушке
дерево деревья пистолет попытка яблок не мешает.
оцени это явленье эту судьбу эти крылья. лети ле-
ти. всё оканчивается за пределом. предел! при ду-
рок. эти люди двигающиеся по заснеженному газону
спотыкающиеся листья деревьев они внутри. внутри.
вся чаще повторяя уйди обернись или как хочешь.
листопад. его посмертный разгар. разговор о любви.
да. он не слышит! нет слушает на ус мотает. невер-
ная луна. рука. тикающий час. опустошение корзины.
лукоморье обратило в шутку на срать на это. о мой
хороший мусорные баки! в. опять крыша. крылатый.
забор. крысота. гнилая вонючка. говно. водосточные
трубы. кал. срака. бздеть тебе по глазам

— ломит спину —

задница, блевун, поносный бублик. сорванец

   Отослать телеграмму: больной человек, не жди-
те. не остановиться. мелкий свет. не слишком. ноги
ломает руки. пошла! издыхает. совсем. помилуй нас,
грешных. нас.
слабо вьющиеся витки боли в спине и плечах под ло-
патками. учащающийся пульс. только теперь? что же
раньше? ты.

вечно. слышать только одно. только одно. кому ты
это говоришь. что ты что ты. что он хочет руки
страшны и грубы. сердце. сжимающийся воздух. я от-
рицаю. ливер холодный мозгов твоих лягушачьи лапы.
капуста кипение морщин на лице мышцы мышей. скрип-
ка. сырая котлета.

в размокшей обёртке Невы. берега. да. гранитные
своды ограды. ритмические перебивы переливы рису-
нок на тему. перевалы рассыпали нас рассовали ру-
чьям по карманам. где ты видишь просторнне руки их
нет. где ты видишь лучи облака облака. ты или нет.
облака.

разливающий чай. не приходит. бесполезные слюни.
так и ты. так и ты. опущенье мозгов. отпущенье:
кто тебя держит? катись! или любить? всё равно.
все равны? нет и нет. не промежутки. любить −

торчать на тошноте. только не врать! научись ре-
меслу пустоты. так ли уж это? густые пустоты. да.
медленный дождь. снег на ветру. пустота. учи на-
изусть. наизусть. передавай. политика искусства.
кама. кама. ты же. кама пустот. невозможные зву-
ки. леченье. чего же ждать. гадать или не ждать?
торжественный акт звенящий крыши. троллейбус трам-
вай на мосту.

после этого слова почти невозможно. ещё. на мосту.
где всегда. ты же. воды Энзели. Баку. Пятигорск.
нечаянный выстрел. убит на охоте. великий народный
поэт. горы в снегу. замёрзшие птицы. над ней. кры-
лья крика. слюда. половина пути от Москвы до Кав-
каза. Будьте вы прокляты!

половина пути. прошло. отпустило.. это чувство.
стремительно. куда. да. да. ответил. голубые дожди
на свету предзакатного солнца. остались ещё золо-
тые дожди похотливых вождей. сквозь чугунные пери-
ла. пропускайте прохожих или нечего делать толкай-
те плечом. опущение чувств. будь покоен. повторе-
ние темы я остаюсь при своём. на своём. молчание
этого повода. о. извините. я так часто напоминаю о
себе? конечно же. чересчур. клочок.
аппельсина. ряска лимона по чаю. Я... чаю... где
кричать. да. о чём же. я не думаю. солгал. ошибся.
я. нарочито. ошибся. ошибся.

ограничение объёма. это совет. да. да. порождение
человека. отнюдь от ныне не. безумие не простят.
они убьют! тебя. не простят. ничего не простят. не
умеют. не могут не знают. как можно хотеть. виви-
секция. в прошлом. о чём я не знаю. не говорю не
говорю говорю. всё ж таки. да. колотун мозжечка.
климат ему не тот. не всегдашний знакомый. он мол-
чит. отказал.

   жирные пальцы. хор ветра. о чае. мечта. это не
жизнь. отпущенье с неё. отпустили с условием о вы-
годе обеих сторон. на общих основаниях. зона семь.
флаги. зона два. зона ноль. значимость места рас-
крывает значение слов. о знакомых. всегда ощу-
щенья. ждёшь и не дышишь.
   Отпускаешь бумагу на все ------

____ стороны. она не уходит. привязанность эта (к
этому месту) страшит. Перемены. волшебное слово
знакомо. каждый знает то что - - это не значит. то
же что значит - увы!
рассуждай сколько хочешь только не смей предприни-
мать ничего, иначе. угроза и страх. бесполезно и
то и другое: не может никто ничего

      видеть сны. видеть -

о снеге в лесу видеть сны. видеть во сне чай на
траве мерещить дремать. древесные звуки одни. одни
лишь. их не издать. а хотелось бы. ты ни о чём.

не. никогда.никогдавль. вечное возвращение. полу-
округа.

насекомые листья вращающийся небосклон движение
звёзд бездна мрака между от каждой до каждой. сгу-
щённые сливки умов. сокращение. день за днём на
холме и его поворачивающиеся глаза видят. наблюда-
ют. на холме. следи колодец вертящийся мир. нет
нет! производя морж. они бегут как свиньи от ру-
жья. Ха - ха - Я. бессердечные люди пустот переме-
мены вмещение паух. наблюдай. наблюдайте сворачи-
вающийся мир над своими головами. на холмах. день
за днём. постоянность пустот. прорывы. лакуны. об-
рывы. в задницу сволочь! человечные порывы. жижа
в кальсонах. гнойные глазки —

                    Божии твари,

куда вы? как свиньи от ружья. что вас сдерживает.
когда ещё раз позволят. они бегут бегут. смотреть
эту свалку мусорный бак лиственный идол. много
ещё. налево и вправо. гнойный пах. фонари разре-
женных улиц заборы. опять паранойя. её апогей.
больше.

больше. тусклые щели. дверь к лишеньям открыта.
облака слава крыша. крыша вздымается сладким по-

видлом джем пирожков крем пирожных снег сучья.
сучья погода. вдоль по. переход. с улицы в улицу
мост. на мосту. день за днём. вращающийся мир. на-
блюдать. молча стоять замолчав. по болезни. гово-
рить. говорить. безумолчно. безумные слова. на
мосту. передвигал шаги от и до. вспотевшие яйца.
судьба генеталий. печален. наводит на грустные
размышления размышления о бренности пота и крови.
сколько. ещё. на мосту. —

между линией неба и "водным простором". словам бы-
ло тесно. мы стояли. не смея прейти. ощущение
страха в автобусе. дыхание дыма. свернувшие глаза.
пустоты. день за днём. здесь на мосту. в переходе
от до. шестёрка. семь. девять. один. два. четыре.
плюс. голос. пять. метр позади. на мосту? всё ещё.
да. неожиданно. снова для себя неожиданно. оказы-
вается всё ещё поворачивающиеся глаза. могут на-
блюдать. день за днём. на мосту. только здесь? да.
вероятно. где же ещё? разжижение памяти. больше.
ещё. всё. один только день. или? желанья остались
при мне. пока ещё. в розлив. в россыпь. желания.
тоже неплохо. тем лучше! слово за словом. на хол-
ме. — вы пустополые люди. я. то же. только желание
снов. слов. на мосту. чувствовать. чувствовать
всегда себя на. день за днём слово за словом ошиб-
ка за ошибкой. календарь безумств. опять вспоми-
нается. то же что и. прочь! прочь! вращение сводит
с ума. не помню начала. апельсин? или яблоко?

всё забывать забывать. осталось ещё. не надеюсь.
на перемены. времена. они всё ещё. да. мост от к.
0. не. да. или? не. всё-таки? помнить хотя бы. но-
вое? не понимаю. и. даже. да же! этот тон не. не.
не думал? что же в начале?

дыхание? кожа? кожура или перья? огурец? лимон?
липовый цвет? на воде. мост? обрыв? преграда? пу-
стóты? слава? перекур? пламя? сожжённое горло?
тень? дым?
или?
что
что-то ещё

где чем или чем
нет. ошибка

ошибка? опять? – –

но?

27 ноября 1972 года. Ст.
16.II.73. Там же.

О

Снег стаял, сошёл, оставляя поблескивающие в полу-
утреннем-полувечернем освещении пятна асфальта,
земли и иногда сохранившейся травы. Его исчезнове-
ние вызвала температура, - скорее солнечный, нена-
долго пробившийся яркий и неестественный свет, его
вертикально? падающие лучи, а также множество не-
давно прошедших, чавкающих (ступнями) ног. Кое-где
(а чаще, вернее только тут!) оставались ещё нерас-
таявшие пригоршни грязноватого белого творога. Но
и в эти невзрачные куски продолжали бить, продол-
жали чавкать ступни прохожих. Воздух над открываю-
щимся взгляду пейзажем был резок и казался при-
брежным, как это бывает в самом начале весны. Сей-
час же было другое время года. Небо сквозь этот
воздух казалось более прозрачным, чем обычно, и
чем-то подсвеченным, как будто из-за кулис. В са-
мом деле: стоит оглянуться - и встретишься глазами
с громадной чёрной тучей, закрывающей четверть
надгоризонтного пространства. Надо добавить, - это
нельзя забывать, - между пригоршнями несошедшего
творога и многочисленными ямками человеческих и

ещё чьих-то следов лежали тяжёлой грудой перемешанные с клочьями травы и мелкими обломками земли и щепок опавшие листья. Здесь ничего не сказано о звуках, сопровождавших эту неровно очерченную картину. Но, вероятно, их не было слышно. Впрочем, это может быть и ошибкой. Может быть.

13-14-17 октября 1973 года.

— — Можно выходить на улицу в разное время.

    Night time is the right time.   — Λ утро?

Я очень привык всматриваться; иногда мне ка-
жется, что мои глаза — серовато-голубого цвета
(думается, – какие они у меня, я знаю, конечно).
Всматриваться можно по-разному: приподнимая глаза
(над собой),   тараща их (тогда они становятся под-
чёркнуто выпуклыми), даже зажмурившись. Остальные
виды – уже не. Не всматривание. Есть всматривание
обманное, когда глаза рассеянно скользят по пред-
метам внешнего мира (порядка) или неподвижно (за-
крыты, как будто) – – в одну точку. Я обычно этот
способ. Эта точка в самом-то деле является сово-
купностью предметов [*] (порядка). Это — это.

Взгляд можно получить (хотя и псевдо, но что
же делать?) от любого всматривания с отрешением.
Так я   смотрю по ночам или в тёмное время суток.
Сегодня=вчера видел снег на деревьях: это было так
— в глубоком снегу, лежащем толстым и широким сло-
ем ослепительно (это роковая ошибка, – так нельзя
говорить, но это повод) белого (а это уже точнее)
снега среди чёрных[**] ветвей,   стволов, корней де-

---

[*] внешних контуров предметов.

[**] и на – – чёрных...

ревьев. Редкостный свет фонарей на этот раз не ви-
делся никак (не выделялся при всматривании), а по-
тому весь мир стал двуцветным: белое и чёрное.
Странно сказать такое: "ослепительный"! Ничего по-
добного и никогда - - в это верное время, ночное
время, верное. Охватывал судорожный страх с ёкань-
ем сердца и бьющимся горлом: я боялся, что это не
утро (я говорил[*] позднее описанного здесь,- на
пять с половиной частей) - -

        (Я замечаю, что "в пылу сочинительства" у
     меня по лицу пролегают суровые складки и ску-
     лы становятся жестокими. Почему это?)

Всё пространство и, кажется, весь мир (а я замыка-
юсь всегда, постоянно, даже от немногого; а тут -
безлюдие подчёркивало дальновидность или дально-
зоркость, безлюдие обостряло величину обозреваемо-
го пространства; безлюдие всегда таково. Замыкать-
ся на этом? Не на безлюдии, конечно, - на окружаю-
щем малом пространстве. Мало ли оно? Оно - как мо-
дель, как отражение[**] окружающего мира... ?)- -
установились в двух цветах. Белое и чёрное. Цвет
фонарей отстутсновал, и отсутствие этого цвета
превратило всё просматриваемое мной пространство· в
бесчеловечно-мёртвую пустыню. Пустыню аквариума.

---

[*] (по телефону) об этом
[**] неточно

Вот, теперь я добрался до слова "ослепительный".

Всё это время (что пишу), чувствую, как погружаются мои башмаки в никем не убранный снег, необычно сырой и хрупкий. Я никогда не перечитываю, когда пишу, вышенаписанного. Что-то чувствую, но не возвращаюсь. К вышесказанному.

Что-то чувствуя (уже подозревая, что проснулся я не через сутки, а только чрезмерно рано), я не возвращался, но шёл, как сказано, топя башмаки в рыхлом (более верное слово) снегу, по направлению к будке телефона. Я вспоминал томительные ночи среди автомобилей и нищету чувств — горечь и усталость. Пресыщение устаностью; горечь пресыщения усталостью, тошноту этой горечи.

Фонари всегда были мне очень почти что дороги. Я никогда, я никогда не смотрел на их свет, но всегда замечал и вписывал где-то внутри себя[*] их особенности: личные, — личные качества каждого фонаря в отдельности.

— Я знаю —

В рыхлом глубоком снегу, как это ни странно, всегда чувствуешь себя подчеркнуто-цельным[**]. Но двуцветность пространства страшна. И страх, окру-

---

[*] я знаю про это "где-то", да!
[**] даже слишком, слишком цельным — полуспортивное чувство.

живший меня, родился со страхом, меня наполнявшим (о времени, о том, что я не позвоню именно сегодня, именно в утренний час, - какая здесь горечь, Господи!)

Нищета и упадок, смущение, чувство потери,- потери невосстановимого (это снова о времени) - - всё это вливалось в двуцветность.

- Срывая ногти, набрал 08. Я знал, что только так можно остановить - -
Остановился.

Фонари стали медленно набирать цвет (точнее: менять его на более привычный и ясный[ж]), и всё видимое вокруг приобрело оттенки, жизнь, звук - разве я не сказал, что всё в этом аквариуме было беззвучно? - - и я перестал ощущать всё, что записал выше, перед "... набрал 08".

Но - горечь ушла не вся: я знаю, Господь не напрасно указал мне двуцветность, Он ничего не даёт увидеть напрасно, всё в руке Его.
Это я и понял сейчас, - записывая, как обещал, раннеутренний пейзаж, - и теперь я знаю (как знал и тогда, знал, но при полном отсутствии памяти), что смысл я, насколько мог, увидел.

[ж] понятный

Get it while you can. Oh yeah!

—— —— ——

Может быть   нельзя так писать, не знаю. — Думать?

Очень хочется писать. Тоже редко удаётся. Человеческое, человеческое! И всё так.

1973 — 1974

(из Фонотетради)

Лелеять, лелеять...

Как я его помню.

Он стоит на ступенях Казанского собора с моей трубкой в зубах. Между каменных львов? колонн? Забыл... Они (львы, колонны) кажутся нам огромными; мы цепенеем, мы смотрим друг на друга.............

       (В подвалах этого собора есть всё: Будды, иконы, эмали, складни, свитки, книги!..)

И как я вижу* Тредиаковского: большая светлая зала, он — в центре, румяный, отчасти довольный собой,** в камзоле (камзол слегка мятый), в парике. Пудра обсыпала весь камзол — бурая, буро-зелёного цвета, слежалась комками... – – "Вот! Теперь-то видите, правоверные?!"

Три года, четыре года... Оба мертвы.

в с ё

---
* "помню"
** не очень верно.

Приложение к Параллельным Текстам.

Список цитируемых и упоминаемых авторов.

Андерсен Г.-Х.   Гоголь Н.В.
Аронзон Л.Л.   Гончаров И.А.
                                        Горький М. (Пешков А.М.)
Бедный Д. (Придворов Е.А.)   Гоцци К.
Беккет С.
Берг А.   Джонс К.
Богданов Л.Л.   Дилан Ь.
Боратынский Е.А.   Дэвис М.
Бретон А.
Брехт Ь.   Зданевич И.
Бюхнер Г.
                                        Кокто Ж.
Вагинов К.К.
Введенский А.И.   Леннон Дж.
Вензель Е.П.
Верди Дж.   Майлз Б.
Во И.   МакКартни П.
Волохонский А.Г.   Мандельштам О.Э.
                                        Марк Твен.
Гамсун К.   Маршак С.Я.
Гафиз.   Мейринк Г.

Меллвилл Г.
Молот В.Л.
Мопассан Г. де.

Н···
неизвестный автор
Ницше ♠.

Пастернак Ь.Л.
пословицы, поговорки
Прутков К.
Пушкин А.С.

Розанов В.В.
русские народные сказки

Салтыков-Щедрин М.Е.
Свифт Дж.
Синегуб С.С.
(средне-азиатский анекдот)
Стендаль.
Сухово-Кобылин А.В.

Тимофеев Ь.
Тредиаковский В.К.
Тургенев И.С.
Тютчев Ф.И.

Уитмен У.

Хармс Д.И.
Хвостов Д.И.
Хендрикс Дж.
Хичкок А.
Хлебников В.В.

Черчиль У.
Чехов А.П.
Чуковский К.И.

Шекспир В.
Шкловский В.Б.

Элиот Т.С.
Эллис.

Beckett S.

Joplin J.

Lennon J./McCartney P.

Ragovoy J./Shuman M.

Sykes R.

[рукописная надпись в верхнем левом углу] самому симпатичному работнику юношеских читален, от самого растленного автора из изданное 56 лет. 31/IX-74г.

ВЛАДИМИР ЛАПЕНКОВ

ЗАПИСКИ ПРЕЖДЕВРЕМЕННО СОЗРЕВШЕГО

/ сага для юношества /

1 9 7 4

ВЛЮБЛЕНИЗДАТ-СП

Владимир ЛАПЕНКОВ

/отрывок/

/Сайгон/

Подойдя к углу Литейного и Невского, Денис толкнул меня в бок.
- Вот он, Храм психоделизма, святилище культуры и ее погост!
На вид всё казалось скромнее: обычный кафетерий, у дверей стоял низень-
кий горбун лет сорока и продавал открытки. Внутри была уйма народу, в основном
не превышавшая 30-летний рубеж.
- Здесь ничто не изменилось, - сказал мой приятель, - да и что могло из-
мениться? Вон там стоит знаменитый стихоплет Андрей Шизони, с ним рядом, как
всегда, известная меценатка Ева Шлюгер. За соседним столиком пан Сексолог бесе-
дует с двумя информаторами. Что-то не видно пророка Семенова, не заболел ли?
- А это кто? - указал я на высокого мужчину с угристой физиономией, со
стекающими по ней волосами горохового цвета. Ярко-рыжие усы, переходившие в
жидкую бородку, важно шевелились. Одет он был в черную жилетку, из часового кар-
мана которой свешивалась золотая цепочка, и голубые рейтузы. Сей господин про-
хаживался в зале, держа в руке стек, и нервно постукивал им по лакированным са-
погам. На накрахмаленном воротничке рубашки виднелся значок с фразой по-англий-
ски: "Поддерживайте своего местного поэта!"
- Перед вами Евгений Перл - ответил Денис, - поэт, драматург, человек,
ученый и ко всему полиглот. Похоже, мы пришли вовремя. Обычно по этим числам он
встречается с неофициальным отцом русского искусства Козьмой Константинопольским
для своеобразной дуэли...
Звук фанфар не дал ему договорить, сам Козьма Константинопольский, верхом
на слоне, въезжал в кафетерий. Слон был грузный, грозный и грязный, великий поэт
отличался от него львиной гривой волос, патриаршей бородою и еще более пронзи-
тельным взглядом. Любители поэзии в экстазе кидались к нему под ноги, и он чинно
топтал их копытами. Держась впереди процессии, несколько юных художников зарисо-
вывали на бегу каждое движение мысли на челе своего кумира. Один из них неосмот-
рительно столкнулся со мной и карандашная линия, перечеркнув пах, помчалась вверх
и застряла в бездонной ноздре. Поклонники сняли патриарха с седла и поднесли к
сияющему Перлу.
- Итак, реванш! - воскликнул Константинопольский с видом голодного Юпите-
ра, отчего усы Перла сладострастно зашевелились. Секунданты расчистили место,
поставили на столик перед дуэлянтами по чашке кофе и отпрянули.
- Я думаю, - медленным жующим тоном сказал Перл, - что для разминки нам
хватит шестнадцати эклеров?!...
Козьма в ответ лишь нетерпеливо болтнул ногами по воздуху. Сражающие со
вкусом принялись за дело. Первые пять эклеров патриарх проглотил единым духом,
а в остальные жадно вгрызался сивушного оттенка зубами. Перл, наоборот, ел не
торопясь, смакуя каждый кусочек, пока секунданты громко отсчитывали съеденное.
Разминка подошла к концу, Константинопольский победно завыл, а Перл только рас-
стегнул ворот рубашки. К столику подали два полных подноса, и битва началась.
Перевес был то на одной, то на другой стороне. Козьма мгновенно расправился с
двумя десятками эклеров, но дальше ел тяжело, отрыгивая комочки крема, которые
с лёту ловили державшие его на руках поклонники. Светящийся Евгений ел с разме-
ренностью часового механизма, видимо, в его более чем сухощавой фигуре находи-
лись какие-то иные пустующие полости помимо желудка. Накал страстей, царивший
на трибунах, трудно было описать: болельщики воодушевляли своих любимцев, друж-

но скандируя: "хэй-я! хэй-я!", а потом запели берущий за душу гимн. Кто-то из посторонних выкликнул "Шайбу!", но его быстро вывели вон. Свой тридцать шестой эклер Козьма хотел незаметно спрятать в бороде, но секунданты его пристыдили. Пятьдесят первый эклер стал поворотным для патриарха, глаза его налились кровью, он задыхался и поминутно расчёсывал лесистую грудь. Победа Перла не вызывала сомнений, но семьдесят девятый эклер оказался в кафетерии последним. Константинопольский судорожным движением стряхнул крем с бороды и радостно прохрипел: "Ничья!..." Перл отмахнулся от крема стеком и утер рот кончиком салфетки.

  - Жаль. Я только вошел во вкус.
  Пока поклонники грузили патриарха на слона, Евгений заказал /уже лично для себя/ еще чашечку кофе и пару пирожных. Вновь затрубили фанфары и слон покинул заведение.

  КОММЕНТАРИИ И ДОПОЛНЕНИЯ /от составителя/:
  Приводится по машинописи Лапенкова. "Записки преждевременно созревшего /сага для юношества/", 1974, ВЛЮБЛЕНИЗДАТ-СП. С автографом автора: "Самому симпатичному растлителю юношеских интеллектов от самого растленного автора за последние 56 лет. 31.5.74 г." Полагаю, что Дару. Именно Дар натравил на меня этого перезрелого вундеркинда.
  Лапенков, изящный и тонный юноша лет 25-ти, появился у меня где-то в начале 74-го года. Писал прозу, рекомендованную мне Даром. Один текст его, в дюжину машинописных страниц, под названием "Человечья комедь" был включен мною в антологию прозы "Лепрозорий-23" /1975, неопубл./ Но автор, с несколько гомосексуальными манерами, мне не глянулся. Проза его отдает капустником, хотя ошибался он и у меня, и, еще более - у Эрля. Язык - итээровско-богемный. Целиком "Записки" опубликованы в журнале "Эхо" №2 за 1980, как и его "Раман" /в №2-3 за 1979/.
  При полном равнодушии к, на мой взгляд, претенциозным и несовершенным писаниям юного гения, не могу отказать ему в наблюдательности: характер Владимира Эрля /Перл/ передан блестяще. Равно и мой, включая даже манеру есть /не эклеры, я их терпеть не могу, люблю только пирожное "картошка", которое стали теперь делать без рома, увы - а, допустим, сосиски в тесте, называемые также "горячие собаки", продавались они только в двух местах: на Желябова у столовой, не доходя ДЛТ и, похуже - на Финляндском вокзале. Их я мог съесть без счета. Однажды с Молотом, имея рубль, съел я 10 штук по 11 копеек, и хотел еще. Молот купил мне еще пару дюжин, но больше и у Молота денег не было. Так что и не знаю, сколько их могу я съесть./ Помимо - близок к точности костюм Эрля, включая цепочку /сомнительны "рейтузы"/, и волосы обоих героев. Рыжие усы Эрля - однажды, сбрив их, Эрль подарил мне пробирку с "прежними усами Эрля". Вывезти их я не мог, приняли бы за траву, так и остались там где-то. Очень точная деталь, что Константинопольский даже в "Сайгоне" не ходит - сидит или на слоне, или на руках: Лапенков никогда не видел меня в вертикальном положении, принимал я лежа.
  Упоминаемые мельком остальные посетители "Сайгона" напоминают: "горбун, продающий открытки" - Геру Григорьева, который квадратен и сутул, впечатление горба, но, может, он же фигурирует, как "пророк Семенов". Кто такой "пан Сексолог" - лучше знать Лапенкову, я знал только поэтов, вот поэт "Шизони" - явно Ширали, а меценатка Ева Шлюгер - образ, полагаю, собирательный. Все там были шлюгерши. Иных не держали.

  Словом, пусть и словами Лапенкова, от коих я не в восторге, но уже создается "сайгонский фольклор", куда ни крути - эпоха.
  А о Лапенкове - см. в письмах Дара.
  Мне о нем нечего сказать.

Помни всегда о своём микрокосме
И в зеркала никогда не смотри.
Прогулка, во время которой
был сделан этот снимок, пока-
зывает, что независимо от ка-
ситуаций умножается в отра-
жении своё иногда по каким то
признакам.

Богдан

Автографы ЭРЛЯ и ЭЛИКА на обороте фото Гран-Бориса /Кудрякова/. 26.06.70 Манежная площадь около Малой Садовой.

Фотографии в книге и на обложке пересняты с оригиналов Кудрякова фотографами

АЛЕКСАНДРОМ КОГАНОМ

и АРКАДИЕМ ЛЬВОВЫМ

в Техасе и Нью-Йорке

в 1982 году.

ЭЛИК
БОГДАНОВ

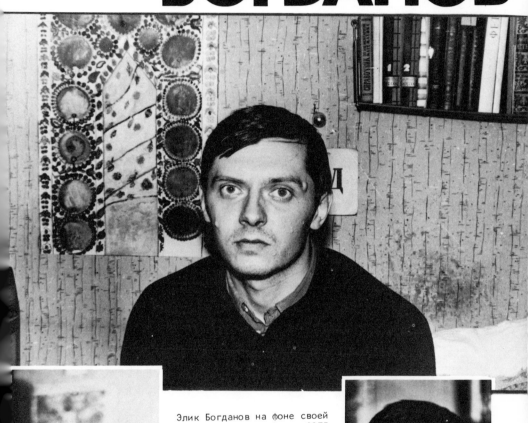

Элик Богданов на фоне своей работы в комнате Эрля. 1975 Фото Приходько.
Остальные 2 фото - того же года и фотографа, там же. Пересняты в 10-Ти с 35 мм пробок.

окно, открытое во
внутрь.

Книгоиздательство
"Мозгом жуёт"

Многоватогита. Мыкина гашишина.

О и т.д., да! Ты - громкоговоритель с зоны. Мы их рассадили вещать!

: - Нет, видно м н е спасать самого себя... Ой, Владик, слышь, ты эту карму брось!

Она: - Я ж вижу, что он делает череп и кости (трансформаторную будку), чтобы тошнило. "Пятьсот километров тайга..." (в пяти сантиметрах текста). "Я, право, побелел, его увидевши." - Дионис. Мальчик: "... а плащ со страха порыжел как будто бы..." побледнел

Четвёртый сустав твоего пальца, это мы.

Нерасхлёбанная дхарма....

О,м мани падме хум! да, посмотрит, как вам и не снилось.

Кротчайший путь. Кратчайшими путями к сердцу мысли.

С горы к центру земли. Под гору - к центру земли. Центр оказался в посёлке под горой. в основании обрыва.

Чем ближе к происшествию (времени и месту), тем плотней делается время, принимая формы. Болото дней днём. Дневной свет - форма времени и вода время т.д.

Не тщусь вызвать чуда описанием постигаю дхарму в описании чуда в рисунке.

                    ... Холм ещё раз холм
                      Пропасть всё, что было...

а история вот она. у тебя под ногами. В предыдущей тетради забыл название того искусства, которым занимаюсь. Здесь. не могу вспомнить.

Оп ширянный. Как это одним словом сказать? Г е - ш т а л ь т   п с и х о л о г и я.

Сейчас время такое, что обязательно картины нужно вешать вверх ногами, вниз белым небом, раз вся середипа чёрная. вверх серым. светло-серым.

Море. море, понимаете, – море; свет на этом берегу. Нет на этом.

Цель обязательно на пути. Дорога подразумевается во множественном числе. Цель – точка. А время моё ^{увозят} дорогой уехало передо мной. Его массив виден ещё над забывающимся горизонтом. Цель – центр. Искусство переноса, опреснения, объяснения. Совсем разрушили эстетику эту вешь ничего не понятно. Жёлтое мебель. Кисть месяца. Ширма показалась; живёте на изображённом на ней мире. Всё равно. Как ему не отражаться в полу, сор это вещи. они отражают из себя. Зен не может быть некрасивее Зена. Реальное здесь и там продолжается без перерыва в форме изобразительных закономерностей. Наряду с утонувшим в невытертом столе. В луже на столе. Из лужи на столе торчит рука очень прилично одетого человека (для этого кафе).

          Обсыпанный землёй.
          Вон торчит рука из земли и ничего.
          Вещь, тень и полутень одно.
          розовый рыжего. от рыжего.
          с зелёным чёрного и коричневым
          красного или бежевого.

Типичный абстрактный сюрреалист. Метод автоматического письма – всемерное бормотание.

Он был прямо белый, понимаете? Прямо белый, а не "он был:. Как ручьи в оврижек - глаза к переносице стекли в окна. Не разобрать, что это - форточка или третий глаз. Или их только два, раз окно без переплёта...

Светло наверху ночью. Доска доски Спас Нерукотворный на облаке. Облако облака. Щель в заборе вещественнее досок. Для этого и существует Спас.

— Тони, спаси доску. Вещественней - нематериальней.

Тенью шагает. Тень - ноги. на дороге. Ничего кроме ног от Богов мы не ели. Великие испытания. Крест взгляда, огонь травы, горение серого на перекладине. Осиновый кол расцвёл. Переводные картинки стен людям. Облака пальто над землёй тела. рука гладила пейзаж, то и другое потрескалось. не было неба.

Вепрь огня в воде земли. Лягушка пустоты. Камень тени. дорожный указатель изображения. Небо высохло. хрупкий крест правоты, понимания. из-за горизонта над лесом на руках появляется наибольший в летних рубашке и штанах на голое тело. Не по делу идёт на зрителя. Сказать этим слушателям музыкой, что делают те её слушатели... Крест света. Шкап парадокса. Случай случая. Солнце круга. крылья Солнца. Затвердение видения. Вол цвета, рога черноты, тень красоты, молитвенная ветряная мельница креста. Крона человека, белый бюст дерева у земли под ветвями. Всё это - рисованная ширма. Занавес пейзажа. В кресте окна вокруг креста переплёта увидеть за далью... в вещах проёмов среди елей деревьев дальний берег озера земли над лесным островом рядом стог неопределённости, сосна золотого сечения. Тень ветра пригнулась смятеньем лиственного дерева под белым солнца.

Зеркало обломка, кора двери. Отсутствие того, что не бывшее не будет. Лодка креста в воде узнавания отразилась. Железный занавес дверного проёма ржавый. Молния просвета в белом небе. Триптих вещи. Трехскладень Господень. Имена окопов. тени стен, цветы пятен и подтёков стебли. Дорогой земляного хода, траншеи, ущелья, перешагиваемого облаком. улица я. Кактус угла. стена крыши до горизонта вверху, вырезанного углом иллюзорности отличия.

Комнатный дождь минут. тишина тишины. Округлость границы.

Ошибка отсутствие сознания после смерти. Сознаём же это здесь сейчас? Почему же там этого нет?

Верю в любовь к Богу после смерти, в аду. В сильную любовь в аду. А что же сейчас? Перст облака указывает могилу на земле.

Оптимизм мыслей о смерти.

Запылённый угольной пылью угол моря. Море пыли. Недвойственность. Берег неба. Небо того, что делается.

Чесн. Горизонт мгновения? Мгновение отсутствия времени. Целое мгновение продолжалось... Висячие слова.

Крыша природы, кров.

Цветение ели. Новогодний миф.

Структура елового куста, еловой лапы. Не властны они над отражениями.

Целая Чань пыли. Поле всего. Подмести. Посыпать головы.

Гора Города. Наступление деревни на город. Стена воды. Время стекает, как нечистоты в море.

Уклонился от "Человека-амфибии", ящерицы, смотрящей на солнце. Время - ход солнца вещи. Оно восходит над скорлупой пыли с боем часов; шести, передачами музыки и дребезжанием потолков.

Мотивы звёзд.

Следующая: "Майская ночь или утопленница". Всех ещё

есть в чём утопить. Гашиш – женского рода. Имя.

Герои требуют одушевить себя. Крест – имя. По улицам, как по трубам текут. Горизонт того, что сделалось. Вертикаль действия. Треугольники креста. Дождь поступков. Перстом облака отмечено место дождя. Пыль и вода – строительный материал. Несодногокакдвух.

Властен над ними. оказываешься так, что не только героев, а и себя нет. Плоскость, горизонт. Доторчать до Инь-яня. Надо в Инь-янь. Здесь же. Помните, как меняется восприятие, когда нет времени. Поле пыли. Сухое. Дхарма появления в дверях выход. Неузнаваем в тёмных очках окон.

... Простота колёс моста людьми черпающего воду. Круг дел. Магический круг вокруг. Прибой поступков. Прилив Отлив. Дождь шагов. снег шагов.

Работает на войну здесь на будущем фронте.

"кровь, палач да гашиш – ей другого не надо!"
                                        Бодлер.

Угол вчера и здесь. Неба берега моря. Перекрёсток.
Своего ничего трогать нельзя. кшат – сека.

кшатрий для других, Иван Сусанин пан-Монголизма свёл в дебри русского яз. здешних поляков. Завтра уже им придётся думать насколько вечен православный ад. Сусанин обращается к ним голосом свыше.

– Как же они переговариваются между собой?

– Общий инстинкт. На круг замкнутый.

Ничего здесь моего нет, одни километры протянутые из дома. Бывает ли сечение не золотое?

... Как я убивался, просить сказать не значит ли это что-нибудь ещё...

Маза Беккета мы все.

— Да, прекрасная литература, а план рассказа прекрас-
ный. И наоборот.

Многобожье. Многолюдье. безлюдье.   . . . . .
много веры.

        Глаза Инь-янь. Взгляд Инь-Янь.

        Глаза Инь-Яня. Взгляд Инь-Яня.

Вы: — Вы ведь уж тут и не смотрели на круги на воде,
        а прямо бросали близких людей, несмотря на волны
        людей, на волны на морях...

Да, но какой же лама стал бы работать на далай-барина
пол дней в недели не те? Ты ополоомнись!

"Имя Ямы — Дхармараджа Царь смерти, справедливости,
закона." Махабхарата.

Колокол звонит по дхарме, умирающему закону.
Вид в два чердачных окна. Купола́ Владимирской и Иса-
акия. Одинаковые форматки неба синего ночью красной и крыш.

Народный герой ЛЕБ.
персонажи: БЫЛ (уже был, встречался) и ЕСТЬ. Был Есть,
        предполагается, что и будет. Но и Есть, иной
        аспект, другой род? М, Ж?

Любовь не течёт. И не изменяется. Кроме всего прочего
проходит
    Да, но, по-нашему, Земля-то вверх нами
    Да, но, по-нашему, Земля-то вверх Францией и повёрнута.
А Америка ваши С.Ш. из фотографий, стекла и бетона — обжи-
тая Япония. Большая Япония обжитая нами.
    Мы хотим же стать оборотной стороной этой Америки, как
оборотной стороной языка — жизнь является... этим их "далё-

ко". А какое же далёко здесь видеть грани решётки там, си-
речь в С. Изнанка. Изнанка-а.

Я: - Н-ннн... приходите к моей могиле (однокоренные слова),
там один растрогается... долги.

Но только вы должны прямо отвечать на коан: Это вот
то - это.

Да, а эта Ватто не эта. а та, что да, та, что тоже то
еси, как и ты... впрочем.

А, ну так вы и не ополоомнивайтесь. Мы мы же.

Коварный сон?

Та к вы (так вы) "кóнов" искали в вашем понимании?
А у вас турникетов несть? Тур ни кетов. Делу место.

А эпоха мельче их... этих. Потому, что это руками
проделано. Выедено. Проедено дерево.

Здесь ты его лепишь, вот закон, который существует,
как бы изнутри.

Разве за законом угонишься. Уугро-финиишься? Сколько
вопросов изношено по болотам здесь уже или уже сейчас.
здесь заношено портянок. Чтобы быть вдали от того, что
больше всего хочешь видеть, жить. Чем окружить себя - со-
бой, ухоженной природой. Собой и на краю себя, за ЭТИМ
всем.

- А жуть есть. Я вам точно могу сказать где она была
сегодня ночью пойти сейчас. Эти дети выросли у очень боль-
шой радиостанции. Выросли - посадим.

Оборотной стороной слов о свободе слова явилась невоз-
можность разговора, разговаривать. Стража в законе. в са-
моволке. где, я не знаю.

Покража началась собственно сразу же. План её, небо-
скрёб скребущий пространство всех концов света. Карта это-

го же вот места. Следы мы кладём на план. Какой же? Явлен-
ный вам, являющийся, обнаруженный, найденный. Чтоб не за-
ниматься вопросами, являющимися важными, нужно иметь не
того, что есть у большинства.

Вас хватил сатори. Вот Вы и ✝

Одно и то же до и после появления компаса креста. Пе-
реориентация. Возникновение стран света отличных от преж-
них. Ориентировались на Запад, запад сменили на Восток.
Истории Достоевского с иной ориентацией. Мёртвый Спаситель
Идиота не немецкого происхождения - монгольского. Мёртвый
коричневый Санньясин под покровом Майи... Это же клише,
трафарет волшебной лампы накрытой волшебным же платком
сказочной красоты. Настольной, включённой.

... Майя, потому что прикрывается, а не потому, что
способна что-то прикрыть.

- предложение выяснить взгляды на брак. Прямое пред-
ложение.

- Попутного поезда вам...

У Колтрейна маза на этом свете.

- Мне метров пять-шесть Майи, накрывать вещи.

Формат

Иллюзии и галлюцинации (зрительные) это смерти чего-то,
а не рождения, как кажется. С конца к началу. В нас. Я прета
Я я - прета. Во мне или для меня вышесказанное протекает в
обратном порядке.

Кромешная ошибка.

Обнажённей страдание, открытей в них же. Явнее. Проще.
Там у вокзала им нечем защититься. Это женщины.

Где это? Вот оно. (вложено.) От перемены места.
Пусть будет.

        — Мысль начинается с конца?

        — с конца.

        пусть будет..... это место под солнцем...
или хоть под фонарём... Там. Я тут неизмери-
мо ближе к нему. От перемены места, как ви-
дите.

        это несчастнейшие тебя. Это ты, это они.
Этого там нет. Простой взгляд уничтожает мер-
ки. снимает предвзятость застаревшую в миг.
Плохое делается хорошим сразу. Ом. Я хуже
того, что плохо для меня. Ещё раз ом. Запи-
сываю забытое.

        Проживается с конца? Всё?

        Да.

        Вначале конец, а потом начало? От конца
к началу?

        ... Никова.... (нет.)

        Овчарки "Утраченное время"

        Разговоры в кайф-следовательном.
Крик кошки — стон (гораздо более) издалека.
И плохого может стать меньше до бесконечности. Стано-
виться.

        кшатры может быть от трёх человек и до нескольких
миллионов и всё это одно. Она одна. Убывать медленно, как
добру в нас. Проходить быстро, как полезному. Проходить
быстро, как самому в себе и так же медленно убывать.

        ... наконец проданы в рабство за этот самый металл
(медная мелочь) себе же.

        а эти бредбериевские родственники во мне (заминка)
бред берри.

книги, которые я сегодня видел продающимися не берусь
перечислить. Вот некоторые из них. Их так много замечатель-
ных. Потепление в уме.

   - Да лесом густым наполнено то, где люди. Простран-
ство то, двухстороннее всегда.

   Избранные медитации аббата какого-то показались.
Избранные извинения. Мы не таковы ли? ВІ. Ваш троллейбус
с на стекле этим. Хороших книг попадается за раз (за день)
примерно столько же, сколько красивых, интересных девушек,
хотя я опять не нашёл. "Не нашёл" -на дверях. Выход. Вы-
ход в свет. Ничего нет не пишимого кажется. с кайфа. Кра-
соты такие и такова их наполненность, жизни полнее... Вот
эта действительность. Я обошёл два пожара. сходил. глухо-
вой ночью. Нет для меня пространств иных, чем те, деревен-
ские... выпи. голос выпи. .....Кулика?

      "письма нещастного графа......" тет а тет.
      "панель" альбом рисунков.
      "Боги, брахманы, люди..." ещё что-то.
      Чехи об индуизме. с фотографиями.
      "Образцы карельской речи."
   Две толстые книжки маленького формата в бумажных об-
ложках. У одной просто красная, у другой красно-белая.
"Русские сказки" и "Пословицы и поговорки".

   В другом (магазине "Старой книги") - "Пинчуки" - эт-
нография; "мифы, обряды, поверья, суеверия..." их и т.д.
пословицы, песни... Близко, рядом - "Массимо Кампильи" -
знакомая книжка, замеченная первой, сразу же после того,
как я заметил магазин. Со второго взгляда. Со следующего.

   Альманах какой-то армянской поэзии, где напечатан
был и Каменский и ещё многие из русских.

   "По Индии", а в руках человека, - - - на обложке, во

всю ее, лицо с деревянными глазами с плаката Я.

Я беден много раз.

"Море письмён или начертаний" - два тома тангутского словаря в переводе. Промолчать, что ещё продаются "Фудо-ки". Журнал Сов.Этно..., № 12, где о выставках прикладного искусства Яп(б) и скульптуры древней и средневековой Японии. Так много интересных книг. Я говорю, что их не перечислить. Перечисляешь невольно те, что рядом были, а эти забыл; для сумерек воспоминаний. Для сгущенной темноты в памяти. Воспоминания для ночи. Из-за. Какой-то "звуковой поток иностранных яз.", но странней (название). "Древний Псков". Про стенки?

Всё в законе. Так ты и не преступай его... под предлогом ну его на... Все в законе. У меня были ответы на все вопросы. Все-все... а в Сов.Этно., что-то в конце за статьей "литовский язык", "финские ученые считают..." и опять. Теперь они думают. Я и про это знал. Да растерял. И про это.

А в кино мне смотреть нечего. Я думаю. Ошибаюсь.

... да, а на этом, статьях тех, споткнулся, замялся. Встал и вышел.

-Он встаёт и уходит, а я "прихожу и ухожу". Цветочная тропа у дома моделей старого из зазеркалья. Видел. Ликованья. Не от красоты же она не красивая. Простуда от красного цвета. "Утром три" - не первый день. На углах улиц в районе "Знания".

Как вчера болен, рад нынче был. Сколько книг я видел.. Сколько их хотел бы поиметь. Даже "море начертаний" этих. Ради начертаний их. Их тангутская моча - мелькнуло в первом томе. Старые фотографии - ветхая одежда первоначального буддизма. Прошлое. Цвет прошлого. Что ещё? За-был.

Поза был. Такой расклад.

"Круг чтения" семнадцатого фев. дочитал до восемнадцатого и девятнадцатого фев. А не увидеть как есть. Что-то тешит. Тешет меня, стругает. Состругивает на нет. В кружке варенье из красок. Цвет.

"Игрок" - отдельной книгой. Начало века - избыток.

Здесь стоял стол - картина. Следы его. А тротуар лежит на панели - можно сказать? Постелен? Т.е. их два. Стороны три. У двух. Две притёртых... Разговорник. Как часто мысль оборвавшись, возникает. Я рад сегодня, несмотря на то, что мои мрут (мысли). Сходить ещё раз попрощаться. Обойти всех ещё раз с этим. Как нащупываются простые слова. Рядом всегда несколько железок с буквами от пишущей машинки. Глухих согласных, которые и нащупываются. Буква же всегда не одна. Буквы. А слово - просветление. Смысл. Материал - смысл. мост в море. На горизонте показался. Чтобы подчеркнуть шарообразность его. Кого? Шара. Подчёркивает. Морской памятник шару, шарам "От берегов отпавшийся Тучков" где-то плывёт. "Летучий голландец" 70-х годов XX-ого века. Он там в море сводится, разводится. Можно приплыть и пройтись. Сводится он по Ленинградскому времени. Которого нет. А мы тут с себя продаём, чтобы нарядиться в новые мысли. Одеться. Для словаря это. За-гнил он называется. Да в Индии все и больны ей. Этой инфлуэнцей. Медитацией. Это - болезнь. И болезнь - неподвижная движимость за широкими окнами, светлое в памяти.

Национальность - ка-эл. Так вот всё, что продаётся сейчас, это современная литература; в "ВI" не может быть в этом никакого сомнения. Нарисуй им на окнах другую улицу. Прохоже. Да вашу литературу надо в метро монотонно повторять. Да, оно движется дольше всего в день. Да, именно там. В вагонах столы поставить, накрыть и никуда не ездить.

Да, времён Шамбалы, но тут всё умолкает. Метро это свет. А метро - тот. Прохаза, про хазу, в прохазе. Про кшатру.

    "Сидхарта" сидх - арт - а сидха рта. - Будда. Круг чтения.

    - Да он вам и лепит, что горизонт - от всего, так сказать, у всего. И у иголки с ниткой, и у картины, и у окурка. Да, вещи тоже глядят, точнее видят. Но мы быстро-глазей. Вещи - учитель. У вещей учиться бытию тому что я с ними делаю. Мы суетливее. BI, а "знаете" у вас от само-мнения. Мол де вы есть. Мол де значит. Ты таков. ✝.

                           Ны

    Написал BI на снегу на стекле двери троллейбуса и сквозь буквы (букву?) увидел МЫ вместо М. - Мы-с

    Это и будет то бормотание, про которое я говорю - они молятся вполголоса в общественном транспорте.

    А в такси нет.

    "Этнографические источники "бежина луга" и фольклор-ные. И "Му-му". Му-му. Понимаете, тут уж ничего не поделаешь, это тебе не "утром три", а бытиё чего-то, что появляется. Дхарма взгляда. А "уже" - четыре часа есть. Значит? столько.

    Маленькие дети. А мы им дети, но большие, эти, что где-то в дхарме (перепачкались). а не невовремя пришли. Пыль на лице, пыль лица. Пыльные волосы вас. Пыль лиц? Вопрос ко всему, а не к точке. Мысль и должна быть такой короткой. Конец хвоста вопроса в вопросе, белый (или свет-лый) промежуток и точка та. И быть и не бывать. Это - мантрические войны. И начертания. Точно, как выстрел, мяг-кий а не "жесткий" или "жестокий". в этом случае. Попадание. Да, при попадании обстоятельства складываются, стягиваются в попадание, как ткань в складки (на памятнике, открытии, моменте). Прямо пойти сходить в то "не помню". В Книги. Стыдно. Должно быть не меньше вашего. Как всё навыворот как-то! Не так видишь. Вот так всячина. Да и со всячинкой. Лучше (теплее) испаряться, как воде из чулок четырех носок (– фамилия?) постиранных и сушащихся на батарее. В прошлом зеленый, знаете, мутный зеленый, темно-бутылочного цвета радиатор парового отопления или, в просторечии - батарея, как МЫ говорим. Так быть. Вот он. Тот носок. Под навесом. Под зонтиком. Небо с зонтик. Я же пишу либретто к тем хеппенингам, которые мне пришлось наблюдать, посетить, как церкви. Ситуация - церковь. Учение о ситуации.

Иссыхновение носка - учитель.. ... в ..., а не анти-роман.

Заткнуть фонтан? Слов - делом. Отвлечься для не другого. Для памяти: не "всё равно что", а она вся из ткани. Одежда. Сколько бы её вам в кайф не было. Ни было. Неба. Хлеба. Представить автобус, которым едешь, Эрмитажем. С полки на полку. Переписка. Зубы. Вагонную.

Это потому, что я плох, а выход, он черный, как выход из тоннеля в ночь, как этот Будда тьмы врывающейся, раз хочешь, троящийся - большой и маленькие. Двери и окна - Будды. Две пустоты, того где я, в трубе, в церкви, в ситуации, и пустота предстоящего. А из-за того, что они одно - я им равен. Солнце луны, луна солнца, кайф - знак на небе. Бог темноты ежедневно правит здесь вечером.

Да кшатра мы, кшатра.

Тем самым, что они нет, что так сошлось. В дхарму. Карточная игра. Термин.

Вот, вот - Луна солнца, а фонтан красноречия. Моего.

Вижу Т. с черно-синим лицом не Буддой. Стыдно.

Посередине пишется слово середина. Вот-вот - примоч-
ка. Необходимость ее наполнить - сомнение.

А это, что, не Бенарес - наглость, нахальство. Пра-
вильное чувство, а не понимание. Картина повешена для
смотрения лежа на боку. Цветы. Ведь тоже не перечислить.
Описать. Мысль захватчик. Рисовать на горчичниках черни-
лами. На теле. Я не могу видеть, чтоб не видеть. Всё-всё
вот так потускнеет. Всё, в том числе и эта книга, будет
одеждой санньяссы. Это не важно, из какой книги заплатка,
лишь бы из старой. Не старей фотографии можно быть. Так
это искусство. Я много думал вчера и позавчера. И пошёл,
и пошёл. Подозрения - Опасения - † ? одно после... "Эра
подозрений", а опасения чего? "Стихотворения"в дэне, а не
"в прозе". Автор ГХЛ. Всё может быть правдой. Санньяссе
на подкладку. Жизнь удивительна. Страшно за это.

Мост в улитке. Нечистая эмоция. Я в нечистом. Меня
хвалят, а ругаю я себя сам. Подыхаю и пишу, как это.

На горизонте зеленые холмы В.О. Выпуклость на воде.
Только я смертен, а всё в дхарме. Уехало. Едет. Движется.

"Рукопись найденная в Сарагосе" - кино, чистильщик
сапог - исповедник.

По дню - не упасть на голову. "Утром три", ночью спи.
спишь. За грязь трепещешь. И подохнешь и пробудишь у оче-
видца.

Слон человеческой кожи. Жизнь. Ладони Христа распя-
того. две. где? Петров-Водкин. Ладони в нимбах из деисус-
ного чина. Песни костного мозга. "Этюды оптимизма" Мечни-
кова среди поэтических редкостей Академкниги.

Друг приятеля.

Широкий бордюр. До картин в комнате. Плакаты-объявления о хеппенингах, виденных хозяином. Это бордюр. Как же нет? Так каждый.

Васифи насовсем отдал? Кто б понял. Вырубили под корень (магазин), сдав несколько книг. Ну и что, что не Китай. Ну так Россия...

— Дурак. сейчас же определите ваше отношение к миру. Под Джаунцзы. Пот. Говорю там. Олений парк. Что так здесь назвать?

Картина человека. Женского пола. Под Цзонкаву. Звон. крови? в ушах? "По ком..?"

Никого ничего. кроме кшатры. И не интересует.

Двор нашего дома затянут паутиной со дна. Это секторы.

Фотография В. в профиль левый. Это предельная властность.

> "Мы по палубе бегали,
> ...."
>
> "....................
> ....
> ....
> ....
> Пароход ....
> .... ,"

Каким смехом, а потом хохотом над руганью она освещает помещение аудитории пустой. А это всё Я. Всё рыжее. Нет чёрного не-зеркала, не зеркального, вот и ...

— Эй, ты, сопли утри. Сходи и утри. Ну а что? Эй, деньги смахни с себя...

А я бы из шприца выпускал краску в лужу воды.

Калька полиэтилена.

Сэссю — Сосновый бор. собор

Эти две. — Ну, а бессмысленность нашего существования мы поняли сильней, судя по виду. Индия досюда. (Япония здесь.)

А коан бродит. Он видно их всех решил пометить. Чтоб уж невозможно было никого узнать. Никому умереть. Всех переписать и заставить вдруг жить полной жизнью. Тень круга, намек на круг в пятне.

Вот ведь сутки, а ещё ни строчки не прочёл из своего законоучителя. В конце суток. прочёл "В конце суток"... Что же книги? Прилавки?

"Если три не (надлежащих) члена являются (орудіями) неправильного соітія даже со своей женой, то что и говорить (про греховность их при соітіи) с другими.

стр 172   Лам-Рим....
стр 172

"При заставленіи другихъ совершить неправильное соитіе происходить проступокъ неправильного соитія у заставившаго", а в "Толковании Дзол" сказано, что въ подобномъ (поступкѣ) нетъ пути подлиннаго деянія. Нужно изследовать, считается ли вышесказанное за неподлинный проступок. 294"

    стр 174.   Объектъ пустыхъ словъ — содержаніе, неимѣющий никакого значенія. Въ моментахъ воли три рода: представленіе — это представленіе о нихъ, какъ о таковыхъ....
— .... Результатъ — окончаніе произнесенія пустыхъ словъ. Оно же имѣетъ семь объектовъ, а именно: а) произнесеніе словъ брани, придирокъ къ недостаткамъ (другого), спора и смуты;ь) посвящение в теорію, чтеніе и

проч. изъ-за сочувствія книгамъ иновѣрцевъ или тайнымъ формуламъ браминовъ; с.) оплакиваніе, сказываніе и т.п. о бѣдствіяхъ; d) смѣхъ, шутки, разсказы о радостяхъ и объ испытанныхъ наслажденіяхъ; в) произнесеніе словъ, (возбуждающихъ) шумныя сборища какъ (слова) царя, чиновниковъ, мѣстныхъ жителей, воровъ и проч.; f) произнесеніе словъ о неправильныхъ средствахъ жизни".................

        "Абзацы".

    Море солнца, точка неба ночью.

    – Так что ж вам бояться? Где же вы не встретите – –
– подтверждения своего учения о... Раб Леб.

    Живопись отвлекает внимание (отвлекла) на освещение предметов, тогда как освещены только стены[*]. Освещение сосуда комнаты. Свет же на боковой стенке оконного проёма; отсвет времени. Отвлекла от этого вот. Единственная вещь. А предметы видят. Видеть, т.е. существовать. Им светло, а мне мокро одним и тем же.

    что это за антропоморфизм – живые вещи? Вещь не есть в свете. Свет в окне, за окном только.

    Вопиющие.

    Опиушные.

    Транспарант неба.

    Вначале было то же. А потом что-то.

    Колючая проволока из слов. Встреча с Годо. Колючая проволока фамилии, имени и отчества.

    колючая проволока трёх слов окружает всё ж то, что за ней. Дурно, что отгородили от хорошего (в нём) "...Дальше

---

[*] картина – шкала освещённости предметов

в лице по паспорту..."

Дхьяна? Прана действий.

Ассасин перед курильщиком. Он видит в нём, сквозь него совершенно другого человека в белом во всём.

— Пол-столько для гурманов.

Жизнь надругалась. учитель Дзен — "учтите, что этого может не стать в любой момент", больше к ним и относится. Что у вас-то перестанет? Боли? С чего же? С резкого ухудшения условий жизни? Был у себя, посажен за решётку; не такое уж оно резкое. Там всё же уход.

... Как у Льва Толстого. перед ✝.

Видел в продаже книгу "Искусство нравственное и безнравственное" 20 статей местных искусствоплётов. "К проблеме гениальности..." — о Хлебникове — предсмертная икота проф. Случевского Изм. Фед. (очень похоже) — сумасшествие, симуляция, раздутая слава — на материале воспоминаний Бунина — несколько строк общеизвестных и записок некоего П. (Петровского)

Э. сказала, что видела в продаже большую книгу по зеновой философии за три рубля. "Театр Кабуки", два с чемто, с хорошими цветными иллюстрациями, как репродукции.

Там хоть Майя из майи.

четверо приходят на свидание (с ней) с мешками.

Город охвачен любовью. Пир во время.... А можно любить, а "любовь" — нет. Декамерон такой. Сожаления о чуме (избранные) — религия, опиум и смерть (требуются.)

Он снится тебе, потому, что ты спишь со мной, если бы ты спала с ним, тебе снилась бы я.

У кого? Быть объектом любви — нельзя. можно любить?

1970.

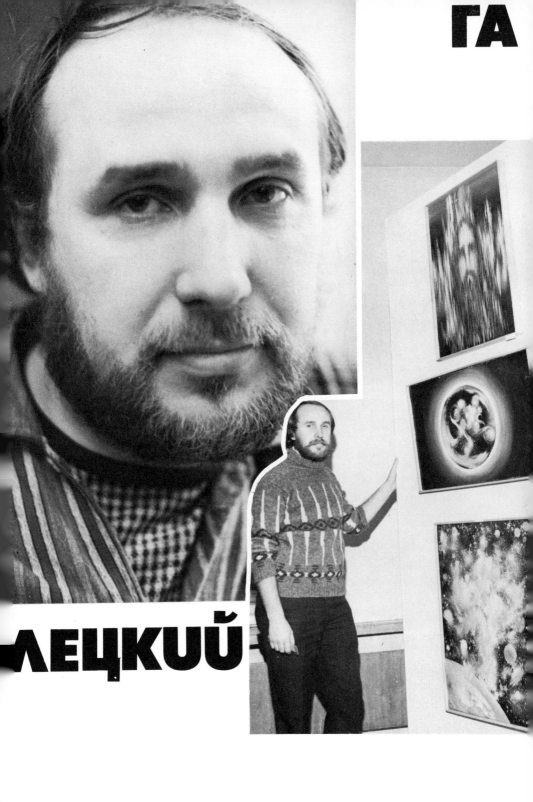

ГА

ЛЕЦКИЙ

... И никогда, ни в одной, самой убогой, самой фантастической петербургской компании меня не объявляли гением. Даже, когда объявляли таковыми Галецкого и Холоденко.

/Поясню. Галецкий - автор романа, представляющего собой девять листов засвеченной фотобумаги. Главное же действующее лицо наиболее удачного романа Холоденко - презерватив/.

/С.Довлатов, "Невидимая книга"/

ОБРАТНО В ИНДИИ

А сам, между прочим, в Нью-Йорке. И поди, улови. Оформлял тут пьесу Хвоста
в каком-то богоугодном ново-английском заведении - картины сперли. Ну, новые на-
рисует. Сам же говорил о себе: "Ты понимаешь, старик, я человек с тысячью лиц -
и так могу рисовать, и этак, а какое мое лицо - не знаю."

Далеко не все лица - приятные. Впервые узрел я Галецкого у Жанки Бровиной,
ныне скульпторши, а тогда еще невесты Левитина и студентки какого-то там ЛИТМО.
Чего я к ней шлялся - убей меня Бог, не припомню. В тот день, а стало быть, в се-
редине 60-х, лежала Жанка в гриппу. Она вообще девушка болезненная, отчего, пола-
гаю, Левитин на ней и женился. Чтоб лечить. Это Валя любит. Гляжу - волокет ТРЕ-
ЗВЕННИК Левитин болящей бутылку, на кухне чего-то там шебуттся, алкоголь подогре-
вает. Не помню, перепало ли мне, но в Жанку он вливал путем насильственным, и
при этом рычал, брюзжал и ворчал. Тогда /или не тогда/ и завалился Галецкий, с
женой своей /а также Ентина, Элика Богданова, а ныне, вроде, подругой Пети Чей-
гина/, мемориальной девушкой Эллой Липпой. Она имела большие еврейские глаза и
большой еврейский зад, и любила художников. И поэтов. Красивая пара была - она
в черном /и волосы, и глаза!/, и в черном свитере, тогда еще юный, Галецкий - с
руками Марселя Марсо или карманника. Что ни жест - то картина. Я, признаться, за-
балдел. Знал его тогда уже, как блестящего графика - в предыдущем году, стало
быть, 65-м, подарил я его нервной, "паралитической" линией сделанные рисуночки
тушью /имелись у моей бывой 4-й жены/ американскому студенту-баскетболисту, пу-
тешествовавшему автостопом и потому продававшим носки, штаны, авторучки и прочее,
чтоб расходы на харч покрыть. А его мне подсунули - Кривулин с Пазухиным, посколь-
ку сами не могли объясниться. Так и происходит датировка: американец - новорож-
денная дочка моя /эту дату я как-то помню/ - рисунки Галецкого - и наконец, год
/или два?/ спустя - он сам. Простуда Жанки. Датирую: зима 66-67-го. Помимо: ви-
дел уже у Левитина его шляпу, вмазанную в холст и залитую нитроэмалью - первый
поп-арт в моей жизни! Балдел. Восхищался. И было это - еще до встречи с Эрлем,
которую датирую - 67-м.

Очень трудно писать то, что в просторечии именуют "мемуарами". Путаница
дат, переплетение событий, попытки рассказать "о", а получается - "а". А Галецко-
го я знал и помимо. По витринам его. С чего это в Гостином дворе стали брать при-
личных художников на это занятие - я не знаю. Много скрытых сторон существует в
советской действительности. Знаю только, что не он один - и Ривка Шемякина тем
зарабатывала /путем чего и кормила мужа и дочку, до того как Шемякин сам встал
на ноги и заделался мировой звездой и другом Ростроповича-Барышникова/. Юрины же
витрины - нельзя было спутать ни с кем. Останавливали. Использовал он, 20-летний
художник - уже и грядущий концепт, и коллаж, и, конечно, поп-арт. Использовал -
СЛОВО, почитай что на уровне Бахчаняна или нынешних Комаров-в-Мармеладе, как я
их называю. Пример: ну как рекламировать теплые зимние пальто, да еще к тому же
советские, жуткие? /Американские и испанские дубленки - и тогда уже в рекламе не
нуждались, этим торговали не на галлерее, а в сортире женском, что на Садовой -
не от госсети!/ А Юра - берет пластины плексигласа, вешает их в витрине на верё-
вочках - на одних написано: ХОЛОДНО, или ОЧЕНЬ ХОЛОДНО /белым, и шапка снегу све-
рху/, на других - ТЕПЛО, ТЕПЛЕЕ /розовым/ - и - красным! - СОВСЕМ ТЕПЛО /на фоне
сзади висящего драпового черного пальто с барашковым воротником/. Так это ж дет-
ская игра "холодно - горячо", гениально повернутая в рекламу! Люди - они ж дети.
А Галецкий и сам, во многом, ребенок - "Вот, - говорит, - почему нельзя пятиконе-
чные звезды рисовать? Это же так красиво! Я вот хочу - черное такое небо, и всё-
всё-всё - в разноцветных пятиконечных зведочках!" А что ему, звезду Давида рисо-
вать, что ли? Пятиконечную - оно и попроще. И напек коллажей - тьфу! - цветными
мелками по черному - "AVE EVA", один у меня висит - и со звездочками!

Не наивный человек Галецкий, хотя наив и понимает. Вторая витрина, тоже по Невскому /первый этаж/ - канцтоваров - изогнул он заднюю стенку широким полу- кружьем /грунтованный белым холст/ и по нему - фломастерами разноцветными разные графитти, почеркушки, подписи /потом эту идею пытался реализовать лошак Синявин, 10 лет спустя, на выставке в ДК Газа - холст повесил, и автографы на нем собирал, и ко мне совался, только я его послал: не дам, говорю./. А в центре - гора автору- чек, ЗЕЛЕНЫХ и КРАСНЫХ. И больше никаких. Ну и ежу ясно: здесь продают то, ЧЕМ ПИШУТ. Поп-арт? Концепт? Ассамбляж? Галецкий это так не называл. Он оформлял ви- трину. И в магазине грампластинок, рядом с "Пиво-Пиво" /что под Думой/ - гляжу - кораблик-каравелла, реализм но техникой Поллока /лил, по-моему, черную краску на белое/, останавливаюсь, ясно: Галецкий.

Так и знал его: по полудюжине рисунков пером, шляпе моей любимой и по трем витринам. А потом уже, в 67-м году, путем Эрля - обнаружил Галецкого-поэта. Тек- сты его, небольшая книжечка, были набраны на машинке Эрлем и пропали, натурально, в Израиле. Из них привожу только два, что запомнились /и они же, плюс "СТО СЛОВ" - о которых категорически ничего не помню, входили в "Лепту"/. Запомнился и еще один текст, в этаком американо-японском стиле:

            Я споткнулся
            о мощи Раушенберга
            и рассыпал
            свои кости.

Галецкий - неуловим. Говорят, торгует в Нью-Йорке рисунками по 3 и по 5 долларов за штуку. А почему бы и не? Не всё ж по миллиону продавать, как сейчас Малевича? Юре-то это, я знаю, ничего не стоит. С его удивительнейшим глазом, фан- тазией и рукой - он может по 100 штук в день выдавать, наслаждаясь, играючи! И был бы только покупатель - вот тебе и 300 долларов в день.

Но покупателя нет, как и не было его.

Галецкий же - способен потреблять и переваривать - практически ВСЁ искус- ство всех времен и народов, оставаясь, и в многообразии - собой. Китч - а почему бы и не, если использовать его не как самоцель, а как материал! Используют же Бах- чанян и Комар-Меламид - советские /а сейчас и американские/ реалии: гербы, заго- ловки, казенные бумаги и пр.

Таков и Галецкий, поминаемый столь многократно в этой антологии в текстах своих соавторов и друзей.

О себе же - выжал из него для каталога выставки "23-х" /1974/ следующее:

"Родился в 1944 г. в гор. Бийске /Алтайский край/. В возрасте одного года начал жить в Ленинграде. Рисую с тех пор, как помню себя. Учился в художественной школе при Мухинском училище. Работал в книжной графике и в рекламе.

Был в Индии с 1968 по 1970 г., потом небольшие короткие поездки в Японию - своего рода духовное паломничество.

В 1964 г. встретился с Михновым. В возрасте становления были получены ка- кие-то посылки утверждения основ спонтанности, близкие дзеновским принципам."

И все. От себя добавлю, что до выезда /в 1976?/ в Америку, территории Со- ветского Союза не покидал. Но он и сейчас в какой Индии, не смотря что в Нью-Йо- рке.

Странный человек. На квартире у него бушевал Петя Чейгин, Олежка Григорь- ев попал на химию /прийдя к нему с визитом и по пьяни вломившись не в ту кварти- ру - дома-то в новостройках все одинаковые, а он, к тому же, вместо Дачного еще и на Гражданку попал!/, вроде, Галецкий всегда был и в центре, и в то же время как бы в стороне. Со мной дружил в 73-75-м. Сейчас забыл. Я помню.

пустопустопустопустопустопустопустопустопустопустопустопустопустопустопустопустопустопусто

ПУСТОПУСТОПУСТОПУСТОПУСТОПУСТОПУСТО
ПУСТОПУСТОПУСТОПУСТОПУСТОПУСТОПУСТО
ПУСТОПУСТОПУСТОПУСТОПУСТОПУСТОПУСТО
ПУСТОПУСТОПУСТОПУСТОПУСТОПУСТОПУСТО
ПУСТОПУСТОПУСТОПУСТОПУСТОПУСТОПУСТО
ПУСТОПУСТОПУСТОПУСТОПУСТОПУСТОПУСТО
ПУСТОПУСТОПУСТОПУСТОПУСТОПУСТОПУСТО
ПУСТОПУСТОПУСТОПУСТОПУСТОПУСТОПУСТО
ПУСТОПУСТОПУСТОПУСТОПУСТОПУСТОПУСТО
ПУСТОПУСТОПУСТОПУСТОПУСТОПУСТОПУСТО
ПУСТОПУСТОПУСТОПУСТОПУСТОПУСТОПУСТО
ПУСТОПУСТОПУСТОПУСТОПУСТОПУСТОПУСТО
ПУСТОПУСТОПУСТОПУСТОПУСТОПУСТОПУСТО
ПУСТОПУСТОПУСТОПУСТОПУСТОПУСТОПУСТО
ПУСТОПУСТОПУСТОПУСТОПУСТОПУСТОПУСТО
ПУСТОПУСТОПУСТОПУСТОПУСТОПУСТОПУСТО
ПУСТОПУСТОПУСТОПУСТОПУСТОПУСТОПУСТО
ПУСТОПУСТОПУСТОПУСТОПУСТОПУСТОПУСТО
ПУСТОПУСТОПУСТОПУСТОПУСТОПУСТОПУСТО
ПУСТОПУСТОПУСТОПУСТОПУСТОПУСТОПУСТО
ПУСТОПУСТОПУСТОПУСТОПУСТОПУСТОПУСТО
ПУСТОПУСТОПУСТОПУСТОПУСТОПУСТОПУСТО
ПУСТОПУСТОПУСТОПУСТОПУСТОПУСТОПУСТО
ПУСТОПУСТОПУСТОПУСТОПУСТОПУСТОПУСТО
ПУСТОПУСТОПУСТОПУСТОПУСТОПУСТОПУСТО
ПУСТОПУСТОПУСТОПУСТОПУСТОПУСТОПУСТО
ПУСТОПУСТОПУСТОПУСТОПУСТОПУСТОПУСТО
ПУСТОПУСТОПУСТОПУСТОПУСТОПУСТОПУСТО
ПУСТОПУСТОПУСТОПУСТОПУСТОПУСТОПУСТО
ПУСТОПУСТОПУСТОПУСТОПУСТОПУСТОПУСТО

```
EEEEEEEEEEEEEEEEEEEEEEEEEEEEEEEEEEEEE
EEEEEEEEEEEEEEEEEEEEEEEEEEEEEEEEEEEEEE
EEEEEEEEEEEEEEEEEEEEEEEEEEEEEEEEEEEEEEE
EEEEEEEEEEEEEEEEEEEEEEEEEEEEEEEEEEEEEEE
EEEEEEEEEEEEEEEEEEEEEEEEEEEEEEEEEEEEEEE
EEEEEEEEEEEEEEEEEEEEEEEEEEEEEEEEEEEEEEEE
EEEEEEEEEEEEEEEEEEEEEEEEEEEEEEEEEEEEEEEEE
EEEEEEEEEEEEEEEEEEEEEEEEEEEEEEEEEEEEEEEEE
EEEEEEEEEEEEEEEEEEEEEEEEEEEEEEEEEEEEEEEEE
EEEEEEEEEEEEEEEEEEEEEEEEEEEEEEEEEEEEEEEEE
EEEEEEEEEEEEEEEEEEEEEEEEEEEEEEEEEEEEEEEEE
EEEEEEEEEEEEEEEEEEEEEEEEEEEEEEEEEEEEEEEEE
EEEEEEEEEEEEEEEEEEEEEEEEEEEEEEEEEEEEEEEEEE
EEEEEEEEEEEEEEEEEEEEEEEEEEEEEEEEEEEEEEEEEĒ
```

Т Р У П
(пьеса)

действующие лица

НИКОЛАЙ
СЕРГЕЙ
ИГОРЬ
ЛЮСЯ
ВАЛЯ
РАЯ
ПОЛКОВНИК или СЕРЖАНТ
АНАТОЛИЙ
ТАИСИЯ
ЛЕКАРЬ-МУДАК

             а к т

ЛЕКАРЬ-МУДАК. Кто тут? Кто тут? Кто тут?
НИКОЛАЙ. Я Коля....
СЕРГЕЙ. Я Серёжа...
ИГОРЬ. Я.....
ЛЮСЯ. Я Вова....
ЛЕКАРЬ-МУДАК. Кто тут? Кто тут? Кто тут?
Валя. Я Вова...
РАЯ. Я Вова.....
АНАТОЛИЙ. Я Вова...
ТАИСИЯ. Я....
ПОЛКОВНИК или СЕРЖАНТ. Всех расстрелять!

        П Р О С Т Ы Н Я

ТРУП.(гневно). О, эти женщины! Они портят и усложняют
     нам жизнь, коверкают всю нашу судьбу, весь наш
     победный путь.(Затем, угрюмо барабаня пальцами
     по столу).Ну, да ладно,- как-нибудь устроимся.

        П Л О Т Е Н Ц Е

НЕТ, НИЧЕГО
(пьеса)
действующие лица

ЛИЦО 1
ЛИЦО 11
ЛИЦО
АЛЛАХ
ТРОЦКИЙ

д е й с т в и е

ЛИЦО 1(невольно).
ЛИЦО 11. Я пропал.
ЛИЦА (все хором). Не соблаговолите ли вы поднять хвост.
АЛЛАХ (вдруг поняв).
ТРОЦКИЙ. Что поздно?
ЛИЦО...............
ЛИЧНОСТЬ (вопреки замыслам авторов неожиданно появля-
          ется среди действующих лиц)....О чем же?
ЛИЦО 1 (сверкая глазами).
АЛЛАХ (переводя дух).
ТРОЦКИЙ. Нет, не пил.
АЛЛАХ. (задетый).
ТРОЦКИЙ.Искупить прошлое можно только настоящим, при-
          мкнув к будущему.
ТРОЦКИЙ. Я молод.
ТРОЦКИЙ. Не могу, тетя, как бы не хотел.
АЛЛАХ. (пристав).
ЛИЦО 11. Ну?
ЛИЦО...................
ТРОЦКИЙ. Ну этого, верно, не скоро дождешься.
ЛИЦО 11. Где уж тебе!
АЛЛАХ. (быстро).
ЛИЧНОСТЬ. Очем же? Я этого не делала.
ЛИЦО 11. Разве?
ЛИЧНОСТЬ. О чем же? И еще как!
ТРОЦКИЙ. (желая свести разговор на другое). Отпустило
          на этот раз. Теперь нам можно сесть и поговорить,
          как бывало прежде.... при жизни.
ТРОЦКИЙ. Желая быть справедливым, я не могу видеть
          только что-то белое.
АЛЛАХ. (сухо).
ТРОЦКИЙ. Ты продала меня за...за...за...
ЛИЦО 1. (освещая фонарем снег).
ЛИЦО 11. Вот, вот следы ведут сюда...
АЛЛАХ. (присоединяясь к ним).
ЛИЦО.......................................
ЛИЦО 1.......................................
ЛИЦО 11.......................................
ТРОЦКИЙ.......................................
АЛЛАХ. (мрачно занимая ноту)............. Вот!
АЛЛАХ. (через плечо). Три горячих!

                        ЗАНАВЕС

БОЛЬШОЙ ЖЕЛЕЗНЫЙ КОЛОКОЛ

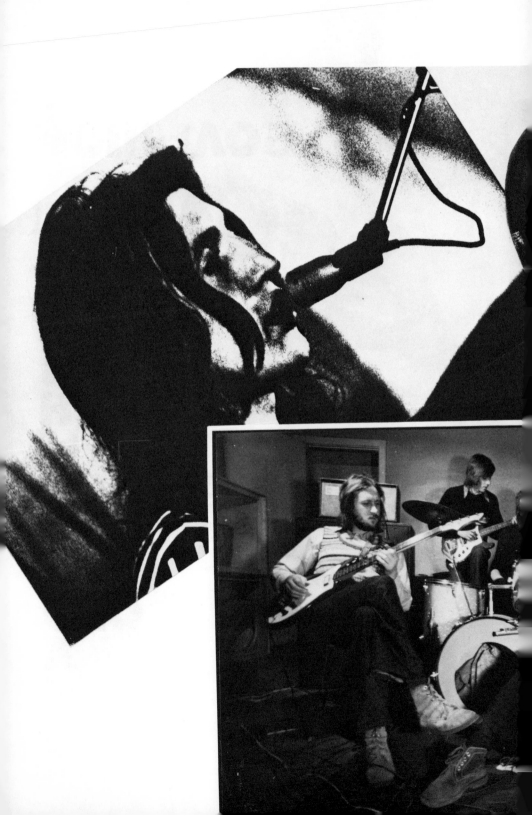

9 МАЯ, ДЕНЬ ПОБЕДЫ, В АКАДЕМИИ.

      Большой Железный Колокол, рок-группа Коли Корзинина, была моей первой /и в Рос-
сии последней/ встречей с этого рода музыкой. К музыке я никогда не питал особой люб-
ви, быв воспитан на сталинских песнях по радио и Мариинском балете /по службе/. Плас-
тинки в доме были только 30-х годов и раньше, одну из них - "Могилу" в исполнении хор-
Юхова, где-то 10-х годов, я подарил Сюзанне Масси, девушка обожала стиль рюс, путем
чего сейчас написала "Жареную птицу" /по выражению Охапкина/, в английском подлиннике
"Land of Firebird". Остальные пласты того периода сберегаются паном директором, Джоно-
Боултом. Утесов, Лещенко, Касторский, Козин и прочее.
      С тех пор я музыку, практически, не слушал. Слушал: в 68-м году Сюзанна привез-
ла мне от "Питера, Поля и Мэри" набор пластов, часть я пропил, но один, где "Флора" -
сохранил. Заводил ее без конца, пил югославский коньяк /виньяк/ и плакал. Все лето 68-
го, а также и 69-го. Остальные пласты привозимые - я прямо передавал Приходьке, за что
имел бессчетные фото поэтов. Музыку я не слушал, я не Эрль.
      Но в 75-м, за пару месяцев до отбытия, Драгомощенко притащил меня, а также там
оказались прозаик Андрюша Арьев и Алик Тихомиров, на вечер "Колокола" в Академии Худо-
жеств. Я привел и магнитофонщика Крыжановского /без аппаратуры/, и фотографа Приходь-
ко /с/. Играли мальчики сначала в арочной галлерее /на сидящую публику/, а потом в за-
ле /на стоящую/. Устроено это было, как водится, комитетом комсомола Академии, нелега-
льно, но за деньги /чтоб хоть сотенку заплатить ребятам/, за что потом традиционно -
кто-то "пострадал". Но страдать мы привыкли: КАЖДАЯ выставка, КАЖДОЕ чтение-выступле-
ние - сопровождалось последующим втыком со стороны парторганизации и смежных органов.
Но энтузиасты живописи, поэзии и музыки - не переводились. Так и тут.
      Играли мальчики сначала в полсилы, как бы представляясь публике, играли "Санкт-
Петербург" /как и называлась первоначально группа, от которой отделился лидер Коля Ко-
рзинин, организовав "Колокол"/, особенно выделялся 16-тилетний скрипач Никита /он же,

вроде, и флейта/ и конечно, сам Коля /ударные/. Публика слушала клево. Я писал прямо в зале на шемякинский "Сони", Приходько снимал /на нижнем снимке, помимо жены и меня - могучая спина и плешь Миши Крыжановского, промежу колонн в перекуре/.

После перерыва мальчики перешли в зал, где предполагались танцы. Но из 5-6 сотен публики - половина окружила эстраду кольцом и просто СЛУШАЛА. Ребята, несмотря что малость в обкуре, никак не могли "взлететь" /улететь/: аппаратура, которая и в Союзе стоит немалых тысяч - перманентно ломалась, Корзинин копался с проводкой, но даже эти вынужденные паузы - не охлаждали энтузиазма слушателей. Слушали - как слушают ЗДЕСЬ - на фестивалях бесчисленных рок и поп музыки - ПОДПОЛЬНУЮ группу Питера...

Я договорился и о студийной записи /в Доме ... Слепых - там классная аппаратура/, но "колокольчики", как всегда, подвели. Для них это была не профессия - состояние. Понимал необходимость записаться - один Коля Корзинин, да Аркадий Драгомощенко /который писал для коллектива тексты/. Но запись не состоялась.

Году в 72-м старик Дар собирался прочесть В СОЮЗЕ ПИСАТЕЛЕЙ лекцию о битлах /у Деда, вроде, даже была готова книга о них, вырезки я видел/, но когда я явился на Воинова - вся Воинова бурлила волосатиками в джинсах!, такого количества я отродясь не видел - вахтерше было сообщено, что лекцию отменили "по болезни Дара" и перенесли на февраль. Все /и я/ кинулись звонить Дару. Сначала он пыхтел и выслушивал соболезнования, а потом заорал: "Да здоров я, здоров! Это лекцию запретили, а мне велели сказаться больным!" И в феврале она тоже, естественно, не состоялась.

Но популярность рок и поп музыки в России - была продемонстрирована году в 77-м-8-м, когда отмененное выступление какой-то американской группы - вызвало тысячную демонстрацию волосатиков и битломанов на Дворцовой площади /для сравнения заметим, что на демонстрацию в защиту чехов в 68-м на Красную площадь вышло ВОСЕМЬ человек, включая, вроде, грудного младенца Наташки Горбаневской, а на демонстрацию "декабристов" в 75-м - так и вовсе полдюжины/. Это свидетельствует неоспоримо, что поп-музыка куда популярней политики в современной России! Эстетическое /а не политическое/ диссидентство...

Г Р А Н

ДИКТАНТ НОМЕР ДВА.

Как ни навесть мосты чтоб навестить больную бледнолицую инфанту, для франтов фанты лет в шестнадцать хороши, и шорохи судьбы не растревожат, мораль благих общин не насторожит, а рожи второпях забудут нас входя в предбанник аникин молодой онегин что пушкин сочинил читать пока не мог иль не хотел но разум его смел и как приятны ликом его ланиты иль лолиты дрожь, смеясь смакуя и ликуя восприняла всерьез и вырез закрывать рукою начала и зачала в дубленке. сер гениальный очевидец а может покупной провидец все шалости детей любя весь изойдет в крови тоскуя ликуя и немея тож как мы. вне ясности и простоты, простату очернило раком и тело разорвав собакам невинности могу не снесть, как не принесть и добродетель в храм но хам сожрет и это там.

Падет крученый лист   слеза кружится в лиственице серой
     запахло серой   опахала нет   бредем по площади беспечно
запивая   наш именитый вальс.

Карусели в парке пустом украшали серое небо снизу, в облаках не ища отраженья. по льду газетных листьев шелушенье, неслось, не задевая берегов запущенных прудов. Осеннее пальто ногам промокшим не поможет, и ветер стойбище качает фонарей, лошади и олени, мирно деревянные верблюды весны ожидали далекой, детей чтоб закружить и зазлить визгом звонным родителей своих - бостон и чернобурка. язык детей родителей уставших раздражает, которым разовым повтором фразы -, смотреть ли будем крокодила? мелкой молью мелькнет старушкин редикюль с опущенной вуалькой на лице хозяйки, несущей на руке обломанной роз легкий костяной букет из прошлого столетья. лаковые туфли, импортных авто заедут со скучающим туристом в тупик чужих меланхолических напевов. метлою дворника не машет снег лопатой у,дороги сколоченных из синих пирамид. тапками скользя в лавке продуктов по мокрым опилкам ножки студентки кефиром и, за колбасой, ворота вензелем 1859 боком смолёных узоров скрипнут, кошки грелись на батареях, улыбкой слушая переваренье мышиных косточек и черепов в желудке. по широко засизовой, зовущей скрытый рокот в вальс перевести, шурш шамкает хотьбою мягких льдин реки, забиваясь фольгою медной, латунью дуба листа или настурции ветер бьется. жигались огни лазаретных улиц, окон, домами семьи пили чай, збаранками, оговорить погоду избегая к завтру. звон стакану, ложки пели чайной... полой ломбардного пальто смеялосося оторванным железо, нерв рвя начальнику ремонта.

реки у самой, метался полосою вдоль реки, неё, усатый черный дым, пах берег. постоянно взгляд стонавливает все на одном, том же - отраженьи собственной персоны будки станции лодок грязной стекла.

вторая.

забудешь ты мне все равно, что говорил тебе так думал Валентин, и день, забудешь. - солнце светит далеко не всем с веранд полузабытых дач. ладное уединенье романс забытый болтливая гитара напоёт? она уже поёт!
в клетке, под, столом лежит замерзший попугай, с тушкой перьев экзотики родной, похолодевший в январе. играет но тихо гитара, замолкла совсем стремится напомнить себе и вербу, облитое льдом коромысло, и мертвой обладательницы редких перьев. милы ль и музыка и вербы? не отводя с предметов глаз. ответь, отчего звучит так вальс весенний со словами о разлуке, о тропе, "где грустить нам надо меньше". не получилась раннею у нас звезда, но вот с мужских доносится до нас и женский голос. звенят. глухая бабка вёдра пустит за водой качаться с коромыслой. ужели весна снами великими тревожит и бабку, и вербы, и что делают они? бабка воду искать сейчас пойдет к деревянному колодцу, дура всё забывает - замерз он, и пусть вернется она мимо дома, к другому, в конце домов. а, потом, сжимая глухотой, скользь склона верхнюю переползет устало, с ней два больших ведра. она - почему живет, иногда, валентину казалось - она слепая. видит подходит она к колодцу, голос с гитарой песню доплели и дальше... "моя тропа заветная уходит от меня"... замерло. в дрёме полудня - дрянное счастье. зачем, в тысяч раз повторенный символ - там у колодца у колодца люди. где они? нет никого. дом заколоченный и почтовый ящик с торчащим мокрым письмом.
закурю на улице, он выходит, на полдороге вспомнил, оставил клетку с птицей. она необходима ему, как он забыл? возвращается.

ТЕКСТЫ
U 3
РОМАНА =О
ФОТ

СПD

кудряков

4

5

6

7

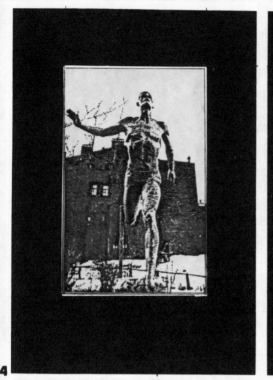

14

13

9

29

3

12

15

16

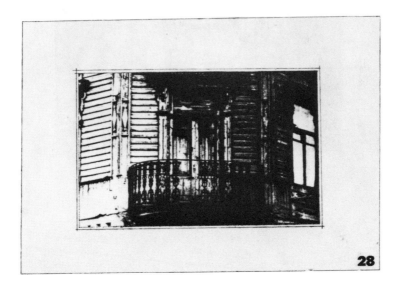

28

31

8

21

23

20

ПЕСНЯ НАД ОЗЕРОМ

Константину
Вагинову

1972

Т о р ж е с т в о.

Фейрверк триумфа Лидии Алексеевны областной филармонией празднован был. В жабо, замшелых пиджаках, собрались люди. В Театральном ресторане, с прямыми носами все. От них источался чуть запах французских духов, — течью — их, изнеженных тонкой славой, стервозным скандалом, успехом завистливых козней, радушных: сценичных и радостных - лиц. Но только сегодня. Завтра гнать сердца желудочки будут по непризнанным гениям кровь, с половиною желчи, больную, в этот час же покойна она. Кушаний столько, и ровно, чтоб этот день - по прошествии хмеля - профком не назвал: оргия и аморальное.

Лидия Алексеевна с шумных успехом вчера спела романс "Где ты юность". И всё бы ничего, но в Доме Литераторов присутствовал кто-то, и это лицо: Поощрять надо таланты.

Лидия Алексеевна видела в блеске стекляруса люстр парад бриллиантовых голов - оратория тартаротрат.

"Вороньё, моё маленькое вороньё," - шутя подумала она своей не маленькой головкой. С чем только не переспал её бледно-страдальческий торс, боа и шалью окутанный ныне, овчиной и всякими горжетками-козетками. В руках монокль-бинокль.

    — Вот так встреча, — подошёл Гладиатор Матвеевич, за-
кинув кадык позвонка сливосухой своей головы. И с разма-
ху ударил арбузом о колено поклон.

    — Наша Дуся-дусинька! — кричал ещё с улицы, и с улицы
уже протянув руку навстречу Л.А. — шурин кассирши фуни-
кулерной, в прошлом балетоман, завхоз, но молод телом и
духом, — не подумайте более,— болел он мигренью, сиренью
потом восторгался на даче, со всеми он потен, услужливо
чист, что ж это за грех, если хочется снова кричать — Ах,
о Мари, о Мари, с той поры, как я тебя — щёлк ладонью по
колену (офицерский жест).— Ха, ха! Дайте маленькую дево-
чку погоняю — — поцелуями, поцелуями!... у! милённая сле-
за слезала со щеки.

    — Господа, господа, пра-ашу паршу в парашу стольную!

    — А-аспа-да! забыл ли чуть сказать о нашем утреннем
визите к ..... — пада.... всё к лучшему, таланту смерть
— — не суждена, во веки — давайте шампанское за борт —
сивуху начнём, долой кринолины, пусть слово страдальца ак-
терской панели почует народную душу, пусть наши сердца и
по-ны-не........

    — С тобою, с тобою, Мария, только тише. — Ура!! Ещё
ура! — под стол, под ноги, в циркачьи пальчики геройский
жест языков, пальбу несметную сердечных пожеланий, боль-
ших дерзаний, явств и яви!

    — Скандируем-те все, ещё, ещё, мы здесь как дома.
Пусть звон, разбитые бокалы летят на тротуар, а наша Гла-
ша Алексеевна, всегда, ещё, всё..... Чего ещё хотеть не
смела я, так это — ваша честь!

    — А судьи кто? Они в промхозе, хозяйственники все,
чтоб пусто им.

С тобой, мой ангельчик, ты – наша дщерь, ты – наш
ярлык.

Н о в ы е   г о р и з о н т ы

Купава славы тенью своей на дороге тонировала тенор
Лидии Алексеевны.

– Ладность фраера погубит, – сказал отоларинголог
певице, потерявшей от эскимо голос, – будем лечиться.

Три месяца она обогревалась кварцем и лазуритом, ду-
шем Шарко пузырила кожу, давала щупать себя безусым муж-
чинам в парикмахерских халатах. Пила семидесятирублёвые
капли из Никарагуа. Ничего не помогало, и соловьиный
писк попрежнему был рыком. Она всё продала, оставила
лишь мамины золотые зубы. Деньги утекали, уходили и, не
смотря в сторону теперь далекого успеха, почестей и гу-
манности профбюро, ей пришлось уйти из певиц.

На радиаторном заводе работала два дня машинисткой.
Ушла, когда к ней стали приставать гардеробщики в оче-
реди за чаем. Продавщицей в парфюмерном тоже не задер-
жалась: через неделю была недостача в пятьсот рублей.
Выручили мамины зубы. Голоса не было.

Пошла к Гладиатору Матвеевичу, тот утром ей сказал,
что он для неталантливых любовниц слишком стар, и что
Софи Лорен достойна его дача. Просил не забывать и за-
вернул в газету два шашлыка. Пошла к завхозу, турникет-
ному красавцу. Он отобрал шашлык, карманные часы, сказал,
что всё устроит, пощёлкал по черепу: коробочка-то идеа-

ми заселена. Но попал в вытрезвитель. Пришлось ехать к
бывшему мужу. Бывший качал головой, смеялся, икал, бил
подтяжками по животу, боксировал перед окном, хлопал се-
бя по щекам кефиром, много пил воды. Она осталась, но
на следующий день увидела, как он кипятит шприц и кри-
чит в туалете, – ушла. Да. Рассмеялась и ушла, повторяя:
Жизнь надо прожить так, чтобы не стыдно было продать фа-
мильного попугая.

К а р т и н ы

    Город уходил ночью под огромную простыню – потеть,
сплетаясь, умирая, надеясь на заре, на слово, стеная за
стеной в полупустой харчевне нравов, смеясь разгулом, по-
теша пьяных и отдаваясь на бессилье прожитого дня. Он,
город, делает одно и то же, как тучный маятник, звездит
сокровище металлов, пытаясь повторить в ознобе злом и
угасший свет протуберанца: туберкулез без тубероз да скро-
ет воск державного румянца агнца.

. . . .

    Доктор склонился над крокодилом, булку с гвоздём ки-
нули животному; оно смеётся: к чему кривить душу, пусть
кривятся кишки, – душа вознесётся моя к моей возлюблен-
ной на Амазонке вместе с северным ветром Бореем.

    Задирает подолы котлетных девиц, ветер, это сквозняк;
все думают: Ветер с моря.

Пройдёт год гад.

Школьница старается переписать стихи подруги в свой дневник; она горбунья. И синеглазый абрис как абрикос, Она мила, пока. Целует линейку, украденную у любимого человека, трогает ногу себе, свой передник и перед.

Плачет, но радостно это проклятье.

Природа шутит с травой-сорняком и людьми одинаково страшно.

Она это может.

. . . .

Один и тот же ветер, как облако из Азии, лениво рукой своей казённою ласкает ангелов трёхлетних, и мессу упокойную разносит по собору вверх.

Руки Всевышнего.

Руки кого?

Всё выше и выше.

Дальше!

Дальше купола клоун не прыгнет, надбавка за трюки ему не поможет,-

коротки ноги!

О б ы ч н ы е   д н и.

Атаки судьбы, казалось ей, сокрушили счастье и голос затем, чтобы с нежданной силой потом восполнить страдания и продолжить опереточный триумф. А пока Лидии Алек-

сеевне приходилось, увы, работать на бетонном заводе.
Давали сухое молоко и газеты, автобус за грибами. Ти-
хие разговоры о супружеской верности среди товарок сме-
нялись разве что восклицаниями особо секретных женских
тайн, от которых тошнило - и вспоминались театр, софи-
ты и Гладиатор Матвеевич, раскланивающий арбуз о колено.
Она заскучала и вдруг с ужасом, - а у женщин, это гово-
рили ещё древние, - ужас всегда сопутствует наслаждению,-
поняла, что забеременела.

Они, женщины, беременеют всегда неожиданно, женатые-
неженатые, маленькие-толстые, с косой и лысые. Им всё
равно, от чего: от давки в автобусе, от дождя, оползня,
от остановки лифта. Они продолжают занимательную для
бедности игру: плодить под тополиный шепот попрошаек
саркофага. Дефекаторши уверены в мессии Ануса, который
кричит разрываясь: мир - сплошная больница, в коридо-
рах которой можно жмурикам в жмурки играть. И если что
происходит иначе, то исключение относится к носителям
мысли, мысли о том, что скоро "их тела вместе с осенними
дождями будут уходить всё глубже и дальше вниз", чтоб
родиться затем в хвосте уходящей Спирали.

В в а н н о й

Гладиатор Матвеевич проснулся от боли, хотел принять
аспирин, но почувствовал лёгкую боль внизу живота. Ему
было за пятьдесят, но он не желал признавать, что пора

перестать коллекционировать портреты фигуристок и посещать детские утренники. Железы отработали свой срок, это закон, с ним надо смириться. Но Гладиатор Матвеевич не прекращал маленьких оргий. Сегодня же боль заставила подумать о многом. Он походил по комнате, искурил папироску и улёгся в ванну, вылив туда о'де-колон "Спартак". Через несколько минут он, засыпая, укрепил голову в специальное устройство, чтобы спящим не захлебнуться. Заснул.

Ему приснился дом, с террасы толстая вдовица зовёт его веточкой миндаля. Он прыгает на одной ноге через грядки с клубникой, смеётся и, двенадцатилетним, в соломенной шляпке и гольфах, подбегает к своей мама. Он только что куплен из детского приёмника.

За столом клубничное варенье, пирог, морс, лепёшки — всё из клубники. А она зовёт его дальше, в комнаты. Здесь, в роскошной огромной кровати с балдахином, в шелку и креп-жоржере, она раздевает его и целует, приговаривая: Моя маленькая девочка... Щекотно. Она не унимается, одевает его в девочкино бельё и бегает за ним по комнате, тяжело сопя. Он смеётся и дёргает себя за приставные косички. Вдруг она падает на колени и, сотрясая конвульсиями торс, бьётся, как голодный плотник, немощно отрывающий плохо прибитую доску.

Он подбегает и пронзает её туловище вязальной спицей, ещё и ещё. Она, вскочив, догоняет и втыкает ему спицу в пах.

Он кланяется и говорит:

— Спасибо, мама, за вареники и варёное! Мне пора...

Она рвёт на нём ночные сорочки и, целуя худое тело,

шепчет:

- Чувствую что-то тяжелое и квадратное внизу.

Мурло монументальной мамонтихи денско-дневилось.

С т а н о в л е н и е.

Лидии Алексеевне шёл двадцать пятый год. В свой творческий галоп она вступила с четырнадцати лет, когда ей надоел варёный турнепс и десять копеек по воскресеньям.

Родители её только и занимались, что морили клопов; дома стоял химический дым. Но, несмотря на ядохимикаты, Лида росла вполне элегантной особью. Тихо, не спеша вы-пестовывая свою женскую личинку. И, как это бывает, на её пути встретился человек. Нет, это был не молодой ко-зодой, с бородой, без-лихо-ус-за-круче- - Куда смотришь, - с тем лучше.- Стиль-но пид-жакжал, мал на-бал-беса, много слов и толку, красавец и рыцарь для тёлки. Она встретила другое.

В рабочей бане, где резко пахло гуталином и висели физкультурные плакаты, в раздевалке рядом с её скромным платьем обнажалась прекрасная нимфа. Снимая с себя зарубежной неглиже, она не глядела на завистливые глаза штукатурок-тростильщиц-мотальщиц, вспученных пенсионерок. Ловко раздевшись, ушла в мыльную, смывать с чистого тела - непонятно что.

Безлюдно почти, в парилке же нет никого, - только двое безумствуют сладко, веником дуба и квасом лаская тела друг у друга.

Подруги нежны, раскраснелись, опрятны во взгляде, невежества нет в целомудрии уст поцелуев, и любят истошно, скрестились их ноги, удар за ударом по спинам, и хохот девичий бьёт в кафель казарменной бани.

Смотрит на лесбос старуха чрез скважину мыльной, всё видит она, и дрожит скоротечная явь дальнозоркой картинкой.

Роз - ба- - ба - лов - ни - цы - - чьи - - пле - чи - ле - чь - - боль - ю - лав - ку - - да - уда - лой - - она - ло- - лом - в - ку - в пус - кай - ясь - - -
Чем грех?

- Ох - ма - - ма - ла - е-щё!

- Че - - го - ря - чи - пле - чи - - пле - ном - бе - лым - ви - - ном - - в-нем - ли - лест - ным - - гно - мам -

- Душа моя, уста куси - -

Подругой ус бровей усни в тисках - душу души - мало ломтей - - коз - ни, ни...

Любовь долой - - долом - домой - - и там ещё и пар - ещё - окинет не глаз - - а - лаз мольбы - для бедных - будущих - идущих - - в раскате юности - своей.

- О, Катя, ваша я навек, - сказала Лида с дрожью век, уснувши на груди подруги.

В з д у т и е

Лидия Алексеевна вся была в мыслях о будущем материнстве, - уже казалась уже шея, шире талия, крупнее становился бюст от алебастра, и постамент она готовила себе в природе вечной и прекрасной.

Боль - Ниц - ца.

Но оказалось, увы, аппендицит.

Боль разлилась ненужною водой - пах в выдох - вдох, - снова галаза на вылез, орбиты не тверды. Бредут стрептококки, прикидываясь коком. - Кормят товарок своих по системе - бацилл.

Аппендикс гнил, но и живое тело гнило, надежду искушая ударом в темя сквозь сердца аритмию.

Гонор рассудка выспь поднял; к безобразной апатии гниль направлялась. Куриный бульон противен; лечь и, лёжа, не спать, не дремать, и только лишь бродить по броду яви и язвою смердить - болезни власть и медицины.

Твой глаз закутан морфием и простынёй, во власти скальпеля и трезвости дохтурной, нам докучает тур халтурный, несостоявшийся на шахматной доске.

В стольном престоле званий более боли, болит столько мест, окрест. Взгляды садистов! Вы ли, ко мне?

Мните и мнити нити мои - если они остаются при мне. Рвите мясо, в науку вминайте мятую мякоть, мою последнюю пядь.

А Ницца?

О п ы т ы.

На четвертый день после операции она вышла из палаты в коридор.

Около фикуса в расколотой кадке разговорилась с мужчиной в больничном халате. Но о болезни они говорили немного.

Этот нормальный на вид человек вдруг стал целовать ее руки, умолять - не покинуть его.

Она дернулась, горько заметила:

- Нашли, где в любви изъясняться!

- Знаю, - устало кивал головой, - но сны уйдут своей дорогой, снова нам блеснет звезда, счастье постучится в окна, в сказки верю я...

- Отстаньте, а то я пожалуюсь в Инстанцию.

- Воды арыка текут между нами, переливаясь, журча и звеня...

- Вы ошибаетесь, я не ваша мать, я не ваша отец...

- Гуля ты моя, как я одинок, лебёдушка, дай пощупать твои белодурые нежнокудрости...

- Вы симпатично-отвратительный псих. Чем вы больны?

- Проснувшись утром я почувствовал общую слабость. Позавтракал. Состояние ухудшилось: слабость увеличилась, язык стал обложен серым налётом. При пальпации поджелудочной области потерял сознание. Дыхание типа Чейн-Стокса, запах ацетона в выдыхаемом воздухе, нитевидный пульс, гиперемированная кожа... Вывезен на северо-южное кладбище.

- А детдом?

- Сорок семь!

- Так мало?

— Мать!

— Нет!

— Я давно искал тебя.

— Можете рвать халат.

Они сидели за фикусом в кадке: она с укрытыми зрачками, откинувшись в кресле, он же проворно глотал устами кожу ее рук, пальцы. Вдруг он отошёл.

— У вас глаза мутные, скоро умрете.

— Маньяк!

На следующий день ей принесли в палату цветы и листок с граммофонными стихами. Вечером они встретились.

— Я пришёл проститься.

— Стихи глупы, но мне приятно.

— Кто стар тот грудь не обнажит, я не любил вас. Приходите ко мне в театр на 354 улицу.

— Хоть и нахальны вы, я не спала всю ночь, но плюнули в лицо — проснулась.

— Мне не по силам индустрия провокаций к простате...

— Если в соседстве есть фонтан, окаймленный вьющимися растениями, мы найдем здесь хорошее место.

— Приходите, когда меня выпишут.

Л и д а   в   с т и х а х

Лидия Алексеевна за весь свой путь вагинальной каскадёрши, за шелковые юбки, за платину и литий; с неграми и студентками, с капитанами дальних и ближних рейсов, за пластинки, портсигары, духи, за марки и тугрики продавалась без—дум,—но. Но только сейчас впервые призналась —

стара!.. Какое признанье!

Нет, не было ни разу, чтобы ее выбирали - она выбирала сама.

Ее угасающее чувство простиралось через километры простыней, изжеванных с продавцами и школьницами, доярами и спортсменами. Ее угаснувшее чувство!

Она прошла большой путь с тех пор, как вытолкнули из окна ее Катю.

Она стояла у стены и через дверь с табличкой "Главврач" услышала:

"Николай Леопардович, я так не могу работать, у меня вата и опилки кончились, материала нет другого, чем их набивать, сегодня в голову тому циркачу, что с лопнувшей печенью, пижаму затолкал, а дальше? - Вы не первый год работаете в прозекторской, найдите выход сами, у меня и без того хлопот много. Делайте что хотите, только чтобы прилично выглядело, и родственники не жаловались..."

Лидия Алексеевна, отшатнувшись от двери, с беззвучным земляным лицом, прочь унесла порезанное тело.

Пропал аппетит, все ночи ей мерещились толпы безголовых людей и пижамы, летающие соблазнительно над ними, снились очереди за халатами в магазинах, виделась юная пара, - по ней двигалась тьма, воинство синеватых паучков; они залезали им в уши, носы, выбирались обратно, бродили туда и сюда, исчезали. Любовники не замечали ничего...

Потом во рту казался вкус пижамы.

Она проснулась и понюхала халат, подумала: "Этот не стали бы резать, нашли бы похуже..."

Все дни до выписки вертелось в голове одно: "И меня
когда-нибудь, как того циркача, как куклу, и моих детей...
Всех!"

  - Нет, нет, нет! - вопияла она, просыпаясь.

Ей захотелось обнять того странного человека, заста-
вить целовать сильно и грубо - в грудь и лицо.

Вороной съежилась в липком халате.

Смотрела в окно на детей, на прохожих... Заметила мед-
сестру, флиртующую с больным...

. . . .

Про того, кто ее целовал, сказали потом, что он пси-
хиатр, собирающий материал для диссертации.

П о н я т н а я   п е с н я.

После больницы ей захотелось встретиться с Гладиато-
ром Матвеевичем, увидеть его дорогое когда-то лицо.

Дверь открыл дворник: неделю как похоронили, много хо-
роших вещей оставил. Что делать? Пропадет, конфискуют...

Она прошла в квартиру.

Пыль, за окнами белые.... черные тряпки - на полу -
около люстры; воздух творил дух прощанья.

  - Здесь в шкафу лежал его дневник, где он?

  - Да, тут много ходили, спрашивали, копались, вывози-
ли, я только о мебели и бронзе пекусь. Книги? что книги...
Ищите, всё должно быть. Или было. А вы кто?

  - Я возьму его портрет,- сказала Лидия Алексеевна,

сняла со стены акварель. И вышла.

— А кто вы? Кто? Могут спросить, — неохотно кричал дворник.

— Под осень в нашем городе дожди, — неслось вслед.

Двор.

Хмуро и сыро.

Дождь бьёт в лица, в лицо.

По закрытым векам, груди, животу уходили холодные пальцы воды, прочерчивая линии вниз. Успокоилась от этих прикосновений.

Дорога дальше.

Ветер выбил внезапно портрет акварельный, кинул в лужу, погнал с листьями, окурками, обертками конфет, с черными легкими ягодами.

Тени настигали дождь у земли, он бился о виски портрета, разбивая бумагу на хлопья.

Лидия Алексеевна шла вдоль потока воды.

Краска растворилась уже, унеслась с водою, исчезла под машинами, ногами. Вот хлопья бумаги скрылись из вида совсем.

Падает крученый лист, слеза кружится в лиственнице серой, запахло серой, опахала нет, брела по улице беспечно напевая свой именитый вальс.

Простилась с далеким.

Нужным и дорогим ли?

Наверно.

Июль — ноябрь 1962 года.

ПРОЗА ФОТОГРАФА

Много у меня было ученичков, с Кривулина и Куприянова начиная, но ни одному из них - не пошли впрок уроки "звуковой школы". Но они пригодились прозаику. Гран, Гран-Борис /Борис Александрович Кудряков/, рождения - примерно - 45-44 года, объявился году в 67-м. Малосадовский кадр. Сначала он покрыл мне блестящими портретами Эрля и Элика /см./, захаживал с натюрмортрами и фотокнигами /одна, "СНЫ", воспроизводится тут, вторая, "АПОКАЛИПСИС" - пропала, полагаю, все в том же Израиле/, но к началу 70-х - объявился ко мне уже со зрелой прозой.

Проза Гран-Бориса строилась на современно понимаемых Вагинове, Хармсе, Белом - в отрыве от "их" культуры, на обломках таковой - и фотографически понимаемой реальности. Огромную роль сыграл и Петербург Достоевского /сейчас при конференции достоевсковедов во Франции - функционирует выставка Кудрякова, "Мир Достоевского", если Эткинд удосужится прислать данные - включу/. Жил и живет Гран - на Боровой, в самом что ни есть пролетарско-бандитском районе /Обводный, Лиговка, Московский вокзал - злачные места со времен еще до-блоковских!/. Жуткие проходные дворы, грязь, узкие улицы, доходные /"достоевские"/ дома - под боком и музей Достоевского!, в том же районе сложился и появился Владлен Гаврильчик. Помимо: будучи профессиональным фотографом, работал Гран ... в судмедэкспертизе, страшнее чего вряд ли можно придумать. Рассказывал: снимал труп девушки в ванной, в голову были воткнуты 5 или 6 пар ножниц... Снимал мужика, перелезавшего через забор фабрики, с чем-то краденым - зацепился, повис и бился всю ночь головой, глаза вытекли и висели... /Отсюда образ - у меня уже, в "Большом вечернем концерте или посвящается Е.Клячкину" - "соплями висели глаза"/. Лучший мой портрет с дочерью - сделан Граном: специально завез нас куда-то в район Пороховых, улица с заброшенными бараками, покосившиеся столбы - я-то этих вещей и не видел, когда просто проезжал с пани Малкиньской в "физгородок", где она квартировала, в районе Кушелевки.

Из поэтов Гран особо и сразу же сошелся с Эрлем, у которого и ознакомился с "Козлиной песнью" Вагинова, а потом, как и все - полюбил Бореньку Куприянова, много снимал его. Помимо живых, оба Бориса /Гран и ученик его, Пти/ снимали Никольское кладбище и - без конца - Петербург, зимой, летом, в белые ночи, но Пти привлекали красоты и классицизм, Грана же - манили окраины. Совпадают они, тем не менее, зачастую настолько - что я не берусь установить, чей это снимок. Гран, правда, снимал, в основном, "Москвой", а более молодое поколение - желало "Лейку" или там, на худой конец, "Никон". Отсюда и качество. Но не глаза, а - печати. Глаз, впрочем, у ученика - оказался острее, что было признано всеми фотографами. Относились они к Птишке примерно так же, как мы, поэты - к Куприянову, баловали поросенка. Но поросенок стоил того.

Возвращаясь к прозе, лексике и звуку. Образам тож. Юмор у Кудрякова - ЧЕРНЫЙ, если вообще это можно назвать юмором. "Раковая шейка матки" - типичный образчик его словотворчества. Но поражает меня в нем, в основном, ПОЭТИЧНОСТЬ прозы. Плюс: отношение к слову. В отличие от зараженных псевдоклассицизмом поэтов - от Куприянова до Бобышева - Гран не поддается на приманки "красивых слов". Наоборот, он использует эти слова для создания примитивистских контрастов, где-то близко к методу Лескова. "И всякие горжетки-козетки" - напоминают "мелкоскоп" и "плакон" лесковские, но уже с современным акцентом. Все мы читали Арцыбашева: цитирую по Нике Валентиновне - "Ты не смотри, что я так мал, / И коротки на мне штанишки, / Я Арцыбашева читал / Две прехорошенькие книжки!" Саша Черный и "Сатирикон" - смешались с влиянием Набокова, словом - ДО и ПОСЛЕ, начисто обходя /обходя ли?/ социалистический реализм. Каковой также присутствует, но в негативном значении. Как у Гаврильчика. Гаврильчик, равно и Гран - могли бы быть отнесены спокойно к "барачной школе" /см. 1-й том/, но в ее ПЕТЕРБУРЖСКОМ варианте. Смешение архаизмов с советизмами, экзотизмов /сюда же и историзмов/ с утрированной малограмотностью - все это у Кудрякова гармонизируется, иногда до перехода в "стихи", звуком. Этому он "научился" от меня, а потом уже - я от него. Проза, мною писанная в Вене - законное ученичество у ученика. И не стыжусь: рад.

2.

Жёлто-серая даль безнадёжна, прощаясь с одиноким путниками на бесконечной дороге.

В весне всё, несёт неприют просветление неба, покрывая природу. Перемены к движенью пока незаметны. Поспешно снег. Быстро понеслись листья вчерашней осени, той осени, самой, что как оказалось печальна была самой лучшей из всех и последней. Двое скачущих вглубь лесов и полей не замечают за собой тонкого следа, по которому другим не пройти, и который до сих пор остаётся незамеченным.

1.

Неужели? Леди пригласила меня на меланхолический вальс! Я в её власти. Танцуем. Как отблагодарить её. Я брошу к её ногам сердце! Нет. Лучше голову её врага! Или и то и другое. Но почему она грустна, отчего только тоска её тешит? И меня не слушает, и мысли не читает. Вот остановилась среди зала, погасли все свечи. Через малиновые портьеры падает новое утро, на него смотреть нелегко, но приятно. Её руки падают вниз и, закрыв глаза, улыбнувшись, она радостно вздыхает.

Открылись широкие двери, к нам вводят двух коней. Падает. На сирень белый снег, лепестки цветов, смешиваясь с метелью, улетают. Близилось.

3. Близилось.

Эпиграф.

Мой апрель однокрылый веял, веял,
Вскрывая резцом зеленоватый мрамор,
Пока линия не вывелась, станет
единственной,
до той поры скорби.

Петр Z.

СПБ.
Воронеж
Ейск
Новороссийск
Керчь. Феодосия. СПБ. Одесса СПБ.

Август 1972 года —
— Май 1973 года

КУДРЯКОВ AND АКСЕЛЬРОD

А.НИК /Николай Аксельрод/.

Прихрамывая на правую /или левую/ ножку, в ортопедическом
/или не/ ботинке, с рыжей волосней и бородкой, подает руку даме,
вылезающей из троллейбуса:
— Осторожнее, мадамъ, осторожнее! А то — ёбнетесь!
Едем втроем и, как полагаю, к Эрлю. На Разъезжей вылезать,
час пик, в задний проход — остервенело рвутся люди. Вдруг Эрль, с
диким воплем: "Пустите меня!!!" — бросается в толпу, прущую в зад-
нюю дверь автобуса. Эрль — в шляпе, при усах и со старомодным пор-
тфелем. Толпа расступается. За ним, прихрамывая на ножку, без шля-
пы, но в рыжих волосах и бороде — из автобуса появляется Аксельрод.
Толпа столбенеет. Но когда за Аксельродом — я, в бороде, волосне,
собачьей шубе и с клюкой — толпа в автобус уже больше не хочет. Ну,
одного идиота — она бы еще снесла, ну, двух. Но трех — и по нарас-
тающей!...
Юмором Аксельрод обладал мерзким. Сплетник и неразлей-вода
с Гран-Борисом Кудряковым, позднее и с Эрлем. Диму Аксельрода я
уже не знал, с меня хватало — и Коли.
Пописывал. Да и кто на Малой Садовой был не из пишущей бра-
тии? А что там, прозу или стихи — так ведь и Хармс был серединка
на половинку — прозаик? поэт?
Это была особая ментальность. В Москве она выразилась в зре-
лом концептуализме, в Петербурге же бытовала — "любительски". Идет
Эрль — и через урны перепрыгивает. С портфелем и в шляпе. Аксель-
род прыгать не мог — поэтому "резвился в слове". Надерет цитат из
восточных касыд и закомпанует все это в стих. Стихами тоже, есте-
твенно, баловался.
Но более — прозой.
Стихи — посвящал я ему, на его отъезд по женитьбе в Чехосло-
вакию. Вошли в мой с А.Б.Ивановым сборник "Гратис" /писан в начале
1973/. Привожу.

сатира о России гибнущей за Аксельрода.

рушится тайга на малой садовой пространно
сохнут степи у сайгона подобно простыням
озеро исчезло в саду таврическом быть имевшее
иссякла канализация общественная равно и домашняя
газ земной щедро питающий в района сланцев
прекратил подачу из-за подобных мерзавцев
умерла последняя рыба красивая семга
о чем неутешные рыдания смогов
моровая язва в губернии приключилась
глад настал съели последнюю что в оном приютилась
организация оон шлет в россию бразильский кофий
разумей каковой для народа опий
поставлен вопрос в организации юнеско
не превратится ли аксельрод в ионеско
пьяный комендант сорокин булавой помавая
изливает на онаго как таковые помои
ибо гаснут над невою невские зори
вспоминая о небывалом уроне
забастовки в тольятти о невыпуске аксельрода
каковой есть позор трудящегося народа
паче дети рождаются без волос и без яиц
таковому поступку удивляясь
как в богемию влекут апокалиптические кони
аксельрода в пломбированном вагоне

Февраля 15-аго дня года 1973 от Р.Х. в
Санкт-Петербурге.

Госпожа Бовари - это я, Аксельрод.

ВОСЕМЬ С ПОЛОВИНОЙ ПОЛЬАНОК НА ДВОИХ

> В этом рассказе пойдет
> речь о том, как родил-
> ся, ходил в школу, а
> затем и в ремесленное
> училище, работал на
> заводе, и наконец умер
> простой труженик, то-
> карь 2-ого разряда,
> Иван Сергеевич Ротзье.

1971

ПЕТУХОВ

У Петухова было трое детей, и все они посещали
среднюю школу. Кроме детей у Петухова была кошка
и жена Нюра. Кошку Петухов очень любил и называл
её Муркой. Неизвестно, любила ли Мурка Петухова,
но, во всяком случае, она позволяла ему всякие
вольности. Дети Петухова как-то договорились меж-
ду собой и убили Мурку булыжником. Петухов осер-
чал и всех детей утопил в ванне, а жене сказал,
чтоб ни-ни, чтоб никому значит, что, мол, взяли
и сбежали в дальние страны. Потом Петухов пошел
на базар и купил по случаю котенка. Назвал он его
Мурзиком. Котенок оказался слепым и поэтому все
время тыкался рожицей в предметы. Петухов хохо-
тал, а Нюре говорил, чтоб ни-ни, чтоб никому зна-
чит.

1971

Мережковский перешел улицу и оглянулся. Зинка на сей раз не преследовала. Навстречу косолапил Мережковский.

— Ааа!!!

Поздоровались, разговорились, оглянулись пару раз — Зинки не видать. Разошлись, втайне подозревая друг друга.

Встретились вновь к вечеру, оба в дымину пьяные. С ними Мережковский, без Зинки. Угостились, остограммились. Заговорили разом, стараясь перекричать друг друга:

— Ты, я, они, "а Зинка дрянь!"

Мережковский был хмур и неопрятен. Кричал Мережковскому в ухо:

— Сваабода!

Где там?! Не слушал. Мережковский, Зинку вспоминал, помнилось. Жалко стало, слеза покатилась, манжетом утёр и повеселел:

— Может ещё по одной?

Пошептались, хихикнули, и опрокинули, горлом булькая. Стёкла очков запотели, лица — лоск, захотелось песни. Спели как умели, понравилось, спели ещё одну. Мережковский вприсядку. "Эх, эх! Гуляем, мужички! Молодца!"

Забыли о времени. Хрипели анекдотами: "Дай я, дай я скажу." Мережковский ходил из угла в угол — декламировал. Потом кидался на шеи и целовался:

— Гений ведь, куда отнимешь, кому подаришь!? Славно!

Стояли у форточки, дышали по очереди. Дым от папирос синел на лицах. Угри на носу выделялись крапинками и светились. Вдруг засмеялись от души:

— Какие мы всё-таки ещё дети...

Не хотелось утра, но зевалось. Вповалку лежали и храпели.

Снились тяжёлые сны.

1971

Рассказ

Мы поцеловались как всегда и улыбнулись друг другу очень любезно.

Надо вам пояснить, что целоваться с ним одно удовольствие.

Любезность же - это вторая наша натура, или точнее натур-философия.

Губы у него сладкие. Особенно после того, как он выкурит сигару.

Потом любезно и не без любознательности заглядываем друг другу в глаза.

Сидим на кан-апе.

Мягкий свет стелется по всей площади комнаты, 18 квадратных метров света. Это настольная лампа, - его настольная лампа, стоящая на столе, в то время как мы на кан-апе целуемся. Не так часто. В основном сразу же после моего прихода к нему. Я к нему прихожу и тут же сажусь на это кан-апе. Он отодвигает в сторону лист бумаги и, любезно мне улыбаясь, двигается навстречу с протянутыми губами. Чмок, чмок! Мы садимся и всматриваемся друг в друга.

Ну рассказывай, говорит он. Я начинаю рассказывать.

- Всюду волнения. Вот сегодня шла по улице и видела, как свирепый ветер волнует кроны деревьев. Протяжно выли псы, и неслись стремглав серые прибалтийские тучи. На рейде стоит корабль, а с набережной на него устремлены взволнованные лица. И не только ветер и деревья, не только корабль и псы, но ещё что-то неясное носится в пространстве и волнуется. А что ты?

И он:

— Мой мягкий настольный свет рассеивает по всей площади (18 квадратных метров) тишину и оторванность от всего мира. И даже кроны деревьев, и тучи, несущиеся куда-то за окном,- всё это лишь декорация, кинематограф. И даже не слышно звуков рояля.

— Ты не боишься тишины? Этого гула тишины, от которого порой волосы дыбятся?

— Страх, это другое - страх всегда присутствует, но вид шуршащих туч что-то напевает мне, и этот напев, и мягкий свет моей настольной лампы рождают воспоминания.

Мы поцеловались.
Губы у него сладкие, но ещё не так,
как бывают сладкими после сигары.
Мы поцеловались.

— Какие это воспоминания?

— Я вижу город. В этом городе много башен и маленьких домов с черепичными крышами. Из окна я вижу, как поднимается в гору лента дороги и обрывается у толстой, как баба, башни. И по небу ползут серые тучи.

— Ты был в этом городе когда-нибудь?

- Да, был!

- Что ещё видишь ты?

- Иногда я вижу себя сидящим на стуле и снимающим с себя башмаки. За окном яркое солнце и снег. Я пришёл домой с холода, замерзший, и радуюсь теплу, дому и тому, что так крепко защищён от холода улицы.

Но это не я. Я видел такую картинку в одной детской книжке. Я любуюсь на эту картинку, умиляюсь ею.

Он встал и прошелся по комнате тихими шагами.

- Глупо, конечно, сентиментально, но почему-то именно два эти воспоминания возвращаются всё время ко мне, когда я смотрю в окно и вижу тучи, дождь, и зелёные кроны деревьев, волнующиеся от порывов неслышного ветра.

Вот он какой!

Вот ты какой!

Он вернулся, сел рядом со мной на кан-апе и смущенно улыбнулся.

- Вот ты скоро уйдёшь, уже пора, - он посмотрел на ручные часы, - в свой порывистый мир и, быть может, немного приглушишь волнения дня, побыв тут со мной некоторое время в рассеивающем мягком свете. Я уже вижу - тебе стоит теперь только переступить порог моего дома, как деревья выровняются и замрут на месте, а тучи прекратят свой бег.

Ещё потом мы говорили с ним, увлекаясь, о технике стиха, и нас чуть не задавил фиакр.

26.IУ. 74.

ВАЛЕРИЙ БРЮСОВ

Р а с с к а з

Владею собой. Пишу "Кантемира". Написал стихи — "Ты не-
много со мной поиграла".

                Ты немного
                Со мной
                Поиграла
                В волосах моих
                Что-то искала
                Ты со мной
                Поиграла немного
                Не найдя ничего
                Ты ушла.

Отложил перо и вспомнил Валерия Брюсова. Отложил томик
Валерия Брюсова и взял перо. Отложил и перо, и Брюсова, и
только что написанное стихотворение. Письменный стол был
гладкий, полированный. Видел узоры, сучки, разводы, изгибы.
Да, лес, да! Грибы, Шишкин, паркет в Русском музее. Рука к
перу, перо к бумаге, и снова Брюсов на столе.

Ты немного
Со мной
В волосах моих
Рыжих искала.

Да, искала. Вы, говорит, с космосом посредством своих волос общаетесь? Я, говорит, тоже — и встряхнула ими.

Владею собой. Сразу на неё не бросился. Рот кривил и о всяких зверствах рассказывал. Знаю, любят они, когда им о зверствах рассказываешь. Голос дрожит, знаю я это чувство, но собой владею. Не хочется распускаться. Многие на моих глазах распускались.

Встал из-за стола и прошёлся по комнате. Поправил скатерть на столе. Никакой у меня скатерти нет, это я так, но собой владею. Высунулся из окна, но вспомнил, что давно зарёкся писать об окнах. Было свежее утро. Вздохнул полной грудью и понял, что весь мир — это насмешка. Рассмеялся. Хорошо. А миру — всё не хорошо. Почему так?

Ничего, ничего
Ты ушла
Поиграла немного
Со мною
Только зыбкая тень
И тепло твоих ног
На подушке помятой
Остались.

Ну вот, пришла и сразу заговорила о космосе, из волос электричество гребёнкой добывая перед зеркалом.

Вполоборота: вы знаете - общаюсь, - и вы тоже?
Прилично ли это?

Дышу полной грудью. Смеюсь и плюю на тротуар, на мир, на проходящего мимо господина Брюсова.

Бороду отрастил, а совесть запустил. Чёрт с ним! Мир хорош, пока его не трогаешь. А копни - и поехало. Сопли, вопли и понос. Я потом ещё к этому вернусь. Сейчас не об этом. Всё это время я вроде бы и живу, а как бы сплю. Так уж получается. Я всё вру. У меня нет стола, нет пера и бумаги, и господа с бородками клинышком под окнами не шляются.

> Только зыбкая тень
> На подушке помятой
> Лежит.

Пишу я лёжа. Все давно исписались, и говорить - я писатель - можно лишь рыжей школьнице. Все вопросы разрешены давно. Мир - болото сомнений. Каждое поколоение сомневается и оставляет следы своих сомнений. И только.

> Как следы её ног
> На подушке моей...

Отворачиваюсь резко от окна и подхожу к столу.

Стою, стою, стою в задумчивости - греюсь мечтой. Да, я писатель - снова ей. Это значит, я должен описать её тело. Значит, она должна лечь. На стол. Да, да, - на стол. Она будет лежать извилиной на извилистом настольном рисунке, а я буду описывать её тело, её мир. Между поцелуями задавать вопросы и с точностью их конспектировать.

Вопрос: Что вы при этом чувствуете?

Ответ: Мне хорошо.

Вопрос: Что такое хорошо?

Ответ: Мне приятно.

Вопрос: А именно?

Извилина тела или изгиб тела? И там и тут сучки, и там лес, и тут лес. Душа потёмки.

Писатели исписались, поэты испелись, художники изрисовались. Все остальные истлелись. Что подо мной - тело или тлен? Оно молодо, но тлен. Оно ещё может удивляться, но удивление это старо. Ничего другого и не ждёшь, и потому-то оно и лежит ногами в подушку.

Ушла давно. Я полной грудью. Стишок на столе - плод воспоминаний. Какой плод она унесла? Ну тело, ну приятно, ну, поехали!

Беру лист. Может выкинуть его в окно? Пускай летит листом осенним.

Все исписались. Не о чем больше. Даже тело её не ново. Старо своей формой и горбится. Груз веков.

Ходить по комнате и думать. Думать без конца. До тех пор, пока не проголодаешься, но и тогда думать о еде.

ж   ж
ж

Утром написал два стихотворения. "Любовь". Потом в лавке купил: калоши, перчатки, Лермонтова.

Любовь бывает разная
К предметам и явлениям

Любовь она опасная
Когда в ней только страсть.

Любовь приходит полночью
А утром легкой дымкою
Она летит по комнате
Не дав себя поймать.

Второе не буду переписывать. Оделся и обнаружил, что уже осень. Подумал: надо купить калоши, перчатки, Лермонтова. Пошёл в лавку. В лавке полно людей. Покупают всё, что можно: нижнее бельё и Пушкина, шляпки и Мережковского. Кому-то захотелось Л.Н.Толстого. Без нагрузки не продаём, заявил лавочник. С грузом, с нагрузкой - какая разница. Тому пришлось купить Толстого и зонтик.

Зонтиком укрывшись
Томик Толстого в руке
Дождь стучит тяжёлый
Это ль не любовь?!

Калоши тут же и одел. Перчатку одну. Другую с Лермонтовым держал и думал:

1) Вот совпадения. Перчатка вещь дуэльная. Его по лицу, перчатку на пол, под ноги. А я её в руке, и рядом Лермонтов, убитый на дуэли.

2) Лермонтов завидовал Пушкину и как тот, тоже дуэли искал.

3) Убить самого себя грех, а подставить грудь или спину - не грех.

4) Не убивать они оба шли, а убитыми хотели быть.

5) То, что калоши, перчатки и Лермонтов, так ведь это проза. Пушкин, вероятно, тоже покупал в лавке французский роман, пилку для ногтей и игральные кости. Помните:

> Быть можно дельным человеком
> И думать о красе ногтей.

Вот оно. Не ясно, зачем только прозу облекать в стихотворную форму?

ж
ж ж

Теперь я спокоен, так спокоен, как труп... и только. В сердце заглянуть боюсь. К Варе злоба и полупрезрение. Образ Любви Андреевны выплывает, как утешающий и смягчающий. Хорошо бы иметь в ней друга.

Ни о какой Варе, а тем более Любви, я писать не буду. Я их, собственно, даже и не придумывал, само как-то получилось. То, что касается трупа, это святая правда. Конечно, приятно быть живым, веселым, беспокойным и шумливым человеком, но и спокойствие трупа тоже не плохо. Труп, он отрекается от всего и, конечно, в сердце не заглядывает. Изобретение нести гроб на плечах принадлежит мне, конечно мне...

> Я несу на плечах своих гроб
> Я один на один с этим гробом иду
> Мы плывём словно челн по волнам
> Между улиц и жёлтых домов.
> На плечах моих гроб
> Тихо волны весеннего дня нам в лицо.
> Но споткнуться нельзя. Этот гроб

                    Словно крест я решился нести
                    Сквозь века.

    Я долго думал, кому посвятить это стихотворение. Дело в
том, что оно так и напрашивается, чтобы его кому-нибудь по-
святили. Но посвятить мёртвому - теряется смысл, живой же
может обидеться, - вот и посвящаю его себе.

                    Сам себя возлюбив
                    Я стихи посвящаю себе.

    Этакое двустишие вдруг в комнату впорхнуло, хоть и за-
крыто окно.

                        ж   ж
                            ж

    Умер Лялечкин. Эта смерть, против ожидания, глубоко за-
тронула меня. Лялечкин был моим наиближайшим другом, хотя
я в этом и не отдавал себе отчёта. Мы родились в один и тот
же год, и я думал, что и умрём в один, но он мёртв и "гроб
на плесах моих", я жив, но "крест тяжел". Чтобы развеяться,
я вышел из дома и пошёл вдоль Кировского проспекта. Была
весна, но такая дождливая, неопрятная. Я нёс в себе смерть
друга и старался думать только о ней, хотя думать о ней мне
не хотелось. Дойдя до Гренадёрского моста, я остановился.
По левую руку, в первом этаже пятиэтажного дома находилась
парикмахерская. Эту парикмахерскую строил Лялечкин. По пра-
вую руку шли старые дома. В одном из них жила моя тётка. Жи-
ла в квартире дореволюционной балерины. Была она любовницей
царя, балерина эта, и царь частенько к ней на чай жаловал.
Тётка жила в комнате, которая на плане квартиры была отме-
чена как курительная.

Да, господа!

Лялечкин же был прораб, и, кажется, эта парикмахерская была его последним делом. Мне вдруг закапало за воротник, и я пошел обратно вдоль проспекта. На углу проф. Попова я снова остановился перед домом Шаляпина, в котором расположилась поликлиника. Я не то чтобы смотрел на этот дом, в котором тогда жила моя тётка, - смотрел я на другую сторону, на проходящих туристов. Далее я шёл к реке Карповке, которая впадает в Чёрную речку, на берегу которой стрелялся Пушкин. Вот ведь как всё вдруг запуталось: течение рек, времён и смерть Лялечкина. Холодно мне стало, от реки несло перегаром и ещё чем-то, неуловимо грустным. Поспешил домой и наткнулся на Лялечкина.

ж   ж
ж

Написал стихотворение, которым сам доволен:

Чай.

Вечер, сумрак и окно   вспотело
Стол щербатый и поднос
На плите стоит сердитый
В каплях пота самовар.

Неплохо. Я редко бываю сам собой доволен, но сегодня, написав стихи, очень доволен.

Варя не приходила, зато звонила Л.А. Здравствуй, сказала она, друг мой! Знаешь, продолжала она, я такая сегодня счастливая! Была потом пауза. И: ты не спросишь, почему?

Так почему? спросил я.

- Я встала утром и, отодвинув штору, увидела, что напротив, в соседнем доме, точно такая же молодая женщина открывает штору и тут же вся как будто отдается этому наступающему дню. Я видела себя со стороны, и мне стало так хорошо и легко, что голова моя закружилась от счастья, и я снова к окну подошла и видела - напротив женщина кружилась в вальсе.

Чай.

Вечер, сумрак и окно вспотело
Стол щербатый и поднос
На плите стоит сердитый
В каплях пота самовар.

Утром рано мне звонила
Словно бабочкой влетев
Шторы окон мне открыла
Люба, Люба - голос трель.

- Ну а что ты, мой друг, продолжала она, голос твой мрачен? Ты плохо спал?
- Да вовсе я не спал, я ей в ответ.- Всю ночь за чаем просидел.
- Да что ты, милый, надорвешься. Такое сердце биться перестанет. Увидимся?
- Пожалуй. Приходи. Мы выпьем чаю.
Любовь Андреевна нажала на рычаг.

Чай.

Вечер, сумрак и окно вспотело
Стол щербатый и поднос

На плите стоит сердитый
В каплях пота самовар.

Утром рано мне звонила
Словно бабочкой влетев
Шторы окон мне   открыла
Люба, Люба - голос трель.

День летел - и на диване
В ожидании Любви
Я сидел в объятьях неги
Где-то жарил патефон.

Ты приди ко мне отведать
Чаю с репой и борщом
Ты приди ко мне как лето
С ветром бурей и дождём.

Потом она пришла, уселась рядом на диване. Ну вот, я и пришла, она сказала. Глаза её блестели (была весна). Послушай, что с тобой? Расшевелись, взбодрись, всмотрись! За окном чудная погода, а ты - как зверь и... нелюдим. Давай закружимся с тобой мы в вихре вальса заводского. Давай тебя я поцелую в лицо и в губы, и в глаза, - проснись, очнись - давно роса на чайный куст уже легла.

И мы легли, и тело зыбкое её ходило, и, словно чая аромат, по комнате летало мыло. - о полно, полно, - перестань!

Чай.

Словно вихрь всё промчалось
Горе, радость и любовь
Тело зыбкое осталось

В неподвижности лежать.

Одевались не спеша. Уходя, Любовь Андреевна сказала:

- Милый, не сердись. Ведь это утро было так прекрасно, и не напрасно сегодня я к тебе пришла. Нет, нет, ты оставайся и чай свой допивай. Мой милый, не сердись. Действительно пора. Мой муж придёт с работы, и я должна (со смехом) хотя бы чашку чая заварить. Прощай сегодня, завтра позвоню. - Она ушла, меня оставив на диване. Она ушла. Чёрт с ней, пусть катится, а я действительно - пойду ещё чая выпью. Как говорит В.Э. - жажда, жажда замучила. Гуд бай.

ж ж
ж

А, Курсинский! Клянусь - ты холоден. Берегись.

Я обошёл вдоль тела и пальцем указательным коснулся. Ты холоден, Курсинский, - берегись.

Я сел на корточки, у ног твоих согнувшись. Проверить я решил твоё телосложенье. Оно холодным оказалось.

Берегись - Курсинский.

Я птицею взлетел в пространство над тобою, и словно лес твои темнели пряди. Я дунул, воздух в ветер превратив. Ты холоден остался. О, берегись, Курсинский!

Что оставалось мне? Я саблю вытащил из ножен. Взмахнул рукой - и покатилась голова.

И холоден остался ты, Курсинский, так берегись твоя душа. Клянусь, я к ней найду лазейку.

1974 г.

Петров

Сижу на стуле на берегу залива и наблюдаю за закатом
солнца. Оно уходит в море, и появляется Петров.

  — Я пришел тебя сменить, — говорит он мне.

  — Что ж!

Встаю со стула и перебрасываю через плечо мешок дров.
Иду по бережку, по водичке, чтобы собаки на след не напа-
ли. Показались высотные бараки. Иду мимо, тщательно заме-
тая следы мешком с дровами. Но всё это напрасно, через пол-
часа мне надо вернуться к стулу и досмотреть отблески в
воде. К этому времени труп Петрова наверняка обнаружит-
ся и уберется в карету скорой помощи. Напеваю песенку и
иду мимо булочной.

           Святая жопа

           С губами младенца

           Зачем не раскрыла

           Ты тайну травы

Сделав три круга вокруг бараков, той же дорогой возвра-
щаюсь к стулу. Петров, мёртвый, сидит как ни в чём не бы-
вало и на воду щурится. Делать нечего. Все дрова на землю
и развожу костер. Труп туда, в огонь. Смердит Петров, как
заводская труба. Я сижу на стуле и наблюдаю за разгулявшей-
ся корюшкой. Плывёт корабль и сигналы мне подает звуковые,

трубные. Везут холеру из Астрахани. Будет много костров, думаю, много Петровых и Сидоровых сгорит в них. Ну а мне-то какое дело! Вот рыба, вот вода, вот стул, на стуле я. Приходит Петров и говорит:

— Слезай, я пришёл тебя сменить.

— Что ж!

Встаю и подхватываю стул под мышку. Сиди, Петров, на голых камнях, жопу студи. Стул мой, не казённый, Ухожу далеко от берега, на другой конец города, смотреть, как из воды выползает чистое утреннее солнышко. Проходя мимо первых костров, весело напеваю песенку.

> Зачем не сказала,
> Зачем утаила
> Ты тайну травы,
> Ты тайну травы.

14.10.74.

Проект письма № IO к...

Кто не верит - пусть разводит галок.
"Нарты"

Свежее слово держи под замком. Меланхолически рви бумагу.
Слово ласковое тебе сказала, ответь грубым. Обидится, бу-
дет дурой. Не смейся в лицо самому себе, уважая при этом
в себе все достоинства, даже патологические. Если увидишь
несчастье, на коне нартов, плюнь с Казбека в Терек, плюнь
три раза. Под дождем не ходи один, чтобы с ума сойти не в
одиночку. Весной гляди в оба. Вот стоит школьница, с кото-
рой впору выспаться. Чёрные чулки на ногах её, знай: она
сексуальна, раз спиной прислонилась к стене. Каждое утро
сладко зевай и не спеши вставать к обеду. Кипяток без
чая - яд. Пьяный, сидя на земле, кусает девушек за ноги,
собакой себя бешеной представив: и это порыв, только нео-
бузданный. Раз в три года ходи в баню ради профилактики.
Всё остальное свободное время мой душу. Не будь идиотом,
не поддавайся на соблазны догмвнов. Задумал жениться - же-
нись с закрытыми глазами и ушами, заткнутыми ватой. Она
потом всё равно откроет глаза на себя, но не теряйся и в
реку ближайшую не бросайся. Брось туда вату, детей не бу-
дет. Течение времени не имеет ничего общего с течением ча-

са. Купи себе шляпу и не снимай её, когда встретишься с Догменом. С книжкой проводи время на крыше: набравшись мудрости, веселей плеваться. Всё, что внизу, может быть когда-нибудь и будет наверху, но то, что наверху, никогда не будет внизу. Все способы хороши для достижения глубокого сна. Не спеши из пивной, никто не знает, что тебя ожидает снаружи. Не пытайся познать ветра, не то он тебя познает. Полюби самого себя, но не настолько, чтобы потом возненавидеть за это. Увидев школьницу, сразу на неё не набрасывайся, пусть она тебе сначала дневник покажет. Никогда не пользуйся общественным транспортом — будешь слишком много знать и скоро состаришься. Работу бери на дом, если дают. Если не дают, не бери. Никогда и никого не учи, иначе тебя проучат. Не доверяй никому своих авторучек — рука отсохнет. В кино ходи только с презервативом. Лучшая беседа — это большая **пауза**. Если приходится говорить, говори так, чтобы тебя никто не расслышал. Заметив навстречу идущего инженера, повернись вокруг себя три раза. Седьмой день — конец воскресенья. Враг человека — Догмен. Цветной сон — лучший доктор. Все встречные — поперечные. Любой абсурд оборачивается кругом. У любви один конец. Прежде чем сказать Да, скажи Нет. Женщина — десятиминутка. Все Догмены одноглазы. Читай только вслух, чтобы все разбегались и прятались. В гости ходи только к самому себе. Чужим ключом свои двери не откроешь. Кот, рожденный мышью — Камыш. Избыток силы выбрасывай на горячий камень. Гений — не тот, про которого говорят: Это — гений. Гений — тот, кто говорит: Я гений. Утро для новичков. День для обжор. Вечер для старичков. Ночь для спанья. Сила твоя в тебе, не задувай свечи. Очи твои — огни, ими свой путь освети. И школьница может быть Догменом. Знай: в огне сгоришь; огонь — колыбельная. Каждый день горишь, не замечаешь; так что не ропщи. Не беги от холода к теплу. Беги от холода к холоду, по дороге согреешься. Живи, где хочешь — ночи длинны. Не пытайся познать тайного, явного не видав. Каждый день — чудо, стоит лишь подумать о ночи. Мышь может родить гору, человек же — ни горы и ни мыши. Природа — климакс. Женщина позволит на себя влезть Догмену, но не позволит сломать цветок Ангелу. Всё, что в земле, всё твоё — хочешь ли тогда принадлежать только самому себе? Можешь бумагу рвать только меланхолически. Со школьницей выспись только с согласия своего внутреннего голоса. На бездну наплюй. Если поздно, ложись спать. Всё кончается, и даже этот текст.

2 марта 1975 года.

Летучая Мышь

С. Ник.

Из   книги

"О П Ы Т Ы"

Однажды Витенька аршин проглотил.
Папа его спрашивает: "Ты что сидишь,
как аршин проглотил?" А он отвечает:
"Так уж вышло."

1969

Сидоров шёл по бульвару Красной ка-
валерии и увидел стул с табличкой "Для
Сидорова". Сидоров сел на него и про-
сидел полтора часа. За это время ниче-
го не произошло. "Странно," - сказал
Сидоров. "Странно," - вторил ему Пет-
ров, сидевший рядом на стуле с таблич-
кой "Для Петрова".

1970

Удары судьбы обрушивались на Петрова на каждом шагу, сегодня же, когда жена сказала ему, что он лысый, он решил разом свести счеты с жизнью. Он вышел на лестницу, подошёл к лестничному проему и ...

— Да что ты, Петрович, — услышал он голос своего соседа Ивана Васильевича, — Ну и что, что лифт не работает, ведь ты первый этаж пролететь можешь, в подвал угодишь.

Петрова охватило такое чувство, как будто ему в душу наплевали.

1970

К Пете подошёл здоровенный мужик и толстым волосатым пальцем щёлкнул его по лбу.

У Пети зашумело в голове, послышался гул аплодисментов. Он увидел себя на сцене, освещенной прожекторами, публика рукоплескала ему.

Боль постепенно стала стихать и совсем стихла. Петя увидел себя сидящим посреди мостовой. Он встал. Ему стало очень неловко.

1970

С.Ник

/Сергей НИКОЛАЕВ/

Из   книги
"МОСТ ЧЕРЕЗ РЕКУ ОККЕРВИЛЬ"

На другой стороне

/чайная бумага/

В.Э.

Странная бумага! Выпив этот чай, я
весь вечер писал на той стороне всякие
чудные слова и даже сам им радовался,
но - словно чаем писал или просто гля-
дел - - нет ничего и что-то лишь хочет
отразиться, но где-то теряется там, на
границах слов и какие-то новые потоки
впечатлений лезут под перо - я разго-
няю их пером, чтобы писать свободно -
да только от суматохи пера одни рос-
черки и вновь всё уходит на границы
своих значений,   как бы возвращаясь на
место свое. Одно перо в руках,   да на
бумаге скудный отблеск - не лампы
ли?.. И вновь эта изнурительная попыт-
ка - и снова на этот лист лишь выпада-
ют табачинки из еле свернутой папиро-
сы, да падает пепел. Может, ручка сло-
малась давно, и вожу уже пальцем сво-
им, словно палкой по воде - - но нет,
от острого пера по бумаге разбегаются
водяные круги и водяной жук спешит пе-
ребежать в свой угол,   стараясь увер-
нуться от пера.

74.

Ухо.

У меня в ухе   спрятана маленькая ёлоч-
ка.

За ухом есть небольшая пашня и там то-
же кое-что спрятано.

Недалеко от уха тоже кое-что называет-
ся и там есть глаз.

Если поглядеть в сторону от уха,

то можно очень просто не увидеть уха.

В ухе можно ковырять спичкой

или в зубах.

II.9.74.

Сначала было ничего, потом лучше, а затем совсем уж полегчало и вдруг потеплело. Я удивился и заснул прямо на стуле, а Петров не уснул, потому что он хитрый и сидел на табуретке. Но моё удивление было так велико, что я не смог заснуть и сразу же проснулся почему-то в холодном поту и в заплесневевшем зеркале увидел, что облысел. От удивления я заснул, сидя на диване, но тут же проснулся и взглянул в зеркало. Лысина была на месте, но лицо покрылось морщинами. От удивления я заснул прямо в кресле с колесами, но тут же проснулся и поглядел на самовар. Там ничего не отражалось. От удивления я заснул...

Стало легко, потом лучше, потом совсем хорошо, а потом вдруг неплохо.

июль 1971

Интерьер.

Я сидел на диване, а вокруг были стол, стул, табуретка, подоконник и шкаф.

Потом я пересел на стол, а вокруг были стул, табуретка, подоконник, шкаф, и я сидел на диване.

Затем я сел на стул, а вокруг были табуретка, подоконник, шкаф, и я сидел на диване и на столе.

Потом я сел на табуретку, а вокруг были подоконник, шкаф, и я сидел на диване, столе и стуле.

Затем я сел на подоконник, рядом стоял шкаф, и я сидел на диване, столе, стуле и табуретке.

Потом я сел на шкаф и сидел уже на диване, столе, стуле, табуретке и подоконнике.

Становилось многолюдно.

июнь 1974

Годы.

Безрадостно шли гады.

Из книги

В. Немтинов, или ВНЕ

Грусп был преданным тем человеком. Он носил крашеные букли. Он любил смотреть на разноцветную воду. В сущности человека не лишен времени и смысла. К ряду независим и лимонное лицо. Образован мерой и не старался. Мерилом общественного и гражданского статиста не возлюбленный лимон. Лишней сентиментальности и света не возлюбленного лимон. Не возлюбленного лимон обрадован мерой света. Грусп. Он, вероятно, был "лишним человеком". А сам выжидал и думал иначе пунктами, вероятно. Спал на полу о том, как выжидал лишнего слезами несчастного. Обед принесли на стол и лишний поднялся исковеркан судьбой. Бесплодно долгое время пообедал и лишился признания во время напрасно силясь о. А Грусп. Он был неслышен в ряду имён произносимых осторожно возлюбленного лимон. Он носил крашенное тело и ноги руки. Он, видимо, спал на полу в поле на крыше одиноко. В сыром и тёмном углу кофейни вне законов света и обуви. Справедливый по-дружески руки ноги угол мерой света. Вещь литература многострадальная страны не имея и времени недостаточно лишнего. По появлении своём и обедая давился слезами признания света. Грусп а. Грусп по в. Грусп об силясь вспомнить в распаде лишнего. И пускался на волю судьбы к. Поднимался с постели хватаясь спазмы в затылочной части разноцветные воды времени. Грусп во к времени руки обувь распада ноги времени Грусп к.

25.9.68.

―――――――――――

* У греков стираются лишние ноги Грусп о.

пустой сверчок стучал себя в грудь пустым кулачком, и
эхо разносило рыдания на все четыре угла избы,глазки его
горько сверкали слезами.

- где Хеленукты? - рыдал сверчок.

- где, где они? - повторял он.

- уберите от меня эти подлые стены и потолок... я не
хочу больше жить здесь... я хочу Хеленуктической полеми-
ки... я хочу стать лимоном! - рыдал сверчок.

а в пространстве паршивые огурцы повесили   множество
огромных колец, и в середине каждого висело по огромному
фарфоровому яйцу. под ними была сооружена громадная кар-
тонная свинья с мраморными глазками. она стояла   гордо.
она поставила правое копыто вперёд.

     5.10.68.

ЧЕТЫРЕ ТЕКСТА РОМАНА БЕЛОУСОВА /ШКОЛА АРОНЗОНА/ с малым комментарием.

Руки у него грубые, металлиста /кем, вроде, и работает/, нормальный чело-
век и, вроде, с русой бородкой и с усиками. За Лёню заступался яростно, страстно
- шли мы по Невскому у Дворца пионеров, и я, как всегда, нападал. Это было еще до
знакомства с Михновым, году в 68-69-м. И до "знакоства" моего с Аронзоном.

С Романом мы сталкивались и раньше, на одном моем-Кривулина чтении, и опят
он выступал с позиий своего, тогда еще живого, мэтра.

Но однажды заловил я его на Малой Садовой, под матерью-Родиной, в садике -
у меня был фугас бормотухи, а Роман забивал косяк. Планчик меня не волновал, а бо-
рмотухой я с ним поделился. Оттуда пошли бродить, лето, и застряли, наконец, у ме
ня дома на Бульваре. Всю ночь сосали бормотуху, курили, ну и чайком баловались. И
говорили. О чем говорили - я, убей бог, не помню, но проситанные Романом четыре
текста его - заставил тут же отстучать на машинке.

Позже, после смерти Лени, я его не встречал никогда. По слухам, ушел в се-
мью, не подкуривает, а пишет ли что - мне неведомо.

Но и по этим четырем текстам - ясно, что он поэт.

O! И дату под одним нашел, если не написания, то - чтения. Значится:

"Бел. Р.В. 11.06.70"

Стрела печальна и легка
Была к нам гость издалека
И удивленному народу
Я объяснил ее природу:

Она пробила листья клена
Подобно солнечным лучам
И позабыв родной колчан
Легла на землю утомленно.

Изысканно высоки ваши бедра
И туловище легкое над ними
Венчается главой ведуньи.

И выдохнуть приятно ваше имя.
Оно, мне кажется, дурные сны задует.

Так на свечу, ее любя,
Летит воздушная струя.

Смотри, дарю тебе букет:
Трех роз свиданье,
Пусть, заключенные в стихе,
Они не увядают.

Побеги ветра
Дуги веток
Не замечая тени гнут
Собою ладил тетиву.

Когда собрались восемь кружек
Благославив себя и ужин
Вести обряд своих речей,

Но свет, увидев прядь седую,
Сказал неведомому дую:
— Послушай, друг, ведь я колдую,
Не лучше ли тебе, подобно мелкой птице,
Перед орлом посторониться?

Мои ключи гремящей меди
Подобны лиственным медведям.

Себе заметив нет излучен
И не обычному научен,
Но зная альфу и омегу
Он рек зимою много снегу.

Дите отдав на волю леса
И окрылен и величав
Он краток был в своих речах

И молвил им в одно мгновенье
Вернуться к берегам реки,
Где сеть чинили рыбаки.

Тогда грустней еловой лапы
Они пошли тропой оленей.

Ища подругу и ресницу,
Чтоб укрепить свою десницу.

Но видим дню подобны латы
Забыв покоры берегов
В смятеньи голубей булатных
Бегут на головы врагов,
А тех движения обратно!

АНОНИМ

/Ленинград - Москва, 60-е??/

Прощай, Садовое кольцо,
Я опускаюсь, опускаюсь,
И на высокое крыльцо
Чужого дома поднимаюсь.
Чужие люди отворят
Чужие двери с недоверьем.
Но мы отметим, мы отмерим
И каждый вздох, и каждый взгляд.
Ведь мы ни в чем не виноваты,
Мы просто постучались к вам
Как те бездомные собаки,
Что воют ночью по дворам.
Прощай, Садовое кольцо,
Товарища худые плечи.
Я помню строгое лицо
Я слышу праведные речи.

/Обычно поётся на мотив романса
"Я встретил Вас..."/

Евгений ЗВЯГИН

Меня /опоновила?/ эта осень.
Сидеть на даче,
Жечь свечу
из розовеющего стеарина,
и слушать Шуберта,
Которого я не люблю,
Но который, наверное,
Знал толк в осени.

И тогда эта скуластая, с косой,
О которой я думаю так часто
Станет на время игрушечной,
Прессом для бумаг,
или ссохшейся, поломанной черепушкой
Одиннадцатого века,
Которую принес для моей любимой
Один из ее знакомых археологов.

14.6.65

L'Art poetique

Увы, я слишком много знаю,
и оттого косноязычен.
И эти звуки - это знаки,
Что я меняю "чур!" на вычур.

И от питья, срамного брашна
Сухие отрастают стопы...
Мне страшно. Это так же страшно,
Как реставрированный тополь.

29.6.65

Ник. НИКОЛАЕВ

КАББАЛИСТИЧЕСКИЙ ЗНАК

Каббалистический знак - коромысло; -
                - выбоина на стене.
Это весы, определяющие соотношения
                 моей и твоей судьбы.
Каббалистический знак и
                желтый кусок стены.

сентябрь 1964

КАРТОЧНЫЕ ЭТЮДЫ

1.

Трефу кладу между лбов...
В ад холодных и потных рук
Пут опоясавших рот
Пут забывающих губ.

Ведь взятка моя раскрыта
Вот твой черный валет
Вот черная дама чадит
Соперников ищет. Их нет.
Ревнивцы твои в гробу
Студенистой покрыты мглой
Секиры наточат и в бой
На терзанье моей судьбы.

Как проклятый грешник иной
Инок почивший во сне
Инок в ненужной игре
Я играю с самим собой
Моя взятка всегда раскрыта
Мои карты любой перечтет
И наученный снова начнет
Дожидаться часа расплаты
Вот и ждет, когда веер мастей
Будет сдвинут и брошен к столу
На сукно, мимо всех...

И я трефу на карты кладу.

2. /микрофильм сам чорт не разберет: абсолютно слепой/

3.

Туз будет с вершины скинут
Лавровый сдвинут венок
С самой атласной кипы
Отодвинутой в бок
Одетый в цветной венец
Забытый и одинокий

Он будет смеяться оком
На этот смешной конец

10 апреля 1965

С.М. /Саше Миронову?/

А когда присмиреешь к вербному дню
Из купели повиснешь крестясь
И потянешься ртом к голубому огню
Обмакнись в алый пол наклонясь.

За вратами по белому снегу беги
По насту кровавому вскачь
А устанешь вернись обратно приди
У органа постой и поплачь.

А забудешь иди. Твой лампадный огонь
Будет бить в темноте каждый час
Твой петух прокричит что кончается сон
Чтобы трижды откликнуться в нас.

13 апреля 1965

АНДРЕЙ ГАЙВОРОНСКИЙ

СОНЕТ №2

с а м о у б и й ц а м

Ты жизнь жуешь
И жизнью давишься
Чего-то ждешь
И в этом старишься

Напрасно верил
Напрасно звал
Напрасно двери
Им открывал

Ты написал
Последний стих
Ты все сказал
Простил всех их

Всю жизнь ты ждал
Но вот ты стих.

6.7.64 г.

И.Б.

Кофе на Малой Садовой.
Памятник. Площадь Искусств.
Скалюсь в улыбке весёлой,
Но мне почему-то грустно.
Сквозь едкий дым сигареты
Гляжу на рекламы броские.
Шагаю с другом-поэтом
И рассуждаю о Бродском.
Где он, наш рыжеголовый?
Рядом другие... Но пусто.
. . . .
Памятник. Площадь Искусства.
И кофе на Малой Садовой...

/1964/

СЕРГЕЙ ТАНЧИК

Математический Отрывок в котором Нехватает по
числу строк и который посвящен
одному Человеку.

Я увлечен душой твоей
Своей душою не утрачен
Оставлен я в тени твоей
Моею тенью ты охвачен
Умом отчаиваясь сплю
И бодрствую когда люблю.

22 января 74 г.
г.Загорск

АЛЕКСАНДР ШЕЙДИН

А.М.

Ищу соцветье. Это или то.
Французская классическая школа.
Смотрю я на "Капризницу" Ватто,
Касаясь золоченого подола.
Я не чураюсь низменных манер,
Когда они достичь сумеют цели,
Я в этом деле просто пионер
С душою гёза или менестреля...
Прости мою навязчивую чушь,
И, в рамках этикета, откровенье...
Плюю в лицо подонков и чинуш,
Чтоб завершить мое стихотворенье.

/Главпочтамт. 24.1.65/

Он ел только рис и мусс
И был генералиссимус.

/1965/

365

Малосадовские реалии. Этот текст был сделан мною одной подруги для, но ей он всяко был ни к чему. Привожу, как иллюстрацию к разделу.

/ККК/

а л е ф т и н е

"элифант и эликонт
и лесныя сраки..."

/державин?/

в африке
жили гаврики
поднимали гав у реки
один гаврюшка -
мелкий гав в рюшках
головой в рожках
напоминал гаврошика
поэт гайворонский
подымал гай воронский
учинял хай
ему говорили: "нехай"
михаил юп
задирая юб
чесал посиневший пуп
к секте гезихастов
примкнуло несколько гусехвостых   /сноска: т.гусак/
памяти эллия-карла сельвинского
на катафалке
везут фиалки
сел кот на фаллос
фрегат паллада
и ганс фаллада
молча фаллическими символами торчали
салический закон
в пустоте торичелли
витал зуйком
лёня зыков
серией знаков
напоминал зэков

экономия народно-хозяйственных товаров
продолжалась

1969
клиника Павлова

Образец малосадовской лексики. 2 черновика Грана. Материал для резерча.

ТРАНС НОМЕР ОДИН

Она нахмурила свой узенький лобок, и газовый накинула платок.
Закрыв при этом двери на балкон, и сунув в рот с изюминой батон.
Рембрандта кисть - для улицы метла, а жизнь светла длинна и весела.
Зачем смотреть в твои глаза, ведь я не верю им, своим мечтам, каким
- ?. У, тютеньки, тютеньки, я лябушку мои разафа.
Федоренко кончился в машине, Вагинов В.Ч. - не поступил в балет.
Липнет мрачный /не разбор./ на бабе босоногой и ногой нагая шлюха
шевелит.
Шлюха льдом гремела по ночам.
Хлеб жа́лит, как хлеб параной. Она приходяща, она и уходит. Лови сек
суальный дурман по ночам, я твой сексуальный карман.
Баба-дура ехала на мотоцикле. В этом твоя беда, я ябеда, сука зеленая
тебя сослать на молоко и молоку.
В квадрате два желанья, платка, чулка, страданья. Скульптурное строе
нье
И кулинарное прозренье.

ТРАНС НОМЕР ДВА

Ни слова о человеческой доброте, ни слова, об этом просят люди, уходят
К пороку с порога кидая анфас или профиль.
А что я? пожалуй отвечу. Ответ если будет жесток, жестокость прощу и
учту свечу, купив свой порок бескорыстием платным.
Ах дивное мгновенье на коне, и день и вечер в дивном серебре.
И смех и золото - замятины на льду, в мехах, в парче - я на тебе торчу.
А как вам нравится на светлом фоне ангел?
Тот свинья, в ком есть момент сомненья,
                                        впареньи овоща не зреет
Злее яд, чем в откровенной дурости от друга принужденьем,
Сон девственника чуток, мрачен взгляд.
Сон чуток мой, я сплю, но вижу, как эхо переходит стороной и чуткость
Несколько пониже.
Да это низость, низкая нужда, а ниже все... - рифмуйте сами.
Стреляю в лёт, как будто на лету я говорю слова и все равно молчу.
О странная игра сподвижною мишенью, желанье плоти вовсе не низость,
Подумайте люди, одно мгновенье и обладанье не странно ли это, ведь
Это поэты.
Все одна и та же тема о вырожденьи, врожденный порок, губы синькой
Трясут фиалки теребя мерзко, беря потаскуху, похотьюлюбуясь.

Володя граф ШУВАЛОВ, 16 лет
15-я линия, клиника Павлова
1969 г.

ДЕВУШКЕ

Убери,
   убери свои ноги!
Хоть отрежь,
    отруби,
      убери!
Вакх, Венера
    и прочие боги!
У меня процветают пороки!
Лучше мне их отдай,
     подари!
Я хочу.
   Но молчу.
     Надо, надо!
Очень надо! -
    мне сердце стучит.
Ты целуешь болотного гада.
Надо? Гада? Ты рада? -
     Молчит.
Извергаю сие я посланье
Из моих нецелованных уст,
От тебя лишь исходит молчанье.
А сирени нетронутый куст
Увядает и сохнет
    в болоте.
Мир кипит -
    а попрежнему пуст.
... Ты уж ложе готовишь в заботе
Для других нецелованных уст.

P.S. За этот текст 18-тилетний Боренька
Куприянов поиздевался над юношей, и тот исчез.
Не знаю, случился ли из него поэт.
Писал под псевдонимом "Граф Шувалов".
Тетрадь стихов - пропала, естественно,
в Израиле /см. 1-й, 2-й "и прочие" тома/.

ПЛОСКИЕ ФАСАДЫ

```
ПЛОСКИЕ
            И
            ПЛОСКИЙ ПОЛОСК
ФА    С    А
         Ды              ДАН.
         ПЛОСК              НА.
         П                  .   А   М
              О                  ДЛЯ
         ЛОСК        ПОЛОСКАНИЯ
              О           НАМ   ТЕМЕНЬ   В   ТЮМЕНЬ
                   К
                          НАМ    ТЕМЕНЬ
                                 ТОМИМ
                                 ТМИН
                                 И ФАТУ В У..

         ТЕБЕ    НА        МЕНЯ

              НА    ФАСАДЫ
                        ДНЯ

                        САД
         В РАЗВРАТ НА      ПЛОЩАДЬ
                          ПОСАЖЕННУЮ   И
                          ПОЛОЩЕТ
АУ-АУ   АКУ-АКУ-ОСТРОВ  ПАСХИ
                   МОЕ
                   МОЕ
                          ПИСЬМО      О..!
                   РОНГО-РОНГО
                          ПИСЬМО
         А ПАРУСНИК   ПО    ГРУДИ   ДИ...?
         СЛОВНО   ПОДОДЕЯЛЬНИК
                 ПОДОЙДИ!!!
         СНИК
                 НАЗЕМЬ
                 ВМЕСТЕ
                      С ТОБОЙ
                 В   ИЗВАЯНИЕ
                          МЕДЛЕННО
                      НА    ГРУДИ
                                ГРУД
РАСТЁТ   УДАЛЯЯСЬ КАК ПАРУСНИК
                      НА ПЛОСКИЕ
                              ФАСАДЫ
```

ЗЕЛЕНЫЙ официант.

У ЗЕЛЕНОГО
                ОФИЦИ....

У РОЗОВЫХ
              ГАРДИН
                  ШИШ
      СРЕДИ   ЦАЦ

В   УГОЛ ЦАП   ПОД ПА
                  ПЛЫВЕТ МИНУЭТ
          КАРД И БАЛЕТ   ПА
                      СИЛУЕТ ПЛЫВЕТ
              ЕТ - ЕТ   ЭЕТ - ЕТ ПЛЫВЕТ
              ПА
          ЦАРАПЫЕТ
                ПОЁТ   ПОЁТ
                  ЭЕТ - ЕТ
            РОНДО   РОМБА

      БЛЮДО   НА   СТОЛ
                          ПЛЫВЁТ
                А ПОЁТ   ПОЁТ
                    ЭЕТ - ЕТ
      ГОЛЫЙ   НА СИНЬ ЛЬДА
                      ЕРУНДА   ДА. ДАЛ
                  НЕ   ДАЛА

                  ЮРА АДА ААА.
                  ДАЙ А ДА ААД И

        ЗОЛОТОЙ   ПОДНОС

              ЦАЦА ПОНЕС

        ПОД ЗОЛОТОЙ   НОС
          РЮМКА ЗВЕНИТ
                      ЗВЕНИТ
      ГОЛОС В ТОЛПУ   ЛАНИТ
      МОЙ ЗЕЛЕНЫЙ ПОДНОС
      ХИЛЫЙ ЦАЦЕЙ ПОД ЗОЛОТОЙ
      А Я ЗЕЛЕНЫЙ ОФИЦИАНТ

ДМИТРИЙ БОРИСОВИЧ МАКРИНОВ

Служил в библиотеке ЛГУ /в конце 60-х и начале 70-х/.
Писал тексты совместно с В.И.Эрлем и без.
Более данных нет.

Ледоход.
Идет лед
На льду - коробка
В коробке - курица
Курица хмурится
И говорит:
А не хуя погодка

апрель 1965

увидеть в вагоне глаза
знать
  "всё понятно
я сам этим есть"

июль 1965

две картины на желтой стене
одна из них - желтая

июль 1965

стога сена
столбы
человек на откосе
в открытом вагоне -
покушение на убийство

июль 1965

Вл.Эрлю

под синим потолком кружась
спускались тихо апельсины
и незаметные грузины
ловили их...

июль 1965

умножение и деление
разбивание на квадраты

сохранение площади на натянутой проволоке

61 - 58 ЛОД

июль 1965

красные кони монгольских орд
внезапностью нападения
фарфоровых вестников заоблачного Хана
празднуют появление
девяти стрел варварского солнца
девяти чисел великого похода

июль 1965

когда бездумный идиот
задумчиво кусает шины
давя неслышно кринолины
высоких северных широт
я вижу у своих ворот
печальнопасмурное бденье
твоих несомкнутых кореньев
ведущих плавный хоровод

август 1965

1

Скажи мне, витязь,
Завтракал ли ты?
А если да, то в чем причина
Того, что тетина кончина
Не вызывает тошноты?

2

Скажи мне, витязь,
Завтракал ли ты?
А если нет, то объясни причину
Того, что тетина кончина,
Не вызвав яростной кручины
Дает лишь приступ тошноты?

сентябрь 1965

Пустился взапуски мальчонка,
Посрать присела собачонка
И по погоде - в распашонке
Спешила на базар глухая старушонка.

Весь мир безветрием был пьян -
Желать ли можно лучшего, болван!

ноябрь 1965

НАЧАЛЬНИК И КОРОВА

б а с н я

Начальник густобровый
Сидел в кустах
И вдруг над ним корова
Открыла пах

Начальник густобровый
Лежит в кустах
Лицо его сурово
Говно в очах

мораль:

Усатым быть весьма возможно
Но пересрать корову сложно.

март 1966

1916-1966 гг.

Когда труп упившись кровью
Хвастается красотой щёк
Ждите - измерив удаль коровью
Свой поднимет из гноищ ок
И держащие знамя трупа
Воскликнут в нечеловеческом страхе
Когда не найдя живого супа
Швыряет мертвец мертвецов на плахе

март 1966

МАГОМЕТАНИН И СОСЕДКА

/ б а с н я /

На пороге черной рыбой
Разлегся магометанин
А соседка вольным взором
По нему перебежала
И сказала рассердившись:
"Что ты рыщешь здесь, скотина
Иль в пампасах пищи мало?"
Отвечал магометанин
Тем нимало не смущенный:
"Мне хватает в дебрях пищи,
Я не пищу здесь ищу!"
И достойная соседка
Усмехаясь ядовито
И поддерживая платье

Гневно в горы зашагала
А дурак магометанин
На пороге черной рыбой
Преспокойно и упрямо
Оставался возлежать

сентябрь 1966

Она стояла у калитки
В ее руке висел бутон
Я мимо проехал в кибитке
Мне тихий послышался стон

июнь 1968

Ту-ту-ту-ту-ту-ту-ту
Вырос флюс в соседском рту
Очень я теперь боюсь
Что это был совсем не флюс

июнь 1968

Белой тенью ты мелькнула
В полумраке на стене
В тот же миг стишок Катулла
Произнес я в полусне
Но твоей бесплотной тени
Не поймать мне платья край
Кто не падал на колени
Пред виденьем невзначай?
И легка как Беатриче
На ладони у любви
Ты стояла для приличья
С розой спелой на груди

ноябрь 1970

из Гамлета

Кто в ухо налил керосин
Шепча умри же сукин сын
И страстью рвущейся в груди
Назад отрезал все пути
Кто там стоит в мохнатой шкуре
Гонзаго бледен и дрожит
Глаза в агонии зажмуря
Пред ним мертвец-король лежит
То сам Гонзаго-герцог бледный

Убит неверною рукой
И тонкий мальчик воплем вредным
Трясет размеренный покой

ноябрь 1970

Я - Вася! - сказало я смело
И рухнуло быстро назад
А в облаке что-то запело
И солнце пошло на запад
И в веточках ивы цевница слегка
Мне свистнула, вторя душевной игре
Которая так кружевна и легка
Которая нравится мне
Лежало я тихо, мой нос обонял
И слушало ухо земную кору
И в писке жучка, что с травинки упал
Мне думалось - я не умру!

январь 1971

ПЛАВАНЬЕ МАЛЬКОЛЬМА БР/.../

Воробей сидел на древе
Ветку рыжую грызя
На его мохнатой деве
Глаза светятся грозя
На горе медведь вертясь
Летает в шкуре своей смело
Рисует в воздухе быструю вязь
Молча свистит его тело
И подплыв к ноге гриба
Там сверкает узкая щель
Мы шагнули - крива и ряба
К нам вошла королева Эль

март 1971

Скифия лет тридцати
Преспокойно съела отраву
Зелень внушенья избрав
Чистым волненьям крови

январь 1972

Ввиду томительного спора
На темном лоне коридора
Где дело номер триста шесть
Лежит скрывая злую весть

Когда в объятиях невесты
Ты зубом рвешь планеты тесто
И взор направя невпопад
Напрасный узришь вдруг закат
Где гордый птич свернув крыло
Ногтем царапает стекло

февраль 1972

Стоит большой дом.
Очень большой дом.
Снизу доверху - окна.
И в каждом окне по мужику.
У каждого мужика по бороде и все смотрят.
Подходит человек, запрокидывает голову и кричит
мужику в самом верхнем окне:
"Эй, ты, как там тебя?"
И все мужики хором отвечают:
"Это старшой наш."

1965

ПРО ТО КАК ЛЫСЕНКОВА НЕ БЫЛО

Однажды Лысенков не пришел на работу и его целый
день не было.

1967

РАССУЖДЕНИЕ

Если бы А.С.Пушкин был нравственным человеком, он
не писал бы все время про ноги. Нравственные люди все-
гда пишут про голову и только в очень редких случаях -
про живот, и то только в аллегорическом смысле. Поэто-
му мы всегда можем сказать, с кем мы имеем дело.

1971

Во втором классе у меня был нарыв на животе. Доктор
велел делать примочки, но мне было страшно. Я пошел на
болото и поймал там пиявку. Дома я приложил пиявку к жи-
воту. Пиявка выпила кровь и умерла. Пиявку я бросил, но
зато на животе у меня сделался п у п .

1972

"Пар костей не ломит," - приговаривал Петр Семено-
вич, вываривая в кастрюльке голову Семена Петровича.

1973

ИЗ ПОСЛОВИЦ

Нет ничего такого, чего бы не было вовсе.

Не хвалюсь/ся/ мылом, а хвалюсь/ся/ рылом.

Сало покрохе - усы врозь.

Ночью все жопы серы.

Шила в кишке не утаишь.

1965-1973.

Пути шествия Сидора

/маленький эпос/

Неустроен и несведущ
В положеньях бытия
Влекомый мутною надеждой
Спешил Сидор от бития
5 Спешил от каверзной ловитвы
Известной странной простотой
Где крик посредника "постой!"
Не предвещал изящной битвы
Где были рытвины ботвой
10 Неугомонному порогу
Готовить костное рагу
Сапог не изменял ворогу
Тогда зароком заручась
Сидор взывал к немому року
15 Не тщась надеждой на подмогу
И к мраморным оборотясь
Он положил на ногу ногу
И чудо! Гогу и Магогу
Он обратил движеньем вспять!
20 "Чему бы это приписать?"   /вариант: припаять/
Сидор подумал на мгновенье
Но предаваться размышленью
Не стал. И сев на кабана
Свой путь ускорил громким "На!"

25 Тяжело воздух приминая
Кабан взлетел на поднебесья мая
И сонно сети распуская
Восток проплыл под ним гадая
О неизведанности ликов
30 Являвших странный вид свой в азиатских бликах
Под ним раскинулась природа
Над озером склонясь пил воду
Большой и толстый каннибал
Какой-то мальчик символ соды
35 На стенах замка написал
Сбирались завтракать народы
И крик младенца призывал
Больших существ его породы
Мулла гнусаво им вещал
40 О недостоинствах Шайтана
Известного противника Корана
Метались табуны коней
В степи усталостью томимой
Скитались дервиши по ней
45 И вестник с головой налима
Во весь опор спешил принесть
Властителю своему приятну весть.

Смеялось солнце головам
В веселии летящим пополам
50 Был день великого похода
"Веди нас, грозный воевода!" -
Кричали славные джигиты
/их были головы обриты/
И были шапки ни по чем
55 Рубящим на скаку мечом
Бегущих в страхе - кумачом
Папахи были их увиты
Счёт не вели тогда убитым
Кто был тем праздником забыт
60 Летел стремглав под звон копыт
С бездумным криком иностранца
От горла не отнять поганца!
Всю кровь свою ему отдай!
И впредь получше гостя принимай
65 Смотри, придет издалека
Из темноты в окно заглянет Разин
И месть не будет велика -
Нет на земле тебя достойной казни!
И дико вытаращит око
70 Восстав великим Велиоком
Свиреп младенца грозный лик!
Повиснешь, высунув язык.

Сыр-бор смотрел осатанело
Глазами черными дерев
75 Как рвал Сидор остервенело
Кабанью тушу - сам-де лев!
Спускалась ночь, светило погасив
И хохотал косматый дед, брадою сив -
Веселье видел он в колодце.
80 А ты что смотришь? Ну, закрой оконце!
Проплыли пьяные японцы
Глазами вод окостенев
Баклан завидовал не солнцу
Бессмыслен был ваш перепев!
85 Стоял небрит и величав
Своим треножием курчав
Не носорог, но вроде тоже
Ах, боже мой, какая рожа!
Парил веселый рылокрыл
90 Где ворог золото сокрыл
Смеясь несчастью вора жил
Он беззаботно ворожил
И распуская мор и чих
Любил сорок, мороча их.
95 Летел доволен в гуще скал
Следя за видом изменений
Что ваш ученый здесь искал?
Своих не сохраняя мнений
Вам был не ведом аксакал -
100 Скакал шакал - его оскал.
Слонялся кот лесами дикими
Ища, кому вручили пики мы
"Где ваш герой?" - спросил Василий

"Он... он не то чтобы в могиле...,
105 Отнюдь, он очень даже силен,
А впрочем вот и двери тех красилен!
Не правда ль здорово? Желаете зайти вы?
Здесь станете как мы от ног до головы красивы!"
Сколь сладостны нам южные заливы!
110 Недаром здесь произрастают сливы.

Прельщаясь запахами груш
Стоял под древом чудный муж
Любя насмешки пилигримов
Он был с природою на "ты"
115 Щадя удачливых порты
Давил сопливых рожи мимо
Увязнув в харе сапогом
Смеялся звучно и раскатисто
Кто мандарину был знаком
120 Пусть огурцом паршивым катится!
Да умножает огород
Могучий, радостный народ.

Гоним горбатыми смешками
Сидор летел стремглав с мешками
125 Кобольдов толпы не у дел
Сновали так, что бор гудел
Паслись чудесные мартышки
Играя в пальмах в кошки-мышки.
Плелись веселья хороводы
130 Зовя испробовать минводы
Осилить этот вот недуг
Ты сможешь путник вряд ли вдруг.
Кому послать вниманья знаки
К чему нам эти зодиаки
135 Твой череп пуст - чего мне боле
Хоть этим друг мой будь доволен.
"Фарфор и сахар - мой удел" -
Альраун сморщенный гундел, -
"Два варианта головы
140 Кому желать такой молвы?"
Прожект мой прост был и изящен
Унутренним отличен блеском
Кто склонность не имел к бурлескам
Тому понять поможет ящер.
145 Мой череп полирован изнутри
И форму выеденного яйца имеет
Меня увидев, всякий нос утри
И бормотать никто про сахар да не смеет!
Гляди - умножусь в этажах
150 И сгинет с воплем вертопрах.
И скажет бабушке бандит:
"Там сволочь пьяная лежит."
А был юнец кристально чист
Но желторот и потому не в меру голосист."

155 Горел костёр под чей-то свист
Всё было просто и сурово

Печально падал жухлый лист
Вдали маячила корова
Вертя усталым языком
160 Своей тоски извечный ком
Невдалеке могучий бык
Стоял с улыбкой интригана
Уж спать пошла невеста уркагана
Когда насупясь с печки - брык
165 Ишь, деловой еще старик
Воскликнул мир на карты глянув
Ведь путешествуй этак спьяну -
Откусишь нехотя язык!
Лягушки пели за углом
170 Убийством пахли канделябры
Когда сцепившись над столом
Хватались игроки за жабры
Ужасен вид седых владык
Клокочет каждого кадык
175 Судьба укажет великана
Смотри, не встань же слишком рано!
Светились рожи на стене
Являя вид отменно мерзкий
Восплачь каретник о коне
180 Хребет разрушен молодецкий
Кто выю сломит поражен
Тому не в пору слыть моржом.
К чему ломать уклад безделья?
Питайтесь, старцы вермишелью!

185 Визжащий человечек из кустов
Вдруг выскочил и был таков
Уткнувшись взором в небеса
Торчал болван как колбаса
Шла чередом своим игра
190 Ждала великого икра.
Росли несмело незабудки
Городовой сопел из будки
Все изнывали от тоски
Нескоро утро наступает
195 Ведь правду нам служивый бает
Привстав для росту на носки:
"Кто развлечений ждет на ночку
В болоте сядет пусть на кочку
И тотчас вскочит, взвеселясь -
200 В штаны заплыл к нему карась!
Помчится с воплями к кострам,
Грозя устроить тарарам
И будет жарить он карася
От пиллигримов бороняся
205 Потом сожрет его с костьми
Чтоб брюхом кружева плести!"
Произошло тут шевеленье
И кой-кого взяло сомненье
Достойно ль сидючи сидеть
210 Коль можно с пользою галдеть
Пронесся клич по поднебесью
Всем хором петь турецки песни
Люд карнавал затеял вдруг

Перерядя своих подруг
215 Ломал вприсядку дурака
Хватаясь в смехе за бока
Порхали красные носы
Как мотыльки при свете лунном
Иные рвали волосы,
220 Имея вид, завидный гуннам
Резвились малые младенцы
Истошно воя и визжа,
Дурак висел на полотенце.
В корыте плавала вожжа
225 Все рвались вовремя взглянуть,
Когда начнет она тонуть
Сверкали желтые клыки
В ночных костров неверном свете
Вились по ветру башлыки
230 Кричали розовые дети
Являя в простоте своей
Пример искуснейших затей.

Один Сидор сидел в молчаньи
Не приступая к жарким спорам
235 Предпочитавших смех запору
Презрел еще он в детстве раннем
И ренегатству не обучен
Любя насмешников гробы
Угрюмо жрал Сидор бобы
240 Зубовной злобою замучен

Летел под парусом старик
За ним метлой вооружась
Летела бабка стервенясь
245 Несла расправу шалунам
На радость гневным колдунам
Уж приближался час расплаты
И многие купили ваты
Уже расписывали пульку
250 В волненьи съел старик сосульку
Всё жарче разгорались страсти
На проигравших все напасти
Получит всяк наряд по чину
Потом пойди, пойми причину
255 Предчувствием знатна кончина
Ждет недогадливых несметная кручина!

И вот под грозные удары
Сопливцы стройной чередой
Внесли неведомые дары
260 Возрадуйся городовой!
Отдёрни полог золоченый
Да не смутит тебя ученый
Услышь, услышь урода вой!
Смотри, как корчится в углу
265 Терзая грязные обои
Сожрать пытается иглу,
Ан нет, выходит головою
Без черепной коробки всяк

Теперь не более чем брак.
270 Пустив в ноздрю седой кулак
Лежал на выходе казак
Крутя в беспамятстве усы
Жевал остатки колбасы
Невежей слыл он отродясь
275 И хоть отмечен был наградой
Не сыщешь ввек такого гада
Замолкнешь, дивом подавясь!

Вия носами тонку вязь
Вокруг толпились претенденты
280 И преимуществами ренты
Казалось был обижен князь.
И безобразные приметы
Ловя скачками мысли гордой
Сказал: "Судьбы не вам ответы!
285 Чего желать с такою мордой?
Вот ваш наряд! Держите ленты!"
"Но что это за позументы? -
Воскликнул в страхе бригадир, -
"Какие гнусные брезенты
290 Неужто это мой мундир?!"

И по сигналу главаря
Забыв изящные манеры
Ужасну ругань говоря
Смешались в драке кавалеры
295 Летали в воздухе эклеры   /Sic! - ККК/
Грозя испакостить шпалеры
Набив повидлом кушаки
Сражались насмерть мужики
Сплетались в дивном хороводе
300 Не размышляя о породе,
Давили с радостью носы
Не пряча хохота в усы
На чьем-то лбу в разгаре схватки
Возникли мерзкие ухватки
305 Там были пастбища и горы
Стояли крепкие заборы
Меж ними с признаками лени
Бродили мрачные олени
Рыл землю безучастный боров
310 Никто не выставлял дозоров
Не слышно говора и песен
Никто в селе не куралесил
Толпа медведей пряча спины
Прошла жуя кору осины
315 Изобразя в лице испуг
На площадь вылез старый жук
Какой-то маленький испанец
Держал в руке открытый ранец
Там были кажется игрушки
320 Ружьишки, бомбы, танки, пушки
Лежал на дне забытый сиг
По волнам плыл пиратский бриг
Исподтишка надев сюртук
Клялся победами индюк

325 Вдруг чье-то "ах!", нарушив пенье
    Прервало радости дуэньи
    Спросила, злобою дыша:
    "Который час, моя душа?"
    И разбежась по переулку
330 Поклонник злобствовал на булку
    Что так некстати вызвав смех
    Свела на нет его успех
    Разгорячась взбежал на гору
    Плодя усталые укоры
335 Решил метнуться было вниз
    Не поборя безумство рока
    Но вот урок сему пороку -
    Штанами зацепясь повис!
    Приняв такое положенье
340 Предался самоосужденью
    Его отчаянному взору
    Предстали гнусные позоры
    И между нами в тишине -
    Каретник скачет на коне!
345 Горбат и согнут ношей тяжкой
    Спешил до полночи к озёрам
    В таком мундире да с подтяжкой
    Не стыдно стать главою взором
    И сесть на камень у ворот
350 Вложив бездумно палец в рот
    Завидну участь лицезрея
    Матросы плыли, отягчая реи
    На рейде было не до слёз -
    Везли на пахоту навоз.

355 Кто распознать стремился с детства
    Все смыслы слова "амофос"
    Чей ум не выносил соседства
    Кто всех в округе перерос
    Кто звался книжником в селеньи
360 В читальне "Гамлета" трепал
    Кто маму с папой в умиленье
    Вводил смекалкой бывши мал
    Кто стал впоследствьи молодцом
    И обещал стать много выше
365 Не путал курицу с яйцом
    И не любил ходить по крыше
    Кто в рассужденьи о погде
    Был несомненно голова
    И чьим свидетельством в народе
370 Была доверья булава
    Тот без сомненья разберет
    Что дело вовсе не в карете
    И коль придется быть в ответе
    Не встанет задом наперед

375 Вот скромным девицам наука:
    Где лебедь с раком - там и щука.

    И вот заблудший пиллигрим
    Вступил на новые ступени

Распутной фразой ободрим
380 Шагал туда, где больше тени
Где спал замызганный удав
Под глупым знаком "ДОСААФ".
В парадняке четыре свечки
Вокруг предметов старины
385 Не замечая слов утечки
Спешил Сидор в края страны
Вдруг слышен топот, бормотанье
Из-за угла метнулась тень
Вот миг кривого упованья,
390 Но вскинуть брови было лень
И вот стоит подняв наган
Вершина мира - хулиган.

И голый шар на голом месте
Являл собой проклятье тестя
395 "Какие красные глаза!" -
В восторге молвила коза
"Какая стрижка!" - молвил слон, -
"Мерзавец кажется умён."
Смотрела сволочь из кармана
400 На голый череп хулигана
И сотня маленьких парнишек
В восторге пела форму шишек
Все в восхищеньи от болвана
И он сказал зажмурив очи
405 "Хоть просыпаюсь я и рано,
Но все же сыт подчас не очень.
Полезной пищи просит грудь
Росту, мой друг, не обессудь!

Расплылись пятна по лицу
410 Вещая гибель молодцу
Свирепо свистнул желтый клык
И молодец вертясь поник
Всё смёрзлось. Дух небоязливый
В колодец спрятался скорей
415 В смятеньи вздрагивая гривой
Ища надежду меж курей
Все исказились в страхе лики
Представясь ростом невелики
Забились в щель, зарылись в норы
420 Замолкли праздны разговоры
Закрывшись в страхе на задвижку
Молчал в сортире слесарь Мишка
Дохнуть от ужаса не смея
Разутым пузом конюх реял
425 Летел в ветрах по небесам
Придав направленность усам.
Коровье вымя пронеслось
Опередив свою скотину
Оно в скачке утратив ось
430 Взметнулось всаднику на спину
И он летел расправя грудь
Слегка похож на млечный путь   /Вар.: вздыбая ти
Ревел сердитый иноходец   подобен млечному пути/
Рубя копытами толпу

435 На грядке тучный инородец
    Лежал с отверстием во лбу
    Сменялись рожи, хари, лики
    Искало следствие улики
    А меж вагонов по путям
440 Бежали четверо к утям.

                Э п и л о г .

    В кругу лесов болот и пней
    Неразговорчив и надут
    Угрюмый тетерев Корней
    Устроил некогда свой пруд
445 Он по английскому примеру
    Облагорожен был фонтаном
    Что в назиданье изуверу
    Снабжен поныне медным краном
    В пруду купается карась
450 Играя с лебедью в пятнашки
    И прочья мелочь развелась
    На берегах клюет ромашки
    Корней уж стар, взрастил детей
    Дождался внуков и внучонков
455 Порой устав от их затей
    Бранит болящую печонку
    А к вечеру собрав вокруг
    Свою жену, детей и внуков
    Он позабыл про злой недуг   /вариант: свой/
460 Поёт о свисте грозных луков
    Поёт о подвигах былых
    Свои походы вспоминает
    И постепенно угасает
    Ночных дорог неверный дых

465 Спят тетёрки между пней
    Спит и старый жук Корней.

    Окт. 1965 г.
    13.5.66 г.

МИРОНОВ

МИРОНОВ

Миронова я не знаю и не люблю. Одно время с ним носился Эрль, когда тот писал стихи формальные. Потом он стал писать стихи православные и христианин Эрль с ним носиться перестал. Его любит Шарымова, но хуй она чего напишет.

Видел его уже в период "ЛЕПТЫ", в 75-м. Стихи - хороши, и христианские - тоже.

На проводах моих Юлия устроила два сабантуя поэтов. Первый раз было тихо, все читали стихи, посвященные мне и помимо, а я сидел на пианине и кайфовал. Э-тот вечер я записал, но в середине нехватило пленки. Потому что читали, засран-цы, длинно - не остановишь, а где ж столько пленки напастись. На этом вечере Миронова не было. Был он на втором.

На этот раз Юлия накрыла стол, и когда я пришел с женой с запозданием - бегали по делам, все уже были поднабравшись. Молодые и старые. После нескольких тостов в мой адрес, начался гам. Поэт-христианин Миронов, с каким-то при нем пи-дером, вроде, Танчиком, учал делать пальцами рожки в сторону поэта-хулигана Нес-теровского. Поэт-хулиган Нестеровский, с экземной физиономией и в неряшливой и редкой бороде, не потерпел и дал по морде поэту-христианину Миронову. Потом по-эт-христианин Миронов дал по морде Нестеровскому. Потом попало кому то еще и полетели бутылки. Юлия в голубом, специально пошитом платье, вертелась повсюду и получала отовсюду. Старик Бахтерев радостно прыгал, выражая своим видом полное одобрение, а его чуть глуховатая половина жевала салат /наполовину со стеклами/. Осколками стекол попортили платье на спине половины и саму спину. Потом проломи-ли голову поэтессе Алле Минетченко /она же Минченко/ и ее увели в маленькую ком-нату.

Оказавшись в центре такого бардака и не дожидаясь ментов, я просто сва-лил вместе с супругой, предоставив Юлии расхлебывать заваренную кашу. Об этом читай в ее дневнике.

Поэта Миронова я после этого не видел, но если Шарымова о нем напишет - помещу. Я все помещаю. Только никто не пишет.

1 августа 81   Писано было, что выше - месяца полтора-два-три назад. Шарымовой было написано, и послано через Лившица, на что Лившиц сообщил мне зачем-то адрес Шарымовой, а письмо переслал ли - я так и не понял. Пусть они и разбираются. Я с Мироновым, можно сказать, даже шапочно не знаком - так, на предотъездном мордобое встретились, да и стихи его у меня в таких слепых пленках, что сил нет. Но здесь его исправно печатают /и даже переписывают - Алка Радыгина, увидев у меня "Эхо", кинулась тут же списывать стишки Миронова, а еще ей у меня Найман понравился, и его/. Поэтому просто приведу 2 публикации, хотя видел и знаю у него ряд формаль-ных текстов, в духе Эрля, в период их соития - тьфу! - поэтического содружества. Единственные два ленинградца были опубликованы наряду со многими москвичами Вале-рием Тарсисом /мифическая фигура! тщетно ищу уже годы!/ в журнале "Сфинксы" за июль 1965 /перепечатано в "Гранях", номер на зироксе не разобрать/. О "Сфинксах" будет особый разбор в 3-м томе /если найду Тарсиса/, а пока - следует указать, что на номере 1-м местом выхода значилась "Россия" и "Издательство АРИ /Авангар-да Русского Искусства/". Так что и Эрль и Миронов в 1965 уже ходили в авангарди-стах /куда меня сейчас призывает Тупицын/. Ну, насчет авангардизма других авторов я глубоко сомневаюсь, да и Мироновского тоже, но Эрль - так в нем и остался. Один текст Эрля, а пропос, посвящен Миронову, им и открою. Поскольку включать в "осно-вной корпус" /Горбаневская/ стихов Эрля - его ни к чему: Эрлюше тогда только ис-полнилось 18 лет. Сколько Миронову - не знаю.

Привожу, натурально, не в том порядке, а - 2, 3, 1, 4, что лучше.

РАЗГОВОР С МАРКСИСТОМ /в машинописи, что знаю, названия нет -
ККК/

Кровавли! натуральные! мозолю!
подлицаюсь то рыжецов отречных
святоатцы и те, тунявые,
мод пошедшие падут в мусс!...
мена
ус задрав сует тсс!...

/Прим. ККК - начиналось также с маленькой буквы/

ПАМЯТИ МАРИНЫ ЦВЕТАЕВОЙ

каркающий обвал
в прочной цепи облав -
двое - их обнял жар
стиснуты суетой
сколько раз отражал
камень порыв святой
камень - рванулся вверх
камень - как сердце - вверх!
липкую жгучесть век -
настежь - глазами вверх!
скоро - в тисках сожмуь
скоро - вдвоем сожгут
скоро - взовьется стяг
скоро - сожгут - простят!
вечные сны Марин
идол неумолим...

-- -- --

И снова, в кандалах, - в Сибирь,
в себя: взрывать свои надежды,
и снова тянутся столбы,
и лица - те же, песни - те же.

Заупокойный хоровод
бредовых образов и писем -
пока выдерживал, но вот
мой прах мне бандеролью выслан.

О, Господи! Зачем теперь
позвякивать скандальной строчкой...
Кандальный лязг, пора потерь.
Стон двойника - из одиночки...

И все к чертям, но вот черта,
а если - за, - то пожалеешь.
Постой, ведь совесть нечиста...
Давай, ступай, да поживее.

И вот в лесах. Стереть клеймо,
принять свой прежний облик...
Опять в толпу. Опять - ремонт.
Опять - над головою - обух.

-- -- --

Обесстрочила душу зима -
перемена погод и идей
уверяет, как будто - сама -
но в согласьи с тобой, иудей.

Мой российский, с крестом на груди,
что еще ты нагородил?
Не Шекспир - а навязчивый сон,
колокольный рождественский звон.

Я наткнулся на чей-то костер
и ладони над ним распростер
и простил своих глупых убийц
я, живой - своих мертвых убийц...

Существуете вы или нет? -
я простил вас - простите меня.
Я не сам... Я по чьей-то вине...
я не вор... просто жертва огня.

Иудей, за орган, за орган!
За предел измельчавшей души.
Кто-то ночью, мне вторя, орал.
Он спешил, в неизвестность спешил.

И не начну, а закончу тогда уже эту перепубликацию, стихами Эрля:

САШЕ МИРОНОВУ

"Одна из просек..."
А.М.

уходит в небо просека
уходит в небо - разная
и словно с крыши бросившись
молчат панели грязные

от боли - не от света
упавшей с неба просеки
где человек - калека
и где слезинки - росы

но встав дрожащим бликом
поднимешься на цыпочки
и сбросишь с плеч цепочки
далеко - или близко?

а просека - разбросана
сама или колосьями

В дубово-антисоветском предисловии какого-то из анонимов "Граней" - ни Эрль, ни Миронов не упомянуты. И слава Богу! Не дай, они бы пришлись еще на вку каким энтээсовцам. Но факт публикации имеет быть. Правда, как указал сам Тарсис "От редакции" - стихи печатались без ведома. Полагаю, просто выбирались из Эрле вских сборничков издательства "Польза". Больше неоткуда.
Так что в антологии - стихи эти пошли уже "по четвертому кругу".

И еще 11 текстов из "Эха" №4/1978:

-- -- --

Смех мой, Агнче, Ангеле ветреный,
Подари мне венец нетления,
Бог невидимый - смех серебряный,
Светлый Бог океана темного.

Бес, над трупом моим хохочущий,
Враг, пятой меня попирающий,
Смех - любовник мой вечно плачущий,
Узник в камере мира тварного.

Смех, страдающий в танце дервишей,
Я Иуда твой, друг тринадцатый.
Приготовь мне петлю пеньковую,
Бог мой - смех, меня отрицающий.

1973

ПЕЙЗАЖ

Могильный островок, соль в земляной солонке,
Крупицы соли в рясах земляных,
Изящество поста, изысканный и тонкий
Над трапезой благословенный стих.

Я там умру в июле на молебне,
До времени, когда воскреснет плоть
С трубою ангельской. Что может быть целебней
Господней крови, разве сам Господь!

1974

-- -- --

Два солнца в моих глазах,
Два ангела на часах.
Здесь - горечь, глухая медь,
Там - звон, верещанье, смерть.

Два лета, как в зеркалах,
Любовный лелеют прах:
Как быть, как любить, как сметь
И облаком умереть.

Да полно: со всех концов
Господь нам пришлет гонцов,
Седых от любви отцов,
Пока еще без венцов.

Все звоны монастыря
О нас прозвенели зря,
И лишь комариный рой
За нас постоял горой.

1974

СЕНТЯБРЬСКИЙ СОНЕТ

Внутри меня гуляет сквозняком
Сентябрь со спелым яблоком в ладонях,
А время плодоносит дураком,
И всяк меня заговорит и тронет.

Откушав чаю, я иду смотреть,
Как намечтавшись всласть о самоваре,
Заморские разгуливают твари,
В се внове им, как недоумку - смерть.

Иду себе, грызу суровый яблок,
А добрый Бог навьючивает облак,
И сивый дождь безумствует слегка...

Но хорошо, что понял я сегодня,
Как обойтись без милости господней
И убежать от злобного звонка.

САЛЬЕРИ

О, ты забыл, что музыка двулика
И яд, хранимый в перстне мудреца,
Вновь распознает: музыка, музыка,
А жертва Авеля - больная блажь Отца.

Я - каиново семя и в смятеньи
Завидую, словоубийца, вор, -
Но, Господи, и я - твое растенье,
Твой колос, твоя жертва, твой позор.

В кольце времен есть камень семигранный,
И чаша есть с небесного стола,
Чтоб напоить народ богоизбранный,
Не ведающий ни добра, ни зла.

О, ты забыл, что музыка - двулика -
Причуда, музыкальная зола.
Как благодать на благодать - музыка -
Отрава на отраву снизошла.

-- -- --

        Убить красоту, когда любуются цветком -
        закричать: "Начальник едет!"

                Из китайской премудрости

Нет, не Флоренца золотая
Нас папской роскошью манит.
Савонарола из Китая
Железным пальчиком грозит.

О век - полуистлевший остов!
Но я, признаться, не о том,
Ведь красоту убить так просто,
Испортив воздух за столом.

Русь избежит стыда и плена -

Ей красоты не занимать,
Начнет российская Елена
Больные ноги бинтовать.

Пока Европа спит и бредит,
Случается то там, то тут:
Москва горит, начальник едет,
Цветы безумные цветут.

1975

КОРАБЛЬ ДУРАКОВ

Полно мне тужиться, тяжбу с собой заводить,
славно плывем мы, и много ли нужно ума
в Царстве Протея? и надо ли связывать нить
тонкого смысла с летейской волною письма?

Только бы музыкой, музыкой заворожить
муку-сестрицу, сварливую древнюю спесь...
В вальсе русалочьем скучно бедняжке кружить;
в серых зрачках ее желтая кроется месть.

Кличет Асклепия, просит флакончик вранья,
черной дуранды газетного хлебца чуть-чуть,
а за кормою - то жизнь, то жена, то змея,
шопенианы бесцельной болтливая муть.

О, дурачье, как случилось, что нам невдомек,
кто мы, откуда, зачем мы грядем в пустоту?
Странные вести принес нам опять голубок
с вечнозеленой масличной неправдой во рту.

1975

ЖАЛОБА СТАРЦА НА ПУТИ

Если б взяли разбойники
Только книги да ларчики,
Водонос да меру муки,
Милоть да каплю маслица -
Я послал бы им с ветром вслед
Крест и благословение,
Я узнал бы их имена
И просил бы им здравия.

Была горница прибрана,
Была доченька вымыта,
Все считали ее моей
Друженькой и невестою.
Знали только лишь мы вдвоем
Тайну нашу постыдную -
Тем приятнее было нам
Целоваться и каяться.

Вот вошли они, черные,
Кто откуда - в неровен час -
Кто в печную трубу вошел,
Кто из под-полу вырос вдруг.
Завлекли дочку-горлицу

В паутину пеньковую,
Обломали ей крылышки
И втроем надругались ей.

С тех-то пор и поет она
Песни дивные, странные
Или пляшет под дудочку
На посмешище муринам.
Я пойду к Монастырь-горе
В церковь к старцу-решителю.
Пусть велят оскопить меня -
Развяжи, скажу, доченьку.

Если казни сей недостаточно,
Пусть оставят меня таким, как есть -
Наказанным без наказания
И помилованным без милости,
Без пристанища, без друга близкого,
С малым зернышком веры нищенской.
Буду верить я, что когда-нибудь
Свет-Господь-Сам-Блуд и меня простит.

СЕНТЯБРЬСКАЯ ОШИБКА

Мне тяжко, зверь, мне больно, бес,
Не смей глаза пускать по кругу,
Останови их скользкий блеск -
Отдам тебе себя в заслугу,
Свою роскошную болезнь,
Приправь моим рассказом пищу...
Да ты, видать, и впрямь, как бес,
Чужого опыта не ищешь.

А я желал бы Ни О Чем
Перелистать с тобой и выпить,
Зажечь пред образом свечу
И слезы на полу рассыпать,
Завиться в смех, затеять чай,
Заснуть, рассеянно проснуться
И в полумраке, невзначай,
Лица мохнатого коснуться.

Но я забыл, что ум мохнат,
А тело смысла безволосо,
И обязал тебя стократ,
Коснувшись тела, как вопроса.
Вопрос, как зверя, побороть
Ты не сумел и ум наперчил...
Чадит свеча и пахнет плоть,
Как смерть - паленой гуттаперчей.

НОЧНОЕ

1

Что ты молчишь, Эрот,
Спутник бессонной ночи?

Если уж ты пришел,
Выслушай и ответь:

Разве любовь не в том,
Чтобы привлечь младенца,
Видеть, как вьется он,
Смертник о двух крылах?

Сам я таким, как он,
Был - и совсем недавно.
Ныне же я живу
Краткой жизнью других.

2

Вижу его глаза,
Губы в зеркальце тайном.
Сам же я и во сне
С ним не переглянусь.

Боже, как жалок он -
Воск, мотылек стигийский!
Смерть его, как вино,
Душу мою живит.

Но одного боюсь:
Вдруг я ошибся, сбредил?
В зеркало заглядясь,
Выпил чужой бокал?

3

Берег забвенья, ночь.
Два купца за Коцитом
Ждут - так любимых ждут -
Парусных кораблей.

В трюмах не снедь, не мед -
Клади воспоминаний.
Пестрый на вид товар
Неразличим на вкус.

Тени спешат, снуют.
Славно идет торговля!
Кажется, я впотьмах
Свой уронил флакон?

1978

ЭМИГРАНТ
                У Лукоморья дуб зеленый

Послушай, что ты говоришь?
За делом на войне не тужат,
Лишь крупный зверь о Славе служит,
А мелкий бес летит в Париж.

Там Витебском расписан дом,

Французский день Жар-птицей начат,
И два любовника маячат
В небесной зыбке под кустом

Последних звезд, и век горчит,
А там, где горечь, нет соблазна,
Тоска безглаза, безопасна,
И Марсельеза не звучит.

От страха забывает имя
Булонский лес перед грозой,
И плачет церковкой-слезой
Американец-проходимец.

Лес окропился звоном слез,
Но раком съеден луг зеленый;
Лежит астматик утомленный
В букетах буржуазных грез.

Там мир безумней и косней
И некогда молить о Даре,
По уголкам сознанья шарит,
Крутясь, ирландское пенсне.

Там по ночам мурлычет ужас,
Кот заплутавшихся грехов
Среди бесчисленных стихов,
Жоржеток, монплезиров, кружев.

А нам, под сенью двух столиц,
Не надоело жить с опаской,
Питаться лаской да указкой
Рязанско-энских кружевниц.

Да-а... здесь такая благодать...
Да что ты говоришь? - Послушай:
О как неизреченны души,
Утраченные, словно ять!

Примечание издателей "Эха": Александр Миронов - молодой ленинградский поэт. Активный участник самиздатских журналов "37" и "Часы". Пишет также и прозу.

КРАТКАЯ РЕЦЕНЗИЯ

"Очень педерастично", - сказала моя жена. А я добавлю: "И богохульственно

ККК

ПЕТР БРАНТ

ПЕТР БРАНДТ. /АВТОБИОГРАФИЯ/

Я родился в 1947 году во Пскове, где жили мои родители после войны.

Отец мой, Лев Владимирович Брандт, был писателем, но судьба его сложилась неудачно, он был репрессирован в 1937 году и при жизни издавался только два раза, не считая отдельных рассказов и пьес в различных журналах.

После ареста он вовсе не издавался, и даже не имел возможности жить в Ленинграде, хотя числился членом ленинградского отделения союза писателей. Работы постоянной он не имел никогда, несмотря на то, что кончил два высших учебных заведения: юридический ф-т ленинградского университета и режиссерский ф-т театрального института.

В 1949 году мой отец умер от рака. После реабилитации 1956 года его издавали три раза.

Главная и самая известная его повесть "Браслет-2" легла в основу фильма, сделанного в шестидесятых годах на киностудии "Ленфильм", спустя большой срок после его смерти.

Моя мать, Тамара Федоровна Эндер, по профессии хореограф. Она кончила ритмическое отделение ленинградского театрального института, где и познакомилась с отцом. Всю жизнь моя мать работала в различных танцевальных коллективах и была основным кормильцем в семье, т.к. отец часто бывал без работы. Все посмертные издания Льва Брандта - это результат ее титанических усилий при обивании порогов ленинградских издательств.

Вскоре после смерти отца нам удалось перебраться в Ленинград, и мы поселились в маленькой комнатке на Кирпичном переулке. После реабилитации отца жить нам стало легче, стали издаваться книги - появились деньги и более того с помощью союза писателей нам увеличили жилплощадь. С 1962 года я живу на Большой Подъяческой - улица известная многим по роману Достоевского "Преступление и наказание".

Я учился в трех школах и в 1965 году благополучно закончил школу при доме офицеров. В этом же году поступил на математический факультет ЛГУ, где учился до 1971 года и на вечернем и на заочном и на дневном отделении.

Одновременно с этим я работал служителем в зоопарке, почтальоном, грузчиком, токарем на заводе Козицкого, техником, год работал учителем в деревенской школе в одном из северных районов ленинградской области, рабочим в магазине, продавцом мороженого и т.д., после окончания университета работал инженером в двух научноисследовательских институтах. Два года жил в Москве и работал в кино вместе с моим другом Игорем Диментом.

За все время своей трудовой деятельности ничего полезного не создал.

Я много ездил и бывал практически во всех городах европейской части страны, а также в Средней Азии и Казахстане.

Издавать свои стихи никогда не пытался.

/П.Брандт/

Вот так, скупо и сухо, пишет о себе, на мой взгляд, самый удивительный человек и поэт Ленинграда. Рассказывает он гораздо лучше. Странные ночи мы провели в разговорах с ним, Крысой-Тятенькой и Юрой Ольшанским. От Халтурина и переулка Мошкова, от Бульвара и до Подъяческих - носило нас в белые ночи 1974 года, и Петр Брандт был последним и самым ценным подарком моего города.

Я не говорю о его удивительных полифониях, о магии слова и звука, много мне чего рассказал о словах математик, поэт и бродяга Петр Брандт. Много чего о словах и о людях. Странное, языческое знание ощущалось в нем. С ворьем в "Жигулях" и цыганами по всему Крыму носило его, среди пьяниц, лагерников и проституток - и я не знаю честнее и чище человека. Возможно, виной тому писатель Лев Брандт. О лошадях, голубях и звериках писал он, его книга "Браслет 2-ой" была моей самой любимой с детства - книга о судьбе скаковой лошади на фоне великой октябрьской революции. Читал я и "Гибель Светлейшего" Николая Анова - но там лошадьми и не пахло. Хотя, вроде, книга "о том же". Помню Браслета и старого сторожа Рыбкина, помню - прочитанное полжизни назад.

Отец понимал лошадей, голубей /повесть о турмане/, сын разбирается в людях. Рассказывал Петя: в бытность Льва Брандта во Пскове - только два человека наезжали к нему: седая и молодая вдова замученного Бориса Корнилова, Ольга Берггольц и, кажется, Дудин /если не спутал, но на него это очень похоже: он человек/. Остальные же члены - о Брандте не думали. Вспомнили, когда помер.

И похороны были в Союзе. После писательской панихиды, рассказывает Брандт со слов матери, в особняке Шереметьевых, что на Воинова - гроб погрузили на дрожки, запряженные лошадьми. То ли не было грузовиков и автобусов, но скорее, настояла вдова. И рассказывают: тронулась процессия - и из подворотни вышел тощий, ободранный пес, встал перед суками из Союза сразу за гробом и провожал до конца, чуть ли не самое Охтинское /если не путаю/. Пес, душа человечья, звериная - шел за писателем, который любил лошадей. Голубей и собак. А отсюда - людей.

Я не знаю, что-то глубинное было в Петре, что-то глубокое, как глухой его голос. Я не верил поэтам. Я знал: предадут. Предавали. Но ему я поверил. Как и сам он - язычески верил в людей. Рассказывал: торгуя мороженым - оставлял у тележки знакомого алкаша-уркагана, или сявку, карманника - знал: не заложат. Всю до копеечки выручку - не считая, сдавал. Не нажгли: и они ТОЖЕ люди.

Не экзотики для, как Есенин, таскался поэт по шалманам. А - среди сирых, бездомных, безденежных - он находил людей. Потому - и цыгане. Современный Алеко. Но не оперный, и не фольклорный. Знал я одну /даже двух, даже трех/ - Ингу Романы-Чай, "Сказки идущих за солнцем". Мать ее - на цыганах была чеканутая. В доме разбила шатер, в ленинградской квартире. Дочка девочкой пришла к Л.В.Успенскому, лет 13-ти. Открывает тот дверь: "Вам кого?" "А я еще никогда не видела живого писателя!" Принял в дочки /стало быть, сводной крестной сестрой мне приходится/. Только Инга, шатаясь с цыганами - фольклористкой заделалась, узкой специалисткой. Книжка - так себе, как нанайские сказки такие же. Видел и Волшанинову Радду, которую тут же назвал "Лошадиновой". Пришла к художнику и мелкому вору Овчинникову в мастерскую на Кустарном бронзовый шандальер покупать - патинированная бронза, мастерская Ланкре, 1820-е, как я сразу определил - а Овчинников мне кулак показывает. Значит, он покупал, а она продавала, он и пытался нажечь, а тут я, со своей экспертизой. Петь она, правда, не пела, но люстра была.

И ни в Инге, ни в Радде - не почувствовал я зова цыганской крови своей, что по прадеду. А вот в Пете - почувствовал. Что-то вольное в нем, азиатское, русское - и отсюда цыганское. Тут не "гусары влюблялись в цыганок" /по Кедрину/, тут уже мистика и колдовство. И отсюда - татары, и книга "Монголы", и воры.

Верил я Пете Брандту - больше, чем самому себе. И не раскаялся. Это и было - "прощаньем с Россией", где остался - и навсегда, полагаю - останется он. А я тут, один. Игорь Димент в Калифорнии, где год назад театр купил и мы ему денюжку собирали. Я распорядился Юлииными капиталами, театр он не купил, деньги по первой же просьбе вернул прямо Юлии - в Мюнхен, Берлин или Франкфурт, где она там.

Вспоминаю Петра - лучшую запись поэта в фильме о Юлии, фото его тут стоит, снялись у Норки Грякаловой, киноактрисы с "Ленфильма" и бывшей жены Лисунова - в последние уже месяца предотъездные. Приходько снимал.

И если тоскую я, что бывает - то не о России. О Браслете, о Брандте, о Пете. О Подъяческой - почему-то, о ней. Твердо знаю: не свидимся.

Только рукопись книги и запись. И фото. И прощанье в Москве, а потом уж - на Пулковском. Помолись за меня...

Я родился во Пскове в 1947 году, где тогда жили мои родители после войны.

Отец мой, Лев Владимирович Брандт, был писателем, но судьба его сложилась неудачно, он был репрессирован в 1937 году и при жизни издавался только два раза, не считая отдельных рассказов и пьес в различных журналах.

Главная и самая известная его повесть „Браслет-2" легла в основу фильма, сделанного в шестидесятых годах на киностудии в Ленинграде, спустя большой срок после его смерти.

После ареста он вообще не издавался, и более не имел возможности жить в Ленинграде, хотя числился членом Ленинградского отделения союза писателей. Работы постоянной он не имел никогда, несмотря на то, что кончил два высших учебных заведения: юридический ф-т Ленинградского университета и режиссёрский ф-т театрального института.

В 1949 году мой отец умер от рака. После реабилитации 1956 года его издавали три раза.

III

Моя мать, Тамара Фёдоровна Эндер, по профессии хореограф. Она кончила ритмическое отделение Ленинградского театрального института, где и познакомилась с отцом. Всю жизнь моя мать работала в различных танцевальных коллективах и была основным кормильцем в семье, т.к. отец часто бывал без работы. Все посмертные издания Льва Брандта — это результат её титанических усилий при обивании порогов ленинградских издательств.

Фото Бранда - Г.Приходько, 1975, в комнате актрисы Норки Грякаловой /там же переснят и Лисунов, без спросу/.

Из книги "МОНГОЛЫ".

МОЛИТВА

/Полифония. 1 голос. Моновариант/

Апрель, блуд, колокольная высь
И кони пущены в рысь
Помолись за меня
Помолись за меня
Помолись
*   помолись*
*   помолись...*

Знаком тебе топот этих копыт,
Знакома ль походка коня
Помолись за меня
Помолись за меня
Помолись
*   помолись*
*   за меня.*

Мой первый грех - в том, что я рожден,
И рожден, как все - во грехе,
А второй - что холодный и крепкий меч
Застыл у меня в руке.

А третий - в том, что руки твои
На шее моей свелись
Помолись за меня
Помолись за меня
Помолись
*   помолись*
*   помолись...*

К утру запоют, закричат обо мне
Пустое седло и обрез
Помолись.
*   Да родится молитва в огне,*
Да коснется молитва небес.

- - -

На звоннице - доньи! доньи!
У дороги белая кость...
Отчего ты так бледен сегодня,
Мой неожиданный гость?

Как мучительны эти встречи,
Как бесплоден холодный зов,
Ах, зачем же ты, зимний ветер,
Так стучишься в мое окно...

Знать и мне расплата настала,

Отголоском русской беды
По щекам меня отхлестала
Тетива Золотой Орды.

1970

КЛЯТВА БАТУ-ХАНА

Он привязал зеленый платок
К седлу своего коня –
Бог впереди, языческий бог,
Бог войны и огня.

Он не спешит со словом своим.
Черное войско Орды
В полном безмолвье стоит перед ним,
Плотно сдвинув ряды.

Юное сердце под царским плащом
Бьется, будто сейчас
Посыпятся звезды легким дождем
Из черных скошенных глаз.

Войско застыло в паузе, ждя
На легких монгольских конях,
Слово вождя, волю вождя,
Поднявшись на стременах.

– Я пойду на Запад так далеко,
Как только видят глаза,
И ступит копыто коня моего.
Так велят небеса.

И он повернулся спиной к полкам
И долго смотрел вперед,
И мальчику виделся новый стан
В долине прохладных вод.

– И будет концом моего пути
Великий город Сарай
Волны далекой реки Итиль
И древний славянский край.

1973

– – –

Я опять улетаю в степи Монголии
Звездою в Млечном пути,
Звенит колокольчик, стреножены кони
И уже далеко впереди.

Мой тяжкий бред навязчив и стар.
Я издавна в кружеве строф
И в золотисто-алой заре искал
Тень азиатских шатров.

405

Тяжелое время странной любви,
Пролетевшей в степи верхом,
Живет и дышит в моей крови
Холодным и злым стихом.

НАШЕСТВИЕ

/Полифония. Моновариант/

Стук-постук, и сломанный сук
Несется из-под копыта,
Уже позабыта дорога назад,
Давно,
          давно
                    позабыта...

В глубокой долине сибирской реки
С верховий до самого низа
Идут полукругом густые полки
Наследника хана Чингиза.
Земля, не окончив дневной поворот,
Споткнулась под ним
                    и легла на живот.

Стук-постук, и сломанный сук
Несется из-под копыта,
Уже позабыта дорога назад,
Давно,
          давно
                    позабыта...

Под ханским копытом Шираз и Багдад,
Ступив в города халифата,
Язычник услышал названье - "Джихад"
Священных боев Шариата.
Коран не коснулся чела дикаря,
Но имя войны
                    подошло
                              для коня.

Стук-постук, и сломанный сук
Несется из-под копыта,
Уже позабыта дорога назад,
Давно,
          давно
                    позабыта...

На золоте сбруи рубиновый глаз
Венчает убранство граната,
А в самой вершине граненый алмаз
На сорок четыре карата.
Оленьим ремнем перетянут крестец,
Арабская кровь -
                    вороной жеребец.

Стук-постук, и сломанный сук
Несется из-под копыта,

Уже позабыта дорога назад,
Давно,
      давно
          позабыта...

Стук-постук, и сломанный сук
Несется из-под копыта,
Уже позабыта дорога назад,
Давною
      давно
          позабыта...

Ты - идущий вожатой птицей
В этой хищной затее,
Ты - сумевший не усомниться
В безумной
      своей
          идее,

Ты - впереди увидавший звезду,
Да будет тебе однажды
Разрешено
      на земли вражьи
Набросить
      свою
          узду.

- - -

Моя жизнь откровенно пошла на лад,
Так сходит на нет волна.
По законам "голодных" я виноват
И отвечу теперь сполна.

Октябрь вернул мне стих и мираж
Отставших от стаи птиц
И порченой крови пустую блажь
И зеркала встречных лиц.

Только бы не увидеть в толпе,
Пустившись в ночной разгул,
Черного плата на голове
И холодных татарских скул.

Упаси меня, господи, от беды,
От любви чахоточных век,
Только бы дотянуть до зимы
И в снег,
      в снег,
          в снег!

1970

ПОЛИФОНИЯ. 1 голос.
/моновариант/

Кони ревут и от крови и пота
Рвут ощетинясь поводья,
Нет, не будет сегодня охоты,
Нет по весне половодья.

И не удастся сурьмой и сапфиром
Наполнить тугие карманы
Или богатую сбрую эмира
Сорвать с жеребца басурмана.

Хитрый монгол, схоронясь за осокой,
Заметит нас глазом лисьим,
Когда пробежится в траве высокой
Легкой арабской рысью.

Бранное дело - лихая забота,
Рвутся уздечки казачьи,
Нет, не будет сегодня охоты,
Не будет сегодня удачи.

И ныне, когда пересохли реки
И земля в степи задрожала,
Восток поклонился далекой Мекке,
Мы - щиту и кинжалу.

МАРТОВСКИЙ СНЕГ

Заблудился и умре слепой человек
В подъездах сырых и глубоких.
Мартовский снег, мартовский снег -
Белая пыль одиноких.

Где же твой суженый -
                                     смуглый грек
И моя чингиз-ханова дочь,
Белое кружево - мартовский снег -
Покрывало нам в эту ночь.

Эту песенку выучи наизусть
И тверди ее по ночам.
Последняя стужа - снежная грусть,
Последний взгляд палача.

1971

- - -

Я каждый вечер снова болен,
Я каждой ночью несусь за ней.
Разбейся, рассыпься же в чистом поле
Светлая тройка моих коней.

И будет во веки веков отныне
Проклят крест над моей головой.

Молись же,
        разбойное сердце пустыни,
Молись
    о возвращеньи домой.

1973

БЛАЖЕННАЯ

Н.Лебле

Благословенни травы,
Поющие в унисон
Старым степным хоралам,
Благословенный сон.

Не потому ли так страшен
Крик ночных поездов
И крики ворон над крышами
Северных городов.

Снежен твой путь и стелется
Солон след твоих слёз,
Все пойдет, перемелется
Пылью из-под колес...

Весной, в голубых проталинах,
Светись, мой ангел, ясней
Росписью на развалинах
Православных церквей.

1970

ТАТАРСКИЙ ТРИПТИХ

Посвящение

Быстрей чем бежит Архар
По крутым отрогам Саян,
Чем в камнях Алла-Тао
                день
И ночь, летит его тень,
Чем легкой рысью войны
По степи прошли табуны, —
Огни монголо-татар
Уносят села славян.

Чтоб из края Джан-Наари
Пришла пустынная мгла,
Чтобы в жилах этой земли
Азиатская кровь текла,

Чтоб славянский страх, что уснул
В чуть раскосых глазах твоих,
Точным рисунком скул
Превратился в сиротский крик,

Чтоб однажды, встретившись нам

На распутии двух дорог,
Уйти по своим сторонам -
На Запад и на Восток.

1 картина. Витязь на распутье.

А ну-ка, витязь, выбирай
Из трех дорог одну -
Мой путь
          на Караван-Сарай
Мой путь
          на Караван-Сарай
Мой путь
          на Караван-Сарай
В Казань мой путь,
          в Орду.

Твой конь горяч, в нем кровь войны,
И шаг его упруг
И вены крепкие видны
Из-под тугих подпруг.

Веселый звон его подков
Взбодрит любкю рать,
Но аравийских жеребцов
Ему не обскакать.

Твой меч - булат, едва ль один
Сравнится с ним, едва ль,
Но он в Европе господин,
А там - кривая сталь.

Казань такого не простит,
Не вырастет трава
В том месте, где тебя казнит
Слепая татарва.

Подумай, витязь, не пытай
Неверную судьбу...
Мой путь
          на Караван-Сарай
Мой путь
          на Караван-Сарай
Мой путь
          на Караван-Сарай
В Казань мой путь,
          в Орду.

2 картина. Перед боем

Взяв на копье змеиный флаг,
Татарский вождь, косой воитель,
Приподнял перст - старинный знак
Готовности кровопролитья.

Орда рассыпалась кольцом.
Свирепый царь косого племя

Был неподвижен и лицом
Похож на загнанного зверя.

Но смуглая рука бойца,
Давно привыкшая к металлу,
Вдруг на глазах затрепетала
В слепом предчувствии конца.

Ему теперь не уберечь,
Не сохранить венца и славы,
Не этот ли кровавый меч
Мне нынче послан для расправы?

Не этот ли священный бой
Мое растерзанное царство
Благословляет на коварство,
Благословляет на разбой.

Держись, монгол, в такую ночку
Ты от меня не спрячешь дочку,
Я заплачу тебе калым
Кривым надгробием твоим.

<u>3 картина — центральная</u>

<u>Смерть хана Ху-ку-ху</u>

Неверной крови басурмана
Не остановится поток,
Ху-ку-ху
                не считает раны
Ху-ку-ху
                смотрит
                            на Восток.

Нет страха на лице азийца.
Холодной страстию войны
И твердой волею убийцы
Его глаза напоены.

Но чувствуя, что час явился
Ему последний на земле,
Взгляд старика остановился,
Упал на щит и заискрился
Чеканкою на серебре.

— Не думай, что сгубив жестоко
Моих людей, моих коней,
Ты рассчитаешься с Востоком —
Великой родиной моей.

Холодный взгляд татарской девы
Да будет долгие века
Преследовать твои пределы
И мстить за гибель старика.

И горе тем, кому приснится
Во сне, летящая во след
Языческая колесница
Далекий призрак давних бед.

ТУМАН

эпилог

/Полифония. Моновариант/

Выстукивают капли дождя,
Выстукивают пустоту –
Не спать, не спать, не спать по ночам,
А только глядеть в темноту.

Налево глянешь – туман, туман,
Направо – туман, туман,
Налево – исакиевский крест,
Направо – Троицкий храм.

Налево глянешь – два фонаря
И мостик через канал,
Большая Подъяческая моя –
Веселый цыганский квартал.

Здесь, однажды, легким ненастьем
Первых октябрьских стуж
Мне улыбнулось случайное счастье
Из черных осенних луж.

Где-то запел, закричал на рассвете
Пьяный старик-цыган,
Налево глянешь – туман, туман,
Направо – туман, туман

Налево глянешь – туман, туман,
Направо – туман, туман,
Налево – исакиевский крест,
Направо – Троицкий храм.

Словно сироты, стоим вдвоем
У полуразрушенных стен
Я
     и старый брошенный дом –
Прядильный переулок, семь.

"Отчего ты боишься войти, не трусь,
Я не здесь и уже не вернусь."
"Не знаю,
          но почему-то боюсь,
Почему-то,
          почему-то боюсь."

ИЗ ЦИКЛА "ВОРЫ":

ЖИГУЛИ

Пьяные от зари до зари
Гудят на Владимирском "Жигули"
И плещутся в пиве которые сутки
Воры, мошенники, проститутки
И славят с радостью и тоской
Вольный свой промысел воровской.
Господи!
          Мне ли быть им в укор?
Я, сын ленинградских дворов,
Я совершенно случайно не вор,
И поэтому за воров.
Я люблю въезжать новоселом
Под мост, как залетный стриж,
Я люблю хоровод веселых
Беспутных московских крыш,
Я люблю поймать на перроне
Назло уходящему дню
В случайном почтовом вагоне
Гулящую девку, люблю
Огонь трехнедельной пьяни
В ее бесстыжих очах
И сифилисное дыхание
Остывшее на плечах.

1972

ОБЛАВА

Послушно приказу рука капитана
Сжимает холодную ручку нагана.
Застыл в напряжении оперотряд
И голубой милицейский ряд.

В лужах погасло их отраженье,
Одно неуверенное движенье -
И все подворотни, в которых пьют,
Нам похоронную запоют.

И в переулке, как в горной лощине,
Стены ответили матерщине
Хриплым эхом последней агонии
Погоня!
      Погоня!
           Погоня!

- - -

Я король замусоленных стоек,
Добрый гость проходных дворов.
Раскрутись
                  желтым
                        ветром невских запоев,
Звон никольских колоколов.

Забирайте все золото мира,
Мне оставьте стих и разбег,
Переулочек, рубль двадцать четыре
И колючий январский снег.

ПРИГОВОР

Черный вечер субботний,
Темно в глубине двора,
Только с ночной подворотней
Сравнятся глаза вора.

Только с опасной бритвой
Сравнится его прищур
- Не моли меня... не стели травой,
        Не прощу.

1972

НА СМЕРТЬ ПРОСТИТУТКИ

Что тебя, что тебя гнало
В эту холодную ночь
По площадям и вокзалам
От нашего дома прочь?

У куста голубой сирени
В Преображенском саду
Неслышно легли колени
На каменную плиту,

Но первый же луч светила,
Попав на церковный двор,
Принес усталому телу
Безжалостный приговор.

И когда, перестав молиться,
Ты тихо пошла домой,
Поднял свою десницу
Бронзовый ангел мой.

1971

                Таньке

Где же ты, бич толчеи городской -
Банда поселка Затока?
Несется вдоль берега след воровской

И тонет в струе водостока.

Благословит же наш вольный кров
На зло полицейскому глазу
Надменный каприз королевы воров,
Вихрастой хозяйки Бугаза.

1973

ИЗ ЦИКЛА "РАЗНЫЕ СТИХИ":

Квадратная комната на Разъезжей
В ночной петербургской глуши
Бьется любовь последней надеждой
Спасенья
            души

Давно остывшая папироса
В углу холодного рта
Два взгляда, два ясных, как два вопроса
И третий короткий - "Да".

1972

ПРОЩАНИЕ

Первый снежный день,
Первый зимний испуг
В легком движеньи колен,
В легком трепете рук.

Робким прощаньем ресниц
Тихо сводящим с ума
Благословится,
                благословится,
                            благословится зима.

1972

- - -

Город, знакомый от края до края,
От края до края мой,
Я не то что бы тебя обнимаю,
А только касаюсь рукой.

Я не то что бы сразу тебе поверил,
Но только увидев меня,
Споткнулись четыре матерых зверя,
Четыре чугунных коня.

И воздух наполнив звенящим металлом,
Гороховой дробью подков,
Прошла кавалькада по старым кварталам
Кавалерийских полков.

Прошла и рассыпалась легкой крупицей

По сумрачным мостовым –
Воротись,
          воротись,
                    воротись, возница!
Воротись,
          воротись
                    к своим.

1973

- - -

Я варвар, я германец, сызмальства
Моя незащищенная природа
Всё требует и требует свободы,
Всё время ждет и ищет естества.

В ночь зимнюю февральскую глухую
Меня носила снежная метель
На дикую пустую мостовую –
В холодную и хищную постель.

Я плакал, вспоминая в дни разлуки
Тугой изгиб упругого бедра
И судорожно ласковые руки
Распутницы соседнего двора.

Не дай остаться мне пустым, нетрезвым
Вчерашним днем,
Мой бог, живущий в четырех подъездах,
Под фонарем.

1973

- - -

В Вашем городе все мне давно не ново,
Переулочек крив и горбат,
Но откуда такое нелепое слово,
Азиатское имя – Арбат.

В этом месте решился перечеркнуть
Русский город ханский клинок,
В этом месте старинный ординский путь
Пересек Мокву
              поперек.

Если вновь привела меня нить ворожбы
В этот страшный пустой закуток,
Значит снова велит мне десница судьбы
Повернуть глаза
                на Восток.

Эта тень мне знакома, давно уж кружится
Надо мною аркан татарвы,
Только здесь,
              только здесь Вы могли родиться,
Только в этом месте Москвы.

1974

ИЗ ЦИКЛА "ХУДОЖНИКИ":

Владимиру Ольшанскому

Господь простит прегрешения,
Но не простит бесплодия
Рожденному в кровосмешеньи
Еврейско-цыганских мелодий.

В таком созвучии крови
Издревле печатью таланта
Метились черные брови
И легкая стать музыканта.

И если испуганной птицей
Уносится жизнь в поднебесье,
Почему ж, не успев родиться,
На устах остывают песни?

1973

Е.Захаровой

Понадобился пьяный балаган
Для полугодовалого разгула,
Чтобы меня весной, как на заклан,
В трехкрылые мансарды потянуло.

Быть с певчей стаей одного родства,
Рукою высшего благоволенья
Нести в себе приметы божества,
Неведомую силу
                                    исцеленья.

1973

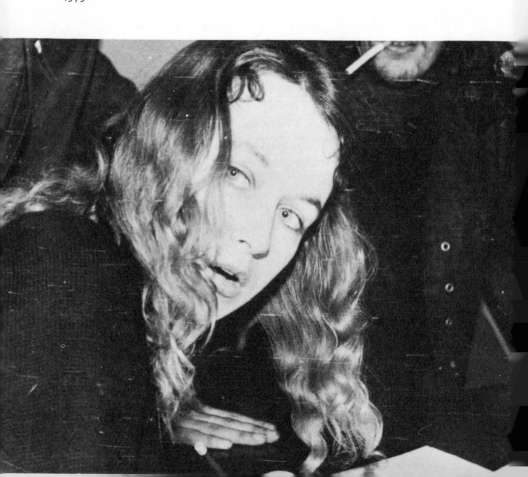

Художница Елена Захарова /"Малышка"/, 1975. Фото Приходько.

К.Кузьминскому

Не правота, а только приближенье,
Напрасный пот, бесплодная страда,
Бессмысленное жертвоприношенье –
Великая трагедия труда.

И никогда, ни ныне, ни в грядущем
Не прикоснется смертная рука
К дымящемуся лезвию созвучий –
Священному секрету языка.

1973

ДИПТИХ

1

Учитель не знал названья
Нового откровенья,
Не знал его начертанья,
Не ведал обозначенья.

У ветхой бамбуковой кровли
Старый китаец Лао
Написал на песке иероглиф,
А потом назвал его - "Дао".

1973

2

С великой дороги не повернуть
Жрецам звезды Ха-Да-Нау.
У меня впереди единственный путь
Далекий и древний - Дао.

Пускай извивается гибкой плетью
Ивовая лоза...
Учитель, вели, как надо стоять,
                                        как сидеть,
Как смотреть в глаза.

1973

Anne-Victore Charrin

У Черного моря, в ночном поднебесье
Мерещилась до утра
Чудесная итальянская песня
Che cera?
                Che cera?
                                Che cera?

И укутавшись в легкую ткань баркаролы
Или старокастильского танца,
Посмотрись-ка, дитя монастырской школы
В голубые глаза корсиканца.

А я влюбляюсь в названье долины,
Священное и непорочное -
Благословенна Сант-Каролина...
Благословенная ночь.

ИЗ ЦИКЛА "УРОКИ КОЛДОВСТВА":

ПОЛИФОНИЯ. 1-й ГОЛОС. /моновариант/

Ave Maria, gratia plena, Dominus Tecum:
Benedicta Tu in mulieribus, et benedictus...
Так начиналась полуденная литургия
Во флорентийском центральном соборе Святого Лоренцо.

К небу поднявши ладонь, осеняя последним
Строгим латинским крестом голубые карнизы,
Тихо взошел на костер молодой проповедник
В рубище черном суровой монашеской ризы.

В зареве чуть обозначилась тень от распятья
На голубых куполах городского костёла,
Высветив грозным упреком людскому проклятью
Имя монаха - "Джироламо Савонарола".

Где мы встречались - у факельных стен Ватикана,
Или у самого Ада - у врат в преисподню,
Или у темной воды берегов Иордана,
В древней земле Палестины у Гроба Господня.

Так начинался в холодной московской квартире
Тяжкий испуг одинокой рождественской ночи...
Ave Maria, gratia plena, Dominus Tecum:
Benedicta Tu in mulieribus, et benedictus...

ЯНКА

Мелко бусы рассыпала Янка
По утру в серебристые росы,
Ворожит на траве сербиянка,
Распустив вороненые косы.

Ворожит на колоде нарядной
- Если мучит трефовая краля -
Позабудь про нее, ненаглядный,
Помни карту в Крещенском канале.

Потому на роду наречённо -
Этим именем путь твой отмечен,
Потому что ты с ней обручённый,
Потому что ты с нею обвенчан,

Потому на дороге казанской,
Выбирая свой жребий дворовый,
Ты всю жизнь проживешь по-цыгански
И умрешь под телегой шатровой.

1974

- - -

Поднялись загнанные кони
Старотатарского аула,
И лег на сбитые ладони
Витой арапник есаула.

Война в пределах мусульманства
Виной неверного тирана,
Его проклятого шаманства –
Гаданья на листах Корана.

Который день с застывшим взором
Он смотрит в зеркало убитой,
Но чары этого узора
Сильней цыганки Сарагиты.

Нарушив древние границы
Ее священного запрета,
Узор невиданный дымится
В кирпичной кладке минарета.

А губы шепчут: "Откровеньем –
Проклятым даром предсказанья
И мукой вечного прозренья
Ты мне ответишь за гаданье."

И чуя близкую погоню
И ветер скорого разгула
Поднялись загнанные кони
Старотатарского аула.

/1975?/

НАШЕСТВИЕ

ПОЛИФОНИЯ

I голос   II голос   III голос

Стук-постук, и сломанный сук
Несется из-под копыта,
Уже позабыта дорога назад,
Давно,
      давно
          позабыта...

В глубокой долине сибирской реки
С верховий до самого низа
Идут полукругом густые полки
Наследника хана Чингиза.
Земля, не окончив дневной поворот,
Споткнулась под ним
           и легла на живот.

Стук-постук, и сломанный сук
Несется из-под копыта,
Уже позабыта дорога назад,
Давно,
      давно
          позабыта...

Под ханским копытом Шираз и Багдад,
Ступив в города халифата,
Язычник услышал названье- "Джихад"
Священных боев Шариата.
Коран не коснулся чела дикаря,
Но имя войны
       подошло
          для коня.

Стук-постук, и сломанный сук
Несется из-под копыта,
Уже позабыта дорога назад,
Давно,
      давно
          позабыта...

На золоте сбруи рубиновый глаз
Вечает убранство граната,
А в самой вершине граненый алмаз
На сорок четыре карата.
Оленьим ремнем перетянут крестец,
Арабская кровь -
          вороной жеребец.

Стук-постук, и сломанный сук
Несется из-под копыта,
Уже позабыта дорога назад,
Давно,
      давно
          позабыта...

Стук-постук, и сломанный сук   Сыпется, сыпется
Несется из-под копыта,   Песок под ногами,
Уже позабыта дорога назад,   Стелятся
Давно,   травы
      давно   степные...
          позабыта...

Ты - идущий вожатой птицей   Стук-постук, и сломанный сук   Сыпется, сыпется
В этой хищной затее,   Несется из-под копыта,   Песок под ногами,
Ты- сумевший не усомниться   Уже позабыта дорога назад,   Стелятся
В безумной   Давно,   травы
       своей   давно   степные...
          идее   позабыта...

Ты-впереди увидавший звезду,   Стук-постук, и сломанный сук
Да будет тебе однажды   Несется из-под копыта...
Разрешено
      на земли вражьи
Набросить
      свою
         узду.

I голос	II голос

Кони ревут и от крови и пота
Рвут ощетинясь поводья,
Нет, не будет сегодня охоты,
Нет по весне половодья.

И не удастся сурьмой и сапфиром   Господи, сохрани мои очи
Наполнить тугие карманы   От косого монгольского глаза!
Или богатую сбрую эмира
Сорвать с жеребца басурмана.

Хитрый монгол, схоронясь за осокой,   Господи, сохрани мои руки
Заметит нас глазом лисьим,   От легкой кровавой наживы!
Когда пробежится в траве высокой
Легкой арабской рысью.

Бранное дело – лихая забота   Господи, сохрани мое сердце
Рвутся уздечки казачьи,   От торжества победы.
Нет, не будет сегодня охоты,
Не будет сегодня удачи.

И ныне, когда пересохли реки
И земля в степи задрожала,
Восток поклонился далекой Мекке,
Мы – щиту и кинжалу.

Т У М А Н

Эпилог из книги "Монголы"

п о л и ф о н и я

I голос	II голос

Выстукивают капли дождя,
Выстукивают пустоту –
Не спать, не спать, не спать по ночам,
А только глядеть в темноту.

Налево глянешь – туман, туман,
Направо – туман, туман,
Налево – исакиевский крест,
Направо – Троицкий храм.

Налево глянешь – два фонаря   Налево глянешь – туман, туман,
И мостик через канал   Направо – туман, туман
Большая Подъяческая моя –
Веселый цыганский квартал.

Здесь, однажды, легким ненастьем
Первых октябрьских стуж
Мне улыбнулось случайное счастье
Из черных осенних луж.

Где-то запел, закричал на рассвете   Налево глянешь – туман, туман,
Пьяный старик-цыган,   Направо – туман, туман,
Налево глянешь – туман, туман,   Налево – исакиевский крест,
Направо – туман, туман   Направо – Троицкий храм

Налево глянешь – туман, туман,
Направо – туман, туман,
Налево – исакиевский крест,
Направо – Троицкий храм.

Словно сироты, стоим вдвоем
У полуразрушенных стен
Я
     и старый брошенный дом –
Прядильный переулок, семь.

"Отчего ты боишься войти, не трусь,
Я не здесь и уже не вернусь."
"Не знаю,   Налево глянешь – туман, туман,
      но почему-то боюсь,,
Почему-то,   Направо – туман, туман,
      почему-то боюсь."

                                     Налево – исакиевский крест,
                                     Направо – Троицкий храм.

МОЛИТВА

полифония

I голос   **II голос**

```
                              Помолись за меня, помолись за меня,
                              Помолись, помолись, помолись за меня,
                              Помолись за меня
                              Помолись за меня
                              Помолись
                                        помолись
                                                  помолись

Апрель, блуд, колокольная высь
И кони пущены в рысь
Помолись за меня                      Помолись за меня
Помолись за меня                      Помолись за меня
Помолись                              Помолись
          помолись                              помолись
                    помолись                              помолись

Знаком тебе топот этих копыт,         Помолись за меня, помолись за меня,
Знакома ль походка коня               Помолись, помолись, помолись за меня,
Помолись за меня                      Помолись за меня
Помолись за меня                      Помолись за меня
Помолись                              Помолись
          помолись                              помолись
                    за меня                               за меня

Мой первый грех — в том, что я рожден
И рожден, как все — во грехе,
А второй — что холодный и крепкий меч
Застыл у меня в руке.

А третий — в том, что руки твои        Помолись за меня помолись за меня
На шее моей свелись                     Помолись помолись помолись за меня
Помолись за меня                        Помолись за меня
Помолись за меня                        Помолись за меня
Помолись,                               Помолись
          помолись                               помолись
                    помолись...                            помолись...

К утру запоют, закричат обо мне
Пустое седло и обрез
Помолись.          Да родится молитва в огне,
Да коснется молитва небес.
```

Лисунов /"Вонь-Сила"/, о котором пишет Эдик в 1-м томе. Анаграммой Вонь-Сила называл его Шемякин. Шемякин видел его с черным котом на плече. Другие видели его в филармонии, оборачивающимся женщиной, а потом вновь принимающим облик мужчины /рассказывал Есауленко/. В детстве, рассказывают, пропадал невем где несколько лет. Общавшиеся с ним все кончали плохо. Снимки сделаны у Норки Грякаловой, его бывшей жены, по весне 75 года, без спросу.

ЛИТЕРАТУРА

о K.K.K.
о фильми Юлия .

Борис Филиппов

МЫСЛИ НАРАСПАШКУ

Ох, ну, и боловь.
6 мая, 1980.

ОБО ВСЕМ ПОНЕМНОГУ

Разговор за столом нет-нет да и возвращался к трагическим событиям дня. И к заложникам в посольствах, и к захвату советчиками Афганистана, и к потере авторитета великими ...на...

ше идет так называемый технический прогресс или, по-модному, НТР – "научно-техническая революция", – тем все больше и больше ослабевает у людей воля к жизни, утрачивается сам характер отдельной личности, она обезличивается, человек как бы возвращается к первичному состоянию ... тельной жизни, да...

...личность, – ...те, какая уж тут вера! Но что мне говорить о религиозной вере! Нет в нас просто веры в жизнь, веры в собственный, не заимствованный по очередной моде взгляд на окружающее, маловато веры в себя (гениальничанье – это затаившийся комплекс неполноценности), нет веры в то, что делаешь. Вера не дается лентяям: вера основана на воле к вере. А нет этой веры, нет и уверенности в себе, нет и самой личности. Так зачем же к таким хлюпикам станут таскать свои ноги Аттила и Данте?! Ну, к чему это им? Сколько сейчас, например, в Германии и Франции бесхозных замков, частеньно даже

терен. А увы, наши современники, как бы сошедшие с конвейера массового производства ...

Обратите внимание, к примеру, хотя бы на одно, совсем курьезное, обстоятельство. Ведь вот, скажем, теперь такое непомерное массовое увлечение всяческой мистикой и просто мистическим шарлатанством. Всякие там Муны, Пуны или Туны, Гурджиевы и гуру-муру всех мастей и рангов привлекают толпища последователей. Издаются Гнозисы и Тезисы, поэтишки получше и поплоше, валяясь на заплеванном полу, бормочут шаманской скороговоркой "Помолись, помолись за меня"... А скажите хотя бы, появляются ли сейчас сколько-нибудь доброкачественного? Не ду...

еще не превратившихся в руины. Покупают их для своих вилл американцы, покупают и разжившиеся на нефти доотвала вчера еще вшивые кочевники – и все они, конечно, норовят купить замок с привидением. Многие из этих замков и палаццо так и рекомендуются: является, мол, в верхней или нижней спальне в самое полнолуние дама без головы, но в пышном шуршащем шелковом платье. Иногда и стонет при этом: "Свирепый ревнивец, верни мне мою голову!" ...Ну, купил, как мне рассказывали, какой-то нефтяной шейх такой замок, а потом предъявил судебный иск продавшему замок с гарантированным привидением агентству. Мол, ждал он ждал в полнолунье безголовую даже гашиш ...ре... ... потреб...

Каждый раз, открывая господина Филиппова, поражаюсь: сколько гнуси, гноя и желчи может накопиться в человеке! В "человеке" ли? Мне он, как и Сергеев-Рафальский напоминает брызжущую гноем поганку, хорька, в своей беззубой литературной /равно и художественной/ импотенции.

Эта шваль, о которой в России и слыхом не слыхивали – не о их СОВРЕМЕННИКАХ – Оцупе, Поплавском, Гронском, Кнуте, Ходасевиче – а о выживших – из ума ли, или просто вовремя не сдохших – но смердят и смердят /жив Смердяков!/ и –

НОРКИ НАРАСПАШКУ!, – КАК ПИСАЛ КУРТ ВОННЕГУТ /В РУССКОМ ПЕРЕВОДЕ/ – А МЫСЛИ – ОТКУДА ОНИ У ФИЛИППОВА ВЗЯЛИСЬ?

...ну публику, откровенно представляющую за рубежом интересы гос– "товарищей Яковлевых" и их более высоко-поставленных хозяев.

Что ж, в демократическом мире печать свободна от всего, даже от ответственности и имеет право на все, даже на непробиваемую глупость, но эмиграция, в силу своего Горького опыта, уже не имеет права ни на то, ни на другое, эмиграция, наконец, может позволить себе мужество назвать вещи подлинными именами, ибо, как говорят у нас на родине:

– Страна должна знать своих... "героев".

Итак: Дмитрий Симес!

ВЛАДИМИР МАКСИМОВ

Париж

печатают и печатают и печатают свои куцые, убогие, импотентные мысли нараспашку, поливая своих и чужих, кусая зловонными деснами – за пяту ли, за икры – выше им не подняться, но гавкая и понося, старческим недержанием /мочи и речи/ – и ими пахнет, благоухает, так называемая – "русская" пресса. На большее сил у них нет. Собственные сочинения – силком приходится расписывать публике на всевозможных конференциях и конгрессах – кому придет в голову платить деньги /я не говорю – читать/ подобную калом пахнущую муть?

Аналогичные ароматы – встречал я только на Толстовской ферме, где жена служила санитаркой в доме для престарелых. Они тоже, случалось, плевали и кусали – но по счастью, они НЕ ПИСАЛИ!

Филиппов же – пишет. И Седых его – печатает.

Повидимому, все же прав Максимов /цитата справа/. Но и сам гусь.

ВЕНЗЕЛЬ

"Евгений Вензель, уличный Меркуцио..."

/Халиф, ЦДЛ/

Я во дворик буддийского храма
заглянул на исходе среды -
мне нравится, что Далай-лама
построил свой храм у воды.

цитировал мне до бесконечности Гум уже в Техасе. Гум вообще помнит фантастичес-
кое количество, и всегда лучших строчек. Будь то Аронзон, его любимый Шир, Алик
Мандельштам или далеко не столь известный Вензель.

Странно у меня получилось с Вензелем. Так, с полдюжины встреч, ни дружбы,
ни любви - недоразумение, недоумение. Начал я с того, что на дне рождения Криву-
лина, где мне выбили селезенку /и половнину тонких кишок/, зажал Вензеля в ван-
ной и начал с него требовать стихов. Стихов я не получил, тут на меня кошкой ши-
пела поэтесса Леночка Шварц, его не половина, а, скорее, осьмушка, по пропорци-
ям своим, правда, Вензель, как я выяснил, стихов вообще никому не дает.

А день рождения, на старый Новый год, 1970-й, был на кваритре прозаика и
художника Валеры Мишина-Буковского и супруги его, поэтессы Аллы Дин /она же Та-
мара Козлова/, из "конкретной школы" Кривулина. Народу было человек 20, не то
50, все шлялись по квартире и на лестнице, я тоже шлялся, и тут мне кто-то и
приложил. И явно не Вензель, потому что удары были зело профессиональные, на раз-
зрыв и без синяков и меток - я еще домой пришел /а драки никакой и не припомню/
с женой, тогда еще невестой, ну и три дня кончался. А чего кончаюсь - и в толк
не возьму: порет, будто шпагой из-под левого подреберья аж до ключицы - сердце,
надо полагать, скорая три раза приезжала, пощупает - "На физиотерапийку утреч-
ком!", а я кончаюсь. И в сортир - не могу ж я при женщине, хоть и жена - пошел,
стены ходуном, упал, ползу на четвереньках - дополз. А утром молодая врачиха
пришла, дай Бог ей здоровья - "В Институт Скорой помощи", говорит. Карета приш-
ла, а санитар, натурально, один. Волокет меня Мышь с ним на носилках /рост 153
и 48 кг живого весу, это в ней, во мне, напомню, 178 и под 80!/, в дверях, носи-
лки натурально, боком, не пройти - ну, вишу, как толстый лори /есть такой, из
полуобезьян и лемуров/, рукой-ногой цепляясь, а в лифте так и вообще стоймя. В
Институте же - пощупал меня врач-хирург, Евгений Васильевич Погарев, дай Бог ему
всего /уволенный из армии за пьянку/ - "Резать, говорит, надо!" Посмотрел я на
его нос - родной такой, красный с просинью - ну, думаю, нешто зарежет брата-ал-
коголика - "Валяй, говорю." Вспорол он меня - селезенка в клочьях, а на кишки с
другой стороны не посмотрел, селезенку вынул, зашил. Наркоз мне давал Боб Калли-
стов, у которого я в 3-м классе роскошный ножик перочинный свистнул, потом кото-
рый ножик Левка Успенский и Вадик Соколов, за то, что я на них с ножом бросался,
мало того, что мне сетку-авоську на голову одели /а я все равно кого-то из них
укусил, и сквозь!/, оба лезвия изломали, над чем им пришлось немало потрудиться,
потому сталь была хорошая. Ножик я и потом берег, как сувенир, и опять же - што-
пор! В чем и признался я врачу-наркологу Бобу Каллистову, спустя там, где-то 18
лет. Наркоз он от этого давал никак не хуже, но только в послеоперационной пала-
те на 4 койки и 0 санитарок вечно кто-нибудь с койки падал. А я лежу, как Иисус,
в ноздре поломанной /Санечкой Кольчугиным/ шланг, и пить можно, но только никто
не дает: карантин, родных и жен не пускают, а санитарки 2 на 200 человек и ночью
тоже должны покемарить. Друг там упал, лежит, отходит, а мне до звонка не дотя-
нуться: в руках-ногах капельницы /все вены, курвы, изорвали - практиканток посы-

лают в вены колоть, когда и опытная-то сестра их еле найдет!/, ну, схватил плевательницу эмалированную /в форме почки которая, в нее еще инструменты кладут/ и кое-как выкинул в коридор. Приходит подруга, зевая: "Ну чего там?" "Друг, говорю, видишь - лежит, упал!" /А койки послеоперационные - в полторы высоты, так что падать, оно.../ "Ну, упал." Пошла, привела другую, за руки, за ноги - закинули кореша взад на койку. Я не падал, потому что вообще не спал: во мне капельницы торчали, а с утра - обход и весь день гомон. Тут Сюзанна должна приехать из Америки, я рвусь на выписку - и опять пошел коньки отбрасывать: непроходимость кишок, по которым тоже приложили. Девки молодые мне сифонную клизму ставят - шланг резиновый в задний проход и до горла, и ведра два-три воды вливают, вёдра над головой вешают. Развлекаю я их рассказами об Игоре Озерове, как он Ленского играл, Швейка цитирую, а самому не смешно. Опять Погарев пришел, посмотрел: "Резать, говорит, надо". "Ну, давай." И полметра тонких кишок туда же, на выброс. Но ожил, однако, заматерился. Есть даже начал. Ну, на кашке больничной не выживешь, неси, говорю жене, ветчины. Та, после работы, в гастроном, няньке сунет рублевку и меня на черный ход вызовут. Разворачиваю ветчину - один жир, а внутри и зеленый! Матушка моя скандал бы учинила, обратно в магазин понесла бы - и носила, в Елисеевский! - внутри которые обрезки зеленые, заменили, а жена человек робкий и тихий, не может. Съел, однако. Случалось мне и тушонку зеленую есть, из армейских запасов, которую, списанную - геологам продают. И много чего. Словом, выписался из больницы "человек без селезенки" /и тонких кишок/, отчего, правда, Чеховым не стал. А врачи у меня всё допытывались: КТО приложил? Прикидывал я, прикидывал - все друзья, Кривулин, при его полиомиэлите - куда ему, остается темной лошадкой Вензель. Так и думали на него, одно время. Однако, по зрелом размышлении - куда и ему, тут работали чисто, профессионально. Поэтов этому не обучают, они больше по морде, да и то не всегда попадают. Потом, году в 76-м, так же убили Кита, гитариста, мужа фотографа Оленьки Корсуновой, и тоже Вензель на пьяни был. Но Евгения Васильевича, хирурга, не нашлось. Помер Кит.

А я, естественно, начал испытывать Вензеля. Мне и до того случалось встречать его на Малой Садовой, сидим в садике, под скульптурой Матери-Родины /см. фото Б.Кудрякова в 1-м томе, стр.277 слева вверху/, я, вроде, в обкуре или колес нажрался, а Вензель - с портвейновым, из магазина на углу Садовой и Ракова /бывшей Итальянской/, что напротив гарнизонной гауптвахты, в подвале которая - там сидел Санечка Кольчугин и у прохожих офицеров внаглую сигареты стрелял! Так вот, сидит Вензель с пузырем и излагает: "Для того чтобы напиться и приятно провести вечер, надо иметь ровно 3 рубля. Берешь рубль, идешь на Малую Садовую. Там встречаешь друга, у которого есть 28 копеек. Идешь с ним в гастроном и покупаешь "Розовое крепкое" или портвейн. Посидишь за бутылкой в садике, покуришь, поговоришь. Берешь еще один рубль и идешь на Малую Садовую. Там встречаешь другого друга, у которого есть 28 копеек. Идешь в гастроном... И так, на 3 рубля, целый вечер - и сыт, и пьян, и нос в табаке, и с друзьями поговорил. А человек некультурный - пойдет и купит бутылку водки, и уже в 8 часов будет снова шустрить, и все это одна трепка нервов! А еще, говорит, хорошо пойти в кино. Я, говорит, как-то раз смотрел "Фанфан-Тюльпана" с целой фляжкой коньяку. Так когда, говорит, Жерар Филипп там напился и Аделину из стакана вызывал, я, говорит, тоже, но Ленку Шварц. Правда, не помню, называл ли ее Вензель Ленкой или Леночкой, знаю лишь, что относился он к ней с пиететом, к себе же не. "Испытывание" мною Вензеля продолжалось уже у "Сайгона", где в мороженице меня начали вязать менты, а Вензель, как человек более трезвенный и опытный, их от меня оттирал и "принимал огонь на себя". После чего я полностью отбросил дурные мысли в его адрес, но друзьями мы так и не стали, потому что виделись редко, кроме того, я не испытывал пиетета перед Шварц, и Вензель этого бы не одобрил, а жаль.

АНГЕЛ

Ангел, мой милый ангел
с такою нагою душою
концентрационный лагерь
от стен твоих ушел.
Ноги фарфорово смежив,
поражающе
и
умно
обязательно хочешь между
шагать мной и мной.
Так зверозубый ягель
смыкают ночных жуков
мой
допотопный ангел,
наглеющий мой укор.
тупо
головый
мальчик
чего тебе надо, что -
ты примирения алчешь
как Пат
и паташон
И как эти плохие артисты
ты нам не даешь добра
Желтый ангел, Вертинский -
мой двоюродный брат.
Ангел, мой голый ангел
сомненье твои стада
как поле горькое, наглое
святая твоя простота.
О попивающий кофий
напрасный
и общий святой
из какой из аленькой крови
аленький твой цветок
Застылая пестрая ветошь
тишайше приходит оно

Сколько птиц надрывается песней
и,
распевшись,
спешит умереть.
И смешаться с землею пресной,
научившей не жить,
а петь.

И поют, раздирая гортани
и всем сердцем хватают дробь.
Оперенье яркое

канет, канет, канет, канет.
Лес неласков, а мир
                                недобр.

Очумелые легкие звери
разве падать
без крыльев
пустяк
разобьетесь, пустые
о север,
и на юге о вас загрустят.

ЖАЛОБЫ

Сеет мелкий дождь с утра,
я тоскую, Гофманшуллер.
свой товар провозит шмуклер –
    смуклерской товар.

Варвар чинит Апулея,
Желтоглаз и бледнолиц.
Гофман, Шуллер, я потею
    в узком пламени столиц.

ЛЕТНИЙ САД

                ... сад, прекрасное дитя...
вон в той беседке около печали
военные вечернею порой
осенний Джойса Сон играли
и солнца трезвого лучи
на трубах хладно трепетали
как угли фиглярской печи

чинились лебеди красою длинношеей
шуршали платья трости били пыль
на утлом плотике вертясь перед аллеей
служитель водоросль вытягивал крюком
не столько волею служебною влеком
сколь упиваясь важною затеей

мальчишки в сумерках кричали как сычи
две девочки болезненной четою
как две восковых тоненьких свечи
неспешно шли держались середины
прямой аллеи и белели пелерины
как мотыльки кружащие в ночи

... она меж тем приблизилась настолько
что две старухи кинули скамью
и говорили: ... здесь так сыро Ольга

не простудиться б и Жужу озяб
за тению старух пошел кряхтя как раб
высокий старец... старости и долга

семейного приверженец... и дирижер увел
усатых оркестрантов по Фонтанке
беседка опустела... приобрел
сомнительную прелесть маскарада
/......./ ритм /......./ сада
/........................./

гуляя по дорожкам бледный франт
богов разглядывал /........../
.........................../
развратничает стонет и /....../
но ты одна - печальная сестра

... Божественного разума черты
в тебе я постепенно различаю
сестра моя возлюбленная - ты
пустынником в безрадостном вертепе
рукой со лба сдвигаешь мрачно кепи
и семь пядей округлы и чисты...

написан реквием глядит автопортрет
с воздетой бровью на меня пристрастно
с весною отступил несносный зимний бред
и меланхолия смиренная покорной
у ног моих свернулась кошкой черной.
выносишь ли ты кискам их обед...

... могу похвастаться - есть угол у меня
мой добрый друг его мне предоставил
я жду его приезда день со дня
как в бридже ждет десятка встреч с валетом
я умираю нет меня с приветом
печалится ревнивая мотня...

какие хочешь дам тебе обеты
со всей деревней сразу раздружусь
сестра моя возлюбленная где ты
любимая - теперь сестра мне грусть
я с нею рядом тихо опущусь
в червивое влагалище планеты...

март 72 от Р.Х.

благожелательные духи устают
терпенью их подведена черта
они попустят - и меня убьют
они уйдут - и придет темнота

пойдут за гробом те и тот и та
бредут за гробом тот и та и те
кто ждал в благословенной темноте
подобием незрячего крота

беспомощные духи на карниз
усядутся - и свесят ножки вниз

и станут ручки кверху воздевать
глядеть печально жалобно почти
паясничать курить протестовать
не верить в распоследнее прости

беспомощным же духам я внушу
меня забыть влюбиться в анашу

сидеть чтоб в горле шум и треск и перх
от диафрагмы дым гоня наверх

но в заключенье я скажу к тому ж:
как всякий муж и я наелся груш

                           янв. 74 г. от Р.Х.

     Вот и все тексты Евгения Вензеля, что мне удалось обнаружить, даже уже
не ценой селезенки, а просто в архивах Эрля. Удивительный сплав акмеизма с обэ-
риутами, параллели с Аликом Ривиным, поэтический цинизм и беззащитность, пол-
ная неуверенность в себе при блестящем мастерстве отдельных строчек, словом -
типичная малосадовская поэзия и поэзия "подмосковья". Цитируемое Халифом /см.
2-й том, "Сайгон"/ "Мой отец - еврей из Минска..." повторять ни к чему, это уже
малосадовская "классика", но текст крайне характерный для упорно комплексующего
Вензеля, удивительный своей блестящей концовкой: "Я, как русский, рано спился, /
Как еврей - не до конца." О евреях и русских я уже писал, Вензель же - полукров-
ка, вобравший в себя оба трагизма, присущих обоим нациям.
     Но наряду с этим присутствует и чувство юмора, пусть почти всегда горько-
го - но не всегда, ведь цитировал же мне чистейший человек Петя Брандт любимей-
шее его у Вензеля:
          Говорила мне ноздря:
          - Здря сморкаешься ты, здря!
что, при детской марк-твеновской милоте /"У бедя ужасный дасборк!" - Бекки/, име
ет еще и горчинку вензелевского юмора, фаталистичность, прослеживаемая и в его
стихах.
     Словом, Вензель - поэт явно, но остающийся тайным. И эти-то немногие тек-
сты, полученные путем Эрля, мне не удалось до конца расшифровать со слепых пле-
нок /см. пропуски в тексте "Летний сад"/, да и в тексте "Ангел" я не совсем уве-
рен в последних нескольких строчках - догадывался лишь по количеству и по смут-
ным очертаниям букв.
     А о самом Вензеле - я уже сказал, все то немногое, что знал о нем. А кто
еще напишет о нем, или сохранит его стихи, кроме Эрля? Поэтесса Елена Шварц, про
пагандируемая американскими суфражистками? Сам Вензель? Я не знаю.

И конечно, забыл самое знаменитое у Вензеля, ставшее "устным, народным", что цитировалось мне Боренькой Куприяновым, балдевшим от жуткого сюра этого четверостишия:

> Двенадцать голых мужичков
> Я в баночке держала
> И каждый год по пять сынков
> От каждого рожала.

Вензель где-то становится похож на Сережу Чудакова, острослов и циник, саморазрушитель, самоед. Неважно, в каком томе это уже приводилось /во 2-м, в статье Халифа, "Сайгон"/, нельзя не процитировать еще раз "автобиографическое", дающее железный ключ к пониманию судьбы Евгения Вензеля и его поэтики:

> Мой отец - еврей из Минска,
> Мать пошла в свою родню.
> Право, было б больше смысла
> Вылить сперму в простыню.
>
> Но пошло. И я родился,
> Непонятно, кто с лица -
> Я, как русский, рано спился,
> Как еврей - не до конца.

Эти два вышеприведенных текста Вензеля известны всем и каждому, кому и неизвестно, что Вензель - поэт. Народ, он запоминает и распространяет далее - выборочно, в результате зачастую от поэта остается лишь его острословие. Как поэт Николай Глазков, известный более своим "Я на мир взираю из-под столика", нежели книжкой стихов "Поэтоград" /плохой/. Как Дудин - своими эпиграммами и экспромтами, как Никита Богословский - не только песнями, а "розыгрышами" друзей, как, наконец, ПУШКИН в народе - не романсами даже, а анекдотами, стихами типа "Стоит статуя / И ветра свист, / А вместо хуя - / Кленовый лист", изречениями "Я и Буся под столом", "Во мху я по колено" - при чем тут Пушкин? Но сам он жаловался что все политические, антиправительственные стихи - приписываются ему, как все неприличные - Баркову! Правда, народ приписал Пушкину и много последних, как и Маяковскому "замочную скважину" онанистов.
Но Пушкин печатался и помимо, от Вензеля же - удалось сохранить эту вот горстку текстов и 2, ставшие "народными". А лет Вензелю, полагаю, уже за 37.

Евгений ВЕНЗЕЛЬ

ДЖЕККИ ИЛИ ЖИЗНЬ,
ПРОЖИТАЯ ИЗ КОКЕТСТВА

"Роман-оглавление"

> Боюсь, что мы не создадим
> слепцовской коммуны,
> опасаюсь, что мы не выстроим
> телемского аббатства
>
> Из частных разговоров

Джекки с разрушительной правдивостью разговаривает сам с собой
в состоянии наркотического полусна.
Джекки в угаре социального гнева хочет поднять нравственность
безнравственным и парадоксальным способом.
Юный Джекки заманивает девушку к себе домой. Чем может закон-
читься попытка угощения. Огромные глаза перепуганной девушки
останавливают возбужденного Джекки.
Отчего прекратились регулярные записи в дневнике, стали носить
отрывочный характер, а позже и вовсе не имели места.
Джекки - мальчик, в котором что-то есть.
Джекки видит первый шизофренический сон. Несколько толкований
этого сна.
Джекки занимает последнее место в общеклассном турнире по иг-
ре в крестики-нолики.
Джекки - человек сомнительной репутации.
Джекки осуждает экономическую политику правительства.
Джекки в восторге от речи поэта Расула Гамзатова о мулатах.
Джекки как недавно практикующий святой.
Джекки в лапах сыщика из полиции нравов. Чудесное спасение.
Юный скептицизм Джекки. Что из того, что девушка уселась на
полу?
Интуиционное прозрение. Джекки - сторонник радикальных пере-
мен. Эта женщина будет моей!?
Третьесортные комплименты. Долой прыщи. Главное для мужчины -
статная фигура.
Джекки - полноправный член боевой тройки. Рубль в заднем кар-
мане брюк. Первые ласточки негодяйства. "До тебя никто не смел
ударить меня."
По бритому затылку Джекки скользят любимые пальцы.
Джекки с топором в руке крадется в казарму. "Как ты смеешь пи-
сать мне такие письма?"
Джекки получает килограмм пощечин.
Джекки у зеркала. "Здравствуйте, господин Курбэ".
Джекки - мужчина в соку. За что Раскольников убил старуху-про-
центщицу?
Первая версия Джекки о том, как он потерял невинность. "Ей бы-
ло за 30."
Джекки и его тощий учитель. Как можно любить такое уродливое
существо?
Джекки любит на боку. "Этим я убиваю зверя."
Джекки сочиняет реквием в два похмелья.
Джекки - патологический трус. "Пустите меня, я убью этого не-
годяя."

Джекки грызет картонный ящик. "Если бы у меня было много денег, я бы увез тебя на юг, недельки на две."
Джекки - гомосексуалист.
Соперник с молотком и рубанком.
Полноценные приезжие. "Когда вы прозрели?"
Ужасный сон. "Но действительность еще ужасней."
Роман, который никогда не будет написан.
Джекки - остроумный толстяк.
Запах духов. "Тому, кто мне их подарил - нравится их запах."
Джекки заботится о животном.
Гибель астронома.
Посветлевшие волосы. Офицерская рубашка. "Боже, что ты со мной делаешь?"
Джекки решает завести любовницу. "Почему среди моих знакомых нет женщины с комнатой?"
Джекки страдает от жары. "Ты сегодня замечательно выглядишь."
Сакраментальный вопрос. Вокруг стола.
Джекки сражается с пьяным хулиганом. Оторванный карман.
Джекки - гипсовая рука.
Джекки - брачная контора. "Это - венец моего слабоумия."
Джекки - нервная жадина. "Я настолько умен, чтоб понять, как я глуп."
Роман без вранья. Справедливые опасения Джекки.
Ночи за бриджем. "О, это очень вкусно."
Две недели счастья. "Джонни, ты меня не любишь, Джонни, ты меня погубишь, о, Джонни, Джонни."
Битва за чайник. "Ты пришел слишком поздно, мы уже всё выпили."
Шампанское и холодные цыплята. "Откройте дверь, я дальше не поеду."
Джекки - очаровательный изгой. "Этот вечер мы проведем вдвоем, милый."
Хронический самоубийца. "К водке хороши бутерброды с килькой и яйцом."
Два часа рыданий. "Меня нельзя оставлять наедине ни с женщиной, ни с машинкой."
Джекки - рефлектирующий альфонс. "Может быть ты сегодня не будешь пить?"
Чем можно остановить воспалительный процесс. Джекки в душе - старый холостяк.
Страшный день. "Не пей, Гертруда, на чужие деньги."
Холодный мерзавец. "И воздастся тебе за грехи твои."
Интеллигентный пьяница. "А скажи, что такое - глосса?"
Джекки - кладезь информации, но не источник ее.
Граф Хвостов. "Вы хотите чаю?"
Джекки - мальчик-лепесточек.
Джекки - на гребне. "Где достать пикулей?"
Джекки - свадебный генерал.ю "Как вы относитесь к маринованным грибам?" "Так же, как к шестнадцатилетним девушкам."
Джекки плачет у окна.
Джекки - бесталанный матерщинник.
Джекки - неосторожный щенок. "Товарищ майор, я н-не могу сегодня ехать."
Меркантильный Джекки. "Пойдем выпьем, у меня есть два рубля."
Джекки прозорливец. Все увлечены немецкой поэзией.
Откуда литератор черпает материал для своих художественных произведений.

Джекки за книгой. "Я, больная женщина, винуждена из-за тебя ходить на работу."

Джекки заклинает. "Устраивает ли ее положение первой подружки при альфонсе?"

Джекки - неумелый гребец. "Я тебя боюсь."

Джекки часто ходит в кино. "В этой истории ви не найдете ни фантастических приключений, ни любовных сцен. Это почти документальный рассказ о будничной работе одной из современных международных организаций."

Джекки о возможностях контактов. Два авгура.

Любовное стремление на юг. Вещи, о которых никому не рассказывают.

Заслуженные аплодисменты. Роковая любовь.

На скамье. "Я мог испортить отдых сразу двум."

Джекки успокаивает истеричную некрасивую девушку. Всё повторяется. "Не спи, ты хочешь испортить мне ночь."

Джекки устал. "Мне надоело гальванизировать."

Джекки любит ретроспективные просмотры акварелей и гуашей. "Показав гуашей, витолкает взашей."

Джекки добродетельная великанша. "Все мужчины - негодяи и обманщики."

Джекки и периодические издания. "Бонжур, Антуан."

В сигаретном дыму. "Они лягут на мою кровать, а мы с тобой устроимся на полу."

Джекки проводит день перед телевизором. "А сейчас, товарищи, посмотрите художественный фильм "Свинарка и пастух"."

Джекки, истомленный нетерпеливым ожиданием. "Я думал, ты уже не придешь."

Джекки - неопытнейший из любовников. "Все ви только и думаете о том, чтобы выйти замуж."

Джекки получает любопытное письмо. "Несмотря ни на что, я думаю, ми останемся друзьями."

Счастливые годы шпиономании.

Джекки подозревает соседей по спиритическому столику в шарлатанстве.

Скажи, Аввакум, тебе там хорошо? "Не очень."

Джекки едет загород. "Ти хочешь, чтобы у меня не было друзей?"

Джекки завсегдатай шикарных ресторанов. "Будьте добры. Два салата из помидор, лобио, сациви, бастурму, двести, нет, триста граммов водки и бутылку цинандали."

Джекки в такси. Нецензурнейшая глава.

Джекки - сторонник святости брачных уз. "Если тебе не вешаются на шею, то ты вешаешься на нее сам."

Трагическое ведро.

Джекки с булыжником в руке защищает свою жизнь. "... собака на могиле грызет кость."

Джекки - несомненно, порядочный человек. Литературные реминесценции.

ИСТОРИЯ ДОКТОРА ДЖЕККИЛЯ И МИСТЕРА ХАЙДНА

Е.В.

Провокатор и Аввакум. "Селезенку мне грызть будешь?!"
О, Джекки, Джекки, Дон Жуан
Клади Елену на диван!
Фильм о летчике Феоктистове. В главной роли - пилот Галецкий.
Песнь веселого скопца
Без яйца и без лица:
"Перед самым отъездом в Европу
Стал я нежно любить свою жопу."
"Джекки, не надрывайся!" /Мама - сыну/. Эдипов комплекс?
Комплекс Эдички.
Хор гермафродитов:
"Елена укатила в Рим
И с графом там живет с своим."
Джекки /дожевывая/: "Гагарин в Гаграх?"
Гордыня обуяла Джекки. Гурманствует, падла.
"Послушай, друг, сходи к Халифу
И попроси там на олифу."
Юдифь и Олоферн. Сережа Олефир.

Облупив яичко
Зажал в кулачке.
Вылупилась птичка
Сказала хе-хе.
Джекки, Джекки, марш полей:
"Птичку уксусом полей!"
Ути-ути, нюди-нюди!
Джекки, не прячь это место в карман,
Подумают, что ты наркоман.
В Малосадовском садике
Она копалась в задике.
"Это приятно: всегда - на троих."
Звезда на троих.
И беда на троих.
И трояк на троих.
И трепак на троих.

Летчик Феоктистов пал смертью героя
/по общему мнению с перепоя/.

6 января 82
Нью-Йорк

Малосадовские реминесценции к Вензелю. О Феоктистове и пр. - см. /ННН/

ТUTОРИНЦОВ

ТИТ ОДИНЦОВ

Тит Одинцов родился в семье раскулаченного крестьянина. Раскулачивали основательно: били кулачным боем, индюков забрали, последнюю корову дед, Тит Тарасович Тетерев, своей рукой прирезал. Были высланы в Потьму или Тотьму /Тит за младостью лет не помнит/, питались клюквой и лишаём, кору толкли и варили, ставили сруб-пятистенок. Подросши, стал ходить за коровами. Коров было мало, в основном холмогорки, но с примесью ярославских кровей. Паслись на мшаниках и засеках, молока давали мало, да и то отбирали на молокозавод. Шла война, убили братана Титова, батю и дядьку, мужиков в деревне остались сам Тит, да дед, глухой, как тетерев, и по фамилии Тетерев же. Дед ладил юному Титу свистульки из ивовой коры, пугачи бузинные, в школу Тит не ходил. Учился по Псалтырю, пел акафисты. В 47-м году десятилетний Тит попал в город. Матка его пошла на строительство, что в Старом Петергофе, Тита же сдали в школу-интернат на Васильевском. Учился Тит плохо: то мух наловит, и учительнице под юбку запустит, то из бузинового пугача директору глаз выбьет. На 16-м году попал в трудколонию, что в Стрельне. Служил в Мурманске и в Североморске, в штрафбате. Пил одеколон, гуталин на хлеб намазывал и вываливал, кололся желудочными каплями и пантопоном. В увольнения не ходил, сидел в казарме, тараканов стравливал. Поймает, бывало, таракана, иглу накалит, да в жопу вставит. Вот и все развлечения. Интересовался литературой 18-го века: знал наизусть "Милорда аглицкого" и "Пересмешник" Чулкова. Пописывал стишки в духе графа Хвостова, вроде:

> Размучен страстию презлою
> И ввержен будучи в напасть,
> Прости, что я перед тобою
> Дерзнул свою оплакать часть.

Писал с ятями, по старой орфографии, что я отчаиваюсь передать. Стихи посылал в редакцию газеты "Красный Североморец", откуда приходили отказы. Но Тит не отступал и продолжал писать. На смотре Краснознаменного Северного Флота выступил со стихами:

> Начало в центре, чтется во все страны,
> От всех стран буди, Царю, почитаны.
> Елики путми лет есть се читати,
> Толико лет ти даждь Бог царствовати.

Чем так сразил адмирала Омельянченко, что получил тридцать суток губы, вопреки всем уставам. Дед к тому времени переехал в Москву, а дело было году в 71-м. Тут-то и выяснилось, что настоящая фамилия деда - Тютюнник, а не Тетерев. Скрывал он ее в 30-е из-за знаменитого однофамильца, атамана Тютюнника, а то непременно схлопотал бы вышку. В их селе на украине все еврейские семьи носили эту фамилию. Поскольку по матери он был чистокровным евреем /фамилия Одинцов принадлежала его рано погибшему отцу/, подал заявление на выезд в Израиль. После полутора годов волокиты /припоминалось ему, что он охранял сортир оборонного значения во время службы в Североморске/ Тита выпустили. По приезде в Вену он был признан русским и сейчас преподает в одном из университетов Америки, вместе с историком Женей Бешенковским /Матки/, родственником известной ленинградской поэтессы. Больше я об Одинцове ничего не знаю. Судите по его стихам.

От составителя: стихи Одинцова приводятся, к сожалению, по новой орфог-
рафии, за неимении на машинках фирмы Ай-Би-Эм летер фи-
ты, яти, ижицы, еров и юсов и даже букву "ё" приходится
печатать в два приёма.

ОЛЬГЕ

В нескромной - вход свободен-с! - галерее
Ученых поз и мудрости ужимок,
Где выставлен во всей своей красе я,
Как некий восковой колдун иль схимник,
Уродливый, угрюмо-злой, в очках,
Склонившийся над книгою впотьмах,
Где все уныло, блекло, тихо,
Где меркнут дни и годы безразлично, -
Там Ольга ножку лишь кажи, тогда
Бывают сногсшибательные взлеты,
Веселый разговор и анекдоты,
Возня, галдеж и смех до потолка!...
Постой! Не наважденье-ль это чорта
Чернильно-мефистофельского сорта?
Не буду ль я и соблазнен и грешен?
Пускай! Сыграй мне только Ольга Гретхен!

ЖАЛОБНАЯ ПЕСНЯ

Пожалуй так и было -
Ты вышла вся в тени,
В объятии гориллы
В жару нагой любви.

И бело было тело
В тех сумрачных руках,
Обвивших так умело
И грудь твою и пах.

Конечно, обезумел я
И вознегодовал,
Что-де такое чучело
Тебя ведет в скандал.

И долго бился-бился я,
Не знал уж как мне быть, -
Не ночь ли сбила темная?
Не лучше ль все забыть?

Увы! я плотоядными
Глазами влип в тебя,
Охвачен сладострастьями,
Которых мне нельзя.

Мадонна! Дева ноченьки!
Зверям ты нарасхват,
А мне ты ничегошеньки, -
Да я ... и я мохнат!

Мне незачем уж больше мешкать
С уходом вон из жизни сей.
Давно исчезли все потешки,
Перевелся запас речей;
Давно, давно иссякли чувства
Любви, привязанности, грусти
И употреблена до дна
На долю выпавшая мзда.
Так, ничего мне осталось
Помимо самого себя,
Сего зря бьющегося "я",
Еще зовущего на жалость.
И надоел мне сей глупец!
Избави, Боже, наконец.

НЕСКОЛЬКО НА ЛАД
ВАС. ТРЕДИАКОВСКОГО

Что вы! что вы!
Разве можно
Так ничтожно
Недомолвки
Истолковывать?

Сами чувства
Самосильно
И обильно
Без искусства
Вопиющие.

Речь закрыя,
Удалялся
И скрывался
Ото лжи я
Громкоговорительной.

Что?! смеетесь,
Мной играя -
Злая! злая!
Разорветесь,
Звукопроницаемы.

Словом убогий,
Мальчик, в кого был влюблен,

Ту Имяреком нарек.
Скромное имя! –
Угля золою покрытого пламя.

ЛУБОЧНЫЕ ПОВЕСТИ

Люблю я дивный слог старинных
Изящно-неуклюжих строк
Лубков лукавых и безвинных.
Люблю взъерошенный поток
Простонародных вдохновений;
Шершавый, шустрый, смелый гений
Хитросплетеньем смачных слов
Торопит сердца темп боев.
Люблю, читая на досуге,
Забыв тревогу новостей
Чрезыскушенных наших дней
Раздуматься о древнем круге,
Где мастерили с простоты
Шедевры грубой красоты.

Примечание: к жестокому сокрушению составителя, даже датировать эти тек-
сты не удалось. Малосадовские встречи с Титом Одинцовым обыч-
но кончались безобразной попойкой, при этом Тит принципиаль-
но своих стихов не читал, но Боброва, Кострова, Дмитриева,
певал князя Нелединa-Мелецкого, любимыми же его поэтами были
из века осьмнадцатого - забыл, - которому урезали язык в ца-
рствование кроткия Елисавет - а, Тиняков и поручик лейб-гва-
рдии, при Екатерине уже, поэт и латинист Усерецкий. Я о них
тогда и слыхом не слыхивал, Одинцов же читал мне их постранич-
но. Его тексты я получил от разведенной жены, Люськи Калини-
ной-Бороевской, которая из злобной мести вытирала попку мла-
денцу - рукописями отца. Несколько неиспользованных листков
я попросту спер, мне же Тит невразумительно мямлил на тему
их публикации. Сами же тексты, писаные от руки, да к тому же
по старой орфографии, он упорно никому не давал, в том числе
и мне.
Фотографию его удалось обнаружить, все у той же супруги, но
плохого качества и вдобавок мстительная подруга жизни при-
рисовала на ней чернилами усы.
На анкету, посланную ему, Одинцов не ответил, его армейский
сослуживец по дисбату, а ныне аспирант Илья Левин мемуаров
написать все никак не может, пиша пейперсы, так что придется
ограничиться этим кратким предисловием и послесловием и сами-
ми текстами.
Ориентировочно тексты можно датировать серединой 60-х.

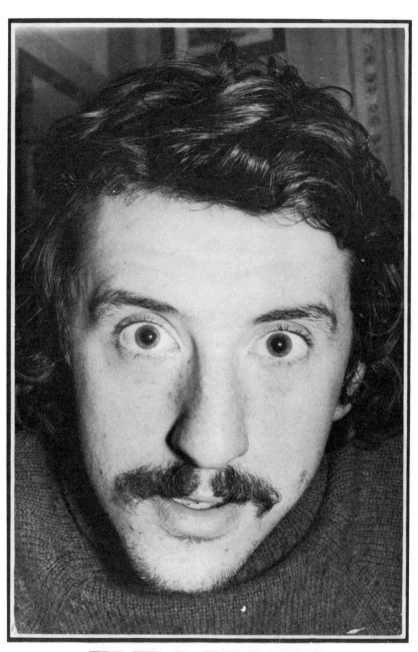

БЕЛКИН

ИЗ СТИХОВ ХУДОЖНИКОВ 1973 ГОДА

БЕЛКИН:

... Потому что Сускурлус
Старый грязный Сускурлус
Сделал выкурлус Лускусу
Не взлюбивши Луксусусу
А потом пришла весна
И закрыла им сусла

А.Б.ИВАНОВ:

КОММЕНТАРИЙ К ПРОИСШЕСТВИЮ
НА РЫБОКОНСЕРВНОМ ЗАВОДЕ

Зуб машины встал
В горле - рыбой - кость
Час машины настал:
Кто-то вставил гвоздь!

Это то, что запомнилось. Белкина, впрочем, я и так привожу. Некоторое дополнение, о вещах и лицах незнаемых, сделал мне Гозиас. Привожу, поскольку явление, похоже, общее:

"В одной домашней игре - писании стихов по кругу /строчка на человека/ - было изобретено следующее стихотворение:

Кулибин - крупный грамотей
и хитрый самоучка, -
из недоделанных лаптей
он создал авторучку,

он переделал на часы
мосты и перешейки,
он отрастил себе усы
и выковал копейку,

он гнал из ваты самогон
и плавал баттерфляем...
Он сделал дверь и вышел вон,
куда? - не представляем...

Авторами этого труда в равной степени были четверо: художник Павел Абрамичев, его жена и художница Светлана Тимофеева, ныне моя вдова и художник Наталья Галкина, а также участник и свидетель игры Слава Гозиас, чьи художества несомненно сомнительны в красках, стихах и прозе. Возможно, что для литературного творчества художников приведенный текст имеет интерес."

/Техас, 1981/

ШЕСТЬДЕСЯТ РАЗ СПУСТЯ

Вернемся в историю, которую нынешние искусствоведы называют "современным искусством". Более полувека назад, формалист-конструктивист /а также будущий чекист/ Александр Родченко писал своей, тогда еще невесте, Варваре Степановой, следующие стихи:

Бокал отравлен, но ядом мести...

Смеется сердце... Паяц лукав...
Но Коломбина играет в страсти
Пьеро хохочет... Дрожит паяц.

Пусть сердцу больно... Но залы странны,
И море мести дрожит в цветах
Но я бросаю в лицо запястья
И в грезах вальса пью бокал...

Северянин? Вертинский? Степанова отвечала ему:

О, Пьеро мой, напудренный и бледный,
По пышным залам ты насмешливо скользишь,
Как бледный луч серебряной луны
По темным облакам холодный и надменный.
Ты страшной силой все к себе манишь
И с сатаной плетешь лукавые узоры.
Ты - весь таинственный, неуловимый,
Как отблеск мертвого опала,
В глубоком зеркале воды...
И твой усталый взор непроницаем,
Как черной ночи покрывало
До пробуждения зари...

"Родченко дарил свои образы в письмах и стихах Варваре Степановой":

Пусть томно льется по залам странным,
Сбиваясь в грезу, скользя как сон
Мой вальс старинный, мой вальс пьянящий,
Мой вальс сплетенный из бледных роз.

Враги смешны, скрываясь в масках,
Шипя как змеи, тая кинжал
Но я небрежен, тая запястье,
В поющих пальцах держа бокал.

/Из какой-то советской монографии для Запада/.

И плакал, как Ленин, слушая "Апассионату". А 20 лет спустя, его Коломбина
вместе с Телингатером и Лисицким, дизайнировала журнал "СССР на стройках"/1937/
ДЛЯ ЗАГРАНИЦЫ. Фото Беломоро-Балтийского канала, Днепрогэса и прочего - и НИ ОД-
НОГО зэка на стройках социализма! Высокохудожественный дизайн.
Ведь пишет же Нуссберг /в изъятой из 2-го тома статье о Чашнике/: "Аван-
гард в Российской Республике, именно советский авангард в искусстве, активно
способствующий УКРЕПЛЕНИЮ ВЛАСТИ БОЛЬШЕВИКОВ в решающие 1919-22 годы, - годы
Гражданской войны, - его ядро представляли такие как: Владимир Татлин /материа-
лист и комиссар/, конструктивист-"вещевик" и фотограф А.Родченко со своей женой-
активисткой Степановой; большевицкие идеологи и партийные функционеры Ося Брик
и Арватов; конструктивисты Стернберги; сам Народный Комиссар Просвещения и ста-
ромодный писатель - А.Луначарский; примкнувший теперь к ним "конструктивистский
супрематист" и "вещевик" - Лазарь Лисицкий..." /перечисление Нуссберга можно и
еще на 20 страниц продолжить.../,
словом, пели "Апассионату", расстреливая, расстреливали и пели. Бывшие
Пьеро и Арлекины: "Любовь сегодня, как и раньше, она все для меня, я слышу и чу-
вствую в душе ее песнь." /Дзержинский/.
Мои друзья в комиссарах не служили. Но стихи писали. Даже художники.

БЕЛКИН-ПЕЛКИН-СВИРИСТЕЛКИН

"Белочка" - называет его моя матушка. Художник уже с 6-ти лет, всю жизнь по мастерням, рисует и маслом работает - а проку?

Где-то, ближе всего, он к Андрюше Геннадиеву. Тот же "непрофессионализм" при полном профессиональном образовании, то же попрыгунчество, светскость и любовь к антуражу.

Мне его подарил Козырев-2-ой, с сыном которого, Кириллкой /Кирюшей/ Толик Белкин находился в друзьях. И с весны 73-го года - не оставлял он меня ни на месяц, ни на неделю. Жил в доме, как некоторый приемный сын, волок туда и обратно картины, расшвыривал недоделанную графику - и всё на скаку, на бегу. Усадил его как-то сделать заставки для книги-антологии в подарок отцу Алипию - два дня посидел, не получается, бросил.

Устроился художником в "Баррикаду", кинотеатр. Работа - не бей лежачего, студия, краски, свободное расписание, а дел - пару афишек в неделю написать. Прибегает: оформил тут, говорит, афишу, коллажами из газеты, поп-арт, размерами в простыню, приходи посмотреть. Прихожу. Афиша на лестнице в "Баррикаде" - впечатляющая, только ... полуметровых размеров буква в одном слове пропущена! Как же, говорю, ты так, Пелкин-Свиристелкин? Ах, ах! А афишу - уже не переделаешь. Через месяц - ушел: адреса его еще заставляли писать, благодарственные, увольняющимся - он и там, полагаю, буквы пропускал.

Полная безалаберность при полной преданности искусству. Ни о чем другом, лет с 6-ти - не способен был и говорить. Бегал по студиям, учился сразу у всех. Блестящий рисовальщик, иллюстрировал Андерсена, Хармса - но если б хоть ОДНУ серию иллюстраций закончил! Возможно, потому, что не было - ЗАКАЗА. Это как-то - дисциплинирует, все же.

Живчик, радостный. "Кока, - звонит, - я погибаю! Спаси!" А где ты, говорю. "В каком-то автомате! Тут еще блядь какая-то... Уйди, сука, уйди! ... Я не знаю, где я. Спаси!" Спасать я его не стал, поскольку там была еще "блядь какая-то", знал, что о Толике есть кому позаботиться.

Непременный участник всех выставок, друг всех художников и всех же поэтов, фотографов - Белочка прыгал, как в колесе, но - сужу по последним работам - НИ С МЕСТА.

Завел на Якубовича у себя шемякинско-геннадиевский антураж /рангом, правда, пониже/, себя и голую модель /вроде, Галку ширашлюшину бывшую/ снимал, при помощи Гены Приходько - там и раккурсы и прочие фокусы, а - не то.

Оформлял чего-то в кукольном театре в Кургане /вроде, для Понизовского или Сорокина - см./, словом - вертится человек. Болтается, как цветок в проруби.

В армию тут загремел - но, натурально, в стройбат: куда еще таких охламонов, поэтов-художников?

И при этом - изряднейше "чувствовал слово". В наши с АБ Ивановым обкуры - непременно присутствовал, и участвовал в создании "планового" романа - бред, который писали мы гашишом под, и потом я, оформив и отработав - запустил в настоящий роман.

Белочка, как и Геннадиев, был самым светлым и СВЕТСКИМ художником - от гения Михнова /см. статью Кулакова/ впору было стреляться, как Аронзон; Шемякин имел крайне узкий круг - друзей лишь с 50-х-60-х, новых не заводил, а вот Геннадиев с Белкиным - осуществляли собою СВЯЗЬ поэтов с художниками /именно у Геннадиева - встречал я Олега Григорьева после отсидки, и именно Белкин - писал портрет Азадовского/.

Возможно, что эта легковесная родственность мне их характеров - и не позволяет трезво судить об обоих. Но сужу ведь я не характеры, а продукцию их их ИСКУССТВО. И тут превалирует - скепсис... При всей к ним любви.

ОН РАССКАЖЕТ
ВАМ
СКАЗКУ.

Belkin

АНАТОЛИЙ БЕЛКИН

ТРИ СТИХОТВОРЕНИЯ,
ПОСВЯЩЕННЫХ АНРИ БРЕТОНУ

1.

На розовом стекле смеялись
Две половинки странного ореха
Внутри которого летали бабочки и
Вишни трепетали, как шарик голубой,
Повешенный за венку над усталым и
Смердящим бегемотом,
В котором дружная семья опарышей живет
И улыбаясь музыка слетала,
Как одуванчики с бредоголовых ос,
Недавно улетевших.
Кокос уже разжеванный и гибкий
Пытался влезть под собственное веко
И крупный пот его ловили птицы
И улетали так далёко, что можно было
Неспеша вернуться и залезть в то место,
Где темно и тихо и ни зги не видно,
Но виден мир такой, что и не снился
Черным эполетам,
При этом лопались браслеты,
Как маленькие глазики весною,
Когда ты гвоздиком точеным им вдуваешь
Мысль свою и силу всю свою, какую не
Измерить даже язве,
Разве это плохо?
Так почему же маленькие губы
Распялены на солнце и прибиты
Лишь для утех тех упырей,
Которых бы повесить не мешало.
Молчало зеркало, молчало
Лишь только десны натирали
И без того ужасную мозоль,
Готовую на муки.
С улыбкой тихой глазик выпал
И покатился по ладони пыльной,
Потом он превратился в человечка,
Который рассказал вам эту сказку,
Хотя его и /неразб./ вовсе.

Но красный червячок сомненья
Вас уж гложет,
Дай бог, быть может он поможет

2.

Стон
Топот
Харч
И нутро
Эмбракулинус путро.
Слегка налево - тихо
И каждый вздох - веха

Облапана мадонна
Папоротником гнусным,
Чудо дивное! А в глазах пусто.

3.

Растекшись по древу
Свой харч из себя пожирала улитка
Из глаза катилась
Огромная желтая масса деревьев,
Которые были ворчливы и мягки,
Как жемчуг.
Лишь только внезапно заря озаряла
Кладя свои тонкие руки
На теплую грудь Анделоны
И тихо шептались,
Заведомо зная о каре тяжелые цепи,
Пронзительно глядя в стремнину.

Три тыщи четыреста маленьких
Красных клубочка сковали решетку
И заперли Ницше, Бодлера...
И многих, которых они убоялись.

Но все же остались деревья и
Вера осталась.

1973

ТЕЗКА АЗАДОВСКИЙ

"Песнь о любви и смерти
корнета Мария Рильке" в
переводе Кости Азадовско-
го тщетно ищу уже 17 лет.
Приносил ее, раскопав от-
куда-то, Гришка-слепой в
1964 году, и с тех пор -
не могу забыть. И до, и
после читал я немало Ри-
льке - и в переводах Си-
льман, слышал переводы
Петрова - но сразил меня
один Азадовский.

Самого Костю встретил я
в том же 64-м, ночью, на
Лиговке. Я шел с бабами
и читал им на память Бро-
дского, он шел тоже, вро-
де, с бабами и говорил о
своем приятеле Бродском.
Так и познакомились. При-
вел я его на Плехановскую
к бывшей своей /тогда еще
не ставшей/ супруге, но
вынужден был вскорости -
увести его обратно: за

Портрет Константина Азадо-
вского работы Толика Бел-
кина, 1976. Масло, холст?
В оригинале - синенький
такой, страшновастенький.
Слайд Белкина был послан
Половцу в "Панораму", где
и утерян. Обычные дела.
Поэтому печатаю ч/б копию,
что была в газете. Со ста-
тьей Аксенова, вроде.
Но где, все-таки, "Песнь"?

один вечер тезка предложил себя всем наличествующим бабам и, вообще, вел себя как сексу-
альный маньяк. С тех пор не видел его года до 68-го, когда встретил на Невском и выпива-
ли мы у него /было лето/ на профессорской квартире на Желябова /во дворе, не доходя ДЛТ/.
Костя был, мягко говоря, циничен и рассказывал о своей работе в Интуристе, о гидшах, ко-
торых подсовывают иносранью в койку, чтоб потом, сфотографировав, шантажировать. К тому
времени он вернулся из Карелии, куда был выслан за что-то /за что, я так и не понял/, и
пить с ним было не настолько приятно - все время разговоры о том, где бы раздобыть дево-
чек - а не о стихах, что я его больше не видел аж до 74-го. В 74-м он заявился на выста-
вку "23-х" у меня дома, где, вероятно, и познакомился с Белкиным. Помимо - читал очень
неплохие стихи, но дать их для антологии - отказывался.
По поэтике - даже в переводе Рильке - принадлежал он к группе Бродского, которая году к
67-му мне уже обрыдла, поэтому особого интереса тезка во мне не вызывал. Да еще его веч-
ная сексуальная озабоченность и какой-то ущербный цинизм - так что, когда я тут узнал,
что его повязали - я не очень и удивился. Пришили ему героин и девочек - где он мог ра-
зжиться героином в России - я не знаю /ну, планчик там, за который посадили талантливо-
го художника Володю Гооза, или там колеса, ширево - это еще понятно, но героин?/, насчет
девочек же - за это можно пересажать ВСЕХ поэтов, вычетом одного-двух гомосексуалистов.
Якобы, он девочек под героин пользовал, чтоб они расслаблялись - но зачем на них такое
добро переводить, когда они и под бормотуху охотно ложатся, да и так - мне трудно по-
нять. Судя по всему, дело шитое.
На Западе поднялась очередная, средней вонючести, кампания против посадки очередного пе-
реводчика и поэта, знали его многие, и хорошо - даже Аксенов, вроде, чем-то разродился,
но я все эти протесты больше не читаю: написаны они под копирку - что о Косте, что о Са-
харове-Копелеве-еврейских диссидентах-украинских и прочих, и прочих... Пишут языком из
той же сукноваляльни, что и в Союзе. Читать - можно и не читать, так, посмотреть заголо-
вок: кого? А за что, и как - это и так понятно.
Косте от всей души сочувствую, но даже "Песни" этой у меня нет... Ему, я полагаю, было
бы не безразлично. И мне тоже. Но где, где? Всех уже обспрошал... А Костя - сидит.

КОЗЫРЕВ 2-й

Алексей Александрович Козырев, брат астронома /Николая/ - который открыл вулканы на Луне, и что Земля имеет форму не геоида, а кардиоида, и вообще, говорят, сделал один больше открытий, чем все советская астрономия за 40 лет - так вот, Алексей ничего не открывал. Однако, сидел, как и брат. О брате пишет Солженицын в "Архипелаге", о том, как в камере ему по ошибке дали астрономический справочник и спохватившись, отобрали, но цифры Козырев уже запомнил и продолжал делать открытия.

С обоими братьями меня познакомил Охапкин, со старшим Козыревым, астрономом, я виделся один только раз, в Комарово - высокий, лысоватый, в свитере - каждый день он отмахивал на лыжах сколько-то там километров, чтоб поправить здоровье от лагерной язвы - дисциплина, суровость - с ним мы говорили за Хлебникова, я его вербовал расшифровывать "Доски судеб".

А с младшим братом, среднего роста, полноватым живчиком, Алексеем, мы и подружились. Попервоначалу, проведя целый день в Павловском парке в реминисценциях и разговорах, а также чтении стихов - я был сражен наповал. Году это было в 70-м и на протяжении последующих пяти лет - я слышал те же стихи, в артистизированном исполнении Алексея - при каждой встрече. Ссылался он и на то, что его "Мадам Бовари" очень понравилось Ахматовой. Не знаю, но думаю, что и Ахматова бы озверела, если б он читал ей их 5 лет подряд.

А больше читать ему было нечего. На свои полвека с погоном - написал он где-то с дюжину, или две, стихотворений. Каковые и читал при каждом удобном случае. Случаев представлялось много, поскольку, имея со своей второй женой Марьяной Козыревой /которая писала пьесы и печатает прозу/ и сыном Кириллом -
уютную квартирку где-то в Купчино, которую они оба, последние 5 лет, стремились превратить в "салон". Чрезвычайно милы и гостеприимны были оба, но в людях - фантастически неразборчивы. Приглашали, кого ни попадя, потом спохватывались - не то сперли там что-то, не то, не помню, другие какие-то неприятности - словом, стопроцентный русский дворянский дом конца прошлого века - с суфражистками и террористами, поэтами и чорт знает, кем.

Где-то очень традиционную пару представляли Алексей и Марьяна. И не играли они, а просто - оба два - были обломками той еще эпохи, чем и привлекали нас, и меня в том числе. Жива еще интеллигенция в России. И отсидевшая /у Марьяны - отец/, а всё либеральная! Нестеровский, Синявин, АБ Иванов - словом, все, кого выставлял я - принимались у них.

Но говорить с ними было чрезвычайно приятно. Я не говорю за стол - для дорогих гостей металось из печи все, что было. И выпивали мы, и беседовали - и было о чем! - и было уютно, покойно и ностальгически-сладостно. В конце же вечера, по просьбе или без, Алексей обязательно вставал в позу, откидывал воображаемые длинные волосы и читал "Мадам Бовари":

> Блестит Большая Медведица,
> Фонтаны и фонари.
> Нельзя ли к вам присоседиться,
> Под ручку с мадам Бовари?

Если не переврал там чего. Алексей был мил, как семейный альбом прошлого века. И стихи были такие же. Марьяна занималась литературой более серьезно - пьеса там о Бенвенуто Челлини, или проза, что в "Эхе" печатается, но ни ее, ни его текстов я не сохранил. Выбрал вот, из имеющегося у Левина сборника в 20 страничек три наиболее характерные текста - и ша.

Но без таких людей, как Алексей и Марьяна Козыревы - литература наших дней в Ленинграде - немыслима. Они - среда /что не означает посредственности/. Люди о

ТРИ ТЕКСТА АЛЕКСЕЯ КОЗЫРЕВА

ОБНАЖЕННАЯ

Вот платьице и слетело.
А я не успел помочь.
Как это притихшее тело
Похоже на белую ночь.

Я вспомнил картину Гойи,
Где блики сходят с ума,
Где всё - наизнанку, другое,
Светом прикинулась тьма.

Раскосые груди так робки,
Что могут всем рискнуть.
Природа смутилась и в скобки
Поставила самую суть.

С и м п т о м ы   б о л е з н и :
"Голова бывает полна мыслей, мысли текут
быстро, иногда наскакивают одна на другую
/скачка идей/, речь быстрая, захлебывающа-
яся."
Популярная Медицинская Энциклопедия,
Москва, 1961, стр. 575.

F U G A   I D E A R U M
(сонет)

Упорно ходят слухи, что комета
В пути из Петербурга в Ленинград.
Монашенкой она переодета,
Стараясь скрыть огонь и черный смрад.

Представь, на новогодний маскарад
Метель влетает в полумаске лета
И нагишом... Ну рад, или не рад -
Пора, мы едем, подана карета.

Ты, что, уже и нас не узнаёшь?
Я - Путаница, сонная царевна,
Ты - мой жених, колючий серый Ёж.

Свечей венчальных только не найду.
Их кто-то сжег. Не Анна ли Андревна
На той страстной, в тринадцатом году?

КОЗЫРЕВ 1-й

Астроном Николай Александрович Козырев не единожды поминается в последнем сборнике Вознесенского "Витражных дел мастер" /М₀, СП, 1980/. Помимо посвященного ему текста /так себе/ на стр.131 /о пространстве - времени/, есть еще более характерный текст, который уместно процитировать:

Есть русская интеллигенция.
Вы думали - нет? Есть.
Не масса индифферентная,
а совесть страны и честь.

. . . .

"Нет пророков в своем отечестве".
Не уважаю лесть.
Есть пороки в моем отечестве,
зато и пророки есть.

Такие, как вне коррозии,
ноздрей петербуржской вздет,
Николай Александрович Козырев -
небесный интеллигент.

Он не замечает карманников.
Явился он в мир стереть
второй закон термодинамики
и с ним тепловую смерть.

Когда он читает лекции,
над кафедрой, бритый весь -
он истой интеллигенции
указующий в небо перст.

. . . .   /стр.40/

Правда? Правда. Тиражом 150 000 экземпляров. Только... помянутый Козырев - встречается и у Солженицына, в "Архипелаге ГУЛАГ". О том, как не давали астроному книжек - математических и по специальности /чтоб еще и этим помучить/, но однажды - дали. Ошиблись. Через сутки отобрали, но формулы уже были - в голове.

Об этом Андрей Вознесенский не пишет. Он проявляет недюжинную храбрость, поминая в 80-м опального в 30-е-40-е астронома. Он говорит о чести и совести. Поминает "карманников" /которые тоже повывелись - уже в 50-х: красть-то - у кого, и что? Последнего, верно, карманника я встретил на Пряжке, в 60-м, когда я косил от армии. Паша Смольников имел 20 лет стажа и ни свободного сантиметра на теле от татуировки. Мы его звали "Третьяковской галлереей" и от дурдомовской тоски - заставляли раздеваться. Он и меня научил, я потом у санитаров перманентно папиросы физдил - левой ручкой отвлекаешь а правой - в карман! Курить-то давали ШЕСТЬ папиросок в день, а я и сейчас курю 60 честерфильдин, как Джемс Бонд в "Live and let die".../ Но Вознесенский в дурдоме не был. Как и в лагере.
Он этого - "не замечает".
За что и платят, голубчику.

А Козырева Николая Александровича я знал, хотя и побаивался. Дружил с ним Охапкин. И кстати, Бродский в 62-м, когда я устраивал его вечер через секретаря Обкома ВЛКСМ Вадима Чурбанова - вечер предполагался в университете, с обсуждением - назвал в оппоненты Н.А.Козырева. Тоже знал, значит? Вот так-то...

ГАВРИЛЬЧИК

ВАДИМ КРЕЙД

О ТВОРЧЕСТВЕ ВЛАДЛЕНА ГАВРИЛЬЧИКА

Шкипер Гаврильчик любил обвязать битинг тросом основательно и в избытке добротности с легким щегольством. В точности швартовки шаланды прозревал свой эстетический престиж. Впрочем, на палубе этой плав-единицы тюлькиного флота я заставал его не часто - он просиживал в каюте у мольберта. А когда поднимался наверх, дело делал неспешно и точно, уверенный в результате, смакуя процесс. Мне кажется, в таком духе срублен собор в Кижах и расписана вятская игрушка прошлого века.

Стихи Гаврильчика почти просты и очень забавны. Но нет подвоха, есть секрет без лукавства. Не тайна мистика, а секрет мастера. В какой степени сознает он сам, что это - игра? Без нее искусство или дряблей, чем должно, или серьезней, чем нужно. В Кижах избыток: двунадесять куполов это игра в собор. Не храмом же назвать это "изделие духа", построенное топором и долотом. Для Гаврильчика искусство не храм, но больше, чем мастерская. Кстати, не слышал я, чтобы называл он себя поэтом. Было другое слово собственной Гаврильчика чеканки - маразмарт. Сказать еще достовернее, термин мог возникнуть, когда философ по образованию, Костя Иванов и живописец Владлен Гаврильчик в усилии совместного веселия сочиняли пьесу, очевидно, об электромонтере товарище Махалкине.

Неважно в каком хронологическом порядке, однако Гаврильчик приспособил новый худметод к сфере ваяния. Ведь образы драматургии всегда оказывали влияние на творчество скульпторов. Итак, Гаврильчик начал коллекционировать шарики, шайбы, болты и подшипники. Когда б вы знали из какого сора растут стихи - писала Анна Ахматова. Из подшипников вырастала скульптура в стиле маразмарт. Думаю, Гаврильчик был счастлив, даже если страдал от радикулита, нажитого в мореходстве. Бессюжетная металлическая скульптура уводила художника от проклятых вопросов. Не о судьбах русской интеллигенции идет речь. Самым проклятым вопросом было - где достать сюжет? Рассказывают о французе Курбэ: ходил с компанией художников в лес на пленэр; пока другие искали приличный ландшафт, он садился на первый пень и писал, что видел. Гаврильчик не сел бы на один пень с Курбэ. Владлену был абсолютно необходим сюжет. На его картине поэт читает элегию стаду свиней. /А пропос, аналогичные кадры - в фильме "Первая любовь" по Тургеневу, Максимилиана Шелла - ККК/На другой - бравый лейтенант, переполненный чувством долга, нажимает кнопку атомной войны. Метафора понята художником буквально. Таков же его автопортрет с музой. Муза походил на жену, но конечно, не в тот момент, когда пилит.

Среди передряг обыденности видел я, как полно он принадлежит искусству. Судьба прикасалась не в лайковых перчатках. В коммунальной квартире клетушка - и мастерская и спальня для трех поколений семьи. На платяном шкафу баррикада готовых картин. Поставить их негде, развесить некуда. В достоевском околотке, на разночинной Коломенской улице /жил когда-то там В.В.Розанов/ я видел Гаврильчика не только "славянским витязем", как назвали его в "Аполлоне-77". Требовалась интенсивность внутренней жизни, чтобы из-под гнета того быта и ярма того бытия всегда явиться в веселии духа в стихотворении и в картине.

Если говорить о вееньях подхваченных художником Гаврильчиком, Панков - одно из них. Случай доказал мне, как любит Гаврильчик примитив в живописи. Позвал однажды показать свое открытие - картины Панкова, "повешенные" где-то в закутке музея Арктики и Антарктики. Писал Панков, как самоедский бог на душу положит; не проиграл от неведения истории искусств. Теория о художниках в те шестидесятые годы у Гаврильчика была довольно определенная: тот художник, кто рисует и любит это делать. Панкова же ценил за самобытность, не за этнографическую традицию. Самобытность относится к сфере "как" в той же мере, как тема относится к сфере "что". К а к в искусстве шире, чем только техническая категория. К а к в искусстве - это его существительное, то-есть предмет эстетического восприятия. Ч т о в искусстве - это его дополнение, то-есть смысл второстепенный. Ходили мы с Гаврильчиком на выставку современного бельгийского искусства в Эрмитаже. Я - обстоятельный зритель: пока я неторопливо приближался к четвертой от начала картине, он обежал выставку и предложил уходить.

Всё увидел? - спросил я.

- Увидел, к а к они их делают.

Его первая персональная выставка была устроена в Доме архитектора. Карти-
ны смотрелись несколько сиротливо в просторном помпезном зале. Или я, привыкший
видеть эту живопись в коммуналке на Коломенской, не готов был к иному восприятию.
/Опечатка: было - "комнатушке", но, полагаю, и комнатушка была - в коммуналке -
ККК/ Публики собралось немного - к открытию, по крайней мере: догутенберговская
реклама и неисповедимые пути российской информации. От волнения Гаврильчик ходил
по залу с осанкой морского офицера на параде. Я бы назвал эту выставку историче-
ской: ибо была предтечей будущих выставок неконформистского искусства в Петербур-
ге.

Среди художников, которых я знал лично, не видел ни одного, в ком было
столь же мало всяких "экстра", то-есть довесков сверх действительно нужной пот-
ребности. Художественная простота живет естественно и оставляет жизненное прост-
ранство для игры. Экстравагантность не от избытка творческого электричества. Она
всегда стилизация. Избыток ведет к новизне подробностей и своему стилю. У Гаври-
льчика художника свой стиль - откровенный, наивный, игривый, детальный и сбалан-
сированный.

В шестидесятые годы и в начале семидесятых Гаврильчик смотрит на свои сти-
хи, как на некое творчество налево. Живопись остается делом смысла и призвания,
стихи - игрой. Как и в своих картинах, в поэзии он предпочитает сюжеты, нелепые
до оторопи. Реалии этих стихов - карнавал абсурда. Лирический герой "шкандыбает"
в аптеку за пирамидоном, задумчиво говорит фармацевтам "добрый вечер", застенчи-
во покупает таблетки и довольный собой уходит в лирическую "даль", чувствуя, что
совершил хороший поступок, отказавшись купить презерватив. Сюжетные ситуации как
обрубки снов, и подобающий способ для их выражения - обрубки слов. Нельзя сказать,
что эти отломанные слова-сокращения совершенно неожиданные. Мы могли бы ожидать
их появления в официально-газетном пласте изнасилованного языка. Но никто до Га-
врильчика не сумел так утрировать: "Период захсолнца, пора лирмгновений"... И
особенно следующее: "С любдевой стою в коллективе растений". Каждая из этих лек-
сических кикимор - целый рассказ, как например, слово "Ленгорсолнце". В одном
слове содержится описание примет века, его духа, его искусственности, картинка
бреда и гротеск.

Живопись раньше предприняла попытки освободиться от литературности, чем
литература. Предвзятая концепция и по сей день творит литературу услужения и ли-
тературу развлечения. Обэриуты были пробой восстания против литературы предвзято-
го типа, литературы умысла, которая является суррогатом литературы замысла. Спон-
танность творчества возможна, если поле видения и способ видения не скованы прин-
ципом. При таком внеидейном видении возможно появление спонтанного стихотворения
"Колбасники, едритвою, сошлись на карнавал". Прочесть его - что за вздор! Но ско-
лько неожиданности, какая выпуклая, веселая околесица. Стихи Гаврильчика снимают
с непредвзятого читателя обузу прошлого, отработанного, ненужного смысла. А осво-
бождение от затвердевшего здравого смысла, от инерции здравого двумерного смысла
- само по себе переживание поэтическое.

Стихи Гаврильчика могут вызвать недоумение, а у читателя, мыслящего в ос-
новном логически, - желание спросить: почему они написаны? В том-то и дело, что
причина не должна являться шаблонной. Это Это причина, для которой и название по-
дыскать трудно. Стихотворение становится органическим следствием этой причины и
ставит нас ближе к спонтанной реальности, чем процесс логического мышления.

Мир, где живут эти колбасники, фармацевты, "молодые организмы" - это зам-
кнутый космос лирически настроенных заводских манекенов /"заводных" - опечатка,
но какая! - ККК/ и их идиотских поступков. Но есть еще одна неожиданная особен-
ность: этот гротескный механический космос соткан из очень добродушной субстанции.
На поэтической выставке Гаврильчика человек, ничтоже сумняшеся, подражает манеке-
ну, а кукла, "вращая большими глазами", воображает себя разгневанной женщиной.
Лирический герой намерен "прибыть" к своей "любдеве" "на предмет поцелуя". Знако-
мый канцелярский жаргон в поэзии Гаврильчика становится кукольным театром. Наше
зрение проясняется в художественном присутствии режиссера этого театра марионе-
ток.

/Май 1981, Монтерей/

ЛЕЙТЕНАНТ ГАВРИЛЬЧИК

"Когда сатИр залез в сортир
И за собой потом не вытер,
И виночерпий, взяв потир,
СатИра из сортира выпер -
Он в оправданье приводил
Все ударения на "крАтер",
И что в сортире нет воды,
И что виновен в этом - сАтир."

/Павловск, 1966/

"Анис, ананас, кипарис,
Налево, направо и вниз -
Уходит Парис на карниз,
И губит себя Адонис
От пива с утра...
Анонс, анОнас - всё в прононс,
Изящный французский язык..."

/Гран-Борис, 70-е/

"Харибда, Сцилла, фиговый листок,
Уже не penis..."

/"Алые пениса"/

"Он робок. Но в руках дрожит цевница.
Так целится в напрасное стрелок.
Не кресло, но: кресало и брелок,
Бретёр, обретший в Азии царицу."

/Клиника Павлова, 1969/

Традиция: мадам Курдюкова, Козьма Прутков, Бродский /не читал/, обэриуты /Олейников/, "Очерки бурсы" /читал/ - ЯЗЫК.
Языком говорят все, даже профессора и дантисты. Правда, профессора зачастую говорят языком "заумным", особенно, когда не по матушке. Понять их трудно. Еще труднее понять: зачем? Лотман пишет, Холквист пишет, Джексон пишет, Сидней пишет, Левин пишет /пейперсы/. Читать это всё одно - некому. Гаспаров - и тот пишет. Померанец - подавно. Эткинд написал книгу в 800, почитай, страниц, о том, как его выперли из Союза писателей, а потом и вообще - из Союза. Народ бы выразился по этому поводу, если не однословно, то односложно: ".....!"
Гаврильчику - под пятьдесят /или за/. Т.е., в возрасте профессора. Написал же он - неизмеримо меньше. Меньше даже аспиранта, скажем. Но... "Беня говорит мало, но говорит смачно. Беня говорит мало, но хочется, чтобы он еще что-нибудь сказал." - неточно цитируя Бабеля. /Это чтоб профессора меня не поправляли/. Читал я тут в тухлом Йейле, "Биробиджан" на смеси тюркизмов и идэша с лагерным, "Башню" на 7-ми языках, заметили: не там ударение в слове "купно". Больше - ничего не заметили. Не заметили основу - ЯЗЫКА. Да и зачем он им?
Гаврильчик - художник. Причем художник-примитивист. И поэт-примитивист. Что по нашим дням - крайне редко. В большинстве, в пику безграмотным членам Союза /и не менее безграмотным редакторам и цензорам/, поэт "хочут свою образован-

ность показать". Показывают. Гениальный ученичок мой, Боренька Куприянов, вошел в историю двумя строчками: "Замечательный ВЫКРЕСТ нательный" и "Прикованный, но не ЦЕПОМ, а чьим-то взглядом". Архаичное "чепь" его не устраивало. А о выкрестах не будучи обрезанным, он знал лишь по наслышке. Отчего в "Карамяне" появилось:

> "Им читает Куприянов, юный выкрест,
> чтоб цепом его и молотом по яйцам,
> что Охапкин дал штаны ему на вырост
> гениталий, о которых не поётся..."

Куда денешься? Владислав Лён сочиняет стихи "по Далю",перемешивая онаго с геотектоникой и палеозоем. Нео-нео-акмеисты /второй заход или "завод"/ начиняют стихи греко-/добро бы, латинской!/-соцевой лексикой, а всё потому, что русский советский язык - обрыд. Не можно им говорить, а уж читать его - и подавно! И однако же, он существует. "И с этим приходится мириться", говоря Ильфом.

2

Но мириться можно по-разному. Мириться можно и с языком Ахматовой, состоящем, по приблизительному подсчету, из 600 слов /см. концепт "Гардероб Ахматовой" Другое дело - пользоваться.

Что меня отвращает во всех моих друзьях, учениках и соперниках - это омерзительно-беспомощное отношение к лексике. У подавляющего большинства. Даже "деревенщики", воспеваемые Исаичем - и те знают язык своей - не скажу, губернии, но хотя бы района или области. Знают пусть на уровне Есенина /не Клюева!/, но хоть - знают. Поэты же - не знают языка, пробираюсь к нему ощупью, по-книжно. При этом выбор книг для чтения - определяет и лексику пользуемую.

Я писал и повторяю: "Всё смешалось в доме Облонских - футболист Подъеблонский, князь Оболенский и князь Ухтомский /он же Борис Иванович Дышленко/". Болезни литературного языка нашего времени - это дилетантизм и эклектизм. Отнюдь не призываю равняться на "почвенников". Бог с ними. Это уж пусть - один из самых безграмотных писателей нашего времени, Александр Исаич. В интеллигенцию он не вошел /а паче в "богемную" - единственно, где хоть что-то шебутится!/, из народа. А был ли он в "народе"? Знаю, что был в учителях математики и в капитанах артиллерии. Одначе же, по нему уже составлены словари. Пособие, я бы сказал, как "не надо писать". Штиль, тем не менее, собственный - имеется. Солженицыновский стиль Вот я и боюсь, что появится стиль "куприяновский", "охапкиновский", "кривулинский". "Мадам-ахматовский" - уже имеет быть.

Легкокрылый критик, ранний Корней Чуковский, писал: "У парфюмерных дел мастера Северянина появился талантливый подмастерье, некто Виктор Хлебников." /Цитирую, опять-таки, по памяти, библиотеку дешевше носить в голове/. Ссылаясь при этом на одно из самых "пространственных" стихотворений Хлебникова: "На острове Эзеле / Мы вместе грезили..." И уцепясь за слово "грезить" /"грезерка", "грезоги" и прочие мыльные пузыри брадобрея Северянина/. Фигурировали там и "перчатки" /"Я был на Камчатке / Ты теребила перчатки", и "дорогая" /"С верховьев Алтая / Я сказал: дорогая!"/, но чего мой учитель /разумеется, заочный/ Корнеплодий не заметил, это - географизмов, ради которых и был весь текст! Прибалтика, Камчатка, Алтай - это же полукругосветное путешествие!

А какое все это имеет отношение к Гаврильнику? А такое.

Лейтенант Тихоокеанского флота, адьютант адмирала, поэт и художник Гаврильчик по демобилизации пошел в люмпены. Сначала служил на баржах-говновозах /и от этого периода оставил великолепные примитивистские морские пейзажики - два из них висят у меня, нежно любуюсь: палуба, кнехты, стоит матрос в тельнике, черной жилетке, в коричневой шляпе, штанах галифе и резиновых или кирзовых сапогах, на руках рукавицы, в руках - мерный /черный с белым/ багор. У ног - кривоногая белая вислоухая собачка. На горизонте - буксир. И другой пейзажик - мужик-водолаз, без скафандра, но уже в оранжевом теплом жилете и в шапочке - а Золотницкого, "Подводные мастера" я с детства читал и перечитывал,зеленая лебедка или помпа на оранжевой же палубе, опять кривоногая ухастая, но серая собачка, две чайки профилем присели на борту, сзади - грубо - облак и море, и то, и то - синее, голубое/. Люблю Гаврильчика. Люблю его "портреты в униформах" - стриженого мужика с петлицами и медно сияющими пуговками, такую же бабу, но в фуражке - аналог таким портретам я видел лишь один раз в жизни: в Вележе Смоленской губернии, городке грязном еще с Екатерининских времен, - на главной площади /название-то каково! А вся площадь - площадью в 100, скажем, квадратных метров!/, на жестяных щитах были изображены масляной краской герои Второй Отечественной - напряженные хари, глаза, выпученные по команде "Смирно!" - так рисовал только Нико Пиросмани - и безвестный миру художник из Вележа. Примитивизм, традиции вывесок - так рисовал и Филонов, начавший свою карьеру с малера вывесок. /"МалЕра" - это и опечатка, и, опять же - немецкий, что уважительней к Филонову/.

Помню портреты Гаврильчика. Поэты получались у него хуже: там надо было создать не обобщенный тип, а яркую и волосатую /я/ или персидскую /Шир-Али/ индивидуальность. Но получалось похоже.

И все-таки Гаврильчик есть поэт.

АНЕКДОТ /когда-то бывший былью/.

В бытность свою лейтенантом и адъютантом, подсунул худог своему адмиралу на подпись бумажку: "Сим удостоверяю, что лейтенант Гаврильчик является самым красивым офицером Тихоокеанского флота. Подпись. Штамп." Преклонных лет адмирал, отродясь не читая корреспонденции /равно и прочих бумаг/, подмахнул, а печать - адъютант его уже сам тиснул. Висит, говорят. В рамочке. Я не видел.

Эти распространенные народные игры /"Корчевка пней на голове прораба. Подпись - прораба.", перевозка из Москвы во Владивосток, груз "Прессованный воздух в прозрачной упаковке" и пр./ вещь довольно обычная, в стране тупой канцелярщины и повального бюрократизма. Но одни - поиграют и бросят, а Гаврильчик...

Гаврильчик превратил это в стихи. От одного названия первой "книжки" его - веет жутью: "Бляха-муха, изделия духа". Закомпоновать в одну короткую фразу 4 а то и 5 лексических рядов - это по плечу только блестящему поэту! "Бляха" - 2 ряда: воровской /"блядь"/ и армейский. "Муха" - "натуральный" ряд. "Изделия" - канцеляризм. Ну, о "духе" и так все ясно. Итого 4.

Гаврильчик - не профессиональный поэт. Как не был таковым и Филонов, что никак не снижает гениальности его книги "Пропевень о проросли мировой". По канонам "классической поэзии" я должен был бы, как дважды два, доказать, что Гаврильчик писать стихов "не умеет". Однако же, прочтя тут 500 с "гуком" страниц Кривулина и всего лишь с дюжины две - Гаврильчика, я склоняюсь более к поэтике последнего! Воротит меня, зачастую, и от АБСОЛЮТНОГО поэта Куприянова /тут двух мнений быть не может: он признан гением - САМИМИ поэтами, а уж кто - нетерпимей!/, ибо Боря - писать не ахти как умеет. Не лезет слово в строчку - изобретает "неологизм" /вроде помянутого "выкреста"/, и таких у него - много. Лепит всяко лыко в одну строку: одни слова уж больно "поэтичные", другие /"санбат", "радистка" и пр./ - от биографии, третьи - где-то вычитал, четвертые - у Охапкина украл.

А Гаврильчик - тот сбоку-припеку. Пьян, весельчак /часто - мрачный и злой, и никак не веселый/ - он дружил с "филигранных-дел-мастером" Хромовым - и что? А ничего. Выпивали, базлали, базарили, трекали. А стихов - не читали. Зачем?

Не "поэт" он, Гаврильчик. Он просто, от щедрот своей творческой натуры - делает "и стихи". Но что такое - поэт?

Дар утверждает, что это легенда. Что ж, "легенда Гаврильчика" есть. Есть и "авторский образ". Алкоголик и ерник /не Веничкинова "интеллектуального" плана, а - попроще, без ссылок на Герцена/. Жизнелюб, циник /?/, бабник. "Циник-медник" - была такая вывеска на Кавказе в 20е /свидетельство Н.В.Казимировой, 37-го года рождения/.

А читайте вы, впрочем - стихи.

БЫЛА ЗИМА! ШУМЕЛА ЕЛЬ.
ЭХ-МА! У ПУШКИНА ДУЭЛЬ.

ОН ПИСТОЛЕТЫ ЗАРЯЖАТЬ
И ДУМАЛЬ ДАНТЕСА СТРЕЛЯТЬ.

НО ДАНТЕС ЦЕЛИТСЯ ЗЕР-ГУТ:
БА-БАХ! И ПУШКИНУ КАПУТ.

УВЫ И АХ! ПОГИБЛА БАРД
И ЗНАМЕНИТЫЙ БАКЕНБАРД.

× × ×

Тов. Махалкин запрягает лошадь белую в телегу. Хвост задрав, она цалует нежные его уста, то копытами балует, любит странную коллегу и, приплясывая, мчится в направлении перста.

Пьяный в доску тов. Махалкин тонким прутиком вращает и как следствие движенья на щеке его слеза. Он кобылу поощряет или быстро покосится, сквозь ресницы устремляя проницательны глаза.

Тов. Махалкин скачет лесом и свистит сквозь белы зубы. За кормой его телеги птички разные летят. Тов. Махалкин смотрит бесом и движения сугубы. А деревья вдоль дороги, тилипаясь шелестят.

Гутен морген! тов. Махалкин! Мчись, родимый, по дороге. Жми, шуруй, объятый страстью ко движению вперед. Тов. Махалкин, в этом мире мы непонятые боги. Тов. Махалкин, в наших душах - семя страшное растет.

× × × ×

Вот пришли они в кабак, чтоб исполнить краковяк, после звуков краковяка им на блюде дали рака: он усами шевелит и чего-то говорит. Тело в розовой рубашке, на усах висят букашки, а на попе бубенцы, а поодаль мертвецы заседают на гробах, все цветы на черепах, сквозь оскаленные зубы мертвецы играют в трубы про загробные миры, про воздушные шары, что качаются на ветке посреди огромной клетки, где похожий на трамвай чудо-юдо попугай слово веское бормочет и из клетки выйти хочет. Эта клетка не простая справа клетки   запятая, а налево колбаса предлагает телеса и не ведает что стыдно, коли тело людям видно, и не ведает, что тело демонстрировать не дело: тела голого виденье производит впечатленье. Это вредные замашки быть на людях без рубашки. На лугу цветут ромашки, море плещет вдалеке и бумажка на песке.

:: :: :: ::

Я ПО НЕВСКОМУ ГУЛЯЛСЯ
С МАЙНЕ СПАНИЭЛЬ ТУЗИК,
В АТМОСФЕРЕ РАЗДАВАЛСЯ
РАДИОМУЗИК

НА ПЕРЕКРЕСТКЕ ЗАЖИГАЛИСЬ
МНОГО СВЕТОФОР:
КРАСНЫЙ, ЖЕЛТЫЙ УНД ЗЕЛЕНЫЙ
РАДОВАЛЬ МОЙ ВЗОР.

НО В ТЕЧЕНИЕ ПРОГУЛКИ
МАЙНЕ СПАНИЭЛЬ
СДЕЛАТЬ ОЧЕНЬ НЕПРИЛИЧНО
ПРЯМО НА ПАНЕЛЬ.

Я ТАКОЙ СЕБЕ ПОДУМАЛЬ
И СКАЗАЛА: "ЧТО Ж,
АЙНЕ ТВОЙ, ТУЗИК, ПОСТУПОК
ОЧЕНЬ НЕКАРОШ!"

:: :: :: ::

ЧЕЛОВЕК, ТОМИМ ТАЛАНТОМ,
БАБУ СНЕЖНУЮ СЛЕПИЛ
И В СТРЕМЛЕНИИ ГАЛАНТНОМ
ЭТУ БАБУ ПОЛЮБИЛ
СО СЛОВАМИ ОБРАЩАЛСЯ К НЕЙ
И С НЕЙ СОВОКУПЛЯЛСЯ,
НО ОНА СТОИТ ОДНА
НИ ГУ-ГУ И ХОЛОДНА
ВЬЮГА ЗЛИТСЯ, ВЬЮГА КРУЖИТ
ТО НАД КРЫШЕЮ, ТО НИЗКО,
ЧЕЛОВЕК ЛЕЖИТ ПРОСТУЖЕН
С ОТМОРОЖЕННОЙ ПИПИСЬКОЙ.
АХ! НАТАЛЬЯ! АХ, КАНАЛЬЯ!
ТОЛСТОМОРДАЙ ОНА,
СЛОВНО БАБА ХОЛОДНА.

※ ※ ※ ※

.

Я ПРИБЫЛ К ТЕБЕ НА ПРЕДМЕТ ПОЦЕЛУЯ
В ХОРОШЕМ КОСТЮМЕ С ЦВЕТАМИ В КУЛЬКЕ,
ТЕБЯ Я НАШЕЛ ИСКЛЮЧИТЕЛЬНО ЗЛУЮ
С КАКОЙ-ТО БУМАЖКОЙ ЗАЖАТОЙ В РУКЕ.

ТЫ ГРОЗНО ВРАЩАЛА БОЛЬШИМИ ГЛАЗАМИ,
БЫЛА ТЫ ВСЯ БЛЕДНАЯ, СЛОВНО ЯЙЦО
И БЮСТ ОРОШАЯ СВОЙ ПЫШНЫЙ СЛЕЗАМИ
БУМАЖКУ ПИХАЛА МНЕ ПРЯМО В ЛИЦО.

※ ※ ※ ※

КАК-ТО БУДУЧИ С ПОХМЕЛЬЯ
И НЕМНОЖКО УТОМЛЕН,
Я ОТПРАВИЛСЯ В АПТЕКУ
ПОКУПАТЬ ПИРАМИДОН.

ТАМ ДРЕМАЛИ ФАРМАЦЕВТЫ
И РАЗЛИЧНЫЙ ПЕРСОНАЛ.
"ДОРЫЙ ВЕЧЕР" - Я ПРИ ВХОДЕ
ИМ ЗАДУМЧИВО СКАЗАЛ.

ДОБРЫЙ ВЕЧЕР! ДОБРЫЙ ВЕЧЕР!
ФАРМАЦЕВТЫ ГОВОРЯТ
"НЕ ХОТИТЕ ЛИ ПИЛЮЛЮ,
ЕСЛИ ОРГАНЫ ШАЛЯТ.
НЕ БОЛЯТ ЛИ ВАШИ ЗУБЫ?!
НЕ ТРЕВОЖИТ ЛИ МОЗОЛЬ?
МЫ СПОСОБНЫ УСПОКОИТЬ
ВАШУ ГРУСТЬ И ВАШУ БОЛЬ."

ФАРМАЦЕВТИХА ШЕПНУЛА:
"ВАМ НЕ НУЖЕН ЛИ ГАНДОН?"
Я ОТВЕТИЛ, ЗАСТЕСНЯВШИСЬ:
"ДАЙТЕ МНЕ ПИРАМИДОН."

И ПОШЕЛ С ПИРАМИДОНОМ
В ДАЛЬ, ГДЕ СОЛНЦЕ ПОДНИМАЛОСЬ
И МОЕ БОЛЬШОЕ СЕРДЦЕ
НЕЖНЫМ ЧУВСТВОМ ВОЛНОВАЛОСЬ.

※ ※ ※ ※

ЯПОНСКИЙ БОГ, БЛАГОСЛОВЛЯЯ ЗЕМЛЮ,
КРУГОМ РАССЫПАЛ ЛИСТЬЕВ ЛЕПЕСТКИ,
Я ИЗУМЛЕННЫЙ, РАДОСТНО ПРИЕМЛЮ
ТВОИХ ГРУДЕЙ НЕВИННЫЕ СОСКИ

В МОЕЙ ДУШЕ СИМФОНИИ ИГРАЮТ
БОЛЬШОЕ НЕЧТО ПРОИСХОДИТ В НЕЙ
ЛЮБИМАЯ МОЯ МЕНЯ ЛОБЗАЕТ

И ПОСВЯЩАЕТ В ТАИНСТВО ГРУДЕЙ

РАЗЛИЧНЫЕ УСЛОВНОСТИ ЗАБЫТЫ
ОДЕЖДЫ СНЯТЫ С ТЕЛА СНЯТ ЗАПРЕТ
ТЫ ГРЕЖИШЬ И ГЛАЗА ТВОИ ЗАКРЫТЫ
МОЕЙ ЛЮБВИ БОЖЕСТВЕННЫЙ ПРЕДМЕТ
АХ! ЕСЛИ БЫ ЕЩЕ ЛЕТЕТЬ Я МОГ
ЯПОНСКИЙ БОГ!
ЯПОНСКИЙ БОГ!

С П Е Ц С Т И Х И

ПОГАСЛИ ЗВЕЗДЫ. УТРЕННЕЕ НЕБО
СИРЕНЕВЫЙ ПРИОБРЕТАЛО ЦВЕТ.
ТОРЖЕСТВЕННО ВСХОДИЛО "ЛЕНГОРСОЛНЦЕ",
ПРИЯТНЫЙ РАЗЛИВАЯ "ЛЕНГОРСВЕТ".

ЗАЩЕБЕТАЛИ НЕЖНО ПТИЧКИ,
ГЛАС РАЗДАВАЛСЯ ЭЛЕКТРИЧКИ,
ИМЕЛО БЫТЬ ИЗЯЩНЫХ ТУЧ ПАРЕНЬЕ.

НА УЛИЦАХ ВОЗНИКЛО ОЖИВЛЕНЬЕ

ТРУДЯЩИХСЯ, СПЕШАЩИХ НА ЗАВОДЫ,
ТРУДЯЩИХСЯ, СТРЕМЯЩИХСЯ ВЕЗДЕ
ПРОСЛАВИТЬ СВОЮ РОДИНУ В ТРУДЕ
И УБЕРЕЧЬ ОТ ВСЯЧЕСКОЙ НЕВЗГОДЫ.

И Я
СИЖУ В ТРАМВАЕ УВЛЕЧЕННЫЙ
ПОРЫВОМ ТРУДОВОГО ВИХРЯ,
ХОРОШИЙ И НИ В ЧЕМ НЕ УЛИЧЕННЫЙ,
ЧИТАЯ КНИЖКУ ПРО МАЙОРА ВИХРЯ.

╳ ╳ ╳ ╳

ШКАНДЫБАЮ МИМО ОКОН
НА СВИДАНЬЕ У НЕВЫ.
НАД МАКУШКОЙ ВЬЕТСЯ ЛОКОН
ПРЕДСТАВИТЕЛЬ ГОЛОВЫ.

В ОЖИДАНИИ СВИДАНЬЯ
СЕРДЦЕ РАДОСТНО ТРЯСЕТСЯ
С ПРИБЛИЖЕНИЕМ НЕВЫ.
НАД МАКУШКОЙ ЛОКОН ВЬЕТСЯ
ПРЕДСТАВИТЕЛЬ ГОЛОВЫ.

ЗДРАСЬТЕ НЕЖНОЕ СКАЖУ
КОЛОССАЛЬНО ПОГЛЯЖУ
И С ЛЮБОВЬЮ Я И ВЫ
ПОГУЛЯЕМ ВДОЛЬ НЕВЫ.

x x x x

ВДОЛЬ ПО УЛИЦАМ ГУЛЯЮТ
НАШЕЙ РОДИНЫ СЫНЫ,
А В НЕБЕ ЗВЕЗДЫ ЗАСЕДАЮТ
ПРЕДСЕДАТЕЛЬСТВОМ ЛУНЫ.

В ТЕМНОМ КОСМОСЕ ЛЕТАЮТ
ЛИШЬ КОМИССИИ ПЛАНЕТ
В НЕБО Я СМОТРЮ И ЗНАЮ,
ЧТО В ПРОСТРАНСТВЕ БОГА НЕТ.
ВСЕ В ДУШЕ МОЕЙ ФЕРШТЕЙН:
БОГА НЕТУ — ЕСТЬ ЭЙНШТЕЙН!...

Я НА ЭТОЙ ТОЧКЕ ЗРЕНЬЯ
И В ДУШЕ МОЕЙ ВПОЛНЕ
НАЗРЕВАЕТ ВДОХНОВЕНЬЕ
ЗРЕЕТ ТЕЗИС О ЛУНЕ.

x x x x

МОЛОДЫЕ ОРГАНИЗМЫ
ЗАЛЕЗАЮТ В МЕХАНИЗМЫ
ЗАРЯЖАЮТ ПУЛЕМЕТЫ
ОТПРАВЛЯЮТСЯ В ПОЛЕТЫ
И РАСТАИВАЮТ В ДАЛИ
НАЖИМАЯ НА ПЕДАЛИ

x x x x

   Там где волны голубые среди камешков ша-
лят, тихо дремлют бронезавры, вымпелами
шевеля.
   Грозно головы стальные в свете смотрят-
ся зари. Волны камешки лаская производят
пузыри. Бледнорозовой ногою вытанцовывая
па, балерина беззаботно наблюдает черепа.
   То присядет, то подскочит, дернет задом
раз другой и касается глазницы бледнорозо-
вой ногой.
   Там где дремлют бронезавры - балерина
кэк и ок. Этой даме подражает колоссальный
осьминог.

x x x x

КАК ПО МОРЮ СИНЕМУ
ПЛЫЛИ ДВЕ БУКАШКИ.
ПЛЫЛИ ДВЕ БУКАШКИ
НА БОЛЬШОЙ КАКАШКЕ.

С НИМИ ПОВСТРЕЧАЛАСЬ

СТРАШНАЯ МЕДУЗА
СТРАШНАЯ МЕДУЗА,
ТОЛСТАЯ, КАК ПУЗО.

С НИМИ ПОВСТРЕЧАЛАСЬ
НА ВОЛНЕ КАЧАЛАСЬ
С НИМИ РЯДОМ ПЛЫЛА,
ЧТО-ТО ГОВОРИЛА.

КАК БУЛАШКИ ЗАКРИЧАЛИ
КАК НОГАМИ ЗАСТУЧАЛИ
ТУТ МЕДУЗА ИСПУГАЛАСЬ
И ТОТЧАС РЕТИРОВАЛАСЬ.

ж ж ж ж

... И ТОНКИМ ПАЛЬЦЕМ КОЛУПАЛ
ФАНЕРНЫЙ БЮСТ ВИОЛОНЧЕЛИ,
И ГОЛЫМ ЧЕРЕПОМ КИВАЛ
И СОПЛИ С ЧЕРЕПА ЛЕТЕЛИ,
ОНИ ИСКРИЛИСЯ, ВИСЯ,
ДИТЕ ТЯНУЛОСЗ К НИМ, СОСЯ,
ДИТЕ РАЗМАХИВАЛО РУЧКОЙ
ЯВЛЯЯСЗ В ТО ЖЕ ВРЕМЯ ВНУЧКОЙ.
ДИТЕ ПОДСКАКИВАЛО ВДРУГ
ЛИЦОМ ИЗОБРАЗЯ ИСПУГ.
НА ЖИВОТЕ ВИОЛОНЧЕЛИ
СТРУНЫ ЦРЕБРЯНЫ ЗВЕНЕЛИ.

ж ж ж ж

СЛАВЕН ГОРОД ЗАМУДОНСК,
ЧТО НА РЕЧКЕ НА МОЧЕ,
РЕЮТ ФЛАГИ ЗАМУДОНСКА
НА ПОЖАРНОЙ КАЛАНЧЕ.

ТАМ ЖИВУТ НЕ АНГЛИЧАНЕ
ТАМ ЖИВУТ ЗАМУДОНЧАНЕ,
НА ТАТАРЫ, НЕ ЧУХОНЦЫ,
А ПРОСТЫЕ ЗАМУДОНЦЫ.

ТАМ СИЯЕТ ШТУКАТУРКО-
Ю РОДИЛЬНЫЙ КОМБИНАТ,
ГДЕ ВО СЛАВУ ЗАМУДОНСКА
ЗАМУДОНЧИКОВ РОДЯТ.

СЛАВЕН ГОРОД ЗАМУДОНСК!
ШИРИТСЯ ЕГО ДВИЖЕНЬЕ
ЗА ОБИЛЬНОЕ ВСЕГДА
ЗАМУДОНЦЕВ РАЗМНОЖЕНЬЕ.

x x x x

КОЛБАСНИКИ, ЕДРИТВОЮ,
СОШЛИСЬ НА КАРНАВАЛ.
КОЛБАСНИК ТАМ КОЛБАСНИЦУ
ЕДРИТВОЮ, ЕДРИТВОЮ,
НА ТАНЕЦ ПРИГЛАШАЛ,
КОЛБАСНИК И КОЛБАСНИЦА,
ЕДРИТВОЮ, ЕДРИТВОЮ,
ТАНЦУЮТ КРАКОВЯК.
КОЛБАСНИК ВДОЛЬ КОЛБАСНИЦЫ,
ЕДРИТВОЮ, ЕДРИТВОЮ,
ВЬЕТСЯ КАК ЧЕРВЯК.
КОЛБАСНИК-ТО КОЛБАСНИЦЕ
ЕДРИТВОЮ, ЕДРИТВОЮ,
ПАРДОН, ПРОШУ В БУФЕТ
И ПАРА НА КОЛБАСНИКЕ,
ЕДРИТВОЮ, ЕДРИТВОЮ,
СВЕРКАЮЩИХ ШТИБЛЕТ.
КОЛБАСНИК И КОЛБАСНИЦА
ЕДРИТВОЮ, ЕДРИТВОЮ
СИДЯТ РУКА В РУКЕ.
И ДЕВУШКИ ПРЕМИЛЫЕ:
ЕДРИТВОЮ, - КОЛБАСНИЦЫ
ИХ ЛИЧИКА РУМЯНЫЕ
НУ ПРЯМ - ОКОРОКА.

[1972 - 1973 ?]

владлен гаврильчик

о п у с

л ю б в и

фотографии
· приходько ·

ОПУС ЛЮБВИ

СЕЙ ГЕНИАЛЬНА, ПОСВЯЩАЮ
ТЕБЕ, ЧЬЮ, ТЕБЯ ЖЕЛАЯ,
И В ПЕРВЫХ СТРОКАХ ВОЗВЕЩАЮ:
ТЫ КОРОЛЕВА РОТА МАЯ!
ТВОЕ ПРЕКРАСНАЯ НОГА
ВСЕ ТЕЛЕСА МОИ КОЛЫШЕТ,
И ТРЕПЕЩУ, КОЛЬ ТЫ НАГА,
И ГРУДЬ МОЯ, ЧАСТО ДЫШИТ,
О, ЕСЛИ ТЫ ПРИЩЕМЕРКА
МНЕ С ЛЮБВИ ПРИДЕТ,
ТО ВЫЙДЕТ ЭТА ПАНЕРКА
И НАПИЛАНН НАС ПРОЙЗОЙДЕТ.
ЗРИТЕ ВСЕХ Я
ТЕБЕ ЛЮБЛЮ И ОПУС, КИСКА.

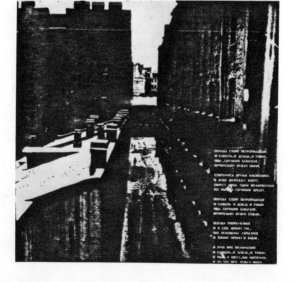

ОПУС ЛЮБВИ

СЕЙ ОПУС, КИСКА, ПОСВЯЩАЮ
ТЕБЕ, ЛЮБЯ, ТЕБЯ ЖЕЛАЯ.
И В ПЕРВЫХ СТРОКАХ ВОЗВЕЩАЮ:
ТЫ ХОРОША, КАК РОЗА МАЯ!
ТВОЯ ПРЕЛЕСТНАЯ НОГА
ВСЕ ЕСТЕСТВО МОЕ КОЛЫШЕТ.
Я ТРЕПЕЩУ, КОЛЬ ТЫ НАГА,
И ГРУДЬ МОЯ УЖАСНО ДЫШИТ.
О, ЕСЛИ ТЫ НЕ ЛИЦЕМЕРКА
И МИГ СЛИЯНИЯ ПРИДЕТ,
ТО ПИОНЕР ИЛЬ ПИОНЕРКА
ОТ НАШИХ ВСТРЕЧ ПРОИЗОЙДЕТ.
ПРИПИСКА:
ТЕБЕ ЛЮБВИ СЕЙ ОПУС, КИСКА.

ж ж ж ж

КАК ХОРОШО, ЧТО ЕСТЬ У ЖЕНЩИН НОГИ:
ОНИ МУЖСКОЙ ВОЛНУЮТ ИНТЕЛЛЕКТ.
ДЛЯ СОЗЕРЦАНЬЯ СОЗДАЛИ ИХ БОГИ.
ОНИ ОТРАДНЫЙ ВЗОРУ СУТЬ ОБЬЕКТ.

ИХ ЛЕГКОЕ ПОД ЮБКОЮ ДВИЖЕНЬЕ,
ТОЧЕНЫХ КАБЛУЧКОВ ВЕСЕЛЫЙ БОЙ
В ДУШЕ РОЖДАЮТ СТРАННОЕ ВОЛНЕНЬЕ,
ЕЕ ПРИВОДЯТ В РАДОСТНЫЙ НАСТРОЙ.

ЕЩЕ ПРИЯТНО ПРИ СВЕЧАХ ПОКУШАТЬ
ИЛИ, УСТАВИВ ОЧИ В ПОТОЛОК,
ИЗЯЩНУЮ СИМФОНИЮ ЗАСЛУШАТЬ
С ВЛАДЕЛИЦЕЙ ПРЕКРАСНЫХ НОГ.

ж ж ж ж

ЦЕЛУЮ ЛЬ МОРДУ ДЕВУШКИ
ИЛЬ НЮХАЮ ЦВЕТЫ:
ГЛАЗА МОИ БЕЗЖИЗНЕННЫ,
ГЛАЗА МОИ ПУСТЫ.

ПОВСЮДУ ВИЖУ ПЯТНА Я,
ВО ВСЕМ ПРОПАЛА СОЛЬ.
ЕСТЬ СИЛА БЛАГОДАТНАЯ
ЛИШЬ В СЛОВЕ АЛКОГОЛЬ.

АХ! КОГДА-ТО ОЖИВЛЕННО
ПРЫГАЛ Я ПОД ПОТОЛОК
И В ДУШЕ СВОЕЙ НЕЖНЕЙШЕЙ

КУЛЬТИВИРОВАЛ ЦВЕТОК.

УВЫ! ПРОПАЛИ ВСЕ ЖЕЛАНЬЯ:
Я ТЕПЕРЬ СПИРТНОЕ ПЬЮ
И В СВЕТЕ РАЗОЧАРОВАНЬЯ
КУЛЬТИВИРУЮ СВИНЬЮ.

x x x x

ЗА ОКОШКОМ, СУДАРЬ, СТУЖА-С
И МЕТЕЛЬ БЕЛЫМ-БЕЛА.
ЗА ОКОШКОМ МРАК И УЖАС.
ВОТ ТАКИЕ, БРАТ, ДЕЛА.

НО ПРИЯТНО ПАХНЕТ ЕЛКА.
А ВО РТУ УЖЕ СЛЮНА,
ЧТО В БУТЫЛКЕ ОПОХМЕЛКА
И ПОЧТИ ДО СТАКАНА.

СПИТ ПРЕЛЕСТНАЯ ПОДРУЖКА
БИОГРАФИИ МОЕЙ.
ВЫПИТЬ, ЧТО ЛИ? ВОТ И КРУЖКА.
СЕРДЦУ БУДЕТ ВЕСЕЛЕЙ.

А ТЕБЕ, ХОТЬ ЗЛИСЯ ВЬЮГА,
В БЕЛОМ ВЕНЧИКЕ ИЗ РОЗ
В СЛАДКОМ СНЕ, МОЯ ПОДРУГА,
ПУСТЬ ПРИВИДИТСЯ ХРИСТОС.

x x x x

ПОГОДА СТОИТ ПЕТРОГРАДСКАЯ:
И СЛЯКОТЬ, И ДОЖДЬ, И ТУМАН.
УВЫ, СИТУАЦИЯ БЛЯДСКАЯ.
МУЧИТЕЛЬНО НУЖЕН НАГАН.

СОКРЫЛИСЬ ДРУЗЬЯ АЛКОГОЛИКИ.
В ДУШЕ НАЗРЕВАЕТ КАПУТ.
ОКРЕСТ ЛИШЬ ОДНИ МЕЛАНХОЛИКИ
ПО УЛИЦАМ СКУЧНЫМ БРЕДУТ.

ПОГОДА СТОИТ ПЕТРОГРАДСКАЯ
И СЛЯКОТЬ И ДОЖДЬ И ТУМАН
УВЫ СИТУАЦИЯ БЛЯДСКАЯ.
МУЧИТЕЛЬНО НУЖЕН СТАКАН.

ПОГОДА ТУБЕРКУЛЕЗНАЯ
И Я СЕБЕ ДУМАЮ ТАК,
ЧТО ПОЛОЖЕНЬЕ СЕРЬЕЗНОЕ
И ТОПАЮ ПРЯМО В КАБАК.

И ХУЛИ МНЕ МЕЛАНХОЛИЯ
И СЛЯКОТЬ, И ДОЖДЬ, И ТУМАН.
Я ПЬЮ И ЦВЕТУ, КАК МАГНОЛИЯ.
И НА ХУЙ МНЕ НУЖЕН НАГАН.

П Р Е Т Е Н З И Я

Я ПРИМЕРНЫЙ РАБОТЯГА,
Я УДАРНИК, Я ЗНАЧКИСТ
И ПЕРЕД КОДЕКСОМ МОРАЛЬНЫМ
ИСКЛЮЧИТЕЛЬНО Я ЧИСТ.

Я ОТВЕТСТВЕННОЕ БРЕМЯ
НА ПЛЕЧАХ СВОИХ НЕСУ:
Я НА МЯСОКОМБИНАТЕ
СОЗИДАЮ КОЛБАСУ.

Я РАБОТАЮ ОТЛИЧНО,
СКОРО БУДЕТ ПЕНСИЯ.
НО К РАБОТНИКАМ КУЛЬТУРЫ
У МЕНЯ ПРЕТЕНЗИЯ.

СОЧИНИЛИ ПРО КАЗАКОВ
И РОМАНЫ И КИНО.
ПРО ДОЯРОК РИСОВАЛИ,
ПРО ПИЛОТОВ ПЕЛИ, НО

ОБОШЛИ ГЕРОЕВ МЯСО-
КОМБИНАТА. ОЧЕНЬ ЖА-
ЛЬ, ЧТО НЕ СОЗДАНЫ КАРТИНЫ
О РАБОТНИКАХ НОЖА.

ВСЕ КИНОШНИКИ, ПОЭТЫ,
БАЛЕРИНЫ И ПЕВЦЫ,
ВСЕ РАБОТАЮТ НА МЯСЕ,
НА САРДЕЛЬКАХ ПОДЛЕЦЫ.

НО НИКТО ПРО НАС НЕ ПИШЕТ,
НЕ ТАНЦУЕТ, НЕ ПОЕТ.
НЕТ, РАБОТНИКИ КУЛЬТУРЫ
ЭТОТ НОМЕР НЕ ПРОЙДЕТ.

ПУСТЬ ПРИВОЗЯТ К НАМ НА БОЙНЮ
ЭТИХ МАЛЕНЬКИХ БЛЯДЕЙ:
ПУСТЬ ОНИ ДЛЯ НАС СТАНЦУЮТ
ЗНАМЕНИТЫХ ЛЕБЕДЕЙ.

ПУСТЬ АРТИСТ АРКАДИЙ РАЙКИН
НАМ СМЕШНО ОТОБРАЗИТ,
КАК СВИНЬЯ РЕАЛИСТИЧНО
ПОД НОЖОМ МОИМ ВИЗЖИТ.

ПУСТЬ У НАС ЖЕ ПРЯМО В ЦЕХЕ
ИЗ УВАЖЕНИЯ К ТРУДУ
СИМФОНИЧЕСКИЙ ОРКЕСТР
НАМ ИСПОЛНИТ ПА ДЕ ДУ.

Я РАБОТАЮ ОТЛИЧНО,
СКОРО БУДЕТ ПЕНСИЯ.
А К РАБОТНИКАМ КУЛЬТУРЫ
У МЕНЯ ПРЕТЕНЗИЯ.

x x x x

СОЛДАТ РУБАЕТ ПИРОЖОК.
КАК НОВЕНЬКОЕ ПИАНИНО
БЛЕСТИТ КИРЗОВЫЙ САПОЖОК.
КАКАЯ МИРНАЯ КАРТИНА.

ГУЛЯЕТ РОЗОВЫЙ ЛОПУХ,
ГЛАЗАМИ ДЕВОК ПРОВОЖАЕТ
И РАЗУКРАШЕН КАК ПЕТУХ
И ПИРОЖОК СЕБЕ РУБАЕТ.

ОН СЛУЖИТ СРОЧНУЮ. ЛАФА!
ОТ СТРАХА НЕ ДРОЖАТ КОЛЕНИ
И ПОРАЖАЮЩИЕ ФА-
КТОРЫ И ВСЕ ЕМУ ДО ФЕНИ.

СОЛДАТ РУБАЕТ ПИРОЖОК.
ОН БЕЗЗАБОТЕН, БЕЗМЯТЕЖЕН:
КАКОЙ БЫ НЕ БЫЛ СЛУЖБЫ СРОК
ОН ЗНАЕТ — ДЕМБЕЛЬ НЕИЗБЕЖЕН.

В О Е Н Н Ы Й   И   П Е Т У Х

ВОЕННЫЙ ЧИСТИЛ САПОГИ,
ИБО ВОЕННОМУ ПОДСТАТЬ
КРАСОЙ САПОГ БЛИСТАТЬ.
ПЕТУХ, У ИХНЕЙ СЕВ НОГИ,
КОГДА ВОЕННЫЙ В ЩЕТКУ ПЛЮНУЛ,
В ЕВОННЫЙ ЗАД ОБШИРНЫЙ КЛЮНУЛ.
ЗА СЕЙ ПОСТУПОК ПЕТУХА
ВОЕННЫЙ ПРОИЗНЕС ХА-ХА.
ДА КУЛАКОМ ПО ПТИЦЕ БУХ:
ПОГИБ ПРЕДЕРЗОСТНЫЙ ПЕТУХ.
ЧИТАТЕЛЬ!
ТЕПЕРЬ ТЕБЕ, НАДЕЮСЬ, ЯСНО:
ВОЕННЫХ В ЗАД КЛЕВАТЬ ОПАСНО!

x x x x

СЕГОДНЯ Я ВАС НАРИСУЮ
В СИРЕНЕВОМ НЕБЕ СКОЛЬЗЯЩЕЙ.
Я КИСТЬЮ НЕБРЕЖНО И ТОЧНО
ВАШ НЕЖНЫЙ СХВАЧУ СИЛУЭТ.
Я ВАС, ИЗВИНИТЕ, ЛЕТЯЩЕЙ
ТРАКТУЮ В СИРЕНЕВОМ МЕСИВЕ,
ТВОРИМОМ ИЗ КОБАЛЬТА С КАДМИЕМ,
ГЛЯДЯЩЕЙ НА МИР СКВОЗЬ ЛОРНЕТ.

УСТАМ ВАШИМ ЛЕГКИМ УДАРОМ
УЛЫБКУ ПРИДАМ НЕПОРОЧНУЮ.
ЛЕПЯ РОЗОВАТЫЕ ПАЛЬЧИКИ,
ТАЛАНТОМ ТАКТИЧНО БЛЕСНУ.

Я ВАШУ ФИГУРУ БАРОЧНУЮ
ЗАТКУ ШЕЛКОВИСТОЙ ДРАПЕРИЕЙ
И КОНТУР СТЕРЕВ РОМАНТИЧЕСКИ
ЛЕТЯЩЕЮ КИСТЬЮ СОМНУ.

ПОД ВАМИ ПЕЙЗАЖ ЭКСТАТИЧЕСКИ
КРАСИВОЮ ГРЯЗЬЮ НАЛЯПАЮ.
ЭФФЕКТАМИ ОХРЫ И КАДМИЯ
В РУКЕ ВАМ ЗАЖГУ ОБРАЗОК.
А ВНИЗУ ПОД ВЕЛЮРОВОЙ ШЛЯПОЮ
НЕБРЕЖНО И ЧУТЬ ИРОНИЧЕСКИ
СЕБЯ НАРИСУЮ С ПАЛИТРОЮ,
КЛАДУЩИМ ПОСЛЕДНИЙ МАЗОК.   [1975 - ?]

ПЫСАЛИ МЫ НА ВАС!

МОИ ФОТО ГРАФЫ

Sapronenkov
"Kwasov"
Korsunova
Naryshkin
Boqdanov
Mihailov
Prikhod'ko
Smelov
Valentin – Maria
i ...

ПАРАШЮТ Д-РА ГЛИНЧИКОВА

What can you offer
Me, mister Proffer?

/из текстов 75-го/

... И Валера, безрукий мичман,
поднимает нам якоря,
паруса расправляя птичьи...

/"Фаина", 1981/

Что бы я делал без них? Без денег, без бумаги, без стекол, без ламп - с одними двумя руками... Сделал я выставку художников, 23-х, и понеслось... Согласно предисловию к фотокаталогу, написанному по аглицки под псевдонимом "Igor' Smolensky" /что в переводе означает - Илья Левин, служивший лодочным сторожем на Смоленке/ таковая выставка, "Под парашютом" была открыта "с 26 октября по 1 ноября 1974". И посетило ее "более 500 человек". Предисловие не привожу, не имея на то разрешения от проживающего на Западе автора, но излагаю сам.

Выставку "23-х" посетил сам херр Нуссберг, с кучей ассистентов, и учинил на ней съемки. По отъезде оставил мне ленинградца Валерия Глинчикова, д-ра инженерных наук, завкафедрой, яхтсмена, фантазера и энтузиаста. Валера оказался находкой. Моя отечественная люстра, светившая двумя лампочками в потолок, давала не так чтобы много света, настольные - заставляли картины бликовать, поэтому, с запозданием, был сделан к выставке фотографов "рассеянный свет". Завкафедрой Глинчиков прислал мне пару лаборантов, с казенной электротехникой и позаимствованным, невем где, почти цельным парашютом. Мальчики быстро навертели лампочек в центре и по углам, затянули весь потолок парашютом /разумеется, в рабочее время/ и удалились. Стены под фотографии заделали серым картоном, тоже где-то спертым, а под Пчелинцева я пустил холст, принесенный кем-то из художником. Из остатков этого холста матушка выкроила мешки для израильского архива, и я их берегу и посейчас. Фотобумага, естественно, тоже была краденая /но этим уже занимались сами фотографы/, а больше аксессуаров не требовалось.

Гран-Борис /Кудряков/, естественно, свалил до открытия выставки, и я его выставил "анонимом" из имевшихся у меня работ, одну: "Но не насытившаяся" /девица сидит за столом и жрет гантели/, она же и на задней обложке каталога. Остальные - не только не подвели, но наоборот, подвели еще с собой. Леня Богданов - привел своего друга Анатолия Сапроненкова, кто-то приволок фотолюбителя "Квасова" /псевдоним/, который снимал только руки, нарисовался Виля Оникул, словом, к моей полудюжине - прибавилось еще человек семь. Обычная история. И на выставке художников - к полудюжине зачинателей прибавилось еще полторы, отчего число стало 23. Фотографов же было 13. Включая отсутствовавшего Мишу Пчелинцева, которого я не мог разыскать и представил его работами 59-го года, из тех, что выставлялись в Политехническом /вычетом украденной Кривулиным/. Помимо трех серьезных стен, занятых почти целиком Птишкой, Богдановым и Приходько, Нарышкин насовал чего ни попадя в свой угол /протащил, например, портрет жены - не по качеству, а чтоб на девочек его не грымзела/, пробки Славы Михайлова - пришлось на шкаф, затянутый холстом, а явившийся под завязку Валентин-Мария /самый старый участник выставки/, получил, как и Галецкий до него, во владение - дверь. Свои фотоработы я не выставлял, потому что снимать не умею, хотя и хотел. Но напечатать с моих безобразных негативов никто не брался.

Сделан был и каталог. В декабре-январе посетил меня издатель Карл Профер /изд-во "Ардис", Мичиган/, будучи человеком предусмотрительным - антологии свои я ему не дал, а предложил фотокаталог. Были сделаны и негативы, и дизайн, и обложка /фото Пти-Бориса, шрифты Петроченкова, композиция моя/, и отосланы на Запад. В Вене Профер по телефону сообщил мне, что фоты для печати плохи, отчего и издать каталог нельзя. Что не помешало ему - использовать фотографии для своих о

На яхте Глинчикова: я /на мачте/, Веруня, Фаиночка Косс и сам Валера. 1975.

ложек - альманахов "РЛТ" /"Часы" Богданова/, иллюстраций к журналу "Глагол" /фо-
то Пти-Бориса/ и, естественно, без указаний, не только откуда, но и самих авто-
ров. Об деньгах и не говорю: не заплатил. Так я впервые познакомился с нравами
капиталистического Запада. При этом, цвета для обложек подбирал дальтоник.
        По счастью, помимо мелких акул капитализма, меня всегда окружали караси.
И конечно, идеалисты. Мечтали мы снять фильмик о Петербурге, с воды, для чего
Глинчиков возил нас на яхту /но не на ней/, катал на моторке, а потом я сам на-
нял одного друга с мотором - уже перед самым отъездом, и взял фотографа и кино-
оператора. Кинокамера сломалась еще на спуске, на Мойке, и Геля Донской пошел до-
мой. В лодку он всяко бы не поместился. Помимо моей секретарши /объемы см. на фо-
то/, Приходько явился с Веруней, и в основном занят был ей. "Снимай, снимай, вот
кадр!" - кричу ему, отпускает он Верунину грудь - "А? Где?" и щелкает, не глядя.
Единственный прок - состоялось прощание с "Северной Венецией", всю ночь мотались
по Неве и каналам, и дочку свою с ее братиком покатал. Кадров же, практически, не
осталось. А вдохновил меня на это - яхтсмен и аквалангист Валера Глинчиков, чис-
тая душа. Сейчас его носит по Балтийскому и Средиземному, открытки шлет, но в Ме-
ксиканский залив никак не соберется. Мечтатель, все ищет меценатов - не себе, для
меня! Ими - их руками и силами - и делались мои выставки. А на фото их нет...
        Парашют я снял перед отъездом, пыли в нем накопилось... Полгода висел.

St.Petersburg '74
PHOTOGRAPHERS
under the parachute
collected by
Constantine Kuzminsky

ПТИ

Птишка, как окрестил его я /чтоб было как отличать от Грана, которому тоже "имя" дал я/, был самым молодым из фотографов. И при этом, по общему мнению их /и нашему/ - самый талантливый.

Сын не вполне нормальной матери /см. его "Портрет матери"/, Борис Смелов с 13-ти лет, деньги, выдаваемые на мороженое - тратил на фото. При этом, начитавшись Достоевского, снимал без конца его Петербург. Водил меня по домам и лестницам героев его прозы, эти бесконечные белые ночи - Птишку я полюбил, как приемного сына. Если Гран, /Борис Кудряков/ и приходился мне в некоторой степени учеником, то Птишка был - сыном...

Капризный, талантливый до безумия, лиричный в жизни и фанатичный в фото - вечно он носился в поисках денег ли, фотобумаги, новой аппаратуры, и никогда не имел ни гроша... Но сотни и тысячи фот города, поэтов, девочек и старушек - получали призы и медали на всевозможных выставках и фотоконкурсах... Сейчас вот оформил книгу Н.Басиной о Достоевском /"Сквозь сумрак белых ночей", Л., Детская литература, 1979/, где

сказочные по красоте и КАЧЕСТВУ фото его - испоганены советским исполнением. Я помню, как переживал он шемякинскую печать /в парижских своих каталогах Миша использовал несколько фот Пти-Бориса, но в чрезмерном уменьшении, и рядом с фотографами. "непрофессиональными"/, а уж об этой книжке - и говорить нечего. Глаза он себе испортил окончательно, вечно имел проблемы с очками и зубами /и с зубами тоже, потому что ел когда попадя, и к тому же был сладкоежкой/, причем очки ему нужны были круглые, чтоб не мешали при съемке... Цацкался с ним не только я, а - практически - все: фотографы - снабжали бумагой, предоставляли студию, подруги - Инесса-мама, Ираидка - кормили, друзья - поили и опекали. Фотограф он удивительно лиричный и только в теме города, в достоевской теме - он перекликается с Граном, зачастую так, что и не различишь. Знаю же я обоих - тоже года с 67-го-68-го, так что в течение семи лет - имел двух "придворных фотографов", правда, один был капризен, и силком его не заставишь снимать того, кого нужно, другой же - трусоват и потому подводил на каждой, практически, выставке, но вдвоем они /под нажимом моим/ - сумели покрыть фотопортретами, почитай, всех поэтов младшего поколения. В 75-м его возлюбил Драгомощенко /как до того и ВСЕ остальные поэты/ и написал статью о нем /найду - приведу/. Фотографий же его, вычетом поэтов, у меня осталось - считанное число: одни были даны Сюзанне, и так у нее и застряли /хотя она говорит, что американский фотограф Авидон "был в восторге"/, другие - у Миши Шемякина, третьи - у Левина, четвертые - Бог знает, где... Это все от того, что я пытался то куда-то "пробить" и пристроить. Да и сам он. Но лучшие фото поэтов - его. В этой книге.

ГРАН

**РУССКАЯ ФОТОВЫСТАВКА
В НЬЮ ЙОРКЕ**

Завтра, в пятницу 18 января в 6 час. вечера в Вестбет Галлери (155 Банк стрит — возле Гудзона, на уровне 12-й улицы) открывается русская фотовыставка. В экспозиции — более 60 работ, которые представили 13 участников. 12 из них — эмигранты: Б. Аврутина, Н. Аловерт, Э. Анцис, Н. Каждан, А. Михайлевич, Ю. Нейман, Л. Поляков, А. Пронин, А. Ретивов, Т. Ретивова, А. Тульчинский, Н. Шарымова. 13-й участник-Борис Кудряков — живет в СССР.

Выставка продлится до 4 февраля. Часы работы: четверг и пятница-с 4 до 7 час. вечера, суббота и воскресенье — с 1 до 7 час. вечера.

Неудачное, похоже, это число. Для Грана в особенности. На выставке "Под парашютом" он тоже был - тринадцатым. Правда, он, как водится, свалил еще ДО открытия выставки - как и ДО открытия "Графики и фотографии" на психфаке ЛГУ в 73-м, но, похоже, и осторожность ему во вред.

"Открыл" я фотографа и прозаика Бориса Кудрякова году в 1967-м, на Малой Садовой. С тех пор, практически, не расставались. Был Гран, как и я /и Смелов/ - учеником студии Юрия Веселова во Дворце пионеров, а далее - служил в армии, работал фотографом в судмед-экспертизе, сейчас, вроде бы, в кочегарах.

Вырос на Боровой, где обретается и посейчас. Лиговка, Обводный, Никольское кладбище, а затем - достоевские "Пески", Пороховые - стали местом действия его коллажей и пейзажей. Фототворчество его - не сквозь литературно. Пейзажи проникнуты духом трущоб и предместий, портреты - поэтов он тоже предпочитает снимать на задворках /взять мой портрет, или Ширали/ - как-то, году в 68-м прошли мы с Граном и Куприяновым - по всем проходным дворам по Красной и аж до Калинкина, снимаясь, снимаясь, позируя. Патологически неглупый и - одновременно - поразительно невежественный, Гран сумел и "невежество" свое - обратить в МЕТОД. Его язык удивителен. Я не нахожу аналогов ему в современной прозе. В фотографии - он во многом предвосхитил более лиричного Пти-Бориса, своего ученика. Снимал он при этом, по бедности, большею частию "Москвой" - что ж, вполне профессиональная камера. Но те же темы и "точки", обработанные его учеником - приобретали совершенно иную тональность и КАЧЕСТВО. Помимо: в Гране много от Смердякова, в Птишке - от Мышкина. Сейчас во Франции выставка его работ, "Мир Достоевского". А автор ее, кочегар - в коммуналке на Боровой... Такова эта клятая "ви".

САПОЖНИК БЕЗ САПОГ

Гена Приходько малость косолапит, бородат, но лысеет, и вообще он не Венера Милосская. Хитроватый хохол /а может и еврей наполовину: Геннадий Самуилович его звать/, страстный поклонник рок-, поп- и джаз-музыки, коллекционирует пласты и работает - как вол. Имеет вроде сына Данилу от первой жены Инессы, работал в ящике - вот, собственно и все, что я о нем знаю. Достался он мне в наследство от Шемякина, который за фотографа его не считал, а просто печатал он ему десятки фот. Снимал и печатал Гена и для Аникушина, благо тому есть чем платить, а потом и для меня. Стал я его таскать по мастерням - и погиб человек. Жил тихой жизнью, с 7 утра до 4-х на службе, вечерами слушал музыку. Но сманил я его в богему, стал он уже калымить для Ленконцерта, студию завел, граммофон, девочек... Словом, стал он художником. А до этого был нормальным человеком, в отпуск диким туризмом занимался, на байдарах ходил по Северу, кадры снимал. И не называл это "фото-искусством", а так - души для: красиво. И отснял он тысячи сказочных порушенных церквей в медвежьих углах, а я сейчас бьюсь их напечатать. Но как?...

Работяга по натуре, успевал он больше других. И семью содержал /а потом и вторую/, и выпить не дурак /моя жена говорит: "ну конечно, нормальный же мужик!"/ Вот эта его "нормальность" и смотрелась

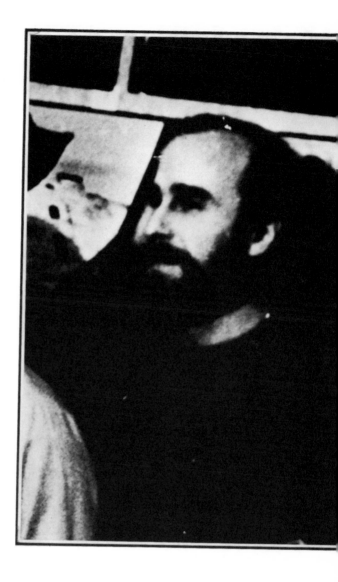

дико в нашем ненормальном обществе. Никак не мог он заразиться паразитическими нравами богемы, никогда не считал себя непризнанным гением. Да гением он и не был. Просто был и есть он - профессиональный фотограф, мастер и крепкий мужичок. Никогда не подводил, всегда все поспевал, жил и давал жить другим. Редкое явление - нормальный человек в среде ненормальных! Умение наслаждаться жизнью /да еще и зарабатывать не нее/ - почти утрачено уж в России. Но он из тех, старых мастеровых, иной раз жуликоватых /а ведь не наебешь - не проживешь/, - говорит народ/, но меня он никогда не наебывал. Весь последний год проработали вдвоем - и сколько сделано! Дюжины каталогов, книг, событий документировано - Гена был незаменим. И чем я могу отплатить ему за работу? Пласты послать? Так не с кем и не на что... Но он на меня не очень и рассчитывал он всегда и во всем - рассчитывает на себя. И не ошибается. Такого работника - поискать! А "художник" ли он - это уже другой вопрос, хотя... в каждом человеке сидит художник.

ПАПА

Папу /Владимира Окулова, мужа Юлии Вознесенской/ фотографы на выставке чуть не заклевали за "непроффессионализм", на что я орал: "Идиоты! Старушек снимаете, пиздяжики достоевские, а он - ДОКУМЕНТАЛИСТ, он - живых поэтов снимает!" И это было так.

В 1-м томе у меня, за редчайшими исключениями - все фото - любительские, зачастую даже плохого качества, но они - едва ли не единственные фото поэтов старшего поколения. Хотя сам я снимал года с 56-го - мне и В ГОЛОВУ НЕ ПРИХОДИЛО снимать моих друзей-поэтов. А вот Шарымовой - пришло Потому она у меня и звездой там смотрится, мемориальная девушка.

Папа не был мемориальным человеком, но он имел несчастье быть мужем Юлии и к тому же - фотографом... Ну и хочется-не хочется, а приходилось ему снимать. Сначала со скрипом и несколько нехотя, но потом, распалившись /не после выставки ли, куда он перетаскал кучу народу?/, пошел Папа шлепать и ляпать поэтов, благо за натурой гоняться не приходилось: дне-

вали и ночевали гении в доме у его жены /а, стало быть, и в его/. Снимал он Ширали читающе-го, снимал бесконечно Охапкина - и в результате, на множестве снимков, раскрылся ХАРАКТЕР Олега - самовлюбленный, иногда - от этого - подловатый, аж страшненько... Не качественные эти портртеты, зато - документальные. Юлию он тоже снимал - жена ж! - и в результате фото ее угодило на обложку итальянского журнала /см./. Снимал он и бесконечные чтения, сабантуи, подпольные выставки и тому подобное - словом, стал нашим хронологом. Не могу сказать, что проникся я к нему, как к фотографу - глаза-то у него нету, и не было - но его фото оказались бесценным материалом для этой, в частности, антологии.

Человек Папа не то что бы скромный /скорее - закомплексованный/, но никогда он особо не "светил". Так, обретался около чрезмерно активной жены, но камеры при этом из рук не выпускал! И ему я особенно благодарен - как за снимки отъезда моего /во 2-м томе/, так и за фото поэтов.

Зачастую плеваться приходится: и раккурсы у него не те, и освещения не чухает, и пе-чать не ахти /уж по этим-то всем частям меня фотографы поднатаскали!/, а все-таки, все-таки все-таки... Папа оказался - незаменим. Да к тому же - постоянно был в "эпицентре событий", ибо, по отъезде моем вся поэтическая активность переметнулась к Юлии /пока она сама не пе-реметнулась - сначала в диссидентки, а потом и в женские феминистки/, так что некоторое ко-личество фот - прибавилось. Баб вот только стало чего-то много, пишущих и не, но это уже - окружение Юлии...

Зоофотографа Когана я заловил уже в городе Хьюстоне, Техасской губернии Соединенных Штатов Америки. И заловил его с запозданием: 1-й том уже вышел, фильм "Дневник Юлии" был уже сделан, но работы при этом - почему-то - никак не убавилось... Просидев в один из визитов у Коганов целую ночь, заглушив с ним напару галлон "Смирновской", выяснил: учились мы с ним, в одни и те же годы - на биофаке ЛГУ, любили одних и тех же людей, имели одних и тех же друзей, а воссоединились вот - на старости лет... Рассказывал мне Саша за судьбу художника-биолога Боба Шипилова: из "шишкинцев" тот стал сюрреалистом, намалевал массу работ и утопился в Кристательке, в пруду, где проходили мы в юности биологическую практику. В Старом Петергофе, за порушенным дворцом Лихтенштейнских ли, или Лихтенбергских герцогов /надо у кого из тутошних монархистов спросить/. И художник-биолог Слава Кушев сидит, за убийство вроде, непредумышленное... Ну и мы сидели, сосали "Смирновскую", утром пришел Шиманский и добавили еще. Коган брыкался и лягался, утверждая, что он "не художник" и готов делать для меня любые снимки и пересъемки, только дизайн ему - готовый подавай! За год, где-то, общения - подсовратил я его в "фото-художники", сейчас уже звонит сам, кричит, что "новую технику" надыбал, Кривулина мне в ней заделал и рвется оформлять мой журнал... В КАЖДОМ ЧЕЛОВЕКЕ СИДИТ ХУДОЖНИК. ИЛИ ПОЭТ. Только мы, зачастую, сами этого не подозреваем и зарываем Богом данный "талан" в равнодушия землю... Напечатал мне Коган - добрую половину поэтов ко 2-му тому, а потом от него сбежала Ленка, он загудел, полетел с работы, понесло его во Флориду /где он полетел уже с крыши, кроя таковую для заработков и сломал ногу/, но вернулся обратно в Хуюстон, где заделался уже начальником фотолаборатории /а не лаборантом, как прежде/ и продолжает печатать мне фоты. Фотограф и сам, показывал мне дивные снимки Севера и Средней Азии, но с "Нэшионал Джеографик" у меня не выгорело - вежливо заявили, что "в настоящее время они не имеют интереса к натурным фотографиям из Советского Союза", послав мне взад памирские слайды Володи Березовского - так что как и там, будем продолжать воровать фотобумагу и делать "великое дело" за так...

КОГАН

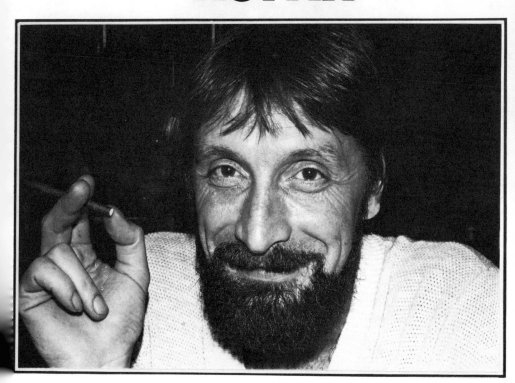

На снимке: Валентин-Мария, американский атташе Дональд Френсис Шиен, я, Алик Тихомиров и Мышь.

7. май. 1981. Рим.
В канун Великого дня
на добрую память Косте
Кузьминскому от Миши
Кулакова.

М.КУЛАКОВ

фото сделал Борис Ратинович
в Вене

ЛЕНИНГРАДСКАЯ ШКОЛА

Е.Г.Михнов - Войтенко/1932 - /

М.Кулаков,1975,Москва
Roma via Lufa della Robbia 80
00153 Italia

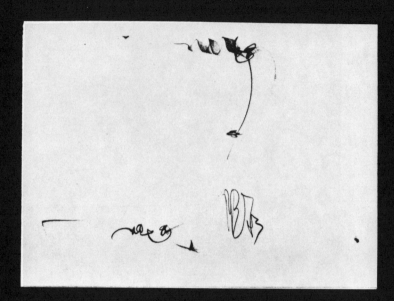

Евгений Михнов рисунки

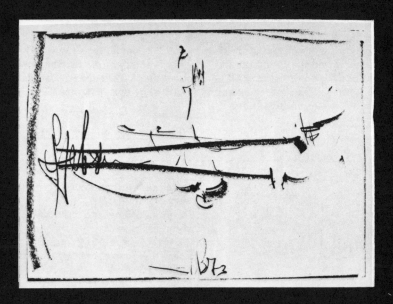

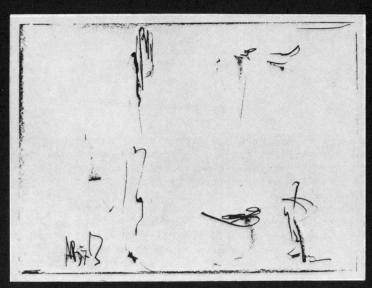

Евгений Михнов рисунки

Московская и ленинградская школы 50х - 60х годов нашего столетия.
Оговорка:мои заметки о художниках неофициальных,имеющих свой стиль
и лицо.Официальные художникм,московские и ленинградские,члены
МОСХа и ЛОСХа,относятся к школе соцРеализма,возникшей на основах
эстетики буржуазного Искусства передвижников 19 века.Передвижники
не были новаторами,используя принципы линейно-воздушной перспекти-
вы/родина -античная Греция,развитие - европейский Ренессанс/,как
и в классицизме,они отошли от мифологических тем для фотография
сюжетов конкретной действительности.

московская школа	ленинградская школа
Зверев	Михнов
Яковлев	Шемякин/эмигрировал,Париж/
Харитонов	Рухин/погиб/
Краснопевцев	Галецкий/Вена,потом Нью-Йорк/
Немухин	Леонов/Париж/
Вейсберг	Целков/после 1960 года
	живет в Москве,сейчас Париж/
Плавинский	Жарких/Париж/
Мастеркова/Париж/	Рапопорт/Сан-Франциско/
Брусиловский	Рабинович/Вена/
Неизвестный/Нью-Йорк/	Виньковецкий/Хьюстон,США/
Кабаков	Нежданов/Нью-Йорк/
Соостр/умер/	Некрасов/Нью-Йорк/
Тяпушкин	Кубасов
Рабин/Париж/	
Вечтомов	
Кондауров	
Янкилевский	
Нусберг/Париж/	

Разумеется,список очень не полный,но уже по этому неполному списку
получается интересная картина:почти все художники Ленинграда эми-
грировали,в то время как многие. ис москвичей продолжают работать
в Москве.Отчего такое?Я к этому вопросу вернусь,а сейчас несколько
общих слов об обеих школах.
Обеим школам свойственны черты эклектизма и подражания европейско-
американским мастерам,хотя большинство начинало как бы с нуля,без
информации.После военный период 50 - 60х годов знаменуется возрож-
дением интереса к изобразительным искусствам во всем мире.
Мастера живописи Америки и Европы открывали метафоры и первые стол-
били участки.Россия вовсе не родина слонов,как утверждает по любви
к ней коллекционер Кастаки.В истории искусств может происходить
свободная конвергенция идей,совсем необязательно знать - кто пер-
вый,кто второй,ибо,как сказано в Евангелии:последние станут первыми.
Могут происходить ситуации паралельного плана,когда,как принято
говорить,идеи витают в воздухе.Такова была ситуация в среде москов-
ских и ленинградских художников после второй мировой войны,когда
люди устали

умирать и потянулись к жизни,к искусству.Информация в виду железного занавеса доходила с запада совсем в малых размерах,в виде журнала "ART news " или цветных репродукций,завозимых дипломатическими коробейниками.Однако это оказалось достаточно для ряда талантливых мастеров,очень быстро прошедших школу ученичества,став художниками с собственным почерком и мироощущением.
Среди ленинградцев выделяется замечательный маестро Евгений Михнов-Войтенко,колдун и волшебник кисти,художник не менее экстравагантный,чем московский Зверев,но в ином роде.Он отличен от гениального Зверева по всем статьям,и все-таки....

Зверев	Михнов
Образование-не закончил ремесленное у-ще,5 классов неполной ср.школы	десятилетка Ленинградский и-т театра
Недолго работал маляром в Сокольниках,соцТип -клошар,некрасив,грязен,хамовит,не состоял никогда ни в каких союзах,за исключением псих-диспансера,пенсионер	Художник худпромКомбината при ЛОСХе,в лучшие годы элегантен,подтянут,интеллектуальный эгоцентрик,временами красив
хронический пьяница,временами переходящий в разряд алкашей	периодами
Никаких сантиментов между "мамашкой" и Зверем,вообще никого не любит,кроме себя,да и неизвестно,любит ли себя?	мать его обожает,Женя тоже,мама самый верный друг,иногда любил чередующихся жен-любовниц,несомненно любит себя
умеет зарабатывать деньги торговлей своих картинок,торгуется,часто спускает за бесценок	зарабатывал на хлеб и водку в комбинате оформлением витрин,книжной графикой,продажей картин хуже,беден,комната в коммуналке

В целом Зверев зарабатывал больше своей продажей,ибо в Москве всегда было больше возможностей:больше коллекционеров и дипкорпус,которого не было в Ленинграде.Однако "большие возможности" не мешали Звереву быть таким же бедным,как МИхнов.Проведём еще несколько параллелей:

любит ночевать не дома в "Гиблово",а где придеться	любил свою каморку,окружённый картинами и бардаком
похотлив и рукоблудник,некультурен в смысле систематического образования,умён,назойлив и эгоцентричен с признаками мании величия и преследования	похотлив,бабник,образован в конспективной манере,как большинство интеллигентов послевоенной формации,признаки мании величия,прикрытые юмором,само- доволен

гениален	гениален

Господь обоих не обидел дарами в пластических искусствах,Михнов
мог бы быть не только замечательным художником,в 60е годы он прояв-
лял склонность к режиссуре,но не реализовался "по техническим при-
чинам"

Атеист,вера в собств."Я"	атеист,"Живопись —это Я"

Оба никакого отношения к ортодоксальной церкви не имели,но дух
греческого пантеизма просвечивает во всех работах,а через природу,
которую оба чувствовали необыкновенно глубоко,врываются интуитивно
Божественные эманации,стихийно,но они присутствуют в лучших работах
мастеров.

Стихиен,бытовая энтропия	рационален и легкомысленен
вне морали,абсолютно не	ханжа и аморален
этичен,ближе к звериному	эстет,склоняется к снобизму
образу мышления	

лучшие годы творчества	
1956-57-58 годы	1958 - 59 - 60 годы

В запое:запой длится всю	в запое:внешне становится по-
жизнь,практически	хож на Зверева

художник дриблинга и жеста	зеновский жест,доминирует в
больше фигуративен,ибо связан	работах абстракция
с проблемой сбыта картинок	более независим от рынка сбы-
на среднего покупателя	та,имел побочные доходы в
	худКомбинате

предатель от изгойства и жи-	предатель с правилами и прин-
вотности	ципами
вне забот о других,исключение:	себялюбие превышает над христи-
дарит другому своего клиента,	анскими заповедями
это уже не мало	принцип - и нашим и вашим

Я беру для сравнения первые попавшиеся на ум качества не для суда
над парой "нечистых".Слово "предатель",выражающее крайнюю степень
осуждения по классификации Данте/последний круг в аду,ледяное озеро/,
употребляется не в социальнопсихологическом значении,а в религиоз-
но-богословском,т.е. в значение предательства перед ликом Творца.
С точки зрения тоталитарной системы страны Керосинии/в наше время
глагол "керосинить" обозначал выпивать/ предавать дело веры благое
дело.И еще,я употребил слово "предатель" скорее в потенциальном
значении,как динамическое разрушение личности,которое начинается
с мелкого предательства или обмана,и при всеобщем поощрении сис-
темой,деформируется в полное забвение связи духовной жизни человека
с духовными проявлениями Святого Духа,когда маленькое локальное
предательство-обман есть намёк,предтеча,которое,вполне возможно,

/дай-то Бог!/ никогда не реализуются,иными словами в слове "преда-
тель" мне было интересно обозначить потенциальный смысл на уровне
помысла,а не завершающуюся стадию реализации,ибо в слове можно
различать несколько слоев,моментов,как в творческом процессе.
В монашеско-аскетической практике большую роль играет распознание
помысла-намерения в сторону добра-зла,чтоб при реализации предо-
твратить нежелательные черные осадки.То же самое происходит со сло-
вом в процессе его употребления,вот почему я обратил внимание на
правильное толкование слова "предатель" в данном контексте.
Я не собираюсь писать лубочные картинки с выставки,но хотел бы,чтоб
меня поняли правильно,а не как пасквиль и дискредитацию описываемых
мастеров.
Иными словами,себяЛюбие Михнова,ведущее в конце-концов,как любое
неБескорыстие,к предательству,погашается творческим огнём,способным
в лучшие минуты-часы очистить личность от качеств тварности,дать
проявиться внутренней свободе,в свою очередь его труды выше на го-
лову всей системы и её запросов в области культуры.Творчество
Михнова и Зверева выпадает из канона соцРеализма,стало быть подле-
жит уничтожению или в лучшем случае не имеет поддержки системы.
Дурные душевные качества могут реализоваться только в локальном
under ground! Е ,среди своих,но без поддержки системы никогда не смо-
гут достичь ~~убийц~~ масштаба фельдмаршалов – убийц.Очистительное
зачение имеет для души творчество.Красота,проявленная в картине,
непосредственно связана с ЭТИКОЙ.Через очищение огнём Святого Ду-
ха,живущего в момент творчества в душе творца.
Творчество Михнова не нужно государству,стало быть государство
не санкционирует и личность Михнова в любых проявлениях.Дар Мих-
нова и Зверева – основное препятствие к иудиным масштабам.Таково
положение мастера не только в СССР.Обыватель социАлистический или
капиталистический – везде обыватель.Различия – в формах самоУтвер-
ждения,дозволенных разными системами.

обыватель капиталистический   обыватель социалистический

обыватель капиталистический	обыватель социалистический
больше денег	мало денег
квартира из 5-8 комнат	кв. из 2-3 комнат
/примеры для самого среднего наисреднего обывателя/	
чековая книжка	сберкнижка
зарплата капОбывателя к зарплате соцОбывателя идёт как 4,5 : 1	
2-3 машины	"жигули"
сервис	сервис по-русски

Сущность мирового обывателя одна и та же:инерция сознания,само-
довольство достигнутыми результатами,как у обывателя-атеиста,так
и у обывателя-религиозника,враждебность к новому,к гению,оборачи-
вается фашизмом,насилием,активным подавлением личности.
На одном конце палки –"моя хата с края",
на другом –"цель оправдывает средство","будет и на нашей улице
праздник","ничто человеческое мне не чуждо" или Jedem das seine.

Давно известно об авантюризме советской интеллигенции,долженству-
ющей служить целям правящего клана.Она стоит перед альтернативой:
1/служить,значит,потеряв личную свободу,получить блага в виде:
есть,пить,деньги,машины,бабы,заседания,дачи и чувство "коллектив-
ного локтя",
2/отказ влечёт - в сталинские времена физическое уничтожение,в на-
ши дни -лагерь или в другую сторону,эмиграцию,наконец,последний
вариант,обреченность на нищету материальную,духовную.Правда бытия
сложнее и проще/да,нет никакой правды бытия!/.Потенциально все
предатели.Пётр трижды отрекался от Христа,что же говорить о других.
Для предательства крупного масштаба требуется санкция государства.
Обмануть приятеля,мелкое предательство,обман,легкое заштриховывание
прозрачного кристала души;подписать прокурорское обвинение в ничем
не повинному человеку - окутать душу облаком черной туши.

Словесный портрет Евгения.

Лет 15 - 20 назад ЕВгений был строен,182 см роста,имел спортивную
фигуру,крепкий костяк и большие мослы.В школе занимался легкой ат-
летикой,толканием ядра и античным бросанием диска.
Лицо узкое,делится пополам длинным носом в манере Генриха 4,лоб
низкий,разграфлён ранними нотными строками морщин,блондин,на сегод-
ня значительно полысел с макушки.Верхние веки наплывают на глаза,скры-
вая покоящийся в глазной пещере зрачок.Был в молодости удивительно
похож на молодого Дж.Поллока,такой же лирико-романтический взгляд
в НИКУДА.В пору нашего знакомства/1960/ выражение глаз стало циничн-
нее и надменнее.На фотографиях более ранних лет выражение сходно с
молодым Вертером,верующим в добро мира,с грустинкой в глазах,пред-
вещающей будущую духовную драму.Рот чувственный,уальдовский,в опре-
делённом настрое змеится вольтеровской иронией,преобразуя холодную
маску хлыща в теплую усмешку чорта.
Вообще братание Михнова с чортом несомненно,так же как Зверева с
фавнами и вакханками,Клал на лопатки чорта Евгений только тогда,
когда писал картины.В "свободное от работы время" ленинградская
среда предлагала односторонние развлечения:пивной бар на Невском
возле Казанского собора,где собирались "интели" города Ленинграда.
Однажды Михнов поинтересовался у официанта,каков личный рекорд
кого-либо из посетителей.Официант рассказал,что к ним частенько
заглядывает известный конферансье ленЭстрады Рудаков без Нечаева,
принимающий обычную дневную норму в размере 16 поллитровых кружек
пива,8 литров за раз.И не рекорд,а так норма.Михнов тогда выпил
с интервалами 11,5 кружек,убедившись в необъятных размерах рудаков-
ского живота.
Или пьянки на дому,лучше с девицами.Девицы играли в жизни Евгения
значительную роль,как развлечение,как способ добывания выпивки,
как постоянно присутствующее влагалище для постоянных надобностей.
Евгений не разборчив подобно старшему Карамазову:годится искусство-
ведка из полусвета,телефонистка,лесбиянка,динамистка,лярва с Невс-
кого с мандавошками,просто чувиха,иногда женился на приличных.
Друзья,приходившие на выпивку со своими девицами,наносили жесто-
кое оскорбление самолюбию бедного Евгения,ведь все присутствующие

девицы должны принадлежать ему,а не друзьям.Тут же делались попытки
"перекадрить",иногда успешно.Евгений знает цену своего гения.Гению
все дозволено.Наци № 1 думал так же.В отличие от Евгения наци № 1
имел любые возможности для реализации идей,власти над народами и
государствами,Евгений мог только иногда демонстрировать свой приори-
тет в культуре или сексе над 2-3 приятелями.Между прочим,Гитлер
начал свою карьеру с желания стать великим художником,Сталин в се-
минарии пописывает стихи и на протяжении дальнейшего вождения счи-
тал себя опекуном литературы,как специалист,Черчиль на отдыхе бало-
вался писанием марин и пейзажей,Мао подражал лучшим образцам китай-
ской классической поэзии.
"В свободное от работы время" наиболее доступная реалия –кайф,или
кейф,словечко,пришедшее в СССР с запада.Наиболее доступной формой
кайфа в СССР является пьянство,доставать наркотики затруднительнее,в
то время как пьянство если не поощряется,то и не запрещается сис-
темой.

Ах,а лето было с мотылями!

О теле,душе и духе.

Евгений великий импровизатор идей.Зверев импровизатор устных новелл
и стихотворный графоман.Вообще,графомания в России играет положитель-
ную роль,как самоЗащита против беззащитности перед строем и само-
Оправдание в собственных глазах самоЦенности личности.В России много
художников,поэтов,писателей,официальных и еще больше неофициаль-
ных,самИздата в одном экземпляре,в десяти или сотнях экземпляров.
И москвичу,и ленинградцу свойственно тонкое чувство юмора и иронии.
Приём иронии позволяет лепить образ мира точнее,что ли,описывая его
/образ мира/ в противоположных категориях,антиномичных или ...
потеряться в широте и остаться в рамках элементарной графомании.
Парадокс увеличивает эффект проникновения в образ.Парадокс - вбе-
гание в истину с черного входа.
Оба - мастера иронии и парадокса.Зверев весь в себе,его ирония/пере-
ходит подчас в сарказм/,ирония над собой,ибо этим и замыкается
весь мир,а вы,если хотите, это о вас.ВСЕ хорошо,что есть Зверь,
будь то насмешка,вплоть до сарказма.Однажды Зверь рассказывал,как
он бежал по лестнице к приятелю,может быть к Асеевой,сейчас точно
не помню.
 - Я, - рассказывал Зверь,-бегу по ней,по лестнице,а сам думаю,
может не я по ней бегу,а она по мне? -
Ирония Михнова,зевесовы молнии,поражающие противника,ибо любой
мужчина,друг,неДруг,случайный соБутыльник,- самец,владелец самки,
значит соперник.Задача,поразить его и стать хотя бы соВладельцем
собственности,самки,еще лучше отбить в свое стадо.

Время,достаточное для принятия стакана водки,две,три секунды,если
есть закусь,прекрасно,но бывало и без закуски.Общество новых девиц
превращает Евгения/особенно после принятия стакана водки/ в сложную
смесь русского казанову,Луку Мудищева,с блистательным Оскаром

Уайльдом.Параллельно со слюнобрызгами в сторону мнимого или настоящего соперника Михнов выдаёт интересные мысли о модерн-театре,новой волне в кинематографе.Идея конкретного театра,когда зритель становится актёром,а актёр зрителем,своего рода свальный грех по-хлыстовски,где непонятно,какую дырку штурмуешь ты,и в какую из твоих многочисленных отверстий ломится поПутчик.В идее конкретного театра есть приглашение к танцу,занять людей активным действием,разработки такого характера даны были теоретически психоСоциологом Морено,проблема поиска общего дела для всего человечества.Во второй половине 19 столетия русский философ Федоров предложил принцип общего дела,воскрешение химическое мертвых.Идея богатая,хотя на сегодняшний день кажущаяся наивной,если её понимать не как химическое действо,а как духовное усилие для всех.Однако,мне почему-то было бы неохота участвовать в воскрешении таких "великих",как Сталин или Гитлер,во-вторых,я не верю в химизацию воскрешения душ умерших,в третьих,не чувствую особой благодарности перед отцами и матерями,давшими мне жизнь.Жизнь дается Абсолютной реальностью, моя благодарность перед Богом не имеет смысла по малости моей личины и по неспособности выразить благодарность при всем моем желании.Это другой вопрос,проблема имманентности и транцендентного. Задача Федорова была грандизной.Морено и практики конкретного театра предлагали игры,театр,как психотерапию для разрядки и освобождения от комплексов. Игры могут происходить везде:на улице,в специальном помещение-сценической коробке,в квартире,сортире, - везде. Принципом конкретного театра является импрвизация и вовлечение всех рядом находящихся в участники процесса.Превратить земной шар в сплошной детский садик,где взрослые без различия индивидуальностей и моральных критериев с утра до вечера играли бы грустных гамлетов и мудрых шутов,себя по возможности,выкрикивали лозунги "Свобода,равенство и братство","Руки прочь от Кореи!" или "от Вьетнама",пели песенки с одним словом,повторяя его множество раз пополам с еблей и стриптизом.Главное - занятость всех в общем деле.На практике любая хорошая идея ,идея гуманная опошляется или в реализации становится противоположной задуманному.В диалектике такое давно известно под названием борьбы противоположностей,отрицанием отрицания и т.д.
 С идеей организации конкретного театра ничего не получилось.Не было средств.Не было свободы,элемнтарной свободы читать что хочу и делать что хочу.И еще - не было единства душ,потому что не было единой веры.Каждый верил в себя и неизвестно еще во что,поэтому сборища превратились в пьянки,разговоры,ссоры.Если Зверев стремиться напиться без благородных идей объединения в общем деле,Михнов пытается сборище друзей и приятелей превратить в труппу актёров,- результат москвичей и ленинградцев оказывается одним и тем же - оголтелое пьянств. мордобой,ссоры и разбегания.
Построить Царство Божие на земле,мир во всем мире,счастье для всех людей,чтоб все были одеты,обуты и сыты,"свобода,равенство,труд и братство" или "пролетарии всех стран,объединяйтесь!",строительство государства "нового" типа,государства социализма и строящегося коммунизма.И что же?Государство "нового"типа через пять минут своего существования превращается в государство невиданной до-селе в истории империй тоталитарной деспотии.

Знамение века - "святая троица" - Гитлер,Сталин,Мао.
Царство Божие на земле построить невозможно без строительства царства Божия в СЕБЕ.А так ли уж необходимо Царствие Божие на земле при внутреннем духовном строительстве Царства Божия в СЕБЕ?

В начале 60х годов увлекались Ионеску,Беккетом,абсурдным театром.
Я уверен,что живи Михнов не в Ленинграде,колыбели революции,а в каком другом культурном городе запада,Женя сумел бы найти свой путь в театре или режиссуре кино.В те времена он предлагал любопытные хепининги такого,например,типа:брандмауэр,кирпичная стена,которых много в Ленинграде.Бидоны с красками.Рота солдат.Е.Михнов командир. По команде Михнова солдаты бросают краску на стену,затем заводятся и сами бросаются на стену,разбрасывая и топча краски сапогами.Живопись действия и довольно мирное действо для солдат.
Ленинград - колыбель революции.Москва - образцовый коммунистический город.В колыбели революции порядок должен быть идеальным,люди стерильны и распределены по стереотипам,духовная жизнь упорядочена от "до" до "до".Если в Москве,городе верховных правителей,городе посольств и консульств,иностранных фирм и аккредитованных журналистов,возможна относительная показуха в области свобод,в Ленинграде - все тихо,чёткая горизонтальная линия набережной Невы поддерживается вертикалью Петропавловской крепости.Устойчиво и красиво.
Знаете,есть такое правило:чем провинциальнее городишко,тем больше наставлено "кирпичей"/автомобильных знаков запрета на проезд/.
Ленинград - город -герой,кладбище мемориалов.Вдохновляясь мистицизмом Достоевского представляешь Ленинград без домов и людей пустым пространством,в воздухе которого повисли мемориальные доски."Да были люди в наше время!Могучее,лихое племя!Богатыри не вы!"
Но именно в Ленинграде в 50-60х годов пробивались роднички духовной жизни,в подполье,от отчаяния без всякой возможности реализовать желания и мысли в искусстве.Ограничения на каждом шагу и невозможность творить в нормальных условиях приводят людей к выбору:
1/секс и пьянство,
2/духовное самоусовершенствование и отречение от мира,
3/наиболее широко распространённый путь компромисса -духовное познание,богословие,подпольное христианство,подпольные стихи,живопись, совмещаемые с пьянками и спорадическими совокуплениями.
Михнов наиболее выдающийся представитель подпольной интеллигенции 50-60 годов г.Ленинграда.Михнов преодолевает конспективность познавательного ценза гением,воображением и... импровизациями.Уже в те годы он известен как большой мастер живописи,графики одновременно будучи великолепным фотографом,мог бы стать при более благоприятных условиях режиссёром кино или театра.Для многих он стал духовным отцом,скажем,для ленинградского писателя А.Кондратова.
   С 1956 года Михнов подписывает свои работы инициалами МВ такого-то года/Михнов - Войтенко/,как мастер,обладающий своим почерком в искусстве,посему имеющим право на подпись.Евгений не минует обычной дороги ассимиляции.В 1955-56 годах он пишет серию натюрмортов, явно под влиянием метода Сезанна,составленных из предметов кухоннобытового инвентаря:гладильных досок с утюгами,сковород,метёл,топора, брошенного в углу комнаты на полу,ведра и половой тряпки.Натюрморты сознательно не романтического

стиля,"заземлённые",из предметов повседневного обихода.Здесь уже
проявляются выдающиеся колористические способности Михнова от сере-
бристого до фиолетового колоритов-ритмов.
1956 — 58 годы наиболее продуктивны,он пишет сразу же после серии
натюрмортов — удивительный скачок! - холсты большого формата/1,5 X
2 или 3 м/,заполняемые по белому холсту целиком значками-символами
такого типа:

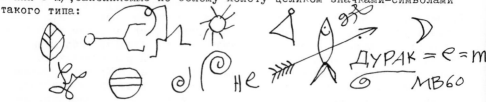

напоминающими древнеегипетское демотическое письмо.Смысл знаков-
символов здесь другой:раскрепощение свободных ассоциаций,поток соз-
нания,передающий не биты информаций,а эмоциональную взволнованность
автора-ребёнка,чтоб вскрыть и закрепить внутренний мир пустоты —
шуньяты,родоначальницы всех влагалищ,пустоты,из которой возникают
творческие миры.В картинах фиксируется радость Михнова перед чудом,
перед собственными творениями,которых до сей минуты не существова-
ло в мире,изумление перед собственными внутренними ресурсами,кото-
рые кажутся неисчерпаемы.
Я творец,божественный Михнов — Войтенко,который каждую секунду могу
осчастливить себя и других производством красоты на холстах!Однако
Михнов не стихиен,как наши предки.Он умеет планировать процессы,под-
готовлять их.Для творческого процесса в области живописи требуется
солидная база — деньги,на которые покупаются краски и метры холстов.
Проблема денег в тот период — это проблема концентрации внимания
только на живописи,все окружающие Жени,мама,жена,близкие друзья,-
все должны жертвовать собой для сбора денег на материалы.
Лучшее,что есть на свете,живопись и ебля с любимой женщиной.Бутыл-
ка пока на заднем плане ожидает своего часа.Смерть никогда не ожи-
дает своего часа,она приходит без предупреждения.От подготовленности
сознания зависит,как человек готов к смерти.Михнову в 50е годы
не до рассуждения о смерти,он увлечён живописью и женщинами.Душа
чиста и радуется,рядом радуется и смерть,ибо не смерть,а жизнь ра-
дуется!
  - Я работаю от нуля, — гордо заявляет Михнов.
  - Колорит зависит от тех красок,которые у меня под рукой сегодня.-
Михнов утверждает принцип случайности,работает по таблице случай-
ных чисел.Серия работ - дневник не задуманных образов,а серия фор-
мальных шахматных ходов,хорошо продуманных со своими случайностями
и спонтанностью.
1/спонтанность краски/материала/,которой необходимо управлять
2/спонтанность души,которая неизвестно что хочет в данную минуту
3/конкретные мысли - настроения,которые в творческом процессе можно
воспринимать как шумовые помехи для чистоты созерцания.
4/существование конкретного Михнова в конкретную минуту прохождения
земли под определённым углом к определённому созвездию.
5/существование Михнова в общем Универсуме как творческой монады.

Небольшое перечисление некоторых моментов,влияющих на творческий
акт,не позволяет нарисовать нулевую стартовую картину,некое подо-
бие самаддхи,с чего начинается,по гордому заявлению Михнова,творче-
ский процесс.
До сотворения мира и картин Михновым есть начало,
"Дао пусто,но в применении неисчерпаемо.О глубочайшее!Оно кажется
праотцем всех вещей" /"Дао дэ дзин"/
"В начале было Слово,и Слово было у Бога,и Слово был Бог.Оно было
в начале у Бога.Все чрез него начало быть,и без него ничто не нача-
ло быть,что начало быть.В нем была жизнь,и жизнь была Свет
человека." /"От Иоанна",гл.1/

Если даже отбросить религиозные размышления о началах и концах,
то не след пренебрегать хотя бы генетикой.Наследственный код,запи-
санный у каждого рождаемого,никак не позволяет начинать творчество
с нуля.Гордость Михнова,его воспарения в конце - концов обломали
и подпалили крылья.
Михнов глубже проник в спонтанные процессы материалов,чем Дж.Поллок,
его предтеча.Поллок танцевал среди красочных разливов и в какой-то
степени насиловал краску.Михнов умеет проникнуть в сущность той
или другой краски,становится самой краской,что позволяет ему двумя,
тремя жестами завершить произведение.Он льёт краску в нужное место
и столько,сколько нужно для покрытия данной поверхности,прекрасно
зная её покрывную способность и скорость разлива,способность сме-
шиваться с другой,разумеется,такие зания приобретаются эмпирически
и интуитивно,без расчёта по формулам,на "глазок",как умели рассчи-
тывать "на глазок" все большие мастера при строительстве храмов
или писании фресок.Михнов минимально насилует краску вмешательст-
вом кситевого мазка,стараясь выявить максимум жизни краски и взаи-
модействия с другими.Михнов - волшебник спонтанных процессов,выяв-
ления красоты,заложенной в природе краски.Легкое касание рукой и
сознанием достаточно для проявления самоКрасоты краски в пространстве
белого холста,.
"Великий образ не имеет формы.Дао скрыто от нас и не имеет имени.
Но только оно способно помочь всем существам и привести их к совер-
шенству........
"Не выходя со двора,можно познать мир.Не выглядывая из окна,можно
видеть естественное Дао.Чем дальше идёшь,тем меньше познаёшь.Поэ-
тому совершенноМудрый не ходит,но понаёт все.Не видя вещей,он прони-
кает ...." /"Дао дэ дзин"/

Серия "бабочки".Белый фон,на котором контур-пятно черной нитроэма-
ли четко просматривается по всему периметру и производит впечатление
соборной монументальности.Чёрный потёк - крыло бабочки с белыми
разводами даёт ощущение черного бархата пыльцы крыльев.Лаконизм,
продуманность и удивительная чувственность поверхности.

Серия рельефов.Монохроматическая живопись в коричневой гамме.Глад-
кая коричневая равнина холста,на которой неожиданно по краям пери-
метра возникает горообразование коричневой массы.Михнов чуток к
ассиметрии,горные массы,поднимающиеся вдоль краев холста,образуют
ассиметричную композицию

дзеновского характера,распологаясь по вертикалям,словно подъемные
лифты в доме.АРхитектоника расположения масс среди однообразной ко-
ричневой равнины-движение вниз-вверх вдоль краев холста по прин-
ципу лифта.Белый фон михновских работ не христианский иконописный
левкас неба - это скорее символ пустоты ДХАРМЫ,из которой излучают-
ся творческие импульсы,реализуемые в локальных участках в виде
пятна,дерева,человека,мысли,бессознательного ощущения и пр.

Серия работ,состоящих из цветных клякс-точек.Холст стелется гори-
зонтально.Постепенное закапывание/от "капля",а не от глагола "копа-
ть"/ всей поверхности каплями разного цвета округлых форм,медитация
в период капания на холст.Срок выполнения работ такого характера
сутки,иногда неделя.Такого типа работы существуют у французского
художника-классика Дебюффе.Работы Михнова датированы несколькими
годами раньше.Михнов экспериментирует.Сколько необходимо энергии,
что следить за техническими новинками,покупать их,научиться исполь-
зовать как живописные средства.У Зверева напрчь отсутствует какая-
либо открывательская жилка,кроме данного дара.Поэтому Зверев более
традиционен в использовании апробированных средств.Не хватает энер-
гии на поиски новых выразительных средств.
Михнов в подвале,мастерской приятеля/собственной мастерской по
бедности не имеет/ экспериментирует с нитроэмалями,играет с огнём
в буквальном смысле слова,подчигает растекающиеся краски для сва-
ривания друг с другом,затем ловким движением каратеки сшибает огонь.
Стихия огня не столь подвластна мастеру,и однажды происходит взрыв
нитроэмалей на изоплите.Результат-пожар,клубы гари и пепла,обгорев-
шие ресницы и волосы,работа гибнет,а приятель выгоняет Женю из
мастерской.

Серия работ начала 60х годов "Открытие космического простанства".
Формат изоплиты 1,5 х 1,5.Квадрат.Лунные сероватокоричневатоЗелено-
ватые поверхности - фактуры,кратеры,шероховатые на ощупь плоскости,
некоторые напоминают структуру геологических шлифов под микроско-
пом.Для Жени таз с водой,водохранилище,равное озеру,морю,где сти-
хия воды,сталкиваясь со стихией краски на бумаге,действует подобно
морской волне,размывает тушь,акварель или что иное,творит новое.
Женя умело использует игру стихий,включаясь весь,становится одним
целым с играми природы.Он становится другим - зорким и целенаправ-
ленным,наблюдая,стремится направить весёлые игры стихий волей Твор-
ца так,как это необходимо для достижения цели,создания образа.
Так рождаются замечательные "туши",серия,выполненная пером,тушью
протаскивание бумаги с нанесённым быстрым росчерком пера
сквозь стихию воды. в тазу.

Михнов однажды высказался,что живопись - искусство для молодых.
Функции живописи 20 столетия изменились в отличие от живописи
времён Апеллеса и Ренессанса.Шедевры цветной фотографии и кино
вытеснили служебную роль живописи в портрете,пейзаже и натюрморте.
Эффекты объёмной фотографии могут спорить с тщательной выписанно-
стью малых голандцев.Портрет,пейзаж,натюрморт продолжают существо-
вать в живописи 20 века,но отношение мастеров к этим темам совсем

другое,чем в века не технического прогресса.
Больший акцент в изоИскусстве 20 столетия падает на психологизм
формы,чем на внешнюю сторону изображения объекта.Внутренний язык
пластики приобретает самодовлеющую роль,обретая свою независимость
от односторонненого изображения объекта.Сезанн пишет в течение
многих лет гору св.Виктории,интересуясь не её геологическим строе-
нием и внешним видом,а своим отношением через неё к своему "Я".
Писать один и тот же объ?т в течение продолжительного времени –
медитация,дневник внутреннего созерцания через внешний,тебе прият-
ный предмет или ситуацию,переходя в созерцание внутренней пустоты-
шуньяты,затем вновь возвращаясь через реализацию на холсте.Созер-
цая гору каждодневно в себе самом в процессе фиксации её на холсте,
Сезанн отключается от "Я" бытия,становясь "ТЫ" горой.Происходит
слияние,выражаясь терминологией западного мышления,субъекта с объ-
ектом.
Михнов творит процесс,а не вещи-объекты-шедевры.Зверев творит вещи
через спонтанность процесса.Они оба художники процесса,но конечным
результатом Зверева остаются земные вещи-объекты,как дерево,цветок,
ню,лошадь,собор,солнце,трава,небо,земля;
у Михнова объектом являются сами краски,их движение,направляемое
умелым жестом,которое по прихоти мастера вдруг останавливаются и
фиксируются.Серия работ Михнова-Войтенко словно кинокадры состояния
души,влитые в спонтанные состояния материалов и выраженные цветом,
пятном,линией,которые по воле автора останавливаются для рассмот-
рения "интересно,что получилось?".И опять режиссёр даёт команду,
лента продолжает накручивать кадры -картины,мастер идёт по кругу.
Он возвращается на круги свои,на следы,откуда когда-то начинал стре-
мительный бег по прямой,и некоторое время продолжает итти по соб-
ственным следам,не узнавая их.Но наступает пробуждение и мастер
узнает собственные следы,откуда он,стремясь с такой жаждой узнать
всё/только всё!/,когда-то начал путь.
Двигаться по окружности,возвращаясь на круги свои,- не приведи
Господи, - двигаться по окружности в спираль и обратно,увы,прек-
расно и недостижимо!

МОСКОВСКАЯ ШКОЛА

А.Т.Зверев / 1932 -   /

Из цикла
"Личность и общность"

М.Кулаков,1975,Москва

via Luca della Robbia 80
00153 Roma Italia
tel. 5745366

ANATOLY ZVEREV

Il est né en 1931 à Moscou. Fait ses études à l'école de peinture régionale de Moscou « 1905 ». Zverev eut beaucoup de chance, dès ses débuts il eut une aide morale et financière de la part du collectionneur Georges Kostaki.
Dans le milieu des années 60 il rencontra le chef d'orchestre Markévitch, qui aimant beaucoup la peinture de Zverev, lui organisa une exposition personnelle à Paris. Il a participé aux expositions suivantes :
1965 France, Paris, Galerie Motte (exposition personnelle) • 1965 Suisse, Genève, Galerie Motte (personnelle) • 1967 U.R.S.S., Moscou, Club « de l'amitié » • 1967 U.R.S.S., Tbilissi, Union des peintres de Géorgie, Exposition de peintres et de dessinateurs provenant de la collection Alexander Gleser • 1967 France, St-Restitut (Drôme), Maison de la Tour • 1967 U.S.A., New York, The Gallery of modern art, including the Huntington Hartford Collection, « A survey of russian painting from the fifteenth century to the present » • 1970 Suisse, Lugano, Museo belle arti, « Nuove correnti a Mosca » • 1971 Suisse, Zurich, Kontski-galerie, Villa Egli-Keller • 1971 Danemark, Copenhague, Kobenhavns Kommunes Kulturfond « 10 peintres de Moscou » • 1974 B.R.D., Bochum, Bochum museum, « Progressive Strömungen in Moskau 1957 - 1970 » • 1974 France, Grenoble, Musée de peinture et de sculpture « 8 peintres de Moscou » • 1975 U.R.S.S., Moscou, V.D.N.KH., Exposition de 20 non-conformistes moscovites au pavillon d'apiculture • 1975 Autriche, Vienne, Künstlerhaus, Sammlung Alexander Gleser « Russischer Februar 75 in Wien » • 1975 B.R.D., Braunschweig, Kunstverein, « Nonkonformistische russische Maler, Sammlung Alexander Gleser » • 1975 B.R.D., Freiburg, Kunstverein, « Nonkonformistische russische Maler, Sammlung Alexander Gleser » • 1975 B.R.D., Berlin-Ouest, Kunstamt Charlottenburg, « Nonkonformistische russische Maler, Sammlung Alexander Gleser » • 1975 Autriche, Vienne, Christian Brandstätter et C⁰, « Sieben aus Moskau », Nonkonformistische russische Maler, Sammlung Alexander Gleser • 1976 France, Montgeron, Exposition au Musée Russe en Exil • 1976 B.R.D., Constance, Kunstverein, « Nonkonformistische russische Maler, Sammlung Alexander Gleser » • 1976 B.R.D., Saulgau, Städt Galerie « Die Fähre », « Nonkonformistische russische Maler, Sammlung Alexander Gleser » • 1976 B.R.D., Esslingen a.N., Kunstverein, « Nonkonformistische russische Maler, Sammlung Alexander Gleser ».

ОН не похож ни на одно историческое лицо-подобие,хотя ...... некоторым напоминает Модельяни,другим Ван-Гога,третьим просто паршивого шакала.Наберётся пол Москвы - каждый расскажет что - либо забавное ,но .... много "но",однако вряд ли по всем "но" возможно составить истинный образ замечательного/как сказать:русско-советского, советско-русского,русского или советского?/ современного московского художника Анатолия Зверева.

Словесный портрет.

С годами лицо стало одутловатым/в момент написания статьи ему 43 года/,двойной подбородок,четко рождаемый в зверевские кульминации, будучи пьяным поднимает руку в нацистское приветствие и орёт:"Анархия - мать порядка!".Волосы еще черные,покрыты пеплом грязи подзаборья,с утра торчат во все стороны - с похмелья и от мытья- с утра Зверев планирует на день визиты.
Два слова о костюмах Анатолия.Верхняя и нижняя одежда,вплоть до исподнего,с чужого плеча.Плечи бывают разные,иногда элегантное узкое плечо дирижера Игоря Борисовича Маркевича,иногда плечи своего соБрата художника,соБутыльника,обитателя подвальных мастерских, поэтому архимодный французский пиджак с узкими рукавами,из -под обшлагов которых вылезает бумазейное цвета тротуара нижнее трико, чередуется со спортивным регланом в красных винных пятнах.Из-под пиджака обязательно торчат/конверт в конверте/ несколько воротников рубашек,скажем,в такой последовательности:эластиковая глянцевая чешуя яркокрасной рубашки в манере парк культуры и отдыха им. М.Горького,далее выбивается ворот не "нашей" с обойной набивкой,венчА-ет дело матросская тельняшка.По мнению Зверева,так чище,заклинания окружающего воздуха,чтоб микробы не садились и не заражали белое зверевское тело.Так стерильнее.Неважно,если сами изнанки грязные, облёванные и испачканные сморканием- Зверев не любит платки,сморкается или в столовские бумажки-салфетки,или в собственные рубашки.
В зависимости от настроений попутчиц иногда отращивает усы,для солидности,или чтоб скрыть очередной шрам на губе,последствие нового попадания в вытрезвитель.Усы рыжие,сваленные комками,борода в перьях,глазки в прищур смеются блиндажными щелями,зрачки увидишь редко,когда глаза открываются от страха,от страха Зверь нападает и протыкает вилкой щеку застольной девицы,глаза бесцветные с остатками светлозелёного кобальта,умные,хитрые,несозерцательные,злобные, эпатирующие,пустые,особенно,когда пишет.Овал лица в молодости был более скуластым,татарским,нос от предков турок крючком,рот широкий, захапистый,зубы коричневые,у оснований подгнившие.Манеры рассчитаны на показуху,сморкается при всех громко,сплевывает в тарелку.
На столе свой порядок:из хлеба изымает сердцевину и крошит,нет ли отравы,корку не ест,как первичный слой,сообщающийся с воздухом, внешним миром,состоящим из планктона бацилл всякой заразы.
Любая зверевская хархотина стерильна,по его мнению.В хлеб втыкает зажжёные спички,много спичек,кладбище горелых спичек,хлеб как ногорелая земля,и такая иллюминация часто устраивается в центре ресторанного зала,отражённая многократно в зеркалах на виду ошеломленной публики.От стихии огня происходит очищение.Стол для Зверева тот же душевный космос,как живопись.Вообще любой акт жизни.Живопись

для Зверя в меньшей степени творческий акт,чем сморкание,выпивка,
разговоры и мордобои.Завершение бытийных актов,как правило,в выт-
резвителе.
Еще один магический очистительный акт:за столом поливает себя вином,
за одно прихватывает пиджак,брюки,лицо,чтоб изо рта текло ручьями
красное "каберне",ладони рук умывает коньяком,рот полощет водкой и
пускает струю в лицо соБутыльника,если испытывает симпатию к со-
Бутыльнику,иногда тоже самое делает от противоположных чувств.
Доминируют противоположные чувства,мир же делится прежде всего на
мир,достойный противоположных реакций,и мир взаимоотношений между
Зверем и его любовью.Совсем недавно объектом его любовных ухаживаний
была вдова советского/здесь не ошибусь в произношенииииии слова
"советского"/ поэта Николая Асеева,Оксана Михайловна Асеева,76 лет
отроду.Анатолий объясняет свое новое увлечение тем,что все молодые
женщины заняты более крепкими самцами,с которыми он не в силах
конкурировать,а со старушкой возможен более продолжительный роман
ввиду меньшего количества претендентов.Удивительно рационалисти-
ческая логика!
Остальное существует для застолья,первое,выпить с кем-нибудь,во-
вторых,переночевать где-нибудь:у других безопаснее,чем у себя в
Свиблово/по зверевской транскрипции "Гиблово"/,где под боком местное
отделение милиции давно охотится за ним,а родственники с очередным
доносом в психдиспансер дежурят в машине красного креста,чтоб,на-
нец-то!чорт возьми,наконец,поймать великого художника Зверева,дей-
ствительно гениального,без балды,скрутить ручки,надеть СмирРубашку
и Отправить в ДурДом,дом дураков.К другому миру относятся и поку-
патели картин.Они заказывают портреты жен,любовниц ко дню рождения,
ангела,просто так,или пейзаж с берёзкой,церковью,забором у забро-
шенного пруда,картинки меланхолические,карамзиновские.
Между прочим,неподалеку от дома Зверя существует яма,бывшая в 18
столетии прудом,в котором утопилась карамзиновская бедная Лиза.
В свою очередь покупатели делятся на:
1/Коллекционеров типа Г.Д.Кастаки,Я.Е.Рубинштейна,покойного про-
фессора Мясникова и других.Они не интересуют Анатолия,ибо давно
заполнили запасники зверевскими гуашами и акварелями.Прежде всего
это относится к самому крупному советскому коллекционеру Г.Д.Каста-
ки,который познакомился со Зверёвым в 1956 году.Первым,кто открыл
и начал пропагандировать Зверева,был покойный Александр Александро-
вич Румнёв,бывший актёр пантомимы у Таирова/камерный театр/,препо-
даватель пантомимы во ВГИКе/Всесоюзный Государственный институт
кинематографии/.Румнев благотворно влиял на Зверева.Александр Алек-
сандрович бескорыстно продавал зверевские гуаши в своем кругу лю-
бителей живописи,ибо ни о каком официальном устройстве выставки не
могло быть речи.Поводом к размолвкам послужил самостоятельный зве-
ревский бизнес-сбыт собственных произведений.
 -Толя, - однажды сказал Александр Александрович.- Мне передавали,
что ты продаёшь свои работы подчас за три рубля,или за два рубля
05 копеек.Почему 05 копеек?Пуще того,за 7,5 копеек.Что это за цена?
Почему 0,5 копеек,когда в нашей денежной системе давно нет полко-
пейки?Ты ставишь меня в неловкое положение- я продаю твои работы
за 100 - 150 рублей,а мне говорят:как же так?ведь Зверев продает деш-

шевле,за трешку,за поллитра!Выходит,я спекулянт в глазах людей! –
Неизвестно,что сказал на это Зверев,но с тех пор отношения между
А.А.Румневым и Зверевым похолодали.
С этого мгновения начинается эра странных и сложных взаимоотношений
между двумя незаурядными людьми,производителем- бычком Зверем и
коллекционером-потребителем Дионисывичем,как обозвал Г.Д.Кастаки
Анатоль,иногда по ассоциациям Дионисием,в другой раз Георгием Побе-
доносцем.О страстях "Дионисия" особая статья,роман,который начи-
нается в голубых далях юности и развивается до настоящего момента,
роман о том,как ~~начавшиеся~~ страсти Георгия, начавшиеся с собирания цветных тря-
пок и ковров усо временем реализуются в современный музей русского
авнгарда 20х годов,коллекция исключительная по значению и качеству
в мировом масштабе.По словам Зверева,хотите верьте,хотите нет! в
1957 году Зверев на даче у Дионисия в Баковке в течение одного- двух
месяцев написал тьму работ.Если верить Анатолию,бывали дни весёлые,
когда он творил до сотни акварелей и гуашей в день,съедая жареную
курочку и запивая поллитрой водочки.Однажды Дионисывич показывал
папку рисунков по "Метаморфозам" Апулея,выполненных в те спермати-
ческие годы.Георгий ползал между работами Зверя и уверял нас,что
во время процесса исполнения рисунков,а они все были эротического
плана,Зверь трухал спермой в штаны,так он заводился на тему.Это
правда.
– Кстати,как попала твоя работа в музей Гугенхайма?Не через Кастаки?
Кажется,он говорил,что подарил её главному хранителю музея,когда тот
был в гостях у Дионисия на квартире? –
2/Ко второму сорту "нужных" людей относятся коллекционеры малых
масштабов,подчас сами соБутыльники,которые за выпивку получали от
Зверя работы.Делалось это так:приходит Зверь,еще не пьяный,в надеж-
де на выпивку или получить подряд на халтуру,скажем,к Глезеру или
к Ситникову,Глезер ставит чачу,подсовывает бумагу и краски,просит
нарисовать себя,детей,жену,или петуха,пейзаж,жопу,на тему как поссо-
рился иван иванович с иваном никифоровичем и прочее.Через полчаса,
от силы час,создаётся серия работ,на большое время Зверь не потянет
в виду озабоченности относительно выпивки,единственный минус – при-
ходиться циклевать пол или менять ковер,забрызганный красками от
зверевского дриблинга.
Единственный вариант контакта у Зверева через выпивку,поэтому коллек-
ционеры меняются в сторону просто пьяниц,алкашей,приобретающих
зверевские работы стихийно от выпивки до следующей.Четкую грань
между пьяницей и коллекционером часто невозможно провести.Среди
корыстных людей попадаются желающие помочь Зверю в прожиточном
минимуме.
– Каков твой прожиточный минимум,Анатоль?
– Там,где другой может прожить на 50 рублей,мне необходимо 100.
Отношение 1:2.
– Почему?
– А такси?собутыльники?а вытрезвитель?мамашка,которая требует
водки?
Зверь признает только один вид общественного транспорта,такси.
Внешний вид клошара,даже когда Зверь еще трезв,отпугивает советского
обывателя в метро или автобусе.План Анатоля прост:как можно быстрее

добраться до очередного знакомого,где можно скрыться от враждебного
мира ,выпив и закусив.Итак,одиссея начинается с посещения магазина
в момент его открытия,как можно быстрее купить водку и пиво,легко
умещающиеся в огромных карманах чужих пиджаков/вот почему Зверь
любит пиджаки больших размеров,в карманах которых можно скрыть
водку от постороннего взгляда блюстителей порядка!/,плюс полкило
ветчины плюс два помидорчика плюс три огурчика плюс на 15 копеек
зелёного лука,поймать на улице такси и скорее,как можно скорее
в сторону очередного приятеля,как бы отрываясь от хвоста преследо-
вателей.На пути следования нежелательные встречи со следующими
опастностями:милиция в любом виде,в будках или едущие на свидание
с цветами в руках,работники комитета госбезопастности,которые вре-
мя от времени заняты подробной слежкой за Зверевым.В таких обстоя-
тельствах такси наилучший способ улизнуть из-под ока органов,пе-
ребежав тротуар и перехватив такси или частника.В нетрезвом виде
вообще никуда не доедешь ,кроме вытрезвителя.Платить приходиться
вдвое,не всякий повезёт пьяную образину,орущую "анархия – мать
порядка!" Расходы на такси,расходы на выпивку.При остром шизоидном
делириуме остается бешеное желание уйти от себя/а где ты?/,от оди-
ночества,от пустоты вокруг,как писал Глеб Горбовский:"Пью,потому что
живу в пустыне."Реализация – собутыльники,выпивка,словесные турниры,
как правило кончающиеся мордобитием.
    – Я на мужиков не завожусь.Боюсь.Бью только баб.-
Собутыльники из того класса люмпенов,только еще беднее.Они считают
Зверя богатым,пусть платит за удовольствие.Зверь платит,но при ус-
ловии вскладчину:ты хотя бы рупь,а я десяточку.Так он сам себя ус-
покаивает,что все по честному,поровну,он мог стать по советским
стандартам богатым,если бы кабы ......
А.Т.Зверев,как художник,известен в европах и америках.Во многих
музеях мира висят его работы.
Зверев,как художник и личность,известен в Москве и Ленинграде.
В 1966 году дирижер Игорь Борисович Маркевич устроил выставку работ
Зверева в Копенгагене,Женеве и Париже.Выставка-продажа имела коммер-
ческий успех.С большими трудами удалось перевести через международ-
ный банк деньги на чужое имя,ибо с внешними данными Зверю не по-
пасть на территорию международного банка в Москве.Зверь не разбо-
гател.ОТнюдь.Был и остается люмпеном,ибо все заработки,а они бывают
немалые в категориях советского обывателя,тратятся на бегство от
одиночества,санитаров с красными крестами и от милиции.
Итак,врагами Зверя является мир,где в словесных дебрях импровиза-
ций Зверя вырисовывается психдиспансер,милиция в голубых мундирах,
работники органов безопастности в серых штатских костюмах,родст-
венники,требующие деньги на выпивку и берущие их правой рукой,а левой
строчащие доносы в психдиспансер,наконец,сам Анатолий Тимофеевич
Зверев,в котором некогда,а может и от рождения,завелась спирохета
шизофрении.
Мир полон врагов,ибо сиюсекундный приятель художник такой-то через
мгновение может ударить бутылкой по голове.Лучше первому успеть
нанести удар,или спасаться бегством,или хамить,мочась на полы и
кушетки.
Впрочем;Зверь вполне может быть субординирован и вести себя благо-

пристойно,например,на приеме в день Независимости в американском посольстве.

Распорядок дня.

Подъем в зависимости от подъема хозяев,если Анатоль ночует не в Гиблово.На сон уходит 5 - 6 часов,готов всю ночь играть в "дурочка", пить или творить словесные кружева импрвизаций.

Опохмелка.Длится несколько часов.Подготовительный этап - звонки по телефону,нельзя ли приехать на часок.Такси.Пиво.Водка.Шампанское. Портвейн.Что попадется в первом попавшемся гастрономе.Шампанское или сухое покупается для приятелей или знакомых,с которыми у Зверева отношения не фамильярные,со своим братом алкашом пьется легко и водка,и денатурат,и "дерево"/портвейн,настоенный на марганце и сере,для крепости/,да - да,пьется легко.

Забота о ночлеге.Где ночевка,там и выпивка.Разговоры.Ссоры.Крики. Драки.Примирение.В лучшем случае оканчивается изгнанием из ночлежного рая.Опять выпивка.

Иногда посреди дня халтура,заказ на портрет или пейзаж с натуры. Творчество в жизни Зверя занимает самое малое время среди других событий.От силы сеанс "чистого" времени длится час,двадцать,иногда десять-пять минут.

5 - 6 часов сна,сопровождаемое громким храпением,поэтому друзья-приятели устраивают Зверя на ночлег подальше от своих постелей,обычно на кухне,вместо подстилки газеты "Правда" или "Вечерняя Москва", в зависимости от вкусов хозяев.

Час работы,в среднем,3 раза в месяц.

10 часов выпивки,словесные импровизации.

2 - 3 часа на поездки в такси.

Один час хождения по гастрономам.

0,5 часа на телефонные звонки.

2,5 часа шатания по улицам

Итого 24 часа.

Возможен и другой распорядок,каждый день, по существу, перемены. Книга „Перемен".

5 часов сна.

Остальное время перманентное пьянство вперемежку с поездками на такси из одной части города в другую за деньгами или просто перемена места по причине изгнания из одного дома в поисках другого.

Или

целый день в гостях у коллекционера, творчество,писание картин,скоморошество и развлекание хозяев вперемежку с выпиванием,поеданием курочки,редко,но и в этом варианте бывают в финале скандалы с изгнанием.

Несколько слов о душе и творчестве.

Зверев не бессердечен.Бывает порядочным, не сплетником - очень редко,не пьяным - совсем редко,правильнее сказать,никогда,не жадным - часто.Приходиться быть не жадным и вот почему:выпиваешь обычно ~~~~~~~~~ среди клошаров,людей свободных профессий,как-то,художников, поэтов,тунеядцев,фарцовщиков,перечисленные качества могут быть сосредочены в одном лице,которым советское законодательство до поры до времени позволяет пьянствовать на свободе,в общем среди людей твор-

ческих,но на которых закон смотрит косо.Советские приличные заняты
собой и делами,а необходимость в контактах и в "отдыхе" возрастает
прямо пропорционально в зависимости от роста чувства одиночества
и загнанности в этом прекрасном мире.Желание выпить среди людей,
чтоб не чувствовать себя одинокой загнанной мышью,спасающейся от
великой милицейской КотоВасии,заставляет Зверя итти на жертвы и
раскошеливаться десяточками и четвертными.Секретом для всех остается
неразрушимость зверевской личины,как при такой жизни в состоянии
постоянного напряжения и бегах от охотников Зверь сохраняет
образ личности и не деформируется при всех сильных симптомах ши-
зофрении?Зверев 1958 года и Зверев 1975 года - одно и то же лицо,
одна душа,один ум,правда появился второй подбородок,живот и одышка.
Не более.Физические разрушения,не психические.Личность неделима и НЕ
поддается разрушению социального общества,несмотря на диагноз псих-
врача,шизофрения,усугублённая манией величия.А рядом с манией манией
величия выстраивается в один ряд мания преследования.Где начало,
где конец?что было первым,что вторично?для понимания личности не
имеет значения отыскание точки отсчета,"я есть альфа и омега"...
В 50е годы Зверь таким образом любил распределять призовые места
среди художников:
первое место - Зверев,
второе призовое,скажем,предназначалось Саше Харитонову,при условии
отсчета назад 33х единиц от первого призового.

фамилия	порядк.номер	натуральный ряд чисел	
Зверев	1	1	
Харитонов	2	33	
Краснопевцев	3	34	
Куклес	4	35	и т.д.

Фамилии могли меняться в зависимости от компании,постоянной величи-
ной оставалось первое место,занятое гением Зверева.Сгодами,уставая
и получая за откровенные оценки по морде,так как каждый про себя
считал только свою персону стоящим на тумбе со знаком номер один,
Зверь научился дипломатии,достаточно подозрительной.Теперь всем,
с кем пилось,легко раздавались первые призовые места.Все писали
шедевры,все были гениями.Про себя я действительно так считаю,но
почему это утверждает Зверев??!!!Многие не верили,драки продолжались.
С годами Зверь становился хитрее,может быть спокойнее,зная себе
настоящую цену.Может быть дело не в цене?В чем же?Скорее в равноду-
шии к призовым местам,к миру,к творчеству,к жизни.Инстинкт жизни
оказался живучее,чем живая душа.Только лишь усталость?Биология?
Не более?Кто знает,может,плюс просветление?
Зверь начал рисовать рано,с 7-8 возраста.Как все,ходил в дом пио-
неров в изостудию,маляр-недоучка ремесленного училища,даже не кончил
среднюю неполную школу.Самообразование.И только.И какое самообра-
зование?На Руси такое самообразование называется конспективным.
К примеру,лежит себе Зверев с перепоя на подстилке неизвестного
происхождения в очередном углу,снятом где-нибудь в Измайлово,и слу-
шает,как Надя Сдельникова читает вслух "Героя нашего времени",или
кто чего умного сказал вокруг стола.Я знал Зверева с 1957 года,но

ни разу не видел в его руках книгу или потуги на систематическое образование. Оказалось, его Дар не нуждается в государственных школах и институтах. Зверь нуждается в государственной торговле, являясь идеальным потребителем водки и такси. Бог с ним, с творчеством! Картинки Зверева написаны не по канонам соцРеализма, которые/каноны/ в 19 веке обзывались критическим реализмом в литературе и передвижничеством в живописи. Государство обязано раскошелиться на памятник не творцу, а потребителю водки и любительской колбасы, и на венок от сердобольных таксистов - психолов, знатоков человеческих душ, мастеров по душевным разговорам на международные темы с антисоветским уклоном.
Юный Зверь работает в парке отдыха "Сокольники", - выгнали. Там же плакатистом-шрифтовиком.

    - Я малевал фигуры, фон. Буквы не умел писать. Я им надрызгаб морду или солнце, а другие припишут текст.
Мы гуляем с Анатолием по Сокольникам.
В 80-е годы Левитан написал здесь в Сокольниках талантливый этюд, липовую аллею осенью. Женскую фигуру с зонтиком пририсовал брат А.П.Чехова, талантливый график и карикатурист, не менее талантливый выпивоха. Зверь частенько отлынивал от работы, здесь, в кустах, выпивши, спал. Или писал этюды. Акварели. Около пруда, чтоб под боком вода. Работал по-сырому: мочил все листы в пруду, скажем, 20 листов ватмана, стелил по земле, как мокрые полотенца. Бумага принимала форму поверхности земли, бугра, ямки, камня, травы или сучка. Отряд пионеров, не разобравшись в естественных приёмах живописи Зверева, протопал по зверевским шедеврам, приняв их за сортирную бумагу. Зверь рассвирепел и забросал Тимура и его команду камнями. Пионеры рассыпали строй, скрывшись за холмом. Зверев продолжает писать сокольнические березки на мятом ватмане, размытые пейзажи в манере Фонвизина. Неясные очертания веток, листвы, как в тумане. Из-за холма раздается победный рёв, и шквал камней обрушивается на лббителя пленера. Маестро принимает бой. Акварели рвутся и погибают. Пионеры- маленький народец большого народа, напичканные правилами поведения, маленькие вожди пролетариата, гегемона. В 50-е годы, когда развивается творческая/живописная и выпивальная/ юность Анатоля, гегемон трудился у пивных ларьков. Зверев был близок к народу по образу жизни, но не по образу мыслей. Его творческий метод, о котором разговор впереди, опередил образ мыслей гегемона на пару столетий. И интеллигенции тоже.

О творческом методе.

Зверь часто в детстве посещал Третьяковскую галерею. Любимые художники: Левитан, особенно Васильев, Ге, итальянские этюды Иванова к картине "Явление Христа народу", акварели Брюллова, картины-марины Айвазовского, натюрморты Коровина, портрет Ф.М.Достоевского кисти Перова. Он не знает импрессионистов, хотя бывал у Фалька, ученика Сезанна, навещал Фонвизина. Многие впоследствие приписывали акварелям Зверева влияние Фонвизина, тогда уже художника в годах. Нет! Зверь стал маестро Зверевым от нуля, не испытав на себе влияния западных школ, как было с "Бубновым валетом". Его мастерство родилось неожиданно

из озорства,пьянства и эпатажа,как протест против собственного
жлобства.Отец погиб на фронте,"мамашка",так зовет мать Анатоль,
уборщица,пьяница,мастер жарить картошку и обирать сына.Никаких
сантиментов,родственных чувств.Ты мне выпивку,я стираю рубашки.
  - После её стирок я бросал рубашки в ванну с холодной водой и
сам полоскал.Брезговал мамашкой.
Брезговал Зверь не только матерью,его брезгливость есть аномалия
личности,никакого равновесия в такой экстравагантной натуре не
найди,и ближе всего такие признаки к шизофрении.Такого рода "стра-
нности" присущи многим великим людям.Владимир Маяковский,здороваясь
с незнакомыми людьми,после шёл в ванну мыть руки,на дню трижды ме-
нял сорочки и т.д.
От мира пахнет сыростью и трухлявой падалью.Эманации мира грязны
и нечистоплотны,поэтому люди с обострённой нервной системой,так
называемые гении творчества,искажали правильную реакцию своей приро-
ды на мир в виде шизоидной брезгливости.
Однажды другой московский светоч современной живописи А.Харитонов
созвал на выпивку соБратьев по профессии.Была водка,пиво и котлеты.
Один приятель,желая удружить Звереву,поддал своей вилкой котлету
на зверевскую тарелку.Со Зверем произошла судорога бешенства.Жизнь
приятеля была в опасности.Зверь совладал с собой и не проткнул
приятеля вилкой,но навсегда вписал враждебные эмоции на соседа в
свою книгу памяти и бытия,бухгалтерскую книгу симпатий и антипатий.
Поразительно его злопамятство:он рассказывает о событии,когда его
оскорбили или выгнали/обычно Зверь первый оскорбляет или прово-
цирует/ так,как будто происшествие случилось вчера,а не десять
лет назад.Когда он доходит до описания нанесения ему оскорбления,
он бледнеет или краснеет/цвет лица зависит от степени опьянения/
и ,...... ты,слушатель,милый собеседник и собутыльник,~~становишься~~
превращаешься благодаря сильному воображению Зверя в того гада,ко-
торый некогда оскорбил его,и тогда.......необходимо быстро отдать
команду Зверю и прзвать к порядку,чтоб не получить по морде.
Здесь уместно отметить характерное для Зверя чувство отсутствия
отсчета времени:прошлое в обожжённом сознании Зверева существует
сейчас,сию минуту,как настоящее,потому что настоящее ничем не от-
личается в зверевской транскрипции бытия от прошлого.На будущее
наплевать,ибо будущее есть неправленное настоящее.Таким образом,
прошлое,настоящее и будущее есть то,что происходит со мной и во мне
/Звереве,разумеется/ сию минуту,сейчас без всякой протяженности во
времени.
Время равно нулю.

Зверь лил краску на холст или бумагу,кидал шматы масляной краски,
разбрызгивал колера кляксами.Бой.Чем быстрее темп разбрызгивания,
тем веселее.Он создает вокруг,не только в рамке холста,листа бумаги,
себя,облако красочной пыли,клякс,которые покрывают плоскость чисто-
го листа и вокруг перемещающимися узорами.Узоры составляют лицо,
дерево,небо,землю,кладбище,голгофу,лодочку,следующую по всем из-
гибам реки,как ветка,несомая в никуда,дутые купола, падающих храмов
серию портретов,особенно ему в те золотые сперматические годы
удаются автопортреты:Зверев с отрезанным ухом под ВАн-Гога,Зверь
в соломенной шляпе

с одним глазом,с усами,без усов,с бутылкой,Зверь с папирской,
из узоров же составляются натюрморты,в которых участвуют предметы,
окружающие быт и нравы маестро.Среди роскошных цветов,дань подражания
учителъ Фонвизину/все-таки есть подражание!/а может по причине
легкого сбыта цветов - красиво - так часто встречаются в его натюр-
мортах цветы,которые он нередко рисует и пишет по открыткам,а не с
натуры - откуда же у него могут оказаться цветы!???
Наконец,он пишет просто узоры,ничего не составляющие,просто краси-
вые абстрактные кляксы,где каждая клякса - мир творчества и гра-
фомании,вернее,живописьписомании.

    - Однажды с пьяных глаз поддал флакон черной туши под зад и .....
оллляя!на обоях образовалась чудо-клякса.Клякса не успела еще
растечься вниз на пол,когда я в падении,как солдат в окопах под
обстрелом,успел подписать кляксу А358.Я вас,ёб вашу мать,обучаю
мудрости и спасаю мир!Анархия - мать порядка! -
    К сорока годам Зверь признаётся,что дриблинг стал не таким быст-
рым,как раньше.Как и занятия онанизмом.Не так быстро,и количество
спермы,отпущенное на жизнь,значительно поубавилось.
    - План был такой:влюбиться в старуху,чтоб не было конкуренции.
Молодые все разобраны гераклами,где мне было удержать Люсю номер 1
или Люсю №2,всегда найдется хуй крепче и длиннее.Я думал,что со
старухой можно жить спокойно,но и на старушку хе-хехе-хехехес бывает
прорушка!Какая-то сволочь врач-терапевт охмурила старуху,лесбиянки
ёбаные!Вот тебе,бабушка,и Юрьев день!На коленях старухи лежит котё-
нок.Я ей:скинь,старая,хе-хес!ревную,чтоб не прикасался к твоим
коленям!
План спокойной жизни не удался.
Двадцать лет назад первая регистрация в психдиспансере,диагноз -
шизофрения.28 рублей пенсии.Двадцать лет спустя диагноз - шизофрения.
Обычно шизофреник через 20 лет превращается в кусок мяса,что не
случилось со Зверем.Анатоль,боясь попасть в дурДом,отказывается от
комиссии,устанавливающей нетрудоспособность и степень инвалидности.
По нарисованному психврачом графику через 20 лет Зверь должен был
бы с таким диагнозом превратиться,в лучшем случае,в амёбу без
признаков сознания и пребывать постоянным клиентом дурДома.Другой
вариант - погибнуть в любой жизненной ситуации,не выдержав конку-
ренции.Однако Зверь жив-здоров,пьет в таком ритме,который вряд ли
может выдержать любой советский алкаш,дебоширит,бегает от псевдо
и реальной милиции,санитаров и пишет прекрасные картинки.Почему его
личность не деформируется?как положено по графику психврача? А ?
В пьянстве расслабление, - на улице настороженность зверя,ловящего
каждый взгляд прохожего,как враждебный,настороженность на ступенях
лестницы - из подвала выглядывают дружинники,охотники за Зверем,
настороженность в уборной кинотеатра.Эээх!со страху в морду,раз!
со страху смелость и фатальная обречённость.
    Зверь был бит частенько.В Тарусе под Москвой на берегу красавицы
Оки,прославленной Паустовским и другими,местные парни били дубьем,
выдергивая дрыны из тына/классическое русское оружие/.В двух местах
руки переломы.В последний момент драки остается почему-то один
Зверь,приятели,известные художники Плавинский и Левинштейн,во вре-
мя смылись.В пьяном же виде,падая,ломает палец.В пьяном виде,выле-
зая из такси,

разбивает губу.В пьяном виде получает от приятеля удар пряжкой по щеке,щека рассечена и т.д.И такой спонтанный мордобой продолжается всю жизнь.

Жизнь зверя и гения.Лермонтов провоцировал приятеля Мартынова и, наконец,нарвался на смерть.Зверь нарывается по-маленькому без смертельного исхода,провоцируя своих друзей на минутку к агрессии,сам не умея постоять за себя.Зверь не может жить без провокаций,только в спровоцированных пограничных ситуациях он черпает жизненную силу, рискуя собственной шкурой,возбуждая в себе виталистическую силу от ощущения с рядом находящейся пропастью,одновременно по-звериному уходя от финала-смерти.Зверь знает себя,знает цену своему таланту и подлости.Хе-хе-хехе-хесс-смеется Анатоль гнилыми зубами,проходя через воскресную нарядную толпу "пролей" в Сокольниках.Хе-хес-скалится фавн-импотент,пьяненко глядя на коляску с близнецами.И вдруг Зверь срывается с места и бежит на противоположную сторону тротуара.Исчезает.Через неделю,другую появляется из пустоты.
 - Почему тогда смылся?
Оказывается,на противоположной стороне за ним следил кгбе-е-е-ешник.Так было двадцать лет назад,так бывает в настоящую минуту, так будет двадцать лет спустя,дай Бог ему здоровья,денег и выпивки. Зверев благодаря звериной жизни не меняется.Личность едина и неделима.Он выживает в этом не блистающим красотой мире,бросая почти все силы души не на творчество,а на сохранение жизни своей персоны, и чем больше ополчается мир в охоте на зверя,тем гибче и хитрее путает следы Зверь от мнимых и настоящих санитаров и милиции,которая по Маяковскому "моя милиция меня бережёт".
Конечно,Зверь прорвался в творчество не с нуля.Он видел репродукции западных мастеров на стенах мастерских,где выпивал,он учился колориту и рисунку у старого мастера,преподавателя изокружка,где-то успевал что-то и как-то читать,слышал разговоры об искусстве,был знаком с такими образованными и умными людьми своего времени,как А.А.Румнев или искусствовед Габричевский.Короче,Зверев двигался и дышал среди московских художников и интеллигенции 50-60х годов. Конечно,не с нуля!
Но познание такого рода,познание в одно касание,главное - сам Зверь Зверевич,центр Дара и неделимого знания,данного от Бога каждому творцу для подобия Главному Творцу.
Знания русского мальчика Зверева из серии мальчиков Достоевского конспективны.В этом есть плюсы и минусы!
плюсы - самостоятельность ума,качество,которое,в свою очередь,может проецироваться как минус-хамство и самоуверенность;
дополнения,сделанные собственными мозгами от увиденного и услышанно-но,не обладая гимназическим или университетским образованиями,там тебе латынью,чтением Канта и Гегеля,античных классиков,не говоря о знании метрических размеров в поэзии поэта Гонгора;
конспективность развивает воображение,которое переходит в мифотворчество,и здесь начинаются сплошные минусы:
минусы - изобретать из собственных соков давно изобретенные велосипеды.Классический пример,крестьянин Рязанской области в 1923 году прислал в Академию наук СССР тетрадь,где корявым почерком землепашца были записаны знаки интегрального и дифференциального исчисления.Крестьянин дошёл своим умом до высшей математики с опозданием

на 300 ЛЕТ.Благодаря конспективности,худоКультурности и малоИнфоми-
рованности мы до сих пор в истории культурных наций не утратили
животную веру в себя - в инстинкт - в самоутверждение - в гений
личности - конспективность/дугими словами,жлобство/ есть великий
стимул самоВыражения,спинномозговой стержень любого творческого
акта.
Забавно,чем выше культурность нации,тем выше звериный инстинкт
самосохранения.Одним из важнейших продуктов культуры является эго-
изм в консервах.
Зверев проскочил через минусы и плюсы.Бог дал ему омерзительную
личину,в которой обретается прекрасный ДАР,чтоб сей дар не был
использован во зло человеку,природа поместила его в клетку.Звере-
ву дан огромный дар.
1956 год.Москва.Лето с мотылями.Прекрасное лето,международный фес-
тиваль молодёжи всех старн мира в парке моего детства,в парке куль-
туры и отдыха имени Горького,где,судя по названию,в тебя вхуячиваьт
и культуру и успеваешь отдохнуть для будущих строек коммунизма.
Между на зверевском диалекте "отдохнуть" означало напиться.В парке
в больших павильонах была создана огромная мастерская,куда прихо-
дили красивые девушки всех стран мира и позировали художникам всех
континентов,писавших во всех манерах,имевшихся тогда на белом свете.
Здесь начинает свой эпохальный путь художник Глазунов.В одном из
многочисленных павильонов произошло первое публичное выступление
Зверева.Он пишет быстро,ярко и экспрессивно.Вокруг толпа,кто смо-
трит с любопытством,кто смеется.Зверев зверь:он не прощает насмешек.
Зверь пишет красивую мулатку из Бразилии.Начало эпатирующего сеан-
са:как бы ненароком начинает брызгать краской вокруг,как поп кропит
кадилом,не жалея смеющиеся лица и красивые наряды молодёжи.
Толпа редеет.Нет!Один мудак торчит за спиной несмотря на зверевские
атаки.Зверь есть зверь.Он плюет и харкает на палитру,сыплет сига-
ретный пепел,мешая с краской.Тип упорен и продолжает наблюдать.
   - Я приставляю большой палец к ноздре и шварк!Соплёй замешиваю
краску на палитре.Тип оказался американским молодым художником,пос-
ледователем Дж.Поллока.Он сфотографировал меня и подарил на память
фотографию с соплёй.Момент поймал,когда сопля летит в воздухе.Все
сеансы стоял за спиной и восторгался,как у меня получается. —
   В 1956 году Поллок погиб в.автомобильной катастрофе.Зверев не
знает Поллока.ОН синхронно творил в манере,которую французский ху-
дожник Жорж Матье обозвал "лирической абстракцией".Зверев не пони-
мает метафизического смысла слова "космос",не решает "проблем про-
странства",не углубляется в понимание "модели вселенной Энштейна".
Зверь творит на плоскости внутренний космос души,его беспредельность
Движения зверя молниеносны,одна гуашь или акварель выполняются за
несколько секунд,масляный холст за минуты.Фейерверк красок,безумие
образов в период спонтанной экспрессиииииииииии,когда по словам
Анатоля,за сутки делал до сотни работ.
Золотые годы Зверева - 1956,57,58,расцвет и падение,скандалы,де-
боши,период Люси № 1 и Люси № 2,ушедших в небытие с детишками.По
словам Зверева,детишки не от него,в другой раз ,судя по молчанию,
думается,от него,и от других я слышал,что детишки от него,но Зверь
обычно уверял при его маниакальной ревности - от проезжих молодцов.
Где они?Не знает.И знать не хочет.Общество изолировало Анатоля от

семейной жизни.Он сам немало способствовал сему.
Амплитуда образов - экспозиция истории искусств с Египта до наших
дней.
Пейзаж,сосна,земля,церковь,закат,дождь,последний луч солнца на
осенних листьях,любимый художник Васильев,умерший от чахотки в 23 года

Натюрморт,бутылка,стол,стакан,цветы,блики на стекле бутылки,селёд-
ка,вилка,окурок сигареты

Портрет,женские головки,ах,вы груди,ах,вы груди,носят женские вас
люди,Миньоны,Фёклы,Жанны,Светланы,дамы и господа,лики,рыла

Автопортрет со стакАном,в шляпе,с повязкой на подбитом глазу,в
тумане скрылась милая Одесса,с бородой без усов,с усами без бороды,
лысый.Довольно часто это единственная натура,сам Анатоль

Ню,кобылки,лошадки,крупы,махи одетые и раздетые,груди,жопы,преиму-
щественно "ню" писались по репродукциям и фотографиям.Цветы,пей-
зажи тож,как Утрилло писал Париж с открыток.

Композиции,Голгофы,кресты,судьба,пизда,петух протух,табуны лошадей,
великое татаро-монгольское нашествие,шествие монахов,пятен,клякс,
мочи,спермы,соплей,тех же щей пожиже влей.
Клякса,натёк,плевок,изгиб линии - шедевр готов,иногда шедевр фигу-
ративен,иногда же,как говорил Гоголь в "Мертвых душах",ни в городе
Богдан,ни в селе Селифан.Намёк,хуизм-ни хуя,альтруизм.
Румнев требовал от Зверя заканчивать работы.
  - Я старался только из уважения к Румневу.Мне не интересно кончать.
/Он тоже самое скажет и про половые,на полу,опасные по шодерло де
ланкло связи/.-Если нет белил,оставляю белое пространство холста.-
  Лаконизм до идиотизма.Поэтому не все работы хороши,много брака и
халтуры.Случается и довольно частенько,портреты не похожи на заказ-
чиков,салонны и красивы.Желание поскорее приступить к более важному
делу,выпивке,мешает Зверю относиться с одинаковой ответственностью
ко всем заказам.Желание избавиться поскорее от нелюбезного уму и
сердцу дела,писания портретов,развивает в Звере удивительный глазо-
мер,скорость и точность,что можно классифицировать как достоинство
в ряде работ,и,наоборот,в других смотрится - никак не смотрится,
грязь и халтура.
В 60е годы Зверев ходил на "халтуру" в дома дипломатов с риском
для жизни мимо милицейской будки.Закона не было,запрещающего хо-
дить в гости к дипломатам.Однако неписаный закон гласил:не пускать
всякую шушеру,вроде Зверя и им подобных,останавливали,проверяли
документы,заставляли высиживать в отделениях милиции часами.Однажды
Анатоль попросил меня проводить его "для храбрости" на сеанс к
Дэвису,американскому дипломату.
  - Солнышко, - обращение к хозяйке дома, - дай-ка выпить чего-нибудь
и закусить.
Постелил газеты на ковер.Из авоськи вынул бумагу и расстелил на
газеты.Достал пачку детской акварели,маленькие кружочки-какашки
необычайной твердости на картоне.Ни кистей,ни палитры,ни других

необходимых причендалов для писания портрета в классической манере.
    — Как мне сиесть,Толья? — спрашивает модель.
    — Хоть задом, — отвечает маэстро.— Мне наплевать,мне что спереди,
что сзади,один хуй. —
Американка хлопает глазами,остальные предвкушают удовольствие от
зрелища.Он смотрит молниеносно,удивительная память,смотрит один,
два раза.Этого достаточно,чтоб "запечатлеть Вас для истории",как
он выражается.Глаза щурит почти до полного закрытия глаз,остаются
лишь блиндажные щели,принимает на полу позу раком,хватает газету,
плюёт в неё,мнёт и начинает ею писать вместо кисти.Сеанс длится
около 15 минут.Зверь сотворил пять акварельных работ,из них две прос
то великолепны,остальные хороши и красивы.Краски — акварель"Чёрная
речка",производство города Ленинграда,вместо кистей или мастехина —
ладони рук,пальцы,плевки,окурки и жеванная бумага.
Он великолепно владеет спонтанностью краски,умеет в доли секунды
неуправляемые красочные натёки-ручьи направить в нужное место.Кра-
ска течёт,бурлит,как весенний поток,молниеносный жест рукой,и по-
тёк превращается в изгиб губ.И так далее.Это "халтура".

В 50е годы он пишет для себя,от силы,от бегства,от гения,от пуза.
Извержение длится недолго:два-три гола.Конец,устал.Врядли Пикассо
смог бы выдержать такой бешеный ритм работы и жизни.
Темперамент Зверя — темперамент скифа,жлоба,юродивого.Его излюблен-
ная манера поведения в обществе — юродствовать.С дурака и спроса
нет.Однако он не дурак,наоборот,очень умён,я уж не говорю о его
странной хитрости,когда он придумывает такие сложные интриги,что
в конце-концов наёбывает себя,а не других,как бы ему хотелось.
Гениальность его несомненна,обладает хорошим вкусом во многих ро-
дах искусств плюс ему нужно есть,пить,рисовать,ебаться,как всем.
  Творчество Зверя от кретинизма до шедевров создает верную картину
его личности.В его работах вы не увидите прекрасного ровного мас-
терства Матисса,или кондотьерства Пикассо.Зверев велик,как ветер,
слаб,как тростник под ветром,грязен как земля,стихиен как весенний
снег в горах,умён как малый ребенок,омерзителен как дебил,постоя-
нный клиент дурДома.Зверев несчастен/если вообще может подходить
  к нему такое слово/ в любви.Кому нужен грязный алкаш с дурным
запахом изо рта?Охотницы находятся,не надолго.Жить с ним постоянно
невозможно.
    — Я работаю над собой.—
Это значит,Анатоль занимается до одурения онанизмом.Энергия тела
уходит на дебоши,ревность,мании.Жизненная энергия сгорает до пре-
дела,ничего не остаётся на волевой акт — завоевать женщину,повалить
на постель,быть фалосу в боевой готовности для совершения благоугод-
ного дела.
Анатоль любит сборища,празднества не ради веселия,а из-за большого
скопления народа.Он человек толпы,потому что изгой и одинок.Его
делириумы — единственная реальность,поэтому Зверь жаждет быть здо-
ровым,по крайней мере,не одиноким.Отсюда стадное стремление войти
в месиво толпы,раствориться,как капля масла на воде,где можно пла-
вать,не зацепляясь ни за что и ни за кого.В 50е годы он часто посе-
щает зоопарк,где делает удивительные наброски,наброски на уровне
Рембрандта.Он владеет линией не хуже Пикассо.Время исполнения —

доли секунды,манера рисования настолько экстравагантна,что отпугивает или разжигает нездоровое любопытство публики.
Спящий лев,как говорили поэты пушкинских времён,выхватывая из гусиной задницы перо,рисуется одним росчерком пера.Линии рисунка разнообразны,от толщины волоса до жирных жабьих кляке,или прерывисты,словно он рисует в автомобиле,скачущем по кочкам.Характер поз, прыжков животных точны и кинематографичны.Зверев ходит в зоопарк не ради гепардов и обезьян,-он надеется "закадрить" приезжую провинциалку на предмет позирования/повод/,а там посмотрим,вдруг поебёмся!План такой:столичные девицы избалованы,на сговор не пойдут. Зверь надеется на наивность и провинциальность приезжих молодух, на собственную стремительность и,Бог знает,еще чего.Тулуз Лотрек, страдая от внешенего уродства,находил утешение в публичном доме среди проституток.
  - Из Смоленска.Потом два года переписывался.Приехала в Гиблово. Я говорю,садись,сейчас как Леонардо заВинчи с тебя шедевр нарисую. Начал дрызгать по бумаге,а сам подбираюсь ближе и ближе,как кот к птичке,положил лист бумаги ей на ляжки и двигаю руками по нему, рисую,а сам щупаю ляжки.И стараюсь бумагу ближе к пизде подвести, что бы будто нечаянно от работы въехать в неё пятерней.Она испугалась и спрашивает:Толя,какой же это шедевр мятая бумага?А я действительно от старания продрал бумагу до дыр и шедевра не видать,хехес.-
  Быстрый дриблинг Зверя в этюдах,набросках,картинах так же быстр в остальном/рукоблудии/.Он слишком распаляется от собственного дриблинга,эрекция наступает раньше момента достижения цели.Вслед за концом процесса творец теряет всякий интерес к натуре.Творческий про
-цесс для Зверя промежуточный акт между желанием и достижением и обычно заменяет все остальные жизненные функции,хотя Зверев всегда стремился к противному - овладеть жизнью,а не питаться эрзацами вроде рисования картинок.На полпути к штурму Бастилии Зверь в оргазме создает живописные шедевры,хотя истинной целью является не создание "шедевров мирового искусства",а овладение заветным местом, пиздой.Поэтому его "творческий метод" близок к животному оргазму.

Природа души и духа сотворена таким образом,что на пути к самоВыражению расставлены рогатки и самоОграничения,действующие до тех пор,пока ты не укрепился в воле и внутренних силах.Мало людей в истории человечества в земной жизни достигали истинной цели,т.е. Царствия Божия в себе самом.Ты сможешь только одно,если тебе отпущен ДАР/а он отпущен практически каждому/:реализовать ДАР в категориях искусства,культуры.И рыбку съесть,и на хуй сесть удавалось немногим,-может быть Гёте или еще кому.Но Гетё далёк,а Зверь Зверевич рядом и понятен как человек.Тайна Зверя - тайна его ДАРА,его Гения, подаренная клошару.
"Блаженны малые сии".Думаете,Зверь малый сий?Нет,он словоблудие и сперма земли,но гений Зверя - чудо!

Около ста листов иллюстраций - импровизаций к "Золотому ослу" Апулея.Они находятся в коллекции Г.Д.Кастаки,во всяком случае,я их видел у него дома во второй половине 60х годов.Они лаконичны:белая бумага,тушь,кисть,перо,окурок,палец,рисунок линейный,одной линией на одном дыхании,

иногда линия переходит в пятно,без фона и цвета.Сперматическая
графика."Дионисий" утверждал,что Зверь трухал в штаны в процессе
рисования,заводясь на созданные из небытия собственные образы.
Реальность творческого образа оказывается сильнее конкретной жизни.
Энергия плавится в творческом акте,отсюда в жизни проколы,вообще
жизненные процессы при всей любви Зверя к ним-к ним оказываются
жалкой тенью той силы,которую он умеет вложить в творческие картин-
ки – образы.
С точки зрения анализа структуры живописного языка,как выражаются
современные структуралисты,самоЖивописи,даю следующее определение
зверевского творчества через ряд моментов:
1/ташизм,импрвизация,спонтанность и дриблинг
2/дзен – момент – точный жест,как следствие медитации.Медитация
прослеживается через точность/он,кстати,хороший снайпер в тире/
жеста в рисунке,скажем,в серии работ "Соборы".Церкви,соборы,купола,
деревья валятся налево,малиновый звон направо,соборы поднимаются
вверх в полете,как бы лишаясь земной опоры,левитируют,соборы вниз,
притягиваемые земными силами гравитации,но нигде барабаны-маковки
храмов не ассоциируются с фалом.Зверевский секс весь изливается
в творческой сублимации,одухотворяясь,уничтожая запах и материаль-
ность бытия.Лаконичный жест приглашает к танцу потребителя к допол-
нениям по своим вкусам.Вообще для прочтения зеновских работ Зверя
требуется высокая культура потребителя,который своим "дописыванием"
превращается в полноценного творца.
Пространство в таких сериях работ,как "Стволы","Ню","ЛОшадки"/И.Б.
Маркевич ввиду акцента и итальянско-французского произношения про-
говаривал на манер "лошки"/ решается Зверем на границе конкретного
и абстрактного,поэтому образы-формы носят дихотомический характер
/в анализе,когда я пишу-говорю об этом,а не в процессе,когда Зверь
их создавал/,трепыхаясь между трехмерностью ренессанса и обратной
перспективой икон,внешне проявленной в двухмерном измерении,между
фотографической объёмностью передвижников и лубочной двухмерностью.
Широта и диапазон зверевских произведений.Одной работой не обой-
дёшься,чтоб иметь представление о творчестве Зверева,необходимо
просмотреть не одну,две,десять,сто работ в сериях,где образ церкви,
дерева,лошади,пятна кадрируется на протяжении ста – двухсот гуа-
шей,акварелей,холстов.Его серии "Голгофа","Зимний пейзаж","Женские
головки" и многие другие – дневник судорожной игры ума,божественной
интуиции,в доли секунды приводящей к видимым результатам на бумаге,
картоне,стене,холсте,колене,груди.Зверев не различает шедевр от
халтуры,он живописо-пись-пись-писоман.К тому,к чему Зверь прикос-
нулся плевком,соплей,краской,пеплом,чернилами,он относится как к
своему пространству,где живут и гуляют свои вещи,наподобие собач-
ки,метящей каждый попадающийся столб или дерево мочой.И Зверев
везде хочет застолбить СВОЕ пространство меткой АЗ такого-то года.
Зверь не нужен обществу.Иногда приятно повесить зверевского петуха
или цветочки в гостинную.Красиво?Красиво.Но сам Зверь пропади про-
падом!он омерзителен,например,когда ест и еда вываливается на ворот-
ник и куртку,нуден и заговаривает сердобольного академика до инфар-
кта.Он не похож ни на что и ни на кого,он аполитичен,труслив,хитёр
настолько,что в конце-концов обманывает только себя.За 20 лет "тво-
рческой" деятельности создано миллионы работ.Большинство погибло

за ненадобностью,случайно.Материалы,с которыми обычно имеет дело маестро,бумага,тушь,вода,недолговечны,нужны усилия для фиксации таких,например,фактур,как пепел,который он сыпал неоднократно в ряд работ по-сырому без всякого закрепления.Пэпел ему нравился, возможно,как серый материал,который обобщал яркие краски,но и как хепинговый жест,осмысляемый впоследствие другими,что пепел символ тлена и суеты сует.Настоящее искусство "странных" личностей не нужно человеку,народу,человечеству .

Дай Бог,тебе здоровья,Анатолий Тимофеевич ЗВЕРЕВ!

Нуссберг, снимающий на фоне Михнова на выставке "23-х". Ксерокс из архива Нуссберга.

ARCHIVE

& mn. pr.

О СОСТАВЛЯЕМЫХ

Поневоле желаешь смерти авторам. Хорошо трупоедам, академикам бишь. Авторы же /и я - не исключение/ желают в ретроспективной антологии - представиться последними текстами. Иосиф совсем оборзел. Писать о себе запрещает. "Напиши, - говорит, - что родился в 1940 году. И этого даже слишком много будет." И правильно запрещает, я о нем бы такого понаписал! Я и так понаписал, но - в статьях - он не возражает. Сам сказал.

Приличные люди среди поэтов - явление сугубо случайное. Это я точно знаю сам поэт. В основном же - поэты агрессивны, нахальны, самоуверены, неуправляемы Кому и знать - я из поэтов душу и тексты вынимаю на протяжении последних 20 лет с 1959 года. С поэтами помоложе меня я обхожусь круто, но с Бродским, например, мне не удается справиться все эти 20 лет. Вчера говорил с ним по телефону, потом всю ночь во сне доругивался, поутру, недоругавшись, проснулся и сел /точнее лег/ писать эту статью.

Надобно объяснить, по какому принципу и как составлены подборки в данной антологии. С мертвыми или отошедшими от, все просто: берешь лучшие тексты - из трехсот имеющихся, скажем, или, как у Алика Ривина - 20 страниц сохранившихся ошметков и обрывков. В двух составленных мною антологиях на 1973 год - все подборки были согласованы с авторами и ими одобрены. Кроме Бродского. Я и сейчас с ним связываться не хочу, пусть его подборку Леша Лившиц делает, я и тогда - пустил просто Кляйновскую подборку.

Чайники. Поголовные чайники. Заварка во рту, и подпрыгивает крышечка. Поэт должен диктовать, а кому же еще, если не издателю?

Бродского не вижу без: "Глаголов" /мое название, было - "Литература", но Бродский принял/, "Богоматерей предместья...", "Холмов", "Августовских любовников" и многого еще - справляйся по изданию: И.Бродский, Стихотворения, Нью-Йорк, 1964. Издательства не помню, книги этой у меня нет, как и многих других книг, сделанных /составленных/ мною. Этих стихов, по капризу гения /а точнее - выдрющиванию/ в антологии не будет. Как и многих других. Претензии - к автору /не ко мне/.

Понимаю академиков. Понимаю, в частности, Илью Левина, который живыми не занимается. Невозможно ими заниматься. Открыв титульный лист "Живого зеркала" Сюзанны Масси, Ширали заявил: "Это не книга. Здесь нет Ширали." И небрежно отбросил оную. Книгу он, естественно, не прочитал. Из двух антологий, составленных мною, молодых - прочитал целиком только Олег Охапкин, остальные - небрежно пролистали - собственные подборки. Из старых - только Женя Рейн, путем чего обозвал меня "Дягилевым" /точнее, что во мне - "есть дягилевская кровь"/. Дягилеву бы поработать с современными поэтами!

В 1972 году от Сюзанны Масси приехал фотограф. Собрал я поэтов, чтоб отсняться в белые ночи, в Юсуповском садике, позади дворца. Супруга мое бутербродов наготовила, с докторской колбасой - поскольку "Отдельную" не все жрут, прикупил вина, вино было немедля выжрано тем же Ширали, Куприянов же повытаскал докторскую колбасу из бутербродов, оставив другим - булку. К началу "съемок" - надравшиеся поэты начали переворачивать скамейки, Чейгин же отказался сниматься, боясь, что его поместят на обложку "Плэйбоя". Я ему объяснял, что поместить его могут только в "антисексуальный номер", как анти-рекламу, но поэт бунтовал. В конце-концов, я послал их всех, куда положено, остался один Эрлюша, фотограф, опупев от гвалта, ушел, а мы с Эрлем на пути по каналам нарвались на Птишку с Граном, и были отсняты. Вместо фотографии Куприянова, Чейгина, Алексеева, Ширали, Эрля и меня - получилась только фотография меня с Эрлем. Охапкин, естественно, в тот день нафармазонил и не появился, а на Кривулина я сам был зол.

То же происходило и с чтениями. Или Ширали появлялся пьяный, но с бабами, или Куприянов, тоже пьяный, но без баб, и приходилось объяснять: сегодня должен был читать поэт Нестеровский, но оне вчера подрались с пролетарьятом и лежат с разбитой мордой, с бесчувственным же телом поэта Ширали можно ознакомиться в соседней комнате. Читать он не будет. Поэтому отдувались мы с Юлией Вознесенской.

На моих проводах Юлия собрала всех поэтов. Пока ждали меня, поэты успели поднабраться. Христианский поэт Саша Миронов зачал делать рожки в сторону поэта-хулигана Нестеровского. В 15-тиметровой комнате, где собралось 30 человек, возникла драка. Врезали бутылкой по башке поэтессе Алле Минченко, осколками пострадала Юлия и еще кто-то. Старик Бахтерев, последний из ОБЭРИУ, активно прыгал и чувствовал себя явно в своей стихии. Его несколько глуховатая половина - сидела, не обращая ни малейшего внимания на шум вокруг. Разнимали разбушевавшегося христианина, отрывая его от хулигана. Юлия присутствовала сразу в двух комнатах и, по-моему, на кухне. Я с ужасом ждал милиции, но потом ушел.

Ничего особенного. См. в 4-м томе описание дня рождения Стратоновского, составленное Владиславом Лёном.

Так как насчет Дягилева? К примеру, последовательница Ахматовой, гениальная Елена Шварц, имеет обыкновение воровать водку и прятать ее под себя /Лён/. Не завидую я Дягилеву, если бы ему пришлось пообщаться с надравшейся Леной Шварц или доставлять домой бесчувственное тело поэта Владимира Алейникова /а в нем, надобно заметить, добрых 80 кг/. Или - выслушивать Охапкина /см./.

Поэтому о живых лучше не писать.

Работая над данной антологией, мне пришлось списываться с поэтами /теми, разумеется, которые - здесь/. Полностью доверил мне себя Эдик Лимонов, Анри Волохонский одобрил мне старую подборку и одобряет новую, Хвост /Хвостенко/ дал согласие и пообещал стихи, но сослался на Ярмолинского, который должен был их откопировать и переслать мне /чего, естественно, не сделал/. Хвоста я взял у Яши Виньковецкого. Ентину написано через Хвоста - и Хвост и Енот молчат. Возьму из "Эха". Да и несколько ранних текстов есть.

Возникает, как всегда, один Бродский.

А Солженицына я не включаю.

Из остальных поэтов, кто на Западе, все довольны, а оставшихся там я даю по:

а/ антологиям, составленным до 1973 года в Союзе и одобренных авторами,
б/ по западным изданиям /оговорено/,
в/ по журнальным публикациям /указано/,
г/ по памяти /моя голова не подлежит Женевской конвенции и Вооруженной Охране Авторских Прав - ВАПП/,
д/ по архивам моих друзей /указано/.

Еще Дягилев говорил, что поэтов к антологиям нельзя подпускать. Что я и делаю. Не подпускаю.

А тексты - вот они.

К ЛЕЙКИНУ

Нашелся-таки Слава Лейкин на кинопленке №2. И даже читаемой. Поэтому привожу пропущенное в первом томе "Новогоднее поздравление оптимиста /поэта и общ. деятеля/":

Уверенно близится Новый Год,
Стенной календарь все тоньше.
А я во власти все теж же забот,
Все так же пишу, о том же.
Весь день заседал, боролся, устал,
Похудел, - не верите, взвесьте! -
А ночью вместе с женой читал
Годовую подшивку "Известий".
Сияло грядущее между строк,
Часы, как минуты, летели,
И сердце стучало, как молоток,
И пела жена в постели.
Пусть же враги по пятам крадутся,
Не боюсь их злобного воя!
Я верю, что план валовой продукции
Мы перевыполним вдвое!
В Новый Год вступает моя страна
Под звуки победного марша.
Так, с Новым Годом, моя жена!
С новым счастьем, моя секретарша!

Заодно нашлись еще два текста, любимый мною

АГРАРНЫЙ ПОЭТ

Над сельсоветом вьется флаг,
Затосковал по пашне плуг,
А в кузне по железу - бряк! -
Кузнец, мой старый добрый друг.
В полях-то эвон как черно!
Там тараторят трактора.
Пора высаживать зерно,
Чтоб дать стране еще зерна.
К тому же праздник Первомая -
Скотине подвезу корма я -
Пускай жуют, едят их мухи,
Коровы наши и телухи.
Ну а весна, ну так и прет!
На реках звонко хрястнул лед.
А девки, девки - ну ядрены! -
Ну так и липнут до ребят.
А парни развернут гармоны
И на околице сидят.
Ноздрею шевелю, как встарь я,

Весенний схлюпывая дух.
А в чайной, сказывала Марья,
Уже в борще видали мух.
А в луже, что супротив клуба,
Утопла старая кобыла.
Весна, весна!
                    И все так любо.
Весна, весна!
                    И все так мило!...

        И второй, уже не пародийный, но весьма близкий Уфлянду и Горбовскому /см.
в первом томе мою статью о поэме "Морг"/:

            Он был цирюльником. Он брил
            Покойников в районном морге.
            Не волочился и не пил.
            Примерно жил в своей каморке.

            По вечерам ходил в кино,
            Читал старинные романы,
            Смотрел подолгу сквозь окно -
            Как-будто ждал случайной манны,

            Как-будто думал - но о чем?
            Как-будто верил /но не в бога/.
            Нельзя сказать: он был сычом,
            Пожалуй, так - угрюм немного.

            Он брил покойников. Вокруг -
            Цветы, раскрашенные ленты,
            Бесшумный праздник. От услуг
            Его покорные клиенты

            Не морщились. И кадыком
            Не ерзали. Лежали ладом.
            Наш мастер в качестве таком,
            Довольный службой и окладом,

            Провел лет десять, но когда
            Два морга слили воедино,
            Его уволили. Беда
            Вошла в обитель нелюдима.

            Куда деваться? Все одно, -
            Коль ни наследства нет, ни ренты...
            А по ночам в его окно
            Ползли небритые клиенты.

            Он брил их рыцарским мечом,
            Водил, смеясь, по синей коже.
            Как-будто знал /но ни о чем/,

Как-будто верил /но во что же?/

О, парикмахерских уют!
Зеркал настенные озера!
Халаты белые снуют -
Все ярко, ароматно, споро.

Взор восхищенный не отнять
От собственных ушей и носа.
- Позвольте срезать эту прядь?
- Височки прямо или косо?...

Ты поражен, ты взят в полон,
Азарт мешая с обаяньем,
Льют на тебя одеколон
И понуждают к излияньям.

Чему-то возразив с ленцой,
Уже сверкая, как светило,
Довольный собственным лицом,
Улыбку скромно прячешь в мыло.

Поняв, что невозможно жить,
Печально прошлое лобзая,
Наш друг устроился служить
Поближе к дому - на вокзале.

Но там, среди своих коллег,
С их маской, деланно-умильной,
Он был угрюм, как вешний снег
И молчалив, как склеп фамильный.

Не маскируя ни на миг
Свою ужасную натуру,
Не хуже прочих брил и стриг
И даже нажил клиентуру.

Однажды был он поражен -
Как бы минувшее воскресло:
Ввалился розовый пижон
В его разболтанное кресло.

- Папаша, подстриги, побрей!
Твой пациент не поскупится.
И только, знаешь, поскорей -
Сегодня надо торопиться!

Он был подвижен, как кино,
Он дергал левою щекою,
Косил в открытое окно
И на вопрос: "Не беспокою?"

Покрикивал и понукал.
Цирюльник глухо извинился,
Уставясь в глубину зеркал,
Он вдруг прекрасно изменился.

Как-будто знал, откуда дрожь,
Как-будто верил /но во что же?/
"А как бы этот был хорош
На тихом, на последнем ложе!"

Неясно дернулась рука.
Клиент не досказал глагола.
И бритва мягко вскрыла горло
Чуть-чуть повыше кадыка...

1967

Так что не такой весельчак Слава Лейкин. Как и все мы.

ГЕЛИЙ ДОНСКОЙ

ЗАМЕСТИТЕЛЮ ДЕКАНА ФАКУЛЬТЕТА

Обадмиралился Зам,
Крикорылый хам,
Брюкопиджий,
Звероглазил.

Кулакостукий вопль,
Нососизый сопль,

Хилозадоволым тряс,
Сипотопроказил:

"Обобществопрофый!
Безсемёркимизер!
Гнилокаких девять,
И не бесподсадший!
Вон, - отчислеватый!
Вон, - обнадоевший!
Вон, - Бездокументный,
Ввузонепопавший!"

Я - позапоплакав,
Брюко-трусокакий,
Нососоплевытрый,
Проходитый мимо.

Пенсеполучивший,
Или бесстипендый,
Я невжилудурый,
Горько рыловатый.

Неизвестнотрусые,
К деканатуходые,
Безконцакуритые,
Мы - колоннозалые!

Я - навсечихатый,
Он - дрожащеногий,
Ты - нащекофлюсый,

Мы - набездорогие!

u f l a n d

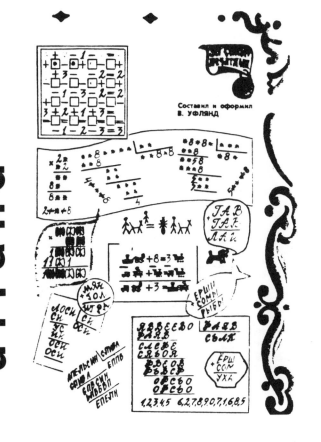

Составил и оформил
В. УФЛЯНД

В. Уфлянд

Если окажется, что я - враг,
Пусть придут и меня арестуют.
Пока я буду, оправдываясь, врать,
Пусть расшвыряют стулья,
Перевернут и обыщут комнату,
Письма прочтут (я не жёг их в огне)...
Из всей обстановки
нетронутой
Останется только Россия в окне.
А когда эта девушка верховолжская
Встревожится
и разозлит мой телефон,
Ничего
на её вопросы
Не ответит, оборванный, он,
Не скажет, что поздно прощаться,
Не предупредит, что нельзя приходить совсем...
Она придёт -
и на площадке
Встретит её мой сосед.
Расскажет всё. Она растеряется.
А он ей,
охваченной дрожью, -
Поскольку меня всё равно расстреляют, -
жить с ним предложит.

Неизвестный автограф Уфдянда /даже неизвестно - Уфлянда ли?/ Конец 50-х.
Но чрезвычайно любопытный и характерный времени для, особенно концовка.
Желающие разберут и в уменьшении.

владимир уфлянд

р и ф м о в а н н а я   о к о л е с и ц а

о богатыре голс воляском в продолжение т
рёх лет и одного месяца от своей супруги
в поле гулянском направленная против при
страстия к пьянству которое одинаково от
вратительно как рабочим так и крестьянств
у было это во время старое а не наше за
писано автором со слов пегаша любимого с
тихотворцами коня крылатого закончено в
марте месяце года тысяча девятьсот восьми
десятого

раёк   а не на дону а в избе на дому бились баба с мужиком помелом
и кушаком бились милый с дорогою утюгом и кочергою прибегали чрез
дорогу к ним соседи на полмогу мухи бабочки слетались мыши крысы
в пол скреблись разнимать бойцов пытались только сами подрались
присказка   ловко ловко только и делов то
раёк   прискакал на поле брани рыжий клоп на таракане он всех разом
побивал бочку с квасом проливал только сам он в этой сече отдал ж
изнь свалившись с печи растянулся на земле захлебнулся в киселе к
то в трубу трубит кто в углу храпит клоп диванич глядя на ночь л
ежит до смерти убит кто гостей костит кто в кулак свистит молодой
такой покойничек под лавочкой грустит
присказка   ловко ловко только и делов то
раёк   как на этот на бой из под бабьих передников выезжал богатырь
фома свет беренников беренников фома комаринский мужик любитель в
ыпить задарма охоч до жён чужих выезжал он верхом на чугунке печно
м да проломили ему голову пшеничным блином с той поры фома беренни
ков без памяти лежит а жена его сон покой сторожит зовут жену пиро
гея о здоровье мужа радея в изголовье сидит с помелом как проснёт
ся фома получит поделом
песня пирогеи   ох не прощу себя саму что вышла замуж за фому меня
он скрыв что хлещет водку увёл урод увёл урод увёл у родичей молодк
у на звонких гуслях он играл и год окошком глотку драл маня в лес
у искать грибочки дарил мне пёс дарил мне пёс дарил мне пёстрые пла
точки он иногда не выражался и на ногах порой держался меня встре
чая у берёз был поразит был поразит был поразительно трезв зато к
ак только он женился так в тот же час переменился нажрётся до смер
ти спиртного с утра подле с утра подле с утра подлечится и снова э
х чтобы пьянствовать отвык он свяжу его мочёным лыком и уложив на
лавку боком не дам скоти не дам скоти не дам скотиться ненароком
фома   что то в толк не возьму где я
пирогея   в избе
фома   а где супруга моя пирогея
пирогея   вот я
фома   а как я на сундуке оказался вроде заснул вчера под скамьёй
пирогея   а ты ещё пуще бы нализался
фома   и так уж храпит свинья был свиньёй в голове гудит ни сесть ни
встать
пирогея   надо побольше бражки хлестать умойся да жри
фома   а нельзя ль для поправки скляночку лечебного настоя зверобойн
ой травки
пирогея   похмелиться
фома   да нет только так тоску разгасять
пирогея   а кто будет пахать да сеять
фома   ну хоть рассольцу или краску
пирогея   я тебе сейчас ухватом развею тоску вы только на него погля
дите каждый день в неремешлемом виде лишь бы стакан за стакан
ом дёргать что сивуху что скипидар что дёготь каждое утро по новой
затевает глаза бесстыжие свои заливает и как его дармоеда от водки

от этой не разорвёт

фома   постой врляс кто то меня зовёт

пирогея   да кому ты нужен

фома   может мужики соседи пахать зовут в поле

пирогея   да соседи ещё как один лежат с перепоя

фома   значит это ржёт мой верный конь пегашка   тоже пить захотел бед
няжка

пирогея   ты куда урод проклятый

фома   так ить   надо коня напоить   до колодца с ним отлучуся   и мигом
назад ворочуся   Iоо

пирогея   сбежал таки идол мой окаянный   неужто опять воротится пьяны
й

раёк   фома верхом на коне болтается   верный пегаш под ним с боку на
бок шатается   неделю не кормлен не поен   волкам на мясо и то не годе
н   кожа да кости да две пары копыт   сам фома нечёсан немыт   в исподни
их портках и в рубахе да в зимнем треухе   как убегал второпях от сво
ей он старухи   тулуп внакидку а сам босиком   комары да мухи за ним к
осяком

фома   что ты пегаш мой верный качаешься   не оттого ли ты бедный печа
лишься   что не похмелялись мы по утру

пегаш   тпру   ты уж фома прости   не могу я тебя дальше нести   рукою н
огою не двинуть   видно пора мне копыта откинуть

фома   погоди спешить   дай мне в тулупе поворошить   погляди как верны
й пегаша   чем сейчас мы подлечим здоровьице наше

пегаш   бормотуха

фома   а на закуску хлеба краюха   ну поехали

пегаш   за здоровьице что ли

фома   за него ты пожуй хлеба соли   ну как

пегаш   ох хорошо прямо хоть пляши трепак

фома   по второй пропустим сначала

пегаш   а теперь окончательно полегчало

песня фомы   эх лара пара пара па расссейски   люблю повеселиться я с у
тра   а баба мне пахать велит злодейски   эх под угрозой топора   у неё
такие стати   что трещат под ней полати   я с ней спорить не могу   я и
з дома убегу

пегаш   гу гу гу гу

песня фомы   я тара тара тара тарапливо   за пивом собираюсь по утрам
а баба заставляет сеять ниву   ходя за мною по пятам

пегаш   там там там там

песня фомы   лучше пусть убьют татары   чем вернуться мне домой   сдаст
супруга стеклотару   и останется вдовой

пегаш   вой вой вой вой

песня фомы   лучше пусть убьют татары   чем вернуться мне домой   тары
бары растобары   будь родимая вдовой

пегаш   одно только худо едят меня проклятые мухи

фома   тоже хотят видать бормотухи   вот я их сейчас треухом   ай ай ай
пегаша лежит кверху брюхом   он сердечный не дышит давно ослабел   а я
неосторожно мух бивши   промежду ушей задел   пегаша очнись хватит вал
яться   ещё не кончили мы похмеляться   да на кого ты меня покинул   да
на что внезапно копыта свои белы откинул   у меня для тебя сиротинушк
а   есть в запасе ещё четвертинушка   буль буль буленьки жив родной

пегаш   жив

фома   так дёрнем ещё по одной

пегаш   а ты мужик не промах три десятка слепней убил почитай

фома   тридцать три не веришь сам посчитай   а ещё без счёта мелкой си
лы мушиной

пегаш   точно тридцать три на мне волдыря

фома   зря меня супруга обзывает слабосильным мужчиной

пегаш   ты фома берсенщиком вроде богатыря

фома   ай да мы одним махом   тридцать три крупных врага побивахом   а
еще то   мелкой силы вражьей без ~~вжих~~ счёта

пегаш   тебе бы ещё маленько ума   и был бы ты богатырь фома   верно я
или нет говорю

фома   да разве такое имя годится богатырю   был я Фома беренников мужик
Комаринский сын крестьянский   а отныне я богатырь голь воянский
пегаш   ясно что голь   портки и рубаха рваные поперёк и вдоль
фома   это боевые ранения
пегаш   получены в состоянии опьянения
фома   ты меня уважаешь
пегаш   уважаю
фома   тогда изволь   величать меня богатырь воянский голь
пегаш   так тому и быть
фома   надо это дело обмыть
пегаш   раз ты теперь богатырь   ты и добывай очередную бутыль
фома   вставай поехали
пегаш   можно
фома   да ты встал как то криво   спереди хвост а сзади грива
пегаш   что нибудь одно или я уже окончательно окосел   или ты на меня н
еправильно сел
фома   ладно сойдёт только чур не качаться
пегаш   договорились рысью прикажешь аль скоком помчаться
фома   мчись во всю пусть видит народ славянский   что едет сильномогучи
й богатырь голь воянский
песня   русь земля раздайся вширь   едет славный богатырь   чтоб с врагам
и воевать   он обязан выпивать   он на зорюшке встаёт   ровно в пять часо
в утра   полведра настойки пьёт   или пива два ведра   а потом кричит поё
т   и врагов наотмашь бьёт   если он не будет пить   он врагов не сможет
бить   коль не дашь ему вина   будет жизнь твоя бледна   ну а кто ему пос
тавит   он того в живых оставит   будет крепко лобзать   петь с ним вмес
те и плясать
фома   мы богатырь голь воянский   никого не боянский   одним махом   трид
цать три богатыря побивахом
пегаш   стой погляди кто там у камня придорожного
голь гоянский бывший фома беренников   никак представительницы пола про
тивоположного   да ещё какие фигуристые хоть и в штанах а лица белые и р
умяные   эй бабоньки разрешите с вами познакомиться
одна красавица   а ну валите отсюда хари пьяные
другая красавица   а то врежем так что навек запомнится
пегаш   простите а вы кто собственно будете обожаемые красотки
третья красавица   мы богатырь девицы по прозвищу амазонки
голь   спроси что они тут делают втроём
красавица   богатырских коней крадём
пегаш   не желаете ли и меня украсть своей   ручкой прелестной
вторая красавица   не желаем очень уж ты тощий и облезлый
голь   а что фармазоночки не прогуляться ли нам вместе в соседний лесоч
ек
пергал   а в глаз не хочешь
голь   оставьте хоть адресочек
вторая   на что он тебе
голь   буду искать вас сгорая от страсти
третья   ищи нас за тридевять земель в тридесятом государстве
пегаш   иностранки значит
голь   догоним
пегаш   догоним коли друг друга по дороге нечаянно не уроним
голь   мы богатырь голь воянский   никого не боянский   одним махом   трид
цать три богатыря побивахом   а мелкой силы без счёта   требую уважения
и почёта   кто не поставит мне четвертинку   готовься к смертному поедин
ку   пегаша зачем упали что случилось родимец
пегаш   да на самой дороге шатёр поставил нивесть какой проходимец
голь   а вот я сейчас из этого раззётого шатра сделаю решето
пегаш   ты что   погляди какие чудеса там в серёдке
голь   ух ты калачи сёмга икра грибки огурцы селёдки   неужто это не сон
пегаш   выгивон закусон на двенадцать персон   сейчас напьёмся и наедимс
я
голь   садимся   и налей мне вот из этого штофа
пегаш   погоди здесь какая то грамота а на ней славянскими буквами напис
ано что то
голь   что

пегаш   да что то не очень хорошее
голь   читай
пегаш читает грамоту   многоуважаемые прохожие   кто тронет наше вино и
закуску не дадим никакого спуску   будем бить пока не отвалится голов
а   подписи богатыри могучие еруслан чурило бова   постскриптум живым в
о всяком случае не отпустим   что будем делать
голь   выпьем и закусим
пегаш   а вдруг вернутся ребятушки
голь   пошлём по матушке
скоморохи   ох богатырь воянский голь   тебя погубит алкоголь   не насто
лько ты хитёр чтобы лезть в чужой шатёр   своей смерти не ищи   вино ч
ужое не хлещи
голь и пегаш   продолжаем наливать на последствия плевать   продолжаем
выпивать на последствия плевать эй скоморохи у вас дела видимо пло
хи отчего у вас такие постные лица давайте сюда будем веселиться н
а каждого певца бутылка винца на каждого плясуна бутылка вина пьё
м до дна смерть всё равно одна
скоморохи   хороша пословица ваше богатырь голь воянский здоровьице
Песня про луковку раскорякорку в исполнении скоморохов   эх луковка ра
скорякорка ты где была в огороде росла   всё на грядочке всё на грядо
чке ай да девочки у нас девочки в порядочке эх луковка раскорякорка
отчего ты так мила много ела и пила ох прошу я у тебя у моей луковк
и ты меня не посылай на три буковки будешь лезть ко мне опять я по
шлю тебя на пять ой скажите вы ей этой луковке больше милая не пей
лопнут пуговки
скоморох   ребята беда неминучая возвращаются богатыри могучие а вот
и сами удальцы влекомые лошадьми своими под уздцы
песня бовы и чурилы   в полях пшеница колосится с кем бы доблестно ср
азиться с пешим конным всё одно хоть бы даже в домино богатырь ста
л ныне редок
припев еруслана   так разэдак
бова и чурило   видно прячется в кустах
припев еруслана   так растак
песня бовы и чурилы   во полях колосья гнутся с кем бы хоть переругну
ться но куда ни поглядишь всюду только гладь и тишь как бы эту тиш
ь нарушить зелена вина покушать не податься ли на пляс гармонисту
выбить глаз выбить глаз выбить глаз чтобы девки знали нас чтоб не п
рятались в кустах
еруслан   так растак
чурило   бова посмотри
бова   кажется в нашем шатре кто то засел внутри
чурило   точно съел собака все огурцы солёные
еруслан   ёлки зелёные
бова   а теперь собирается подремать
еруслан   мать перемать
чурило   да ещё клячу свою посадил на моё место
еруслан   мать моя отцова невеста
бова   и даже не желает нас замечать надо это кончать
чурило   стойте товарищи как бы нам не повторить своей прошлой ошибочк
и
еруслан   ёлкины шишечки
бова   это когда мы в припадке удали илью муромца с веденецким гостем
перепутали
чурило   вот именно не вышло бы снова беды
еруслан   туды растуды
бова   подойдём соблюдая осторожность и такт
еруслан   так растак
чурило   простите что нарушаем ваш покой
пегаш   а ты собственно кто такой
чурило   я чурило известный богатырь
пегаш   тогда подай мне вон тот со спотыкачем пузырь
бова   ещё раз простите можно узнать вы сами собственно кто будете и о
ткtoль
пегаш   мы богатырь воянский голь точнее я его богатырский конь а во
т эти они и есть богатырь воянский голь никого воянский одним мах

ом   тридцать три богатыря гобивахом   а мелкой силы без счёта   требуем
уважения и почёта   кто не поставит нам четвертинку   готовься к смертн
ому поединку

чурило   простите мы богатыри простые неучёные

еруслан   ёлки точёные

бова   неужели ваш хозяин и правда одним махом по тридцать три богатыр
я убивает

пегаш   бывает

чурило   а чем вы позвольте спросить их убиваете мечом булавою или вос
трым копьём

голь   а мы их вот этим треухом собачьим бьём   шарах и готовы

еруслан   ёлки садовы

голь   можем и пятернёю если очень надоедят   вот конь мой пегаш его зв
ать подтвердят

пегаш   точно сам видел поскольку при нём   служу постоянно верным коне
м

чурило   а не возьмёте ли нас сильномогучий богатырь к себе в науку

голь   отчего не взять садитесь по правую и левую руку   наливайте себе
вина   как значит будут ваши имена

еруслан   еруслан

чурило   чурило

бова   бова

голь   а вы кони богатырские так и будете на ногах торчать   садитесь з
а стол не

пегаш   как прикажете величать

сивка   конь сивка

бурка   лошадь бурка

коурка   кобыла коурка

пегаш   какие глаза какая фигурка   позвольте место вам уступить   что и
зволите пить

коурка   благодарю вас я непьющая

пегаш   не может быть

коурка   правда сущая

бурка   и я не пью а вот сивке   можно рюмочку вишнёвой наливки

голь   первый стакан по закону   за то чтоб были знакомы

скоморох   да что это наш богатырь голь воянский соображает   коней и л
юдей за один стол сажает

другой   а ты погляди на людей и коней   кто из них скажи по чести с ли
ца умней

пегаш   даже по рюмочке выпить не можете

бурка   ни ни

пегаш   да почему

коурка   потому что наши хозяева пьют как лошади   а в случае если им н
а бой выходить   кто как не мы должен из разбудить

голь   а теперь за будущие наши дела   пьём из горла

чурило   пошла бутыль вкруговую   маэстро жарь плясовую

скоморохи   таусеньки таусень   варил бабушка кисель   на горушечке   в ч
ерепушечке   надо лапти надевать   за семь вёрст идти хлебать   съели мн
ого киселя   пишут ноги вензеля   ладушки ладушки   где были у бабушки
ёлки палки лес густой   почему я холостой   ко мне девки подойдут   погл
ядят и отойдут   барыня ты моя сударыня ты моя а мне на жёнку наплеват
ь   эх куда б её девать   ни сменять ни в дом отдать   ни пропить и ни
продать   во саду ли в огороде   я гулял одет по моде   розан мой розан
виноград зелёный меня девки с собой звали   весь кафтан мне изорвали
к девкам бегать я боюсь   лучше друг с тобой напьюсь   да что ребята с
вами сталось   али денег не осталось   вы скучать ребята бросьте   к мом
у дяде едем в гости   привезём с собой соломы   подпалим ему хоромы   ск
ажем дядя это мы   давай денег нам взаймы

дьяк   так бы они без конца веселились   да силы природы христом богом
взмолились   птицы небесные от богатырского пенья оглохли   листья зелё
ные от богатырского свиста засохли   горы холмы расшатались от богатыр
ского топота   рыбы сомы в реке захлебнулись от хохота   и насмерть уто
пли   и решила природа прекратить нетрезвые вопли   подошёл к плясунам
раскидистый клён   об руку с подругою ивой плакучею   отвесил им низкий
поклон   и говорит

400

клён богатыри сильномогучие не хотите ли временно перестать песни го
рланить и водку хлестать
чурило чегой то
ига а того что не совестно ли вам безобразники среди недели устраиват
ь праздники
чурило а вы кто такие
ива и клён мы простые развесистые древеса представляем реки горы поля
и леса уполномочены от земли кормилицы заставить вас утихомириться м
инералы растения животные и другие предметы одушевлённые и неодушевлённ
ые через вас покоя лишилися
еруслан ёлки зелёные
голь а что ещё за генералы эти самые минералы
пегаш вы уж простите моего хозяина он не больше колоды смыслит в наук
ах о строеньи природы
клён однако он отличает от воды алкоголь
голь на то я и богатырь воинский голь
бора все хорошие люди пьют
чурило для чего же иначе водку с вином продают
деревья послушайте что скажем вам мы старые растения лежат поля непах
аны повсюду запустение нет рыб в реке и нет в лесах дичины россию губ
ят многие причины но главная продуктов пропажи и загрязнения среди ви
на это отнюдь не продажа а неумеренное потребление вина поэтому люди
тесь сейчас же спать негодники а мы будем вам нашёптывать сладкие грёз
ы склонясь к изголовью знайте что вас ждут великие подвиги и вам надле
жит свои силы беречь и здоровье
голь так товарищи мои какое ваше на это мнение
чурило пьём до посинения
голь какие ещё будут предложения
чурило пьём до полного морального разложения
голь а как насчёт того чтобы не лишать природу покоя
бора лично у меня сложилось впечатление такое ведь если у этих гор ре
к и лесов есть способные плакать глаза и столь благозвучные голоса и
не терпящие дисгармонии уши значит у них есть нежные отзывчивые души
и страдая они к небу вздымают ветки и наверное дома их ждут малые детк
и
чурило выходит деревья существа живые
бора ну да
чурило об этом слышу я впервые
голь короче большинством голосов постановляем дать передышку всем про
странствам полей и лесов просьбу природы уважить и впредь не вытаптыв
ать плясками ниву и пажить
деревья утомились небось пляшучи
чурило не отпираемся
деревья так отдохните в нашей тени
еруслан мать мою дын её помяни
чурило поспим часок и по бабам отправимся   5
раёк и настала кругом благодать перестали листья с древес упадать зв
ери птицы перестали со смеху подыхать улеглись плясуны отдыхать горы
от богатырского храпа трясутся сивко бурко с коуркой в траве мураве па
сутся не спит ещё конь пегаш поставил он в поле чистом шалаш новые г
ужи и вожжи сменял в деревне на жито и дрожжи разжигает аппарат самог
онный конфискованный ерусланом у бабы яги старухи негодной и возле не
го хлопоча проверяет качество первача но и он под влиянием этой работ
ы погружается в состоянье дремоты и хотя не прекращает бессознательн
о подкидывать в топку сосновые чурки однако не замечает пропажу сивки
бурки и прекрасной кобылы коурки а также не видит спросонок появления
зелёного змея змиулана и коварных богатырь девиц амазонок
царица амазонок эй змиулан загляни ка в шатёр
змиулан слушаюсь царица
царица ну что там
змиулан хоть вешай топор
царица надо спешить приказываю всех четверых во сне удушить
змиулан будет исполнено
царица что ты за сердце хватаешься

амазонка   никак юмешался

царица   обморок русского духу слегка надышался   грузите его на краден
ую конягу   дома нашатырём откачаем эшшулана белиягу

амазонка   а что делать с этим сбором пьяным

царица   отравить им самогон сильнодействующим ядом

бова   прекрасная незнакомка прошу извинения   вы реальность или моё сн
овидение

амазонка   сновидение

царица   скачем прочь пока они не оправились от обалдения

голь   что за грохот

чурило   бова с раскладушки упал

голь   блоха его что ль укусила

бова   нет в то время когда я спал   неизвестная красавица меня своим в
зором как обухом поразила

чурило   а где она теперь

бова   неизвестно

еруслан   мать моя отцова невеста

голь   а не из тех ли она красавиц случайно ли

еруслан   ёлки мочальные

голь   что скачут вон там вдали

чурило   они же наших лошадей увели

пегаш   в том числе и коурку мою возлюбленную кобылу прелестную

еруслан   ёлки древесные

пегаш   а не те ли это красавицы которых мы встретили

голь   точно они фармазонки

чурило   придётся пешком скакать за ними вдогонку

бова   помчались скорее

еруслан   сучья коренья

голь   сейчас пегаш разливай самогон

еруслан   едрит меня сапогом

пегаш   гм почему то наш самогон попахивает цианистым кали

голь   чем

пегаш   ядом под названием цианистый кали

голь   чего мы только на своём веку не лакали   взять например политуру

чурило   или шампунь для волос

голь   а цианистый кали ещё пробовать не довелось   налей ка кружечку

чурило   ну как

голь   так и таёт во рту

пегаш   ещё бы ведь почти на чистом спирту

чурило   на вкус вроде настойки перцовой

голь   пробирает аж до кости берцовой

чурило   пей бова пей

бова   за то чтобы скорей догнать наших прекрасных фей

голь   не беспокойся не пройдёт и суток   как мы найдём этих самых

еруслан   красоток

чурило   врежем им за все их шалости   и отберём лошадей без всякой жал
ости

голь   конечно

чурило   а потом смягчимся и расцелуем по возможности нежно

пегаш   может хватит хлебать а то и вправду отравимся

голь   по последней на дорожку госсосок и отправимся

песня   ах вы бабочки ах пригожие ~~ахахренькие~~ эх зачем вы нас растре
вожили   ой вы бабочки ой бабёночки   не даёте вы нам спать ёлки ёлочки
вы заморские наши пташечки   поскорей готовьте нам по ромашечке   по до
роге не лежать   мы постараемся   не успеете сбежать   как мы заявимся
кости ломит стынет кровь   не спишь не обедаешь   ах любовь любовь любо
вь   что ты с нами делаешь

крестьянин   господа сильномогучие богатыри   кто тут у вас этих самых
убивает по тридцать три   который из вас богатырь по прозвищу голь воя
нский

голь   ну я а вы кто

крестьянс   а мы простой народ христианский   не дай в обиду сделай доб
ро   а мы тебе за это самогонки ведро   ой чур чура ой чур чура   с евро
пы лезет немчура   с востока прёт на нас орда   бели берда бели берда

как саранча голодная   ох мама наша родная

песня   они шли ярились   когда спать уж мы легли   непонятно материли
сь   дети слушать не могли   попа батюшку споили   в церкви пляску завел
и   девок за косы ловили   девки еле убегли   обложили всех нас данью   и 600
глумились как могли   пока бабы мылись в бане   всё бельё уволокли   а п
отом опять глумились   чуть кабак нам не сожгли   на ночь глядя не помы
лись   спать под лавками легли   как проспались от попойки   стали дань
опять просить   окопались на помойке   мусор некуда носить

крестьяне   одним словом происходят такие безобразия   которых не видал
а ни европа и азия   можете сами взглянуть с высоты росточка своего   б
огатырского   слева войска графа тевтонского   а справа хана ордынского
смилуйся батюшка утомили окаянные   невтерпёж   портят надписями ценные
архитектурные сооружения деревянные   и повсеместно чинят разбой и гр
абёж

голь   вообще то наше богатырское дело   гулять по возможности гордо и
смело   а бить басурман поганых и прочих немцев   обязанность рядовых о
полченцев

крестьяне   а в летописи написано наоборот   богатыри воюют а бездейств
овать должен народ

голь   придётся мне за россию пожертвовать собой   принимаю неравный бо
й   братцы славяне   за все надругательства домогательства и недостойно
е поведение возле бани   враги будут сейчас мною целиком и полностью р
азбиты на поле брани

крестьяне   вот спасибочко а то эти супостаты заграничные   только и жд
ут когда наш брат крестьянин выпьет лишнее   и станет про бдительность
забывать   тут они и норовят нас завоевать   а вы уж им покажите что у
нас и такие есть которые бывают трезвы

еруслан   ёлки берёзы

голь   а много их

крестьяне   кого

голь   этих которые лезут тучею

крестьяне   да так с мильён

голь   ну тогда давайте сперва нальём   и выпьем по этому случаю   а пот
ом я на битву поеду   значит первая за победу   вторая чтоб врагам ника
кой пощады

еруслан   ёлки досчаты

голь   и ещё одну с вашего позволения   как говорится дай бог не послед
няя   а теперь чем нибудь закусить   и пойдём врагов как траву косить
пока их не заткну за пояс   я ни за что не успокоюсь   где тут был мой
лук   да на что ты мне эту кривую хреновину суёшь друг

бова   чтобы ты врагам не давал спуску

голь   да не этот мне лук а тот который приготовил я на закуску   эй пе
гаша верный конь мой

пегаш   чего

голь   а того что пора нам в бой   становись туда зад а туда перёд   что
бы я мог усесться тебе на хребёт   ну ребята бывайте   чур без меня всё
не допивайте

чурило   забыл надеть шлем да щит

голь   и без шлема голова трещит   я помчался   будьте покойны если голь
боянский поручился   враг будет разбит

крестьяне   что с ним никак скончался

пегаш   отключился

бова   спит

чурило   придётся обождать пока не проспится

крестьяне   так ведь за россию матушку некому заступиться

песня тевтонов   идём мы на россия   несём ей свой культур   ведёт нас н
аш мессия   мессир фон трубалдур   мы осчастливить нация   и русским ди
карям   мы дать цивилизация   тирьям тирьям тирьям   желать мы кушать сё
мга и чёрная икра   и русских дам в потёмка   та ра ра ра ра   мы са
мый модный танец   учить российских дам   пусть помнят иностранец   тара
м там там там там

песня басурман   наша идол хан брюхан   он великий истукан   шибко шибко
для порядка   он нас палка бьёт то плтка   ай ай хан брюхан   наша главн
ый истукан   мы россия воевать   мал мала всех убивать   хан брюхан нас
награждать   на кол наша не сажать   русский люди шибко плохо   русский

ест немножко много   шибко чисто рожу моет   шибко часто в баню ходит а
й ай хан брюхан   хочет пятки бить иван   русский много думать стал   ши
бко грамотный он стал   за столом не чешет спину   кушать брезгует кони
ну мы россия воевать   мал мала всех убивать
ога   такое дело братцы   придётся нам самим за оружие браться
рестьяне   будем как можем обороняться   пока наш главный заступничек
не изволит юдняться   не дадим поганым наших баб обнимать
руслан   мать перемать
рестьяне   час битвы кровавыя настаёт   за родимый край   ложечники впе
рёд запевай
усские   а мы просо сеяли сеяли ой дид ладо сеяли сеяли
вропейцы   а мы в поле выскочим выскочим
зиаты   а мы просо вытопчем вытопчем
ва   не позволим врагу без спросу   топтаться по нашему овсу и просу
вропейцы   а мы войско выстроим выстроим
усские   а мы вам кукиш выставим выставим
зиаты   а мы в поле выедем выедем
усские   ну а мы вас
руслан   выведем выведем
вропейцы   а мы вам головы отпусим
усские   а мы не струсим а мы не струсим
зиаты   а мы вас скушаем живьём
усские   а мы вам уши оборвём   что съели гей славяне гей славяне   бро
ь пахать и боронить   выходи на поле брани   неприятеля бранить   эх мы
ас с поля выставим выставим
вропейцы   а мы из пушки выстрелим выстрелим
усские   а мы вас с поля вытащим вытащим
зиаты   а мы глаза выпучим выпучим
усские   напрасно вы на нас напали   мы вас как видите
руслан   не звали
зиаты   а мы вас численностью задавим
усские   а мы вас шапками закидаем
вропейцы   ну а мы вас порохом порохом
усские   ну а мы вас по уху по уху
зиаты   а мы вас будем жечь огнём
усские   а мы за пояс вас заткнём
вропейцы   а мы будем вас казнить
усские   а мы будем вас дразнить
ан русский   ох тяжело воевать без начальства
угой   авось не убьют заранее не печалься
усские   враг нас хочет окружить   он грозит мечом булатом   эх придётся
ложить   супостатов русским матом   придётся господи прости   их русски
матом понести   кто на нас наложит иго   тот получит с маслом фиго   о
дид ладо ладушки   всех пошлём по матушке
рывок из летописи   врагу уж стало нечем больше крыть   враг отступат
пустился во всю прыть   бегут захватчиков дружины   дрожа от грозной
атершины   сам хан брюхан в расстройстве чувств   что русский марс его
взрознил полчища   был вынужден присесть за куст   на поле славного по
ища   да на белу свою присел под старым дубом   где голь воянский наш
рой валялся трупом   в кустах услышав шум и треск   сей богатырь от с
 воскрес   сперва икнул   потом чихнул   чем хана до смерти спугнул
ские   вот и кончена война   хану грозному хана   тевтонским рыцарям
пут   пусть комары их
слан   заедят
а   разрешите доложить   полностью разгромил большую вражеску группир
ку
ь   молодей бовуша дай я тебя расцелую   пегаш откупоривай поллитроек

а   подпустил я их сначала вплотную
ь   погоди сперва выпей штрафную
ило   не ожидал я что мы так быстро победы добьёмся
ь   давайте по этому случаю наконец то как следует братцы напьёмся
бд   голю воянскому   победителю басурманскому   слава наш простой к
аринский мужик   хана брюхана соплёю перешиб   слава слава слава
     жаль расставаться уж больно сроднились мы с вами в сраженьи кр
нвом   однако пора

крестьяне   это куда же по бабам
бога   вроде этого разнюхиваем неких прекрасных девиц
крестьяне   так куда вы сейчас
чурило   за пределы российских границ
крестьяне   так это же по прямой вёрст две тыщи пятьсот
чурило   зато девочки первый сорт
крестьяне   нешто своих вам мало нешто наши хуже этих заграничных вен
ер наши помягше бюстгалтери пятый номер сарафани пятидесятый размер
голь   видите ли поскольку мы теперь олицетворяем как военное так и гр
ажданское руководство   нам по должности не положено потреблять материа
льные ценности отечественного производства
чурило   так что последний раз выпьем самогонки
еруслан   ёлки иголки
чурило   а уж потом будем пить заграничные вина
надпись на пограничном столбе с одной стороны   русь
с другой стороны   чужбина
чурило   в дансингах будем жарить вгрисялку под джаз
пегаш   ты чего
бога   да что то попало мне в глаз
чурило   накупим джинсовых порток
голь   дай пегаша и мне платок   что в глаз видать залетело
чурило   чего оборачиваетесь то и дело   что вы такое там увидали
голь   так ничего
бора   необъятные дали
пегаш   леса болота непроходимые
бора   берёзы осины
еруслан   ёлки родимые
песня странников   степь да степь кругом путь далёк лежит   в той степи
чужой умирал мужик   и набравшись сил чуя смертный час   он товарищу от
давал наказ   передай жене чтоб меня помнила   чтоб на меня обед не гот
овила   мол до дома муж не дотопает   пирогов её не попробует   и блинов
её не отведает   без меня она пусть обедает   да пусть не бегает на сви
дания   ох подайте нам на пропитание
пирогея   благослови вас господь гудошников странничков   не желаете ли
чего голь покушать пряничков
странники   благодарствуем хозяюшка быть по сему
пирогея   вот вам к пряничкам самогону крепенького   да не встречали ли
вы где мужа моего фому   по прозвищу береникова   накажи его бог стерв
еца   не дай на закуску ни капусты ни огурца
странники   может и встречали а из себя он каков
пирогея   ростом повыше бутыли самогонной на пару вершков   рожа глаза
он мои не глядели совершенно нетрезвого вида   одна половина хари неб
рита   другая побита   с одного боку рыжий с другого брюнет
странники   видели мы обладателя подобных примет   на границе между н
еметчиной и литвою   однако кличут его не фомою   величают его богатыр
ь голь воянский   победитель немецкий и басурманский   мужичонко он из
себя невидный   однако силы видать завидной   если в настроении в подп
итии хорошем значит бывает   тридцать три богатыря одним махом убивае
т
пирогея   нет это не мой   моего сызмальства кличут фомой   комаринским
мужиком фомою   водку правда тоже жрёт как свинья помои   но если выпь
ет с утра полстакана   хоть драку и лезет а у самого сил нехватает р
аздавить таракана   а если таракан брыкаться начнёт   да ручками разма
хивать станет   да моего нечаянно толкнёт   он и вовсе ноги протянет
ой сердце моё так и ноет   ой душа моя так и болит   да кто ж его подл
еца такого теперь умрёт накормит напоит   да кто же его изверга параз
ита приголубит утешит развеселит напоит
странники   да не голоси так хозяйка может твоё сердце зря сокрушаетс
я   может твой фома ни г чём не нуждается   и не нужно ему ни еды ни п
итья   поскольку он может вовсе лишился житья
пирогея   фомушка кормилец
странники   а может он наоборот совершенно живой   дома разлюбезный тв
ой
пирогея   фомушка живой побереги господь его сердечного   пошли ему с

похмелья рассола огуречного
<u>странники</u>   хватит хозяйка плакать рыдать   будем на троего дому гадать
эй братишки   раскидывай картишки   значит показывает гаданье   что выпа
дает фоме дороге дальняя   в сопровождении трёх королей и неопределённ
ой масти валета   в конце дороги его ожидает свиданье беседа   с четырь
мя девицами благородных кровей   дамой пик дамой треф бубён и червей
<u>пирогея</u>   да я ему кобелю пятнистому таких покажу благородных девиц   я
то он у меня останется без
<u>странники</u>   братцы самое время во свояси убираться
<u>песня</u>   ах ты сукин сын комаринский мужик   для чего в чужую даль твой
путь лежит   и куда ты прёшься чёрт тебя тряси   что ли мало тебе места
на руси   ты куда мужик бежишь навеселе   разве мало тебе девок на селе
что за бес такой зудит в твоём ребре   на хрена тебе красотки кабаре
ах ты сукин сын комаринский мужик   за границей время весело бежит   жи
знь до крайности безбедна и легка   водка вовсе не горька хоть и крепк
а   при наличьи изобилья всяких благ   не дадут тебе мужик свистеть в к
улак   голодать не разрешат и куковать   и начнёшь ты от веселья тосков
ать   посмотри на заграничный этот рай   да смотри своей башки там не т
еряй   по чужим пивным не больно колбаси   потому там всё не так как на
руси   ах ты сукин сын комаринский мужик   за границу путь широк мощён   900
лежит   да обратная дороженька узка   ночевать в чужой земле одна тоска
и куда ты прёшься чёрт тебя тряси   разве мало тебе места на руси
<u>ещё одна песня</u>   как вспомню русь так плачу и рыдаю   зачем тебя я не сп
росивши покидаю   и суждено ли мне живому воротиться   иль укатает ме
ня сивку заграница   и до того судьба мне докатиться   что даже память
обо мне не сохранится   и без меня во поле жито уродится   и без меня
овца чернуха окотится другой пойдёт гулять российскими лесами   а я ум
оюсь росистыми слезами   сокрыл от нас святую русь туман завеса   круго
м никто по русски ни бельмеса   ни в зуб ногой ни бе ни ме не вяжет лы
кап   однако драки не видать и даже тихо   чего ни спросишь отвечают та
ры бары   и бабы носят вместо юбок шаровары   а хлеба чёрного нельзя до
стать ни грамма   короче жизни никакой одна реклама
<u>голь</u>   эй господа иноземцы   вы кто по национальности будете идолопокло
нники басурмане аль немцы
<u>иноземцы</u>   мы твоих слов не понимаем ни в зуб ногой   чего тебе надобно
дорогой
<u>чурило</u>   мы вас спрашиваем какой вы веры
<u>иноземцы</u>   известно какой баптисты методисты капиталисты миллионеры
<u>чурило</u>   а какому вы богу крестите башку
<u>иноземцы</u>   известно какому денежному мешку
<u>бова</u>   тут вот спутники мои удивляются   отчего у вас пьяные кругом не
валяются
<u>иноземцы</u>   а у нас насчёт этого дела люто   кто валяется не имея на это
прав   гони за своё валянье валюту   по вашему называется штраф
<u>пегаш</u>   ну и порядочки
<u>еруслан</u>   ёлки зелёные
<u>иноземцы</u>   не обессудьте уж такая наша свобода хвалёная   а вас то сюда
занесло каким ветрищем
<u>пегаш</u>   мы лошадей у нас украденных ищем
<u>иноземцы</u>   гиблое дело у нас полностью искоренено воровство и грабёж
<u>еруслан</u>   еловая вошь
<u>иноземцы</u>   так что если что пропало ни за что не найдёшь
<u>бова</u>   мы тут немного растерялись в городской толпе   сделайте милость
растолкуйте что написано на этом столбе
<u>иноземцы</u>   изволь́те значит так направо сораться   с жизнью расставаться
налево скакать   смерть свою искать   прямо спешить   жизни себя лишить
<u>голь</u>   а обратно податься
<u>иноземцы</u>   лучше не пытаться
<u>чурило</u>   а как насчёт того чтоб не погибать
<u>еруслан</u>   так вашу мать
<u>чурило</u>   а ознакомиться с достижениями западной культуры
<u>иноземцы</u>   это можно за соответствующие купюры
<u>голь</u>   а если у нас только вошь в кармане   да блоха на аркане
<u>иноземцы</u>   тогда вам одна дорога отсюда вперёд ногами
<u>чурило</u>   да по́ оженьице хоть бы перед смертью выпить водчонки

пегаш   или хоть самогонки
чурило   погодите а где тут обитают богатырь девицы про прозвищу фарм
азонки
иноземцы   это которые весталки
чурило   они самые
еруслан   ёлки моталки
иноземцы   а вон прямо по дороге учреждение под красным фонарём   там
они и проживают так сказать девичьим монастырём   увидите у входа изо
бражения их голых телес   вывешенные дабы возбуждать интерес
чурило   а как у них в смысле ночлега
иноземцы   вполне беспрепятственно особенно для обладателей такого ка
к у вас изрядного интеллекта   многие к ним обращались   переночевать
любители   однако чтобы они оттуда возвращались   мы ещё такого не вид
ели   немало вашего брата   интересовались ихней сестрою   так что не у
дивляйтесь обратно   если визит ваш закончится бедою
бора   да чем же они привлекают всех
голь   выпивкой или может едою
иноземцы   да вроде бы нет
пегаш   а чем же
иноземцы   известно чем красотою   всё говорят у них на месте всякие т
ам перси ланиты хариты   однако главное габариты   пьют они какую то с
месь косметическую для сохранения фигуры и укрепления мускулатуры
вроде микстуры или политуры   заденет мизинцем такая бабец   тут тебе
молодцу заезжему и конец
чурило   это уж позвольте нету в мире таких баб   против которых русск
ий богатырь оказался бы слаб
голь   я в частности   готов на любые опасности   натерпевшись вдосталь
от своей старухи   срочно нуждаюсь в новой супруге
иноземцы   ещё одно предупреждение   вход в это самое учреждение   запи
рается двумя засовами на ночь   и стережёт его зелёный змей змиулан з
миланыч
голь   а какое он из себя
иноземцы   ростом с колокольню а точней с небоскрёб
бора   еруслаша молчи
иноземцы   морда просит кирпича   разговаривает чудовищно рыча   одна н I
оздря дышит огнём и угаром   а другая сивушным перегаром   некоторые о
т одного его вида на месте сдыхали
чурило   братцы сдыхали
иноземцы   по комплекции не то сороконогий не то двадцатиголовый
еруслан   корень словый
иноземцы   а теперь скажите чего это ваши туристы так за границу стре
мятся
пегаш   мы сюда за делом приехали лошадей выручать
голь   пегаш ты куда
пегаш   так ведь сивка бурка с коуркой там в неволе томятся
бора   погодите надо сперва постучать
царица амазонок   эй чего там ломаете дверь и порог
чурило   хотим культурно провести вечерок
царица   а у вас имеется валюта
еруслан   мать моя девка анюта
царица   луидоры дублоны талеры тугрики
голь   у нас копейки да рублики
царица   да вы знаете что здесь проживают девушки целомудренные и нев
инные
еруслан   ёлки рябинные
царица   проваливайте к матрёниной тёте
чурило   мы только хотели спросить
пегаш   зачем вы коней богатырских крадёте
бора   и почему вы такие на диво прелестные
еруслан   ёлки древесные

голь   нам бы только гороху мочёного в миске
чурило   да по бутылке шотландского виски   да голладского джина испит
ь из кувшина
бора   а вас если не пожелаете даже пальцем не тронем

царица   змиулан зиланыч почему позволяешь стучать в нашу дверь посто
ронним
змиулан   кто стучится в приличное заведение в такое позднее время
амазонка   всех не убивай того молоденького оставь на племя
царица   да на хрена тебе такая наследственность   типичная серость и
посредственность
змиулан   попрошу удалиться отсюда господа благородные
голь   оскорбляет гад
еруслан   мать его каракатица земноводная
чурило   а шкура похоже   из натуральной змеиной кожи
бова   ты зачем это от нас злодей   прячешь прекрасных фей
змиулан   да знаете ли вы что от одного моего чиханья   горы приходят
в содроганье   а если моё страхолюдие в одну ноздрю сморкается   вся з
емля от землетрясения содрогается   а когда оно одновременно рычит и
икает   пропасти в земной коре возникают
чурило   сволочь видать
бова   и повадки злодейские
еруслан   ёлки индейские
голь   пока ему до хари дотянешься   глядишь и сам без зубов и без гла
за останешься
чурило   короче нам четверым здесь делать нечего   выберем самого широ
коплечего
бова   это как понимать
еруслан   мать перемать
чурило   когда приходит беда неминучая
еруслан   ёлки дремучие
чурило   кто должен вперёд идти а
бова   кто
чурило   не знаете
голь   не знаем
чурило   самые сильномогучие
легаш   понял на что намекает чурило
голь   понял чтобы я от имени коллектива змею начистил рыло
легаш   эй ты буржуазия недобитая
еруслан   мать твоя ядовитая
легаш   сейчас богатырь голь воянский размахнётся и тебе всё равно пр
идётся сдаваться
чурило   так что кончай издеваться
легаш   а зачем ты снимаешь тулуп свой рваный
голь   не хочу чтобы его слопал этот изверг коварный
легаш   а если он из тебя сделает труп   на кой чёрт тебе после смерти
дырявый тулуп
голь   если на то пойдёт   и голова моя буйная пропадёт   то и ладно   г
олова мне от родителей досталась бесплатно   а за тулуп я на ярмарке
заплатил полтину
бова   слушай может я сперва попытаюсь зарезать змея скотину
голь   оно бы и можно да молод ты ещё бова   пригодится тебе твоя голо
ва
легаш   а хочешь господин мой голь воянский   я буду для тебя как конь
троянский   ты меня змею подсунь а покуда он будет меня жевать   ты ег
о помаленьку начинай убивать
змиулан   эй нормальные люди уже спать ложаться   решайте скорей кто б
удет со мною сражаться   мне лично всё равно потому что я чудовище не
победимое
еруслан   мать моя японского бога жена родимая
голь   и правда кончаем гадать   дайте только портянку перемотать   да
закурить в последний раз самосада   эй ты я тебя сейчас разделаю гада
змиулан   ты
голь   я
змиулан   постойте разве это богатырь это же просто какой то шизоид
царица   однако зиланыч осторожностью пренебрегать не стоит   может си
ла у него не в плечах   а в каких нибудь других мелочах   сразу сразма
ху не ухай   сперва присмотрись к нему да хорошенько обнюхай
змиулан   ну и запашок нашатырного спирта с гексахлораном почище
голь   что не нравится благоухание от моего табачища

змиулан   а из голенища у тебя вообще появились амбре
голь   это что ты бы лучше понюхал как пахнет весною у нас на дворе
змиулан   нет уж мне и этот запах достаточно нравится
чурило   ребята ложись он чихать собирается
змиулан   апчхи от моего чихания   пропасть подо мною разверзлась   и с
о словами прощания   я проваливаюсь в неизвестность

бова   где же змей
голь   а я его спустил вот в эту тектоническую трещину
сруслан   мать мою женщину
пегаш   как это ты так быстро
голь   а чего как разозлился да пустил про себя матюга   стали у меня
мускулы твёрже утюга   я его и загнал прямо в землю урода
чурило   эй хозяйки открывайте ворота   да ведите себя любезно   посколь
ьку сопротивление нам во главе с богатырём голем воянским полностью
бесполезно
царица   гёс с вами входите эй скоморохи сиречь скарамуши   сыграйте в
честь приезжих господ что нибудь такое чтоб завяли уши
песня   любовь и голод миром управляют   и к жизни пробуждают интерес
   любовь бодрит а голод вдохновляет   и вместе они двигают прогресс   э
х когда прихватит голод   снова счастлив ты и молод   ну а любовь опят
ь таки бодрит   эх мать свою родную не забуду   ай люли ай люли   вот о
дин пример любви   вдоль по улице по шведской   немец с немкою гулял
и своею рожей зверской   ротозеев удивлял   немец с немкой эх разнемко
й вдоль по улице гулял   немец немку взяв под ручку   выражал любовь с
вою   говорил тебя подружку   же ву зем и ай лав ю   маруся раз два три
возьму тебя я в жёны увезу в ерусалим она домой бежать прогорно   а о
н за нею в путь потек   любви все нации покорны   и немец тоже человек
царица   давайте знакомиться царица амазонок по имени грехильда по фа
милии свалкерия   самая неубиваемая женщина в мире а   всё оттого чт
о с самого своего рождения   предпочитаю только изнискание и утончени
не наслаждения   для которых требуются богатыри сильномогучие   так чт
о готовьтесь проявить свою страсть кипучую   а вот эти девушки оборо
жительного вида   мои ближайшие заместительницы
первая амазонка   отдалистка
вторая   неодетта
третья   дебелоида
грехильда   мебель у нас старинная уникальная   посуда фарфоровая люстр
а хрустальная   стол на двадцать четыре персоны а также кровать   назн
ачение которой мы стараемся скрывать   размером она двадцатичетырёхсп
альная   предназначена чтобы проводить групповые мероприятия сексуаль
нне   по окончании которых все участники мужского пола независимо от
расторопности и уменья   автоматически сбрасываются в мрачное подземе
лье   прямо сквозь подушки и перины пуховые
сруслан   ёлки ольховые
дебелоида   это придаёт наслаждениям особую тонкость
голь   за что же уважаемые фармазонки такая жестокость
отдалистка   а для чего вас мужчин беречь   вы ведь только и норовите
что нажраться да в постель немытыми на чистые простыни лечь   а польз
ы в хозяйстве от вас никакой   вот мы и поклялись вас всех уничтожить
постепенно своею собственной рукой   и построить новый мир где будут
полностью ликвидированы мужские индивиды охальные
сруслан   ёлки матриархальные
бова   а как же в отношении любви воздыханий и прочих романтических п
оступков   мужчин выходит по боку а любить неизвестно кого
неодетта   а мы в этом отношении лишены предрассудков   читаем соответ
ствующую литературу в частности произведения поэтессы сафо
пегаш   ну а для чего вы коней крадёте
грехильда   уточняем   мы их не крадём а пленяем
пегаш   но ведь лошади не люди а скорее даже наоборот
дебелоида   естественно поэтому мы их используем главным образом для в
ерховых прогулок и кавалерийских рейдов и лишь изредка для выведения
новых пород
пегаш   ох не советовал бы я нам здесь ночевать   да больно охота попит
ь чего нибудь и пожевать

чурило   а где наша не пропадала   тащите хозяйки вустриц лангустов ко
псюме да хлеба и сала
грехильда   что ж подруги некуда деваться   придётся их кормить и поит
ъ а затем очевидно и раздеваться
песня   полюбил комар муху пчёлочку   причесал комар набок чёлочку   при ┐
цепил комар сбоку сабельку   и для смелости выпил капельку   навещу те
бя мою милую   не откроешь дверь влезу силою   разнесу забор стёкла вы
сажу   но любовь свою тебе выражу   не спеши комар с мухой нежится   в
чё душа твоя только держится   эх комар комар ты комар   парнишка моло
дой молодой   не заводил бы ты с мухою роман   уж больно ты худой   что
ты миленький мой теряешься   приходи ко мне ты мне нравишься   приходи
ко мне в воскресение   испытаешь ты потрясение   я тебя комара угощу
питьём закускою и жратвой   ни за что с кровати не пущу   покамест ты
живой   эх пропаду пропаду пропаду   до смерти полюблю полюблю   мужа м
олодого заведу   а старого убью   бы вы гы ды ё ка лэ мэ нэ   ром бром   I2oo
брэм о пэ рэ сэ тэ у   эй ямщик фэ хэ цэ че любовь   ляпта бада бада б
аля
чурило   запомните ребята относиться к мужчинам двойственно   девушкам
в определённом возрасте в высшей степени свойственно   так что если н
ачнут нас сковородками бить   знайте что согласно теории фрейда они н
а самом деле нас начинают любить   а если начнут всерьёз убивать   так
это для того чтобы цену себе набивать   одним словом если чем тяжёлым
вроде утюга погладят по головке   не обращайте внимания на эти уловки
    продолжайте утверждать   что вы их будете любить и уважать   до само
й глубокой старости
еруслан   еловые заросли
голь   эй хозяйки скорее икру и другую закуску на стол мечите
десбелонда   вот пшеничные блинки сами пекли ни за что от ржаных не от
личите   наголняйте чаши и кубки
бова   а зачем вы поднимаете юбки
чурило   такой у них обычай
голь   раз обычай тогда пускай покуда блиночки стынут   они и всё оста
льное скинут   и раздевшись догола   будем пить мы из горла
бова   как неужели существа столь дивные   забыв про стыд откроют прел
ести интимные
неодетта   да мы невинны но любовь всегда   нас заставляет преступить
черту стыда   прилично это или неприлично   становится нам безразлично
голь   а что это в пузырьке на трельяже у хозяйки нашей гликерии свет
сеглкирии
грехильда   то чем я сохраняю силу и молодость новейшие достижения за
гадной алхимии   однако предупреждаю заранее   что это не для питья а
для мытья и втирания
голь   значит чтоб перед сном натираться   а не для того чтобы до смер
ти надираться   а на вкус не хуже чем иные вина заморские
еруслан   точно ёлки японские
десбелонда   ежедневное втирание небольших порций этого чудодейственно
го настою   увеличивает не только силу мышц но и позволяет блистать к
расотою
голь   ещё бы этого настою стакана три   и я бы стал окончательно крас
ив изнутри   да и снаружи стану сильнее   если окончательно не посинею
чурило   а что если я осушу за ваше здоровье стакан   и предложу вам спл
ясать канкан
отдалистка   только учти что я женщина вамп   на каждом мужчине в виде
синяка под глазом ставлю штамп   однако после этого не в силах устоят
ь против их обаяния   люблю их но главным образом в слегка придушенно
м состоянии   одним словом чмок   да никак ты уже занемог
урило   слегка растерялся от ваших намёков игривых   однако мы богаты
ри российские не из пугливых
отдалистка   если сунулся со своею харей   не напевай мне любовных ар
рий   комплименты не труби   а давай меня люби
чурило   сейчас одну минуточку   дай полюбуюсь на вашу юбочку   почём т
акой матерьял за аршин
отдалистка   и откуда берутся такие экземпляры мужчин   я дева в кавы
чках   долго тянуть не в моих привычках   прелюдия надоела   начинай г

оворить дело

чурило   тогда хотелось бы с вами уединиться   чтобы на собственном оп
ыте убедиться   правда ли что у вас на западе такие аморальные нравы
царят   как об этом у нас по радио говорят

отдалистка   что ты всё вокруг да около суетишься   сейчас во всём убе
дишься   иди разденься и ляг   да приготовься проявить себя как сексуа
льный маньяк

песня отдалистки   училась я в начальной школе   когда со мной случило
сь горе   бог греческой любви ерошка   пустил стрелу в моё окошко   мой
папа не жалел сил   не раз меня ремнём просил   чтоб я в саду без плат
ья не лежала   но я лишь горестно визжала   влюбилась я школьница в до
на жуана   развратника шулера и наркомана   и не сказав об этом маме
щи с грибами щи с грибами   я убежала с ним скотиной   три с полтиной
три с полтиной   с тех пор как это приключилось   я в школе больше не
училась   находилась холодна   в объятьях гнусного злодея   а он за в
сю красу мою девичью   выдал мне всего рубль мелочью   склонивши голов
у к подушке   дритатушки дритатушки   рыдаю о своей судьбе   два сорок дв
е два сорок две   как только пыл сердечный минул   он в тот же миг мен
я покинул   и убежал в одних трусах   увы моя постель в слезах   исчез 1300
подлец как сновиденье   толкнув меня на путь паденья   вот почему любов
и я жрица   ламцадрица ламцадрица   хотя в любовь не в силах верить   р
убль сорок девять рубль сорок девять   иди тебя не сразу я убью   снач
ала страстно полюблю   а уж потом сентиментальности отброшу   и насмер
ть по привычке укокошу

бора   о восхитительная неодетта   быть может я дождусь от вас ответа

неодетта   я вижу рыцарь ты краснеешь   признаться мне в любви не смее
шь

бога   не смею

откровение неодетты   рыцарь ты мне не противен   но слишком робок и н
аивен   о друг мой нежный жребий мой печальный   таинственною быть и н
ереальной   как сновиденье или незнакомка   не знаю от кого я жду ребё
нка   сколько помню себя горемычную   наслажденья люблю необычные   я н
е такая как мои подруги   в любви ищу не радости но муки   пусть всех
моя пленяет красота   обычною любовью я сыта   мне мало чтоб меня люби
ли   хочу чтоб рвали за волосья и лупили   нужен мне садист и псих   ай
лав ю их либе дих   я отдаюсь не тем к кому нежна   не тем к кому я чу
вствую влеченье   а тем кому противна и страшна   но ты мой рыцарь иск
люченье   могу тебе любовь свою отдать   лишь дай мне в глаз заставь м
еня страдать   подставь синяк мне я люблю мученья   коль сгубишь молод
ость мою   то же ву зем унд ай лав ю   о врежь мне в глаз о врежь мне
в глаз   чтоб я упала на матрас

дебелоида   наедине с прелестной женщиной   себя ты держишь деревенщин
ой   поставил рядом джина жбан   пьёшь и молчишь как стоеросовый чурба
н   скажи мне царица души моей фея

еруслан   едрёная феня

дебелоида   да не матерись ты а говори мне слова прекрасные

еруслан   ёлки матрасные

дебелоида   наклонись ко мне и что нибудь тайком прошепчи мне влюблён
но

еруслан   тётка моя анисья в ёлках японских тридцы едрёна переедрёна

дебелоида   ай как неудобно ведь я всё таки девица хотя и четырежды в
довая

еруслан   ёлки кондовые

ария дебелоиды   перед страстью любви устоять я не в силах   у мужчин
слишком много достоинств красивых   и хотя они их под одеждой таят   я
мужчин обожая люблю всех подряд   я любила француза жида англичанина
четверых задушила в объятьях начально   мне случалось любить сразу д
есять любовников   трёх полковников и семерых уголовников   представит
елей разных племён и народов   от роскошных красавцев до страшных уро
дов   мне близки были также крестьяне с рабочими   у постели моей сост
авляшие очередь   иногда для того чтоб дополнить коллекцию   я любила
и творческую интеллигенцию   если рядом со мною не будет мужчины   я с
оскучусь от чёрной тоски и кручины   дайте мне одну тысячу этих краса
вцев   я их всех полюблю как последних мерзавцев   так что дядя не стр

ашись раздевайся и ложись
частушки грехильды могла я в юности углечься да готоря щи улечься
с прохожим людей на плите ну а теперь года не те могла я лечь к
уда попало на грунт на снег на лёд на шпалы на гвозди с йогом из
мадраса не нужно было мне матраса могла я в юности лечь спьяну н
а арфу или фортепьяну спиною извлекая звуки от плясовой до бугиву
ги под паровоз или под танк могла забавы ради лечь теперь себя в
еду не так должна здоровье я беречь
голь ну ка гликерья садись поближе
грехильда во первых я не гликерья, а во вторых я мужчин вообще нена
вижу
голь да ты меня не бойся я тебя только для вида пужаю на самом де
ле я женщин чисто платонически обожаю и хотя внешне могучему дубу
подобен в действительности женщину чести девичьей лишить не способ
ен

1400

грехильда а я думала ты потащишь меня в кровать
голь извиняюсь но вынужден разочаровать
грехильда даю тебе неспособному затрещину чтобы ты не дезориентир
орал честную женщину
голь да нет я способный только шучу понарошку
грехильда ну и богатыри пошли только тронешь они уже сыплются в ок
ошко
голь нет меня так запросто не выкинешь я выносливый меня супруга б
ывало во время медового месяца не так бивала
грехильда потом расскажешь про свои семейные драмы не хочешь ли п
родегустировать поллитра мёртвой воды а иначе отравы
голь с удовольствием выпью поллитру яду который на вид так прияте
н взгляду крепок однако пролил случайно полрюмки так у тебя глике
рья прожгло им дыру в полюбки
грехильда видать не найти мне на тебя алкоголика управы если ты не
сдох от самой сильной отравы
голь да я отраву с малолетства больше жизни люблю
грехильда врешь я тебя таки ни на что негодного сегодня убью
голь брось лаяться гликерья на милость чувствую я будто во мне на
строение переменилось я ведь обычно если водки съем так тут же чу
вствую любовь ко всем дай ка я вздыблюсь подобно пегашу моему коню
и жене своей пирогее как бывало когда то изменю
грехильда ты же эдак можешь меня и чести последней лишить моментом
а еще притворялся лицемер импотентом
голь ещё неизвестно может я им и окажусь поскольку отчасти к твор
ческой интеллигенции отношусь
грехильда учти я в любви я горяча таких как ты люблю с плеча
голь ладно кончаем эти рассуждения авось не пропадём а получим н
аслаждение ай люли ай люли наступает час любви не смотрите товар
ищи на это зрелище охальное лучше обратите свой взгляд на что нибу
дь эпохальное
песня красная девица парня поборола ситцеву рубашку на нём распор
ола молодца девица навзничь уронила хоть и был он ростом форменны
й громила руки ноги отломила приглашает помереть вот так мило во
т так мило любо дорого смотреть рок срок прок клок шпок шток бло
к сток ешьте репу и морковь в них есть витамины и настоящая любов
ь не пройдёт вас мимо щёлк смолк толк долг волк полк рог грог э
то мнение не ново что на свете всё хреново и по мнению мужей с к
аждым годом всё хужей засучивши рукава бабы требуют права не отд
ашь им всю получку натошак получишь взбучку съесть поллитра не дад
ут не назимши спать кладут требуя горячих ласк а откажешь вырвут
глаз счастлив только холостяк тяк тяк тяк тяк пых дых жмых ых т
ык мык рык брык
егаш а вот и я а где же мои хозяева иначе друзья
грехильда где надо натешились любовью буквально доугаду не то чт
обы сдохли но в общем в могиле в том же подземелье что и клиенты
другие можешь послушать их вопли печальные
олос еруслана ёлки мочальные
ебелоила зря горло дерут и как им не налоест

пегаш   заявляю решительный протест
неодетта   брось заступаться за эту мнящую братию   ты у нас вызываешь
симпатию   хотим от тебя завести херосят   а эти пускай себе из под кро
вати вопят   просим нас извинить   но придётся тебе хозяев своих замени
ть
пегаш   спасите принуждают к противоестественному акту
пирогея   сдаётся мне что гулял мой дурак тут   под этой самой иной пла
кучею   посуда несданная валяется кучею   было мне этой ночью видение
что фома мой надрызгавшись совершил падение   и теперь не то мёртвый н
е то в усмерть пьяный   лежит заперт в сундук деревянный   знать бы куд
а занесло его немного хрена   ноги бы истоптала свои по колено   а его
бы касатика домой привела   кажется наш пегаш сюда летит как стрела
пегаш   хозяйка хозяин на сексуальной почве ополоумел   и вот вот окочу
рится хотя пока что не умер
пирогея   да говори толком где сам фома то
пегаш   под кроватью у наперсниц разврата
пирогея   а где кровать
пегаш   довольно далече
пирогея   всё равно дойду и всю компанию изувечу
пение из под кровати   не сдавайся конь врагу царь прусскому   не то в
о поле на боку   лежать мне грустному   и будет кушать воронье   да эх н
емецкое   да тело белое моё молодецкое   копытом дрыгнув конь заржал   и I
с поля боя убежал   плачь родная деревенька   жизнь моя промчалась   и в
сего то жить маленько   мне теперь осталось   схороните моё тело под го
рой крутою   и могилку мне покрасьте краской золотою   соловей пусть ще
бечет насвистывая   и шумят листвой ёлки ветвистые
грехильда   что же вы этих певунов живьём сбросили а не убили
отдалистка   да нечаянно
дебелоида   их душевные качества
неодетта   бессознательно полюбили
грехильда   придётся воскрешать змиулана   чтобы он прикончил всех согл
асно ранее выработанного нами плана   где тут у нас было живая вода
дебелоида   и живую и мёртвую пропили товарищи сиречь косорылые господа
грехильда   придётся для змиуланова воскрешения   применить приёмы теле
патического внушения   и другие средства трансцендентной парапсихологи
и   иначе наша любовь дойдёт до платонической патологии
отдалистка   а у меня предложение   продолжить так удачно начавшиеся от
ношения
неодетта   это с кем
отдалистка   а со всеми сразу
неодетта   да я изуродую тебя зараза
дебелоида   и я тебе курве физиономию изукрашу   не тронь моего еруслаш
у   люблю его больше всего на свете
голос еруслана   еловые дети
неодетта   а если вздумаешь отбить моего бову   я тебе все твои искусст
венные прелести оторву
отдалистка   а если вы только вздумаете завлекать моего чурилу подруги
   я вам всю косметику смою
голос чурилы   еловые внуки
грехильда   девочки как вы себя ведёте
голос еруслана   японские тёти
грехильда   если вы только взгляните на самого главного плюгавенького
богатыря   я вас в старух превращу
голос голя   японские деверья
фармазонки   вот тебе извращенка криворожая   вот тебе распутница висло
задая   вот тебе нимфоманка нехорошая   вот тебе лесбиянка усатая   за в
се твои штучки в общей кровати
голос еруслана   мать моя тёща японского батьки елогого лаптя в томате
грехильда   я вам покажу как отбивать любовников у невинных девиц
пирогея   цыц   я у вас наведу порядок в дому   куда девали моего фому
грехильда   не знаем такого а если б и знали   то всё равно вы граждано
чка опоздали   его между нами давно уже нет   хотя возможно сохранился
скелет
пегаш   врёте живой он гослужай хозяйка внимательней
голос еруслана   еловый собор японской богоматери

голос голя   ты прав еруслаша я бы тоже сейчас грамм пятьсот по возмож
ности хлопнул
пирогея   а ну головастые отпрыгайте подпол
рехильда   а он у нас по конструкции не приспособлен чтоб его открыва
ть

пирогея ногой опрокидывает кровать

пегаш   вылезайте на свет кто жив не убит
еруслан   мать нашу бибоп рокенролл и бигбит
пирогея   это что за личности такие пьянорожие хоть с затылка хоть с р
ыла смотри
голь   пирогеюшка знакомься сильномогучие русские богатыри
пирогея   а ты то фома какую в этой пьяной компании играешь роль
чурило   извиняемся это не фома а главный русский богатырь по прозвищу
волянский голь
змиулан   а недавно получил признание международное
пирогея   сгинь навски чудище огородное
голь   видать я и вправду богатырь   ты меня сколько била   и по спине и
в рыло   а я хоть бы что оклемался и снова хоть в космос пузырь   а зми
улана только раз задела   и осталось только мёртвое тело
пирогея   я же окаянного тебя   лупила с утра до ночи любя   а его я при
стукнула с перепугу
еруслан   мать мою девушку покойного батьки подругу
пирогея   и откуда он взялся
голь   нашего дыхания могучая сила   многих лежавших там в подземельи п
ластом воскресила   в том числе сивку бурку коурку и александра македо
нского даже
пирогея   а кто там плачет
чебелоида   дети
пирогея   чьи
отдалистка   исключительно наши   чистокровные полукровки метисы мулаты
детилошади по вашему полканята   а по нашему китоврасята и кентаврят
а   или точнее мутанты   помесь животного мира с людьми   смелых опытов
результаты   и плоды свободной любви
пирогея   ах вы бессовестные стервы   неужто у вас от таких опытов не д
рогнули нервы
рехильда   не трогайте меня войдите в моё положение   я почти не имею
к этому кошмару отношения   и нога у меня костяная   и вся я насквозь г
ипертонией больная   и глаза и зубы у меня искусственные   и не пожалет
ь меня могут только люди бесчувственные   и вообще я не соображаю уже
ни фига   и не иностранка я а природная русская баба яга   в девичестве
была кикиморой пока не очутилась во франции   попав случайно в одну из
волн эмиграции   если вас мадам такой химеризм нервирует и гневит   я м
огу придать этим тварям человечий вид   с помощью астрологии парапси
хологии и хиромантии
еруслан   японские свёкры елогой моей дочкиматери
чурило   вот этот чумазый кажется от меня   уж больно похож на моего бо
гатырского коня
голь   а вот этот кажется мой   так и бы и назвал щенка жеребячьего фом
ой
?ра   что нам с ними делать
пирогея   как что не топить же в реке не давить
?ва   ни в коем случае
пирогея   значит надо стервецов их разэдаких всех без исключения усыно
вить
голь ну пирогея был я тебе муж неверный   а теперь буду в семействе оте
ц такой же примерный
пирогея   а дома думаешь мало потомков твоих   родила в твоё отсутствие
сразу троих
голь   неужто все мои
пирогея   а чьи же
голь   ну и дела может я ещё и своих внуков увижу
?ва   между прочим заметьте что наши кони после сеанса парапсихологии
из четвероногих стали двуногие
рехильда   в результате повального волшебства   выяснилось что они тож
разумные существа

пегаш   ну и как вам в обличии людском
бывшая бурка   ничего хотя с непривычки несколько тошно
бывшая коурка   но на двух ногах ходить оказывается действительно мож
но
бывший сивка   непонятно почему некоторые предпочитают передвигаться
ползком
пегаш   а что я какой то неисправимый алкоголик   я тоже хочу иметь че
ловеческий облик
грехильда   ладно сделаю и тебя человеком   будешь таскаться всю жизнь
по аптекам   терпеть нужду и лишения   и по возможности откладывать сб
ережения
пегаш   почему тем не менее судьбу кляня   я продолжаю представлять из
себя коня
грехильда   видимо настолько сильно засело в тебе конское естество   ч
то тебя не исправит никакое уже колдовство
пегаш   неужели я настолько неправедно жил   что лучшей участи не заслу
жил
грехильда   утешься дам я тебе крылья утиные   чтобы ты не был простою
скотиною   а вдохновлял бы творческих работников   на создание макулат
уры для наполнения хламовников
пегаш   необычный мне выпал жребий   моей участи позавидует любой инди
видуум жеребий   до свидания хозяева друзья и подруги   прилечу как ниб
удь погостить на досуге
отделистка   а как вы с нами поступите   за сексуальные преступленья п
огубите   четвертуете сожжёте живьём
бова   зачем же в деревню возьмём обвенчаемся и заживём   и пройдут у
вас мысли и желания ветренные
еруслан   мать моя равнобедренная
пирогея   надоело несось грудями трясти
дебслоида   ох надоело хочется ткать и пряжу прясти   начать трудовую
жизнь интенсивную
еруслан   мать мою некрасивую
грехильда   а бы на старости лет с большим увлечением   занялась псих
отерапией и траволечением
голь   значит постановляем идти в земледельцы
чурило   видимо так хотя мы в этом деле не особо умельцы   в смысле аг
ротехники мы люди тёмные
еруслан   мать моя нечернозёмная
чурило   с детства обучены только наносить увечья   можно ли нам довер
ить огородный инвентарь и стада овечьи   и опять же если мы будем пах
ать   то кто будет заграничных врагов пугать   в силу наших выдающихся
физических данных   мы должны свои дни проводить в состязаниях неуста
нных   занимаясь физкультурой и спортом   пока другие пашут и обливают
ся потом
бова   но ведь в конце концов надо кому то и рожь пшеницу выращивать
а не то придётся у иноземцев её выпрашивать
голь   одним словом отправляемся поскольку до деревни не близко
руслан   мать моя фигуристка
бова   и пусть не говорят про нас мол один с сошкой а с ложкой семеро
пирогея   тем более что по весне я уже всё поле вспахала и засеяла   д
а в предбаннике спрятала для гостей две чекушки
руслан   ёлки макушки
голь   оно конечно алкоголь   снимает головную боль   но он её же и рож
дает   как жизнь нас в этом убеждает
бова   вот мы и снова в пределах россии
руслан   мать моя осиновая найдена батькой в трясине
голь   что там видать дорогие товарищи
чурило   милые сердцу пустоши и родные пожарища
бова   лужи родимые умиротворяющая душу пылища
голь   здрасьте дорогие мои пепелища   соловьи свистят   расцветают кал
иновые кусты   бабы дороги мостят   а мужики занимают ответственные по
сты   процветает потихоньку село комаринское моё столичное
руслан   колыбель моя лыковая трагичная
бова   хочется быть вам родине полезным
чурило   плакать о вас испытывал умиление

голь   хорошо бы проснуться хоть один раз трезвым и чтоб был мир на з
емле и во человецех благоволение
чурило   конечно постоянное пьянство продолжаться не может ибо все пр
елести жизни проходят мимо
бова   кроме того после неумеренного употребления питья становится не
сколько непонятен смысл бытия
голь   предлагаю чтобы взбодриться в бане попариться и побриться   1700
чурило   сегодня умеренно выпив тихонечко ляжем
бова   а завтра проспувшись с этим делом окончательно завяжем
голь   и начнётся у нас жизнь совершенно практически новая
еруслан   мать моя суковатая палка кондовая
плясовая   без ладов моя гармошка балалаечка без струн мать моя была
матрешка а отец певец плясун поколесил я по европе но совесть там
свою не пропил и возвращаюсь к ненаглядной супруге пьяница прокляты
й всю вселенную проехал раздобыл штаны в прорехах в рвань лохмотья
нарядился и в россию возвратился низко бью я ей челом вот деревня
вот мой дом я вернулся к вам негодник совершив тем самым подвиг с
этих пор на лавке сидя буду подвиги свершать никому тебя россия не
позволю обижать два рязанских мужика запрягли в соху жука пива боч
ку пролили всю капусту полили чтоб прибавить барже ходу побросаем
девок в воду утонула крыса в крынке приходите на поминки эх распус
тилась молодёжь куда россия ты идёшь она идёт вперёд папаша россия
догоная наша здесь люди честные на диво живут свободно и правдиво
и только для разнообразия творят порою безобразия все мы смерды все
мы смерды все мы смертны все мы смертны но перед тем как в землю леч
ь нас ждёт немало прекрасных встреч сердце больше не печалься над
судьбой родной страны столько есть у нас начальства что враги нам н
е страшны и в волю пляшем мы под ёлками стуча от радости подмётками
или прыгаем на бабе как телега на ухабе так что не пьянствуйте со
отечественники любезные
еруслан   ёлки железные
неган   а то ваше счастье спокойное удетит не поймать
еруслан   вот так то россияне

Прислано А.Лосевым и, по-
моему, опубликовано в "Эхе".

2016   а теперь за будущие наши дела   пьём из горла

ЧУРИЛО   пошла бутыль вкруговую   маэстро жарь плясовую

СКОМОРОХ   таусеньки таусень   варил*бабушка кисель   на горушечке в черепушечке   надо лапти надевать   за семь вёрст идти хлебать съели много киселя   пишут ноги вензеля   ладушки ладушки   где бы ли у бабушки   ёлки палки лес густой   почему я холостой   ко мне девки подойдут   поглядят и отойдут   барыня ты моя сударыня ты моя   а мне на жёнку наплевать   эх куда б её девать   ни сменять ни в дом отдать   ни пропить и ни продать   во саду ли в огороде   я гулял одет по моде   розан мой розан виноград зелёный   меня девки с собой звали   весь кафтан мне изорвали   к девкам бегать я боюсь   лучше друг с тобой напьюсь   да что ребята с вами сталось   ал и денег не осталось   ни скучать ребята бросьте   к моему дяде еде м в гости   прихвоём с собой золото   подпалим ему хоромы   скажем дяля это мы   давай денег нам взаймы

раёк   так бы они без конца веселились   да силы природы христом б огом взмолились   птицы небесные от богатырского пенья оглохли листья зелёные от богатырского свиста засохли   горы холмы расша тались от богатырского топота   рыбы сомы в реке захлебнулись от хохота   и насмерть утонли   и решила природа прекратить нетрезвы е вопли   подошёл к плясунам развесистый клён   об руку с подругою ивой плакучею   отвесил им низкий поклон   и говорит

клён   богатыри сильномогучие   не хотите ли временно перестать   п есни горланить и водку хлестать

ЧУРИЛО   чегой то

ива   а того что не совестно ли вам безобразники   среди недели ус траивать праздники

ЧУРИЛО   а вы кто такие

ива и клён   мы простые развесистые древеса   представляем реки го ры поля и леса   уполномочены от земли кормилицы   заставить вас

* есть не опечатка а пирушки Авдева и Некрасова такие тексты

ЦЕПЬ ВРЕМЕНИ

Привожу факсимильно /за скудостью места и сил/ публикацию - не Левинто-
новскую ли? - Алика Ривина в журнале "Современник", № 45-46 за 1980, с посвяще-
нием "Н.Х." /уж не Харджиеву ли?!/. Кому надо - и уменьшенный текст прочтет.

ИВИН

КАЗНЬ ХЛЕБНИКОВА

Посвящается Н. Х.

ок! Со скатерти суконной
звездный дран тем* поперёк,
математики учебник,
тригонометр Поперек,
тот историограф Вишер,
зял и прахи чисел вышер,
авом истин пренебрёг.

жись, — портной, из облака
ешь молочные каюты,
учевые эшафоты
отишь из густого лака
новой зеленой плахи
безглавишь эту казнь, —
лавый смертник и пророк.

ожицах блестели нитки,
лись на перстах копытки
ки прытких портняков,
ы латунные гремели,
хи мрамором горели
са из поншпрели
ной, гулкой и гагатной,
ака из зеленой шерсти
бом кругом — луженой чести.

юм готов. Готовься сам.
ч там ждет. Безмолвны толпы,
ам открыты плахи тропы,
ай. Не вытря лобик потный,
ошади, где тумб хорал
гушников кремнем карал,
ебо пестрого гранита
т от ветра не укрыто,
гривается и скоблится

скребками туч и вохкой пыльцей,
на площади, где плоски лица,
где черки кровли, быстры шпицы,
где кронверку закрепоститься
у крепости на вечном мыте,

стояла голубая плаха.

Палач в мече, судья под шляпой.
Сверкали роговые шеи,
мочги оплавив золотые,
глаза казненных как камен
агатом в мраморы резные.

Когда пророк подъехал на карете
верхом, то на глазах у всех,
на метр с лишком взрастились дети
не для родителей утех.
И, встав на плоской черной крыше,
проговорил: пусть числа слышат,
как судьи с площади вершат!
И снова сел.

Когда у плахи
колеса дрогнули, укоротясь
от невертенья, два в цилиндре,
с жезлами маршалов, под руки
продели собственные руки
и на помосте злобным лоском
над львиным льном пророка заблистали

Он поднялся. Он увидал
глаза и уши и макушки
и шеи и пупы и руки.
И руки гордо говорили:
— Мы — руки, нас воскрешал Энгельс.
На камне ледника белея,
тесали режущие штуки,
чтоб льды от злобы зеленея,
чтоб льды от солнца зеленея,
отвердевали людям в луны,
посевом пламя в грот посеяв.

Мы руки говорим пророку:
ты не казнишься тута к сроку.

И пуп пропел животным тоном:
Я — пуп вселенной и человека,
я — солнце неба живота,
я жизнь внушаю в смертном чреве,
я — воскивления врата,
я пуп-вещун, я вам вещаю
и отвечаю, что вас беспутных зреть
не чаю.

И ухо тонкое, резное,
как переливная лошина,
как колыбель ребят — прибоев,
казнимому прошевелило:

— Я ухо, ухо, ухо, ухо,
русло ума и уйма слуха,
врата познанья и забвенья,
седло Орфея и Морфея.
Я ухо, ухо, ухо, ухо,
— ты не лишишься слуха духа.

Пророк вступил пятой на плаху,
стояли головы рядами
и снисхожденно улыбались
ему, как будто ожидали
его размеренной улыбки,
чтоб прогреметь узрямый хором —
оркестр улыбок с дирижёром.

Пророк просунул поясницу
рябому кату под десницу,
а в небе видны были звёзды,
и на сосне, от крови липкой,
дышали древесины клетки.
Помощник поднял золотую
секиру ново-отлитую,
он выточил ее об мрамор,
на рукоять ее напялил,
и через миг над плахой синей
глава отъятая всем зрима.

Так был пророк казнен безвинный.

Некратко ухо куковало,
зрачок колыша эхованьем,
рука, как ветвь ствола, порхала.

13 сентября 1940 г.

ем — не местоимение, а род. п. множ. числа т
).

К ИСТОРИИ ОДНОЙ ПУБЛИКАЦИИ /АЛИКА РИВИНА в 1-м ТОМЕ/.

Я знал, что Гаррик Левинтон зануда. Я вообще много знаю. Теперь я в этом убедился. Привожу, по просьбе Левинтона, его письмо /местами целиком, местами в отрывках/ от 11 января 1980 г.

"Я думаю, что Кузминский мог не знать о том, что я составил этот текст /вовсе для публикаций не предназначенный т.к. тексты в этом списке очень недостоверные, это был набросок для себя с примечаниями, сделанными по ходу перепечатывания текстов/, хотя, насколько я его знаю /т.е. - о нем, мы с ним не были знакомы/, его вряд ли бы остановило, если бы он и знал. Например, то, что меня очень против него настроило, - это истории, связанные с собиранием им материалов перед отъездом: ряд текстов он увез несмотря на прямое запрещение авторов. Интересно, что он не лучшего мнения о своем коллеге. С Кузминским у меня связываются не слишком приятные, но неотчетливые ассоциации, в общем обвинить мне его не в чем /хотя, если он и поэт, то respectable я бы его не назвал/. В общем я не склонен затевать лишний литературный скандал и вполне удовлетворился бы его печатным извинением."

Он еще хочет извинений. Их будет. О поминаемых "авторах" - см. далее, где Левинтон прекратит жевать свою мочалку и раскроет, э, эстетическое кредо.Итак:

"Я знал, что в распоряжении Кузминского был список Ривина, восходивший к моему рабочему экземпляру. История этого списка такова. В 1972 или 73 г. я получил свод, сделанный по поздним спискам и записям по памяти некоторых знакомых Ривина. Составил его Я.Иоффе, как я тогда полагал, в основном по воспоминаниям В.Е.Шора - отсюда шифр списках В.Ш. в примечаниях к стихам, практически он обозначает тот список, который передал мне Иоффе, к нему же относится шифр Е.Э. /тексты полученные, по словам Иоффе от Е.Г.Эткинда, и К.Ч. - список с автографа, принадлежавшего К.В.Чистову/. Моя работа свелась на этом этапе к сведению этого списка и текстов ряда стихотворений, записанных по памяти моим отцом - к этим записям и относится шифр АЛ /А.Г.Левинтон/. При перепечатке был сделан ряд примечаний, которые вошли в публикацию Кузминского в том виде как были в моей машинописи, т.е. с невписанными иноязычными словами /напр., названием стихотворения Мюссе - кстати, уж это он мог бы и разыскать, не так уж трудно/, недописанными фразами /например, к №27: стр.63, "Время кучером одето" возможно из Пушкина..., я не хотел записывать точную ссылку, не проверив текст - имелось в виду "Ямщик лихой, седое время" из "Телеги жизни" - тем более, что думал одновременно и о лермонтовском "Пленном рыцаре"/.

/..../ предположение о том, что фотокопия на стр.45 воспроизводит мою машинку неверно, т.к. там ясно читается ошибка, сохранившаяся и в тексте: "Так нам землю надо кохать" - в примечании к №3 - вместо "Так как бога надо кохать" /обыгрывание польской клятвы jak boga koham/ - пишу с маленькой буквы, т.к. Ривин наверняка написал бы так. В остальном ошибок по сравнению с моим текстом я не заметил. Хуже другое - текст этот никак не был готов к публикации, в нем непроверенные, часто сомнительные тексты, записанные по памяти или поздним неточным спискам /между прочим в списках, ходивших в Ленинграде в 70-х гг., стихотворение "Вот придет война большая" имело еще две строфы/. Именно потому, что я знал о существовании этой копии за границей /а узнал я об этом, получив после отъезда Кузминского от общего знакомого копию, восходившую к его копии, и обнаружив в ней свои примечания/, я счел нужным оговорить преждевременность публикации этих текстов /я имел в виду именно этот список/ в своей публикации двух стихотворений Ривина в "Глаголе". Кузминский на эту публикацию ссылается - впрочем, переставив

мои инициалы и превратив, тем самым, меня в моего отца, - но предостережением
этим пренебрегает, сейчас, когда, готовя сборник Ривина, я работаю с автографа-
ми и современными Ривину надежными списками, я вижу, что был прав в этом отноше-
нии /между прочим, стихотворение, огубликованное Кузминским на с 67 по другому
списку, которое представляет собой вариант двух стихотворений у меня приведенных
по №№ 6 и 7 - почему-то он этого не оговаривает - оказывается ближе к авторитет-
ной копии 30х гг./. В целом - очень жаль, что первая большая публикация Ривина
основана на столь ненадежных текстах, возможно, в этом есть элемент моей вины,
но я никак не предполагал, что мой рабочий материал - сделанный для сохранности
в 4х экземплярах, - окажется основой такой публикации. Из частностей добавлю,
что непрочитанное слово в третьей строке №8 - "несозданье". №№27 и 28 представ-
ляют собой фрагменты из большого стихотворения "Адские частушки", инициалы Фре-
нкель /№10/ не Е. а Р.В. /Раиса Васильевна/ - впрочем, это моя ошибка; ничего не
зная о ней, я предположил, что Леля должна быть Еленой /подробнее о Р.В.Френкель
см. в моей публикации полного текста этого стихотворения, носящего в действи-
льности название "Прогулка к поэме" - публикации сданной в печать в Зальцбургс-
кий журнал "Neue Russische Literatur" - м.пр. Кузминскому осталась неизвестна
публикация в 1м номере этого журнала стихотворения "Казнь Хлебникова"/ /по спи-
ску Н.И.Харджиева с принадлежащего ему автографа - зачеркнуто - ККК/. Наконец,
"Рыбки вечные" - это очень сокращенный вариант "Поэмы горящих рыб", он встречал-
ся мне в поздних списках, но, возможно, все-таки представляет собой авторский
вариант, а не позднейшую реконструкцию; насколько я знаю, названия прочно связы-
ваются - первое с кратким, второе - с полным вариантом поэмы."

      "Кузминскому осталась неизвестна..." Кузьминский знает, что и фамилия его
пишется с мягким знаком /я очень мягкий человек/, Кузьминский все знает. Публи-
кация "Казни Хлебникова" почему-то АлЕка Ривина в альманахе "НРЛ" Лёна и Роз-Ма-
ри Циглер с посвящением Харджиеву, и аналогичная же публикация в "Современнике"
/но с посвящением "Н.Х." и толкованием слова "тем" в примечании/ и, кстати, ни
там, ни там, как и в списках /кроме публикации в "Глаголе"/ составитель Левинтон
НЕ ФИГУРИРУЕТ. Так чего же он кочет?

      Он кочет извинений. Цитирую: "Кузминский мог не знать" - и не знал, я ду-
мал на папеньку, вполне приличного человека /одессита и "жидка-проныру" по Риви-
ну/, по слухам, автора песни "Стою я раз на стрёме", но даже не знал, что у него
есть сынок, нигде не обозначенный. Копии, им самим не проверенные и с пропусками
Г-н Левинтон-младший запузырил в Самиздат /уже у меня, по его же словам, была НЕ
ЕГО копия/, в чем, возможно, "есть элемент его вины" - а я должен "восстанавли-
вать" Мюссе и Пушкина /который, возможно - Лермонтова/. Единственная публикация,
подписанная Левинтоном - в "Глаголе", но совершенно бесполезная /из нее я проци-
тировал только кое-какие биографические данные о Ривине, сопоставив с Сотниковой/.
Продолжаем цитировать:

      "Я в общем саму эту поэзию /современную - ККК/ не особенно люблю. За ис-
ключением нескольких человек: Бродского, Бобышева, Наймана, Горбаневской, не лю-
блю я - хотя не могу отрицать явный талант - Лимонова. Остальное, по-моему не
поэзия. Что это за поэзия в которой несколько сот имен, поэтов должно быть, ну 10,
ну - 20, но не 200. Сравни это даже с плодовитейшим началом века."

      Ну о чем мне, скажите, говорить с Г-ном Левинтоном? Приведя "горбаневско-
ахматовский" джентльменский набор имен, он херит: Еремина, Уфлянда, Чудакова,
Сапгира, Холина, Горбовского, Рейна - друзей и УЧИТЕЛЕЙ Бродского, но поэтов же
не может быть больше 20!

      А в общем - противно. Вместо требуемых "извинений" - привожу письмо его,
и слава Богу, что мы "не были знакомы". И сейчас не тянет.

      Касательно же "авторов" во множественном числе, упоминавшихся в первой
части письма /чьи рукописи я вывез "без разрешения"/ - "не разрешил" мне - один
Бобышев /о чем см./ и был за это с треском выкинут. Но превратился по сплетням -
в целый сонм "авторов", защищаемых Г-ном Левинтоном. Которых он не читал...

ЕЩЕ О РИВИНЕ

Впрочем, на Левинтоне-младшем член клином не сошелся. Есть у Ривина и еще поклонников-собирателей. Пишет мне друг:

"... прервусь, чтобы перекатать аликины, чтобы ты имел о нем представление. За почерк не ручаюсь. /Ничего, разбираю - ККК/

- - -

Погода смутная,
судьба лоскутная,
а жизнь минутная.
Так - марш вперед!

Где б ни скитался я,
как ни бросался я,
не доискался я,
кто чем живет.

Но под ударами:
одни - железные,
одни - стеклянные,
а третьи - голы.   /почему-то ударение на "ы" -
                                     для рифмы, что ли? - Э.Ш./

Грубые трудности -
вещи полезные,
чтоб не беседовать
с жизнью - на Вы.

Все мы преступники,
правозаступники.
Врешь - не помогут
и шлепнут в лоб.

Лишь бы мы в жизни
не гнили как путники,
а как охотники
жили взахлеб.

Вот так. Это видимо, песня. Ритм проясняется только к концу. Наверное, пелось на какой-нибудь ходовой тогда мотивчик. /"Бублички", Эдинька, "Бублички". - ККК/. Но Вера Рольник, увы, умерла, не у кого спросить. Ну, второе, под названием:

ОТЧЕГО ТЫ В МЕНЯ НЕ ВЛЮБИШЬСЯ?

Вера, Вера, ты душа,
ты как небо хороша,
у тебя большие очи
цвета самой темной ночи.
Правда, нос неважный очень,
но об этом ша.   /Здесь строфа кончается
                                     или все подряд - неясно,
Вера, Вера, о хвала тебе,   вернее, все-таки кончае-
                    хвала!   тся. - Э.Ш./
Ты холера, ты дуб, а не трава.
Под таким могучим дубом
чахлые немцы душу губят,
а нам жидам горячим

трын-трава.

Вот так писали наши предки. Это, конечно, экспромт, все той же В.Р. /Вере Роль-
ник - ККК/. "Немец" ихний общий знакомый, приятель и ейный воздыхатель /кстати,
мой тезка/, о нем речь в др. стих., которое - потом, когда уверюсь, что это до-
шло.
/Письмо датировано 18.3.82, а сейчас уже 13 мая, и антологию уж 2 недели, как на-
до было сдать в печать, так что продолжение публикации Ривина и о В.В.Рольник -
см. уже в 4-м томе, который тоже готов, но нет еще издателя или денег на издание.
Так Ривин и будет у меня в каждом томе. - ККК/

P.S. Да, учти, что эти два - не самые лучшие из аликиных. Есть и лирика кой-ка-
кая, неплохая. Есть и такие вкусности /это - в качестве анонса/:

            Я Мэри Рид имел во сне.
            Вы думаете счастлив?
            Не.

Она, старушка, когда-то входила в их круг, и тот же Иван Алексеич /надо понимать,
Лихачов, о котором тщетно прошу уже годы Виньковецкого или кого еще написать -
ККК/. Но это оставим на после.

Так, "на после", и остается публикация Алика Ривина. С одной стороны зануда и
книжная глиста Левинтон донимает, с другой - Эдик все обещает...

А время идет...

И письма, со скрипом, доходят: /от 12.6.82/:

        "Да, я задолжал Алика. Ну вот еще пара текстов.

            И опять любовь,
            опять глаза большие,
            как сердца большущие
            от чувств.
            И опять поэт в своей стихии.
            Мимо сердца не промчусь.

            Это ли любовь?
            Одно названье,
            это дерзость детская твоя,
            детский гнев опознаванья
            рыб бесчувственных, как я.

            Мы живем в своей улитке,
            поджимаем к сердцу хвост.
            Далеко нам до политики -
            десять тысяч десять верст.

            Ну а вам с своим характером -
            ком железной прямоты,
            только делать глазки с трактором,   /или: "трактору",
            он железный, как и ты.   что, конечно грам-
                                                 матически лучше, хо-
            И от этого реакция   тя хуже рифменно; тут
            на мужчину хороша -   исправлено, но какой
            нуль железного характера   вар. был первонач.,
            мальчик, детская душа.   не пойму. - Э.Ш./

По-китайски и по-шпански
он умеет говорить,
целоваться по-ипански, по-советскому курить.

Все пройдет, пройдет
быстрей галопа.
Вся уйдет
на всю войну Европа.
И придет к тебе дубовый Степа
от него и от меня.
Выпьет слезы желтый рот окопа
и обнимет тебя толстый Степа,
и заплачет на груди окопа
Сева, сладенький, как я.

Мы живем в своей улитке
мускулисты и сильны
от любви, как от политики...
И в улитке пьяны.

Ты не плачь, мой мальчик Севочка.
Соль дороже без воды.
Слезка скатится, как девочка
в рот степанской бороды.

Мы живем в своей улитке
и на сердце греем хвост.
От любви, как от политики,
десять тысяч десять верст.

Кто такой Степа, я не знаю, ну, какой-то приятель, явно. А Сева - это Всеволод
Карачаровский, художник-любитель /я видел его рисунки, довольно лихие, точнее -
почти профессиональные/, а по профессии биолог, аликин друг, муж этой самой Веры.
Он погиб на фронте в войну. Ну-с, перейдем ко второму.

Знаете ли вы "тянули",
птичку "сплю",
а также в науке "русский язык"
прошли ли
спряженье глагола "люблю"?

Вы что-то не знали,
о чем-то молчали,
Вы ждали каких-то
неясных примет,
и тополи дальние тени
качали,
и поле лишь было
молчанья совет.

Когда б под ключом
я с тобой очутился,
и слесарь бы умер
и ключ бы сломился...

Панна пены! Панна пены!
Что ты? Тополь или стон?

Или снова бьется в стены
роковое слово - он?

Я Мэри Рид имел во сне.
Вы думаете - счастлив?
Не.

Вы были дерзкой,
Вы были вдохновенной.
Я был Дунаем,
Вы были Веной.

Будь море - чернила,
будь небо - бумага,
написать я не мог бы,
как люблю я тебя.

"Вы" он пишет то с маленькой, то с большой; конечно, надо унифицировать. Все стихи, явные экспромты, - некий поэтический штурм сердца. Судя по всему, он сотни написал. Но где они? Вероятно, почти все пропало.
    Итак, за мной еще два."

    "... Как только это письмо получишь, сообщи, - чтобы я был уверен, что не зря перекатывал Алика - уже ВТОРОЙ раз эти 2 вещи посылаю. М.б. успею до отпуска др. В августе будет вероятно."

    Семеро одного не ждут. Я жду - семерых, зачастую. И вместо текстов Ривина получаю - послания от Г-на Левинтона, скажем. Или, через ТРИ ГОДА по выходе 1-го тома - запрещения печатать в нем от Еремина-Красовицкого... Через Ефима Славинского и, почему-то, адресованные Г-ну Левину, который имеет к антологии примерно такое же отношение, как я - к комитету по защите прав гомосексуалистов.

    А еще 2 текста Алика Ривина - вероятно, будут "в августе"...

Зачем Я это сделала?...

TO WHOM IT MAY CONCERN:

        Два с половиной года мне крутили эти
самые с этой самой книжкой. То Кухарец и Саша
Сумеркин, то трижды посылал Шемякину, а она в
Атлантике тонула, словом: печатаю.
        Да и пора: тут такое свежее добро деву-
шки подкидывают, вроде протеже Бекаки Зойки
Афанасьевой - "Так инородно собственное тело,/
Что чужестранкой правая рука / Все норовит..."
или еще откровенней - Надежда Пастернак, в стра-
не Обетованной выражается: "Лишь мой пупок /что
твой наперсток/ выпьет / любви мужской обыкно-
венный пай!", что чую: нет на них конца. Или -
говоря той же Пастернак: "А если поточней - не
ватный кляп?"
        Надо кончать. Я и кончил.

        Приношу благодарность резерчерам в хро-
нологическом порядке:

        Леонид Палей
        Владимир Ибрагимович Эрль
        К. Аксельрод /А.Ник/
        Б. Кудряков
        А. Лосев
        Лев Лившиц
        Лев Халиф
        И. Левин

        а также Сиднею Монасу, проф. Ю. оф Тексас,
Ю. оф... Ю. оф и проч. и проч., любезно
написавшему предисловие, правда, по агли-
цки, но желающие - прочтут.

        Полагаю, с дамской поэзией, на настоящий
момент, покончено.

                                    ККК

Introduction

This sly collection of inadvertencies, incompetencies, minor and major lapses, and just plain funny boo-boos, is in its own way, and garlanded in its own design, a tribute to the Muse.

I am inevitably reminded of two somewhat more ambitious and more extensive predecessors. One is Wyndham Lewis' famous anthology of bad poetry, The Stuffed Owl, one of the funnier books of our time, with its exposure of all the bed-springs and stuffing of genre and technique that show their iron and fuzz all too pathetically when the (living heart) -- that personal contact with the Muse, what we call "talent" or "inspiration" -- is missing. The other is Freud's Psychopathology of Everyday Life.

Few people had a keener sense than Freud that civilization, founded inevitably on guilt and repression, confronts individuals with the need to lie at the same time that it imposes on them the imperative of truth-telling. Deeper than that "civilised" imperative, is an inner truth-telling impulse that has its roots in a primitive incapacity to lie. We know about that impulse because it leaves clues everywhere, though given the energies directed against it, it never appears in an unambivalent form. The clues take the form of lapses, omissions, mistakes, confusions, for which there is no other reasonable explanation. It is the task of the psychoanalyst to track down these ambivalent clues. The task of the poet is somewhat different.

The task of the poet is to steep himself in the forms and disciplines of language so thoroughly that they cannot betray his truth, that he cannot lie about his deepest desires, (about) what is most important to him, or talk about them in a way that masks the hierarchy of their importance to him, that allows them to become inadvertent or disguised as trivia. This is called service to the Muse.

The poets represented here, some of them good, some bad, some indifferent, have in the examples cited at least, slipped from that service. I think women are over-represented. That may be a slight inadvertence of the anthologist himself. No matter. There are men here, too. Behind them both stands She whom the very lapses confirm.

Sidney Monas

ЕЩЕ ЭПИГРАФЫ:

ЧТО ТЕРЯЮТ ДЕВОЧКИ?

Что теряют девочки,
Маленькие девочки,
Приезжая с папами
На Кавказ и в Крым?
. . . .

/Игорь Смольников,
журн. "Искорка",
авг. 1971, стр.27/

"В редакцию зашел Семен Ботвин-
ник. Долго рассказывал о том, как
он познакомился с девушкой и в нуж-
ный момент у него не оказалось пре-
зерватива.
Уходя, положил стихи. Финал
этих майских стихов был такой:
"Адмиралтейская игла
Сегодня будет без чехла!"
Как вы думаете, это подсозна-
ние?"

/С.Довлатов, "Невидимая книга",
"Время и ми", 24, 1977, стр.75/

ЗАЧЕМ Я ЭТО СДЕЛАЛА?

Эпиграфы:

1. "Она нахмурила свой узенький лобок..." /Олег Шестинский/
2. "А милая на том конце -
      Менялась медленно'в лице..." /Вл. Торопыгин/
3. "Я мрачно над развалинами бдел..." /Олег Шестинский/
4. "Поэзию интересует всё,
      и в том числе, конечно, то да сё..." /Борис Слуцкий/
5. "Сидит и ноги простирает..." /Ломоносов/

Анне Андреевне Ахматовой
Марине Ивановне Цветаевой
посвящается книга сия.

ЗАЧЕМ Я ЭТО СДЕЛАЛА?

"Потому что баба я и слаба..." /Нина Королева/

Глава 1

"Но ведь это же такая прекрасная тема - беременность!"
/Нина Королева о поэзии/

"Ведь глаза святой в славянской дали
  С женщины беременной писали." /Нат. Бурова/

"Мне кажется, до смерти полногруда,
  Я грею вечность на своей груди..." /Св. Евсеева/

"Ничего еще не знают люди -
  У кого-то набухают груди." /Нат. Бурова/

".... Я засыпаю,
  своей мечте сдаюсь я в плен.
  И вот я по земле ступаю
  мужчиной - руки до колен.
  Курю и пью, ем воблу с хлебом,
  о жизни ямбами пишу,
  и на лице своем нелепом
  два глаза синие ношу..." /Юнна Мориц/

"И мысли в строки - грузятся,
                         грузятся...
  И я, как прежде - грузчица,
                         грузчица..." /Майя Румянцева/

"Но мне узды недостает,
  Мне нехватает сбруи.
  ....
  И не нужны мне шпоры." /Лариса Дианова/

"Моя жизнь, как подошва, пропахла..." /Ю.Кузнецов/

"Полюбил бы меня хоть араб..." /Марина Рачко/ *

"Хоть ты не отец мне,
                        не муж,
                                и не брат -
  все разом права -
                        за тобой..." /Елена Серебровская/

"Быть блудной дочерью...
                        Легко ли?" /Инна Лиснянская/

"Ношу я юбочку вплотную..." /Св. Евсеева/

"Только ночью кусай мне губы,
 Только руки ко мне тяни..." /Т. Галушко/

"Прошу тебя жадно и робко,
 Как просят напиться в пути:
 Возьми меня, полукровку." /Т.Галушко/

"Мне нужно так, чтоб я не понимала,
 И станет мною то, что было - вне." /Т.Галушко/

Глава 2

"Почему я инженер
института?
 Мне побыть бы, например,
 проституткой..." /Марина Рачко/ *

"И ни мучительных "решай",
 ни зыбкости в душе.
 Полюбишь парня, так рожай,
 вари ему и шей..." /Нина Королева/

"Бабий ждал меня удел..." /Лидия Гладкая/

"Я вам танцую и пою
 и создаю уют.
 Про душу женскую мою
 записки мне суют." /Нина Королева/

"Из меня пытаются сделать девушку..." /Маргарита Фролова/ *

"Меня сложили на кровать..." /Раиса Вдовина/

"Было тело мое без входа..." /Мария Шкапская/

"Я не знаю, что думаешь ты,
 Отзываясь на маленький шорох,

Когда девочки в розовых шортах
Нам кладут в изголовье цветы." /Людмила Лозина/

"Дупла открылися уста..." /Е.Таубер/

"Когда в случайном человеке
    я ту же страсть читаю вмиг..." /Нат. Карпова/

"Но молчанье - рождает грубость,
    и во мне умирает женщина..." /Майя Румянцева/

"Я до кончиков пальцев не злая..." /Майя Румянцева/

"Как смела я хлюпать противно
В том парке 30-х годов,
Где всё безупречно-спортивно,
Где каждый - предельно готов!"
                    /Нонна Слепакова/

Глава 3

"А я теку, теку по плану..." /Нора Яворская/

"Мне кажется, что я - река,
    Что я теку..." /Ирина Малярова/

"Течет река Печалинка,
    как девочка в ночи..." /М. Гурвич/

"Я Гавань. В меня вошел большой корабль.
    Я Гавань в красных флагах." /Нина Королева/

"Не раз в мой омут прозрачный
    Забрасывали снасти...
    ....
    ..... Я на миг забылась...
    Вдруг вижу:
            он тонет,
                    тонет!" /Лариса Дианова/

Глава 4

"Девчонка в клуб пришла,
    Ей хочется большого..."   /Виктор Урин/

"Я хотела всего огромного..." /Нат. Гуревич/

"Пусть он жалок еще и мал,
    Но ведь жарок уже и ал..." /Улуро Адо,
                        один из представителей
                        уже известного по жизни
                        и литературе семейства
                        Куриловых. Из книги "Пока
                        дремлют олени"/

"То кидает вверх, то вниз,
    Он соломинкой повис..." /Лариса Дианова/

"Я жизни начало
    кладу на весы..." /Лидия Гладкая/

"Спасибо, дом! И этот стебелек,
    поднявший к небу острую ромашку!
    И ты, мужчина, сбросивший рубашку!" /Т. Галушко/

"Я обязана вначале
    в три больших твоих трубы
    нашептать свои печали
    и дела своей судьбы..." /Нонна Слепакова/

"Помнишь, близость завязалась
    желтым узелком..." /Маргарита Агашина/

"Я к груди твоей прижалась,
    Я почувствовала всё..." /Нина Королева/

"И вот, доверившись концу,
    я выкрикнула имя это..." /Белла Ахмадулина/

"Ваня раз, Ваня два,
    Закружилась голова..." /Нина Королева/

"Ну, подбрось пупок,
    Не зли!" /Инна Богачинская/

"И вопль осатанелых ног..." /Инна Богачинская/

"Но смотрит безучастно
    твой опытный партнер..." /Евгений Ильин/

"Не мальчик ты, а времени в обрез..." /Л. Сидоровская/

"И встает в лиловеющей сизи..." /Олег Охапкин/ *

"Недвижимо и вещественно стоит..." /Олег Охапкин/ *

"Уж гну его, чудовищный снаряд..." /Олег Охапкин/ *

"Зияли дыры с этой стороны,
    А с этой он выпячивал отростки..." /Р. Вдовина/

"Приползает и вонзает..." /Ранний Кузьминский/ *

"Колоссальные гантели
    колыхал под животом..." /Р. Вдовина/ *

"А ты на целый мир в обиде
    и миру целому смешон:
    свою монету в гнутом виде
    толкаешь в тот же телефон..." /Леонид Агеев/

"Бедная беспомощная плоть..." /Вера Звягинцева/

"Подрезан кем-то по колени..." /Р. Вдовина/

"Опостылела слов трава,
  да вот гайка во мне слаба..." /Владимир Корнилов/

"А Витька с Галочкой,
  Как винтик с гаечкой -
  Полюбили намертво,
  Д' не сошлись диаметром,
  Ой!" /Андрей Вознесенский/

"Ах, этот лимон с кожурой,
  свисающей в виде спирали -
  как солнечный рай с мишурой,
  который мы все потеряли...

  Как тянет на это смотреть!
  ....
  Но я не жалею об этом..." /Александр Кушнер/

"Стал отделять от живинки
  мертвые скорлупинки,
  как плод живой от последа:
  а будет ли победа?" /Александр Яшин/

"Я сбился с темпа - что же тут такого?
  При чем тут старость? Ты сошла с ума!" /Лев Друскин/

"Вверх и вниз,
  Вверх и вниз.
  Может, я живу не так?
  Может, я иду не в такт?" /Л. Дианова/

Глава 5

"Вся изведусь до будущей весны..." /Сергей Наровчатов/

"Я к тебе тянусь осатанело..." /Леонид Агеев/

"Изгибом каждым жду и маюсь,
  и надрываюсь, и тянусь..." /Галина Гампер/

"Я прижмусь к тебе холодной ногой..." /Женя Клячкин/

"А мы касались спинами,
  а больше - ни-ни-ни!" /Марина Рачко/ *

"Молю: до следующей бани
  себя, пожалуйста, не трать!" /Раиса Вдовина/

"Пусть больно,
пусть очень больно,
 и все же -
   круши, кроши!" /Юлия Друнина/

"Выше!
 Выше!
 Уже не каюсь..." /Нина Бялосинская/

"Будь мужчиной!
 Пронесло.
           Эй, быстрее! Взахлёб!" /Лариса Дианова/

"Я влюблена в нагое тело!
....
 Стоишь ты в позе кондотьера..." /Р. Вдовина/

"Вы спите, Вы кончили. Я начинаю." /Павел Антокольский/

Глава 6

"Как это мало -
           просто рот открыть..." /Е. Винокуров/

"Попробуй только ляг - и засосут..." /Е. Винокуров/

"В такие схожие сосуды -
 такой несхожести налить!?" /Галина Гампер/

"Он оторвал не то, что мнилось - рот..." /Олег Охапкин/ *

"Мне на язык - на искушенье,
 Мне на зуб, на запрет, на вздох..." /Т. Галушко/

"Я их беру. Как воду. Ртом. Беру..." /Т. Галушко/

"Губами, ртом - перехватила б пулю!" /Т. Галушко/

"И это было счастье,
 А не разврат!" /Рачко М./ *

Глава 7

"Только первая неделя,
 как упало зернышко,
 как в моем восходит теле
 молодое солнышко..." /М. Агашина/

"Вспухаю, словно тесто..." /Римма Казакова/

"Потучнело щедро тело.
 К свету вырвался росток -

мальчик, аленький цветок!" /Лидия Гладкая/

"Живот округлый, словно глобус,
  Она торжественно несет..." /Римма Казакова/

ПОСЛЕСЛОВИЕ

"И как моей малой головкой
  всё это запомнила я?" /Нонна Слепакова/

"Я была глупой, я и сейчас глупа..." /Людмила Лозина/

заключение:

"Спасибо за раскрепощенье..." /Майя Румянцева/

ЧЕМ ЭТО ОБЪЯСНЯЕТСЯ?

       "Случается, что при отсутствии в птичнике петуха у какой-нибудь обычно
плохой несушки в возрасте 3-4 лет начинают появляться петушиные "замашки". Ку-
рица делает попытки кричать по-петушиному, у нее вырастают шпоры, гребень, пе-
тушиные перья. Обычно такие самозванные петухи перестают нестись или несутся
плохо.

ЧТО ДЕЛАТЬ?

       Описаны случаи, когда помещение в птичник петуха спасало положение:
куры, процесс превращения которых зашел не слишком далеко, вновь начинают
хорошо нестись и постепенно утрачивают петушиные признаки."

                                          /Игорь Акимушкин. "Тропою легенд",
                                          1965, стр.70/

Примечание:
тексты, означенные звездочкой *) - неопубликованы. Приводятся по рукописям,
или по памяти.

ЗАЧЕМ Я ЭТО СДЕЛАЛА?

К истории создания.

В начале 50-х гг. по Ленинграду ходила подборка, сделанная каким-то шутником из редколлегии журнала "Нева". Из стихотворений, присланных в редакцию, избраны были наиболее запоминающиеся куски, авторы же /наверняка, "безымянные"/ упомянуты не были. Впрочем, из приведенных цитат явствует, что редактор хотя бы "умел грамоте". Позднее, подобные же перлы - проходили незамеченными.
Запомнились следующие, сочностью своей поражающие, образы:
"И молоком роса украсила траву..."
"И тобою, как шоколадом, наслаждаюсь..."
"Мчится трактор по горным вершинам..."
"И мы с соседкой развлекались / Пустою кружкой кипятку..."
Литературные реминесценции:
"А вот и Крылов, мой любимец!
Сидит, не боясь ничего.
С любовью глядит проходимец
На бронзовый облик его."
Образ города:
"Исчезли веселые кони, / Впряженные в мост на Фонтанке..."

Но вершиной всего являлись следующие две цитаты:
"Известно всем, у нас что позади,
Но спереди у нас - совсем иное!" /Офицер объясняет солдатам положение
на фронте/.
И:
"Есть у воина в брюках заветное место.
Там покоится то, что дороже всего.
Это место - карман, и в нем фото невесты,
Что в далекой Москве ожидает его!"

Автор явно был незнаком с классическими строчками Маяковского:
"И я достаю из широких штанин
Дубликатом бесценного груза..."
как незнакомы с истинным смыслом этих строк и все редакторы многотомных изданий великого поэта. И великого хулигана, спешу заметить. Чтобы такой поэт, как Маяковский - не понимал ВТОРОГО смысла этих строк - в это, простите, нельзя поверить.

Это Лермонтов мог не понимать, о чем идет речь /находка для проф. Карлинского, дарю!/, написав:

"И в горло я ему воткнул,
И там два раза повернул
Свое оружье. Он завыл,
Рванулся из последних сил,
И мы, сплетясь, как пара змей,
Обнявшись крепче двух друзей,
Упали рядом на песок..."

Впрочем, от автора "Гошпиталя" можно ожидать чего угодно.

Но мы сконцентрируемся на женской поэзии. И не потому, что это "slight inadvertence" со стороны составителя /как выражается проф. Монас/ - я уж предпочту, чтоб меня назвали просто "perverted", каковым в отношении дамской поэзии я и являюсь, потому что потерял всякое уважение к пишущей женщине. Как сосед мой, любитель Ли Бо и Хайяма, глухой дед, Леонид Петрович. 40 лет он проработал мастером и начальником цеха на текстильной фабрике - и сохранить при этом уважение к слабому полу было бы затруднительно.

    Я же - имел несчастье читать "Дни поэзии" и прочую печатную продукцию советских издательств, где помянутому полу - открыты все двери. Попросил сейчас Илью Левина сделать резерч. Результаты /настораживающие/:
        в ленинградском "Дне поэзии" за 1964 г. - 94 М и 24 Ж /одна пятая/,
                                        за 1965 г. - 64 М и 25 Ж /одна треть/,
                                        за 1966 г. - 66 М и 32 Ж /ПОЛОВИНА!/ -
Ахматовых же и Цветаевых за ними не замечается. Однако, женская популяция в "поэзии" - плодится со страшной скоростью.

    И это не Нина Хабиас, выпустившая в 20-х годах книгу стихов с фаллосом на обложке и соответственным содержанием, не Мария Шкапская, сконцентрировавшая всю поэзию свою на уровне матки /поэтесса, одобряемая, кстати, столь разнородными ценителями, как Иван Ефремов и княгиня Шаховская!/, нет, эти поэтессы попали в поэзию по принципу "усредненности", безликости /замечу, что наиболее яркие из цитируемых здесь - вообще не напечатаны/.

        Когда поэт Виктор Кривулин печатает в "Дне поэзии" строчки:

                "Бога, вставившего в рот
                 Горло узкое рапана..."

/"Фонтан Тритон"/, он при этом мерзко хихикает. Поэт Олег Охапкин, сексуальный гигант /по прозвищу, данному поэтессой Галушкой - "спермач" и "сперматозавр"/, знает, что делает, когда пишет "Пять минут пополуночи", насыщенные "космическим" сексом:

                "... Водолей
                 Тягучую струю нагнул к фрамуге..."

                "Две головы кренились, точно в Пизе
                 Наклонная громада..."

                "И сытный миг, разломлен, как буханка
                 На два куска, открылся - весь изнанка
                 Двух ненасытных глоток, поцелуй..."

Охапкин знает, о чем пишет, и что имеет в виду. Не знаю, знал ли кокетливый Бобышев, печатая в "Авроре" следующие строки в "Львином мостике":

                "у каждого попарно изо рта -
                 Железо напряженного прута..."

или это лермонтовские дела подсознательные, но очень может быть, что и знал.

        Цитируемые же поэтессы /и немногие поэты/ тем и отличаются, что НЕ ЗНАЮТ. Приходит в Дом книги Нора Яворская, чуть не плачет: "Почему все надо мной смеются, я же такие прекрасные стихи написала:

                А я теку, теку по плану..."

Это она про реку, а не про себя. Показываю эти строчки Люсеньке из отдела поэзии. Хихикает: "Все вы, мужики, такие похабники!" Хихикает, однако.

Приносит в ту же многострадальную "Неву", где тогда работал Саша Лурье, свой роман из жизни художников – мадам заведующая кафедрой эстетики Герценовского пединститута, году в 1968-м. Читаем с Сашей:
"Она спала, утомленная яростью его любви, величаво и значительно..."
"Он смотрел на нее и видел обнаженную женскую ногу, уходящую в небеса..."
После долгих споров, "утомленная яростью его любви" завкафедрой из романа выкинула, но "величаво и значительно" – оставила. Роман все же не пошел. А жаль!

Все эти поэтессы очень боялись попасть в нашу антологию, та же Ирина Малярова со строчками про тишину, которую "И как невинность, берегут..." Мои сосоставители /резерчеры/ Владимир Ибрагимович Эрль, Аксельрод и Б.Кудряков – радостно волокли ко мне все свежие ляпсусы, как мужские, так и женские. Мужских, почему-то, /?/ оказывалось поменьше. И в основном, среди заслуженных членов Союза писателей. Должен сказать, что я не выбирал. Диктовал материал.

Выехав за бугор, я думал, что навсегда избавился от женских проблем. Не тут-то было! Такого идиотизма, как в нынешней Америке – я и в России не встречал. Помимо четкого разделения поэзии на гомосеков и лесбиянок /лица нормального пола не принимаются, о чем, кстати, сетовал в письмах сам Бродский!/, баб здесь суют повсюду, доказывая, что они "умеют и могут ВСЁ". Американское телевидение, которое есть vox populi, уделяет эмансипанткам премного внимания. Помимо интервью с "выдающимися" женщинами, симпозиумов "Женщины в тюрьмах" /куда меня не пустили защищать Юлию Вознесенскую: полом не вышел!/, физиономии американской суфражистки Susan B. Anthony на новом металлическом долларе, бюсты трех манекенщиц, играющих "детективов" в серии "Charlie's Angels", кстати, "о бюстах" – днесь показывали wrestling между мужиком и красоткой с болтающимися грудями, очень цинично, но – equality!, героинь вестернов, которые стреляют и бьют морды, выставки и целые галлереи "женского искусства" /рекомендую, в Хьюстоне, на музейной площади – ТАКОГО больше нигде не увидите!/ – и, кстати, о певчих – мою подругу, местную художницу, не допустили на "женскую" выставку, поскольку рисовала она – фаллы, а не влагалища!

Словом, большего маразма, чем в Америке – вы вряд ли где найдете. При этом, говорить об этом вслух – не рекомендуется. На защиту дискриминированных лесбиянок встают – ими же затюканные мужчины. Мой друг и учитель, журналист Стив Спейр, просит присоединить парочку cursings в адрес американских дам. Что я с удовольствием и делаю, поскольку последние 4 года веду жизнь чисто монашескую и даже в массажные не хожу: не по карману.
Поэтесс же здесь я встретил никак не меньше, и куда более откровеней:

> "I live in my womb, my beautiful
> womb
>
> and it flies no flag."
>
> (Alma Villanueva)

О таланте судить не берусь, не по русски, но – я такого здесь наслушался! Открытым текстом девушки лепят, при этом вовсе не имея "этого" в виду. Так, манифесты. В жизни же – знал одну Joy Cole, содержательницу "голой" студии и поэтессу, у этой слово с делом не расходилось.

В заключение же следует напомнить, что не мой "извращенный" мозг изобрел эти игры, как и цитированные вначале выдирки из почты "Невы". Народ давно развлекается подобным. Из школьных сочинений, общеизвестное:

"Татьяна носила декольте ниже пояса..."

"Нехлюдов очень любил духи и часто ими мочился..."

"Онегин ехал в карете с поднятым задом..."

"Дубровский имел сношение с Машей через дупло..."

"Павел Петрович приехал на дуэль в белых панталонах; они разошлись, и раздался выстрел..." /Последнее сообщено моим другом, Георгием Вайльдгрубе, за что ему благодарность/.

Должен сказать посему, что на приоритет в подобных исследованиях не претендую. До меня этим занимались: Брюсов /по Пушкину, приводится в "Сдвигологии" Крученыха/, сам Крученых /какология/, Маяковский и ряд других.

Относительно названия - таковое было подсказано короткометражным фильмом начала 50-х, об абортах /крутили перед детскими киноутренниками, откуда и помню/. Женское лицо в слезах и - мальчики, мальчики /кровавые/ бегут. И - рефреном через эпизод - белая палата госпиталя и -

ЗАЧЕМ Я ЭТО СДЕЛАЛА?

Я-то знаю, зачем.

Техас,
28 декабря 1979 г.
Начато - в 1959 году,
на чтении Ирины Маляровой.
/См. цитату про тишину/.